Klaus Müller

Gottes ABC

Gedanken
zu den Sonn- und Feiertagen
im Lesejahr A

Aschendorff
Verlag

Gesamtherstellung: Aschendorff Druckzentrum GmbH & Co. KG

Gedruckt auf säurefreiem, alterungsbeständigem Papier ∞

ISBN 978-3-402-13040-7

Für
Antonio Autiero
zur Erinnerung
an die gemeinsame Zeit in Münster
und die Besuche in Trento

Inhaltsverzeichnis

Fasten- und Osterzeit

Herrenfeste

Sonntage im Jahreskreis

Ausgewählte Feste

Vorwort

Schon länger gilt als „peinlich“ (Arnold Stadler), wer im gesellschaftlichen Small Talk das Wort „Gott“ in den Mund nimmt. Die seit Jahren offenkundige Rückkehr des Interesses an der Religion und der Gottesfrage in der Philosophie und den Kulturwissenschaften auf internationalem Niveau kommt gegen diesen Dünkel nur bedingt an. Ein Widerwort kann allein aus einem praktischen Gotterzählen kommen, das nachvollziehbar macht, wie vernunftgemäß es eigentlich wäre, die Wege und Wendungen gelebten Lebens auf jene verborgene Mitte hin zu entziffern, die unsere Sprache so unbeholfen mit den vier Buchstaben G-O-T-T markiert – Glaube als „bessere Aufklärung“ (Alfred Döblin) sozusagen.

In diesem Sinn handelt es sich bei der vorliegenden Publikation um ein Gottes-Lesebuch, das der Einübung in eine so geistlich wie intellektuell anspruchsvolle Lektüre von Leben und Welt dienen möchte. Dass dabei Literatur, bildende Kunst, aber auch die Medien-Kultur der Gegenwart samt ihrer politischen Hintergründe als primäre Resonanzräume ins Spiel kommen, versteht sich von selbst.

Die Grundstruktur geben die Sonn- und Feiertage (und ein paar wichtige Sonderfeste) des Lesejahres A (im Rhythmus der katholischen Liturgie) vor, die daran orientierten Besinnungen fügen sich zu einem Kaleidoskop, wie sich auch heute zeitgenössisches Bewusstsein und biblischer Glaube verschränken könnten. Entsprechende Bände für die Lesejahre B und C werden folgen.

Wie immer danke ich meinen Mitarbeiterinnen, namentlich SHK Rahel Steinmetz und Ruth Kubina, meiner Sekretärin Monika Epping sowie den auf Druckfehlerteufel-Ausmerzung spezialisierten Schwestern vom Klarissen-Konvent am Münsteraner Dom für Ihr Mittun an dem Projekt. Und ich wünsche mir, dass die vorgelegten Denkversuche etwas von der Zukunftsfähigkeit des christlichen Glaubens ahnbar machen.

Münster, 13. Juni 2013,
am Fest des großen Predigers Antonius von Padua

Klaus Müller

Advents- und Weihnachtszeit

Erster Advent: Mt 24,29–44

Groß genug denken

— *Ein Ende als Anfang* —

Etwas seltsam ist es schon: Wir fangen heute mit dem Kirchenjahr neu an. Und zugleich hören wir als erstes Evangelium ein Stück Endzeitrede, apokalyptische Töne von einer kosmischen Katastrophe, der Wiederkunft einer rätselhaften Gestalt namens Menschensohn, die die junge Gemeinde von Anfang an auf Christus hin deutet, Gleichnisse, die aufrütteln, verunsichern, von Scheidung zwischen den einen und den anderen sprechen. Alles doch, wenn man es denn ernst nimmt, eher Kunde von Bedrückend-Beklemmendem. Und ist das Evangelium, gute Nachricht? Ist es das, was die Kirche zu sagen, auch heute zu sagen hat - und was uns angeht?

— *Unverzichtbarer Endzeitgedanke* —

So haben nicht erst spätere, so haben schon die ersten Gemeinden gefragt wenige Jahre nach Ostern. Und die Glaubenszeugen der ersten Stunde und dann die, die ihre Predigt niederschrieben, die Evangelisten, waren überzeugt: Zu Jesu Botschaft vom Gottesreich gehört auch dieses Reden von einem Ende aller Welt und Zeit. Das, was bisher war und jetzt besteht, ist noch nicht alles gewesen. Was getan, gelassen, gelitten wird, hat ein letztes Ziel. Und das Maß dafür, ob etwas in dieses Ziel gelangt, ist der gottgesandte und gottbeglaubigte Menschensohn, jener Jesus von Nazaret, den sie den Christus nennen und der – österlich über Zeit und Ewigkeit stehend – alles, was ihm entspricht, sammeln und einbergen wird, vom einen Ende des Himmels bis zum anderen – also so, dass nichts und niemand vergessen wird dabei. Man kann es drehen und wenden, wie man will: Dieser Endzeitgedanke kann in keiner Weise entschärft, als mythisches Relikt abgetan, als Autosuggestion verfolgter Diasporagläu-

biger historisiert werden. Er gehört zur Mitte der jesuanischen Predigt. Jede Zeit muss ihr Verhältnis zu dieser Endzeitrede finden. Manchmal gab es Epochen, denen war diese Botschaft so nahe, ihrem Empfinden derart auf den Leib geschrieben, dass sie das Ende herbeisehnten, herbeiflehten und manchmal dazu übergingen, mit eigenen Mitteln nachzuhelfen. Und was heißt: Es gab solche Epochen! Die Konjunktur einer vierzehnbändigen Endzeitstory aus Fundamentalistenfeder, die vor ein paar Jahren mit einer Millionenauflage den ganzen US-amerikanischen Buchmarkt aufmischte und alles Nicht-Evangelikale in einem bald erwarteten Feuersturm untergehen lässt und Bischöfe mittlerweile warnen ließ, gehört auch hierher. Anderswo dagegen scheint diesem Stück Evangelium, das vom Ende redet, jedes Ohr verbarrikadiert; vielleicht gehört dazu derzeit auch unsere alteuropäische Lebenswelt.

— *Maß nehmen an den Sternen* —

Mir scheint, dass beide Seiten etwas Entscheidendes übersehen und darum auch verspielen: Die einen, die fanatischen Apokalyptiker, überhören das zweifelsfrei Heilvolle, das in diesem Evangelium aufklingt: Schon jene vorhin erwähnte endzeitliche Sammlung, die keinen vergessen wird, gehört dazu. Und noch mehr die doch einigermaßen überraschende Rede vom Feigenbaum mitten in dieser Endzeitpredigt. Denn dieses kleine Gleichnis redet nicht von Herbst, Tod und Ende, sondern von treibenden Zweigen und jungen Blättern, die vom nahenden Sommer künden, von etwas Frischem also, von neuem Leben. Das ist das Vorzeichen, unter dem das Bisherige erschüttert wird. Und denen wiederum, die taub sind für Jesu Endzeitpredigt, entgeht, dass sich für den Glauben die Welt nicht auf das beschränkt, was der Fall ist. Dass alles Geschaffene eine Zukunft hat, die nicht darin bestehen wird, dass alles bleibt, wie es ist. Das wäre zum einen mindestens so fatal wie ein apokalyptischer Feuersturm, der alles wegbrennt. Und zum anderen dächte, wer auf solches Beharren von allem hoffte, viel zu klein vom Menschen – also ob das, was wir haben, machen und lenken können, dem Sehnen unserer Seelen genügen könnte! Denker und Dichtende aller Zeiten wussten eben darum. Vielleicht ist gut, wenn wir uns das manchmal wieder in unser eingefleischtes Status-quo-Denken hineinsagen lassen. Auf beeindruckende, weil ganz unverstellte Weise hat das vor langer Zeit auch einmal Stefan Andres

getan. Andres, heute wenig gelesen, war Mitte des 20. Jahrhunderts einer der anerkannten deutschen Literaten. 1962 kam die Schulklasse einer gymnasialen Oberstufe, wie das damals hieß, auf die Idee, zeitgenössische Schriftsteller anzuschreiben und um Antwort zu bitten, was denn für sie der Sinn des Lebens sei. Andres gehörte zu denen, die den Fragern antworteten. Vor wenigen Monaten hat man seine Antwort im Nachlass derjenigen Schülerin gefunden, deren Aufgabe es gewesen war, sich an ihn zu wenden. Andres hatte ihr sogar in Versen geantwortet:[1]

Trink weiter, du, der an den Sternen nimmt
Des Lebens Maß, die Arme breite weit
Und spür in deines Durstes Herrlichkeit

Die Herkunft, die zu keinem Maße stimmt
Als zu der goldnen Traube über dir
In deiner Nächte dunkelstem Spalier.

An den Sternen Maß nehmen für das Leben – am Ewigen; am eigenen Durst, der von nichts, was man in der Hand haben kann, gestillt wird, ahnen, wo man herkommt – aus dem Ewigen, an das auch noch in der Kette der Dunkelheiten, als die unser Leben manchmal erscheint, die goldene Traube erinnert, geheimnisvolle Reminiszenz an den gottgeschenkten Schöpfungsgarten, dessen Vollendung sogar noch die Wunder seines Anfangs überbieten wird. So klingt adventliche Sprache von innen, die zu einer Erwartung ruft, die sich nicht mit zu Kleinem bescheidet, ohne deswegen in eine Art geistlichen Alarmismus zu verfallen. Advent von innen sozusagen. Als ich diese Zeilen von Stefan Andres fand, musste ich mich an eine Begebenheit meiner römischen Studienzeit erinnern, über die wir damals viel gelacht haben: Andres verbrachte seinen Lebensabend in Rom. Begraben liegt er auf dem Campo Santo Teutonico, dem kleinen deutschen Friedhof im Vatikan, gleich links vom Glockenturm des Petersdomes. Ich wohnte ein paar Jahre im Kolleg, das an den Friedhof anschließt. Frau Andres kam oft zu unserem Gottesdienst und besuchte das Grab ihres Mannes. Dabei erzählte sie uns Studenten einmal, dass ihr Mann das Grab schon erworben hatte, als er noch rüstig und gesund war – und dass er, weil sie gleich ums Eck wohnten, seine künftige kleine Grablege einstweilen als Lagerstätte für seinen geliebten

Wein genutzt hatte, ohne dass ihm das frivol vorgekommen wäre. Vielleicht fängt man tatsächlich erst an zu begreifen, was Advent eigentlich meint, wenn das Ende, das Überschreiten des Irdischen und die Freude in eines Menschen Seele keinen Widerspruch mehr bilden, ohne dass er darum das Ende herbeisehnen und von der Freude alles Irdische fernhalten müsste. Weil Gott alles in Händen hält und immer noch einmal mehr für uns übrig hat, als wir uns ausdenken können.

— *Adventliche Hoffnung im Großformat …* —

Dieses Geheimnis des Advent begegnet aber nicht nur im kleinen Geviert individuellen Lebens, seines Hoffens und Erwartens. Es macht sich immer wieder auch im Größeren menschlicher Geschichte geltend. Gerade Christen und genauso ihre älteren Glaubensgeschwister im Judentum haben bestimmte Erfahrungen der eigenen Glaubensgeschichte immer wieder in diesem adventlichen Hoffnungslicht gelesen und dann auch als Verheißung für das große Ganze von Welt und Zeit verstanden. Auf dramatische Weise verkörpert das eine Episode aus der frühjüdischen Geschichte, die zeitlich kurz vor der Niederschrift unseres Evangeliums passiert sein dürfte, nämlich in den Tagen der Belagerung Jerusalems durch die Römer, an deren Ende die Zerstörung des Tempels stand, von der die Adressaten des Matthäusevangeliums schon wissen, weshalb sie darüber nachdenken, ob denn der Fall der heiligen Stadt Zeichen für das Weltende ist. In dieser Situation gab es zwischen den in der belagerten Stadt Eingeschlossenen heftige Debatten, was zu tun sei: ob man das schnelle Ende gezielt suchen sollte, einen finalen Crash gleichsam – so die Partei der Zeloten –, oder ob man auf irgendeine Weise wagen sollte, auf ein Weitergehen und Bleiben von Gottes Gegenwart mitten in dieser Feindeswelt zu setzen und nach einer Fluchtmöglichkeit zu suchen – so die Gegenpartei. Eines Tages kommt die Kunde herum, Rabbi Jochanan ben Sakkai, einer der größten Schriftgelehrten der Stadt, sei gestorben. Man bittet die Römer, draußen vor der Stadt den Toten begraben zu dürfen und zu beten. Der Bitte wird wegen Sorge vor einer Epidemie stattgegeben. Der Sarg wird hinausgetragen – in ihm liegt der lebende Jochanan, wegen der Zeloten für tot erklärt, weil die keinen der ihren lebendig aus der Stadt hatten lassen wollen. Jochanan kann fliehen und gründet in der Ferne ein Lehrhaus. Der Tempel geht

unter. Aber von jenem Lehrhaus nimmt die neue jüdische Überlieferungskultur des Talmud ihren Ausgang, die gläubige Juden bis heute mit ihrem Ursprung verbindet. Alles Vertraute war zusammengebrochen, aber mitten darin konnte ein Neuanfang einwurzeln, der trägt bis heute.

— … in die Gegenwart übersetzt —

Vielleicht treten wir Christinnen und Christen im alten Europa gerade derzeit in eine vergleichbare Situation ein: Die so lange ungebrochenen Selbstverständlichkeiten der Volkskirche, der öffentlichen Präsenz der kirchlichen Stimmen und Zeichen schwinden, Gemeinden werden kleiner, der politische Gegenwind nimmt zu. Und? Nichts, was faktisch einmal geworden ist, wie es ist, hat so werden müssen, wie es wurde. Selbstverständliches kann auch zu Abstumpfung führen. Wahrscheinlich liegen vor uns mittelfristig ein paar Nadelöhre, nicht nur ein finanzielles und das des Priestermangels. Vielleicht muss auch die Kirche wie eine Tote aus den alten Mauern getragen werden, um einen überraschenden Neubeginn zu erleben. Wir wissen das nicht. Wir müssen es auch nicht wissen. Es genügt, wenn wir Gott Treue zutrauen, aus den kleinen Münzen schöpferischer Zuversicht, die wir aufbringen, einen Schatz für uns und unsere Welt zu schaffen, bis einmal alles in ihm sein endgültiges Ziel gefunden haben wird. Auch das ist Advent.

— Heute: Ouvertüre —

Und einleuchten mag jetzt vielleicht auch, warum wir am 1. Advent mit einem Endzeitevangelium anfangen: weil uns darin – wie in einer ordentlichen Symphonie oder Oper durch die Ouvertüre – schon intoniert wird, worauf alles einmal hinaus will. Und wer vorhin von Andres' Zeilen mit der goldenen Traube von fern auch an die Eucharistie erinnert worden wäre, hätte nicht falsch gelegen. Denn unsere Antwort auf den Ruf „Geheimnis des Glaubens", mit der wir bei jedem Herrenmahl versprechen, Ostern bis zur Wiederkunft Christi zu verkünden, ist unser ältestes Adventslied.

Zweiter Advent: Jes 11,1–10

Unauslöschlich

— *Apokalypse jetzt* —

Manchmal, wenn ich Nachrichten höre oder Zeitung lese, kommt mir der Gedanke: Das kann nicht sein! Das kann einfach nicht sein! Es ist unbegreiflich, was Menschen einander anzutun vermögen. Vor einiger Zeit gerieten in Burundi die Volksstämme der Hutu und der Tutsi aneinander. Sie zerstörten sich die Dörfer, erschlugen, verbrannten, vertrieben einander. Am Ende lagen binnen weniger Wochen mehr als eine halbe Million Leichen im Land – da waren noch die Vernichtungsorgien der Nazis überboten. Auf dem Balkan, vor unserer Haustür sozusagen, tobte vor Jahren ein Bürgerkrieg mit Grausamkeiten, die man fast nicht mehr erzählen kann: Augen ausstechen, Zunge abschneiden, Schwangeren die Bäuche aufschlitzen, Leute das eigene Grab schaufeln lassen und sie dann bei letzten Spatenstichen erschießen, dass sie gleich in die Grube fallen. In China werden überzählige und kranke Kinder in KZ-ähnliche Lager gesteckt, bis sie verhungert sind oder am eigenen Dreck – man muss es so brutal sagen – verrecken. In Dafur blüht – und der sogenannte Westen weiß das – seit Jahren die Sklaverei: Muslimische Reitermilizen überfallen die Dörfer, nehmen die jungen Frauen und die heranwachsenden Jungen mit und verkaufen sie. Eine in die Millionen gehende Zahl jüngerer Menschen aus den Subsahara-Ländern befindet sich auf der Flucht Richtung Norden, genauer: Europa. Abertausende lassen jährlich dabei ihr Leben, ums letzte Hab und Gut gebracht von den Schleppern. Und wenn es ihnen gelingt, über die spanischen Enklaven an der Südküste des Mittelmeers zu uns durchzukommen, geraten sie in einen Teufelskreis der Illegalität und Ausbeutung, der dem gleicht, was einst die braunen und roten Diktaturen des 20. Jahrhunderts den jeweils zu Feinden Erklärten angetan haben.

— Folge: Verzweiflung —

Wer nicht ganz blind ist und einigermaßen wahrnimmt, was ringsum passiert in der Welt, der kann eigentlich nur noch verzweifelt sein. Die Hoffnungen, die manchmal aufkommen, weil es irgendwo irgendwann eine kleine Weile gut geht mit den Menschen, weil sich Völker halbwegs zusammenraufen, zerbrechen jedes Mal wieder unvergleichlich schneller als sie aufkeimen konnten. Sind sie am Ende vielleicht nur Illusion?

— Israels Desaster —

An gar nicht so wenigen Stellen der Bibel bricht genau diese Frage auf. Auch in unserer Lesung heute aus dem Jesaja-Buch. Der Prophet sieht das Ende des davidischen Königshauses kommen. David gilt in der Geschichte Israels als der König schlechthin, so sehr, dass manche es wagten, seinem Haus, also seiner Dynastie, ein nicht mehr endendes Regieren zu verheißen. Aber das war Trug. Schon zwei Generationen nach David ging es bergab. Davids Nachfahren ließen sich immer weniger von Gottes Weisungen leiten, dafür umso mehr von der eigenen politischen Raffinesse und Kungelei. In den Augen eines, der so intensiv in Gedanken an Gott lebte wie Jesaja, musste solches Gebaren in die Katastrophe führen. Und das sagte er auch drastisch: Das Königshaus wird wie der Stumpf eines abgehauenen Baumes sein. Morscher, vor sich dahinfaulender Überrest, der von dem, was früher war, nicht einmal mehr etwas erahnen lässt. Israels Existenz in Segen und Frieden wird abbrechen. Der alte Kampf um Tod oder Überleben wird von neuem beginnen. Menschliche Macht, selbst die, die ideal, ja wunderbar erschien wie diejenige eines David, vermag die Welt nicht zu ordnen und den Frieden nicht zu sichern. Den Sieg trägt das Verbrechen davon, das Böse.

— Gegenwort „Gott" —

An dieser Einsicht nicht verzweifeln kann nur noch der, für den es mehr gibt als das, was Menschen tun und können. Das Gegenwort gegen die Verzweiflung und gegen ihre Wurzel, das Böse, – das Gegenwort heißt: Gott. Der Grausamkeit, dem Krieg, dem Elend dieses Wort entgegenhalten, nein: entgegen schreien – Gott! –, das ist nicht Ausflucht und nicht billiger Trost. Im Gegenteil: Es ist Ausdruck eines Glaubens von

atemberaubender Kühnheit. Hören wir nur Jesaja zu: Es kommt der Tag, da wächst aus dem Baumstumpf Isais, also dem untergegangenen Königshaus Davids, ein neuer Trieb hervor. Aus Totem, sagen wir gleich: aus dem Nichts, bricht etwas Neues heraus. Eine Gegenmacht, die dem Irrsinn des Verbrechens nicht nur widersteht, sondern ihn besiegen wird. Niemand kann aus dem Nichts etwas machen, niemand – außer Gott. Wenn es eine Macht gibt, die stärker als das Böse ist, kann sie darum nur von Gott kommen und ihm entsprechen.

Jesaja stellt sich diese Gegenmacht als einen von Gott erweckten Nachkommen Davids vor, der so erfüllt ist vom Geist Gottes, dass er abstrichlos Gottes Willen tut, ja selber Inbild von Gottes Wesensart ist: gerecht, gerade den Armen zugeneigt und so mächtig, dass er gar keine Waffen, sondern nur ein Wort braucht, um die Gewalttäter zu besiegen. Und von dieser Verkörperung des Gegenwortes gegen alle Todes- und Zerstörungsmacht her vermag der Prophet sogar noch im Anblick des Untergangs die Vision einer anderen Welt in Bildern zu beschwören, die keine Erklärung mehr brauchen: Der Wolf wird beim Lamm liegen, Kuh und Bärin werden Freundinnen, das kleine Kind spielt in der Nähe der Schlange. Alles Gift und die Angst von Geschöpfen voreinander wird nicht mehr sein. Feindschaft, so tief verwurzelt, dass sie zur Natur der Verfeindeten zu gehören scheint, kommt an ein Ende. Versöhntes Leben auf einer versöhnten Erde – erhofft und vorweggenommen in wenigstens gleichnishaften Erfahrungen.

— *Hoheit der leidenden Seele* —

Vielleicht sagen Sie jetzt: Gut – solches Kontrastdenken gibt, nein: gab es. In biblischen Zeiten halt. Aber für unsere Zeit auch noch? Ich bin diesbezüglich auf einen Zeugen gestoßen, der mir zu denken gibt: Thomas Mann kommt auf unsere Frage zu sprechen – in seinem mit Abstand umstrittensten Werk, dem Groß-Essay „Betrachtungen eines Unpolitischen". Er ist überzeugt, dass jedes Herz nur eines begrenzten Maßes an Schrecken fähig sei, worüberhinaus dann anderes beginne:

„Stumpfheit, Ekstase, oder noch etwas anderes, der Einbildungskraft des Unerfahrenen nicht Zugängliches, nämlich Freiheit, eine religiöse Freiheit und Heiterkeit, eine Gelöstheit vom Leben, ein Jenseits von Furcht und Hoffnung,

das unzweifelhaft das Gegenteil seelischer Erniedrigung, das die Überwindung des Todes selbst bedeutet."[2]

Und dann zitiert Mann aus dem Brief eines jungen Reserve-Leutnants aus dem Ersten Weltkrieg, den dieser von der flandrischen Front geschrieben hat:

„Angesichts dieser unermeßlichen Übermacht des Todes, [...] bei diesem vollkommenen Hilflossein im Trommelfeuer tage- und nächtelang, meist bei Regen, in offenen Trichtern, in der grauenhaften Öde, dem Höllenlärm der Abwehrzone, wird der Einzelne leicht fröhlich, nicht verzagt; so ganz frei aller Sorgen ist man, so los von der Erde, hoffnungslos, doch unbeschwert! [...] Ich bin fröhlich wie unsere Leute, die sich mit 39° Fieber und schweren Lungenentzündungen auch noch nicht krank melden. Merkwürdig, gegenüber diesen unermeßlichen Zumutungen an Leiden und Strapazen möchte man lachen, so frei von allen Sorgen, aller Verantwortung ist man, so ganz in der Hand Gottes."[3]

Und Thomas Mann kommentiert: „Lehrt nicht dieser Brief, dass die Seele des Menschen nicht umzubringen, nicht zu entwürdigen ist, dass ihre wahre Kraft und Hoheit sich erst im Leiden ganz bewährt?"[4]

— *Aus dem Nichts kommen* —

Ich kann mir nicht helfen. Da klingt für mich so etwas wie ein jesajanischer Unterton mit. Das Wissen um eine Vision, die uns Menschen unauslöschlich in die Seele geprägt ist. Eine Gottesspur. Aber wird sie jemals wahr? Christinnen und Christen stellen Jesajas glühende Hoffnungsworte vor das Evangelium, vor die Geschichte von Jesus aus Nazaret. So bringen sie zum Ausdruck: Er gehört in diese Hoffnungsgeschichte hinein. Sie glauben ihn als den, durch den das Gegenwort „Gott" seine Wirkmacht entfaltet – wie aus dem Nichts. Indem Menschen dem, was er sagt, Gehör schenken, indem Menschen in ihrem Handeln an dem Maß nehmen, was er getan hat, greift die Gegenmacht.

Wie aus dem Nichts! Das ist geradezu das Kennzeichen dessen, was wirklich von Gott kommt. Es lässt sich nicht von anderem herleiten und im Letzten auch nicht begründen. Ich bin mir ziemlich sicher: Sie ken-

nen das aus eigener Erfahrung – aus der Erfahrung mit der Liebe. Sie kommt wie aus dem Nichts. Sie ist sich selbst ihr Anfang. Sie lässt sich nicht erklären. Sie lässt sich durch nichts aufhalten. Sie schont sich selber nicht, wenn es darum geht, dem, dem sie gilt, gut zu sein und Gutes zu tun. Darum kommt sie von Gott. Sie ist die Macht, die in diesem Wort steckt. Wer dieses Wort ausspricht, hat sich dieser Macht geradezu verschrieben. Er kann gar nicht mehr anders, als zu lieben. So wird das Böse besiegt.

Jesus hat uns wie kein anderer vorher gelehrt, was das Wort „Gott" bedeutet und was darum auch geschieht, wenn man es in Aufrichtigkeit ausspricht. Christ, Christin werden heißt: richtig „Gott" sagen lernen. Es ist ein Wort, das die Welt verwandelt, wenn es richtig ausgesprochen wird. Wenn wir in der Messe das Gedächtnis Jesu begehen, nimmt er uns in seine Schule des Gottsagens.

Dritter Advent: Mt 11,2–11

Anders als erwartet

— *Gottesname „Ach"* —

Ein westlicher Reisender erzählt: Wir hielten vor einem kleinen türkischen Kloster, in dem Derwische lebten, die jeden Freitag tanzten. Wir traten in den Hof. Aus einer Zelle kam ein Derwisch auf uns zu; er legte grüßend die Hand auf die Brust, auf Lippen und Stirn. Wir setzten uns. Der Derwisch sprach von den Blumen, die wir rundum sahen, und vom Meer, das zwischen den Blättern des Lorbeerbaumes blitzte. Später begann er, über den Tanz zu sprechen. – Wenn ich nicht tanzen kann, – kann ich nicht beten. Ich spreche durch den Tanz zu Gott. – Was für einen Namen gibst du Gott, Ehrwürdiger?, fragten die Besucher. – Er hat keinen Namen, antwortete der Derwisch. Gott kann man nicht in einen Namen pressen. Der Name ist ein Gefängnis. Gott ist frei. – Wenn du ihn aber rufen willst, wie rufst du ihn dann?, bohrten die anderen weiter. – Ach!, antwortete er. – Nicht: Allah. Ach!, werde ich ihn rufen.

— *Worte und Bilder zu klein* —

Ein seltsamer Gottesname ist das schon, den der muslimische Weise da nennt – dieses „Ach!". Was er damit meint, kennen wir Christen auch: dass man, was mit Gott zu tun hat, nicht in menschliche Worte und Bilder sperren kann. Das Evangelium lehrt uns das gleich anhand der wichtigsten Frage, die sich jedem Christen stellt, nämlich: Wer denn für ihn Jesus sei.

— *Irritierter Täufer* —

Diese Frage hat sich schon einem gestellt, von dem wir das gewöhnlich nicht denken: Der Täufer Johannes hatte Gericht und Umkehr aus der

Sünde gepredigt. Seine Unbeirrbarkeit auch dem politischen Machthaber gegenüber hatte ihn schließlich hinter Gitter gebracht. Dort hört er von diesem Jesus, der auch einmal zu ihm gekommen war, um sich taufen zu lassen. Was er von diesem Jesus hört, muss Johannes ziemlich beeindruckt haben, aber verunsichert war er auch. Irgendwie muss er gespürt haben, wie da etwas anfing, was er selbst herbeigesehnt hatte – dass Gott die Dinge zwischen Himmel und Erde ins Lot richtet –, aber auch: dass das Ganze anders anfing, als er es erwartet und gepredigt hatte, darum die Frage: Bist du es, der da kommen soll, oder müssen wir auf einen anderen warten?

Und der Unterschied zwischen dem, was er von Jesus hörte, und dem, was er selbst gedacht hatte, war gewaltig: Johannes hatte das Gericht gepredigt, dass den Leuten Hören und Sehen verging. Jesus wendet sich ihnen, gerade den von Johannes so hart angeherrschten Sündern, so zu, dass ihnen Hören und Sehen geschenkt wird: Blinde sehen, Taube hören wieder. Ihnen, den an Leib und Seele Angeschlagenen und um ein wirklich menschliches Leben Gebrachten, gibt er, wieder ganz Mensch zu sein mit allem, was dazugehört. Und – Höhepunkt dessen, was er dem Täufer ausrichten lässt – den Armen wird gute Nachricht verkündet. Also: Denen, die nichts haben, die sich auf nichts berufen, sich nichts vormachen können, die haben am meisten Grund, froh zu sein. Denn sie setzen von selbst auf das, was in Wahrheit trägt: dass Gott ihr Leben hält und nichts sonst. Solches Vertrauen darfst du haben, Mensch. – Das ist Jesu letztes Wort an die Johannes-Jünger.

— *Durch Güte richten* —

Beweisen lässt sich nicht, was Jesus damit sagt. Nur glauben – und erproben. Auch für einen Johannes gilt das. Und das heißt etwas. Denn nur kurz später nennt Jesus vor den Anwesenden Johannes den größten Propheten. Das heißt: Er steht der Sache Gottes näher als jeder andere. Doch auch er muss seine Erwartung, in der Sprache von heute gesagt: sein Gottesbild, zerbrechen, um zu verstehen, was durch Jesus geschieht. Gott und sein Handeln lassen sich nicht in menschliche Worte fassen, nicht einmal in die durch Mark und Bein gehenden der Täufer-Predigt. Gott ist anders. Gewiss richtet er, sagt uns das Evangelium, aber er richtet nicht durch Urteil, sondern durch Güte richtet er, dass wieder

recht sei, was unrecht geworden ist in der Welt. Unser frommer Derwisch hat schon recht: Wo ein Mensch mitten aus seiner Not und Schuld und Schwäche – einfach aus seiner menschlichen Armseligkeit – heraus „Ach!“ sagt und damit meint: Mein Gott, nimm dich meiner an!, da ist er diesem seinem Gott näher als das durch die wortmächtigste Predigt und den abgründigsten Gedanken der Frömmigkeit geschähe.

— *Einübung ins Unausdenkliche* —

Jetzt verstehen Sie auch von selbst, warum wir diese kurze Geschichte über den Täufer und Jesus zur Mitte des Advents lesen. Wie keine andere Stelle in der Bibel bereitet sie uns auf Weihnachten vor. Denn nur wer in dem, was er gewöhnlich über Gott denkt, das Oberste zuunterst kehrt, wird für möglich halten können, dass Gott, der Herr der Myriaden der Sternenlichter, sich auf einem der winzigsten dieser Sterne zu einem Kind und in ihm sein Innerstes zugänglich macht. Jesus hat Johannes herausgefordert, Abschied zu nehmen von seinen tiefsten Überzeugungen, weil sich jenseits von ihnen erfüllen wird, was der Täufer gesucht hat. Was für den größten Propheten recht ist, kann uns nur billig sein. Keiner kann Christ werden, ohne diesen Glaubensweg von der Erwartung des Täufers zu dem Zimmerer Jesus aus Nazaret gegangen zu sein. Gott so Unausdenkliches zuzutrauen, das heißt: Advent halten. Die Geschichte mit dem Stall und der Krippe und dem Rest, die passt da genau dazu.

Vierter Advent: Mt 1,18–24

Vom Anfang der verwandelten Welt

— Verlorene Freiheit —

Längst ist daraus ein Topos der Weltliteratur geworden: Rainer Maria Rilke ging eines Tages im Tierpark von Paris spazieren. Auf seinem Weg kam er auch an einem Käfig vorbei, in dem ein Panther auf und ab lief. Und unversehens geriet dem Dichter diese Szene zur Stunde der Wahrheit über das menschliche Dasein. In ein paar beklemmenden Zeilen hat Rilke sein Erlebnis aufbewahrt:

Sein Blick ist vom Vorübergehn der Stäbe
so müd geworden, dass er nichts mehr hält.
Ihm ist, als ob es tausend Stäbe gäbe
und hinter tausend Stäben keine Welt.

Der weiche Gang geschmeidig starker Schritte,
der sich im allerkleinsten Kreise dreht,
ist wie ein Tanz von Kraft um eine Mitte
in der betäubt ein großer Wille steht.

Nur manchmal schiebt der Vorhang der Pupille
sich lautlos auf –. Dann geht ein Bild hinein,
geht durch der Glieder angespannte Stille –
und hört im Herzen auf zu sein.[5]

— Abgeriegeltes Leben —

So redet einer, der es aufgegeben hat zu hoffen. Trostlos ist dieses Dichterwort und umso schmerzlicher, weil doch alles ganz, ganz anders sein könnte. Denn wie faszinierend sind die geschmeidig starken Schritte

dieses Wesens, wie erregend seine Kraft, wie herrlich der Wille mit dem Pulsschlag der Freiheit in seiner Mitte. Was könnte aus diesem Leben alles werden… – Aber die Stäbe, die Stäbe; sie schieben dem Leben einen Riegel vor. Es sind in Wahrheit die Stäbe unserer Nöte und Neigungen, die Stäbe des ungelebt Gebliebenen. Die Gitter des Alltags und der Sorgen – und die Ketten jener dunklen Ahnung von alters her, dass etwas nicht stimmt in unserem Lebenshaus.

Diese Stäbe sind eng, die Gitter fest. Schon viele haben den Aufstand dagegen geprobt und gepredigt – unter ihnen auch die Propheten des Alten Testaments, besonders Jesaja. Schon seit Beginn der Adventszeit redet er uns in den Lesungen von einer Welt ohne Not und Leid, ohne Krankheit und Alleinsein, von einer Welt mit Pflugscharen statt Schwertern, von einem Leben in Freiheit und von einer Welt, in der Gott ganz nahe ist. Wer aber hat nun mehr recht, der Dichter oder der Prophet? Die Antwort, wer wollte mit ihr zögern?! Denn was sind denn des Jesaja Freudengesänge anders als schöne Utopien, leere Träumereien, die nur ein paar Trugbilder an die Wände unserer Käfige malen? Wer heute noch immer glaubt, des Propheten Verheißungen hätten je etwas mit unserer Welt, mit unserem Leben zu tun – muss der nicht verrückt sein?

— Gottes Neuanfang mit uns —

Vor Längerem hat jemand kühn zu eben diesem Verrücktsein aufgefordert. Dieser Jemand heißt Matthäus und er tut das mit den Worten des heutigen Evangeliums. In ihm erzählt er uns seine Version der Weihnachtsgeschichte. Mag sie kürzer und nüchterner sein als die des Evangelisten Lukas – den idyllisch-romantischen Grundton behält gleichwohl auch sie in unseren Ohren. Matthäus freilich hatte seine kurze Erzählung von der Geburt Jesu gründlich anders gemeint: nicht bloß als erneuten prophetischen Protest gegen die bestehenden Verhältnisse, sondern weit mehr als die kühne Behauptung, die Träume des Jesaja seien bereits reale Gegenwart. Ist das aber nicht – damals schon und erst recht heute – blanker Zynismus im Angesicht der Kriege, der Sklavenhalterregime, der vergifteten Schöpfung?

Das alles ist wahr, wahr in einer ganz furchtbaren, jedes weitere Wort verstummen machenden Unabweislichkeit. Und dennoch – dennoch – das Evangelium sieht die Dinge tiefer als selbst der vom Schmerz ge-

schärfte Menschenblick. Es berichtet ganz Seltsames, ja Verrücktes von einem Schreiner aus Nazaret, der Jesus hieß. Dieser Mann hatte eines Tages begonnen, den Leuten zu erzählen, dass Gott ihnen unglaublich nahe ist. Er erzählt, dass Gott uns Menschen nicht aufgibt trotz unserer Schuld und Erbärmlichkeit; ja, dass Gott gerade zu denen hält, die nichts mehr zählen in den Bilanzen dieser Welt. Das hat er erzählt – und wie zur Bestätigung seiner Worte sind schon durch sein bloßes Dasein ganz unwahrscheinliche Dinge geschehen: Menschen haben ihr ganzes Leben radikal umgekrempelt, weil sie in der Begegnung mit Jesus ihre ureigene Wahrheit fanden – so geschah es der Frau am Brunnen in Samaria. Das Gespür für die Gerechtigkeit bricht unvermittelt auf in einem so abgefeimten Geschäftemacher wie dem Zöllner Zachäus und er gibt vierfach zurück, was er zu Unrecht kassiert hatte. Eine Frau von zweideutigem Ruf, weil eindeutigem Lebenswandel fällt vor ihm nieder, schmiegt sich an ihn und heult ihr ganzes Elend heraus, ihre Sehnsucht nach einem erfüllten, befriedeten Dasein. Und er? „Ihr werden viele Sünden vergeben, weil sie viel geliebt hat“, sagt er und lässt den Umstehenden den Atem stocken. Und zu der Frau: „Geh hin in Frieden!“ Und auch das ist noch nicht alles: Selbst die kranken Leiber wittern die Kraft Jesu. Wo immer ein Lahmer, ein Blinder, ein Tauber, ein Besessener eintritt in die Atmosphäre Jesu, fallen die Fesseln des Unheils ab. Wo dieser Jesus hinkommt, wird die Welt wieder so, wie sie von Gott gedacht ist.

So haben seine Zeitgenossen diesen Jesus erlebt. Wen kann es da noch wundern, dass sie dabei anfangen, an die alten Lieder des Jesaja zu denken? War es nicht genau das, was er verheißen hatte? Der Traum von einst beginnt Wirklichkeit von heute zu werden – eine Welt, in der Mensch und Schöpfung wieder im Lot sind, weil Gott von sich aus zum Menschen kommt und mit uns sein will in Jesus, wie ganz zu Anfang. Und Matthäus versäumt auch nicht, ganz unmissverständlich zu bekunden, worin denn all jene Ereignisse mit Jesus wurzeln und was die Nähe Gottes, die er bringt, konkret bedeutet, nämlich: die Erlösung der Menschen aus der Sünde. Gott ist mit uns, das meint: Alles, was den Menschen Gott und seiner selbst entfremdet, wird vernichtet. Die Gitterstäbe der Egoismen, die uns zu verkrümmten Kreaturen machen – „homo incurvatus“ nennt Luther das –, diese Stäbe werden zerbrochen; die Ketten unmenschlicher, also sündiger Strukturen in Politik und Gesellschaft werden gesprengt, wo immer sich Menschen auf diesen Jesus verlassen

und wagen, nach seinem Maß zu leben. Denn in ihm hat Gott von sich aus einen neuen Anfang gesetzt – jenseits all unserer menschlichen Möglichkeiten und Rettungsversuche. Genau das und nicht anders ist auch der Sinn der christlichen Rede von der Jungfrauengeburt.

Mit Jesus hat Gott der Welt unauslöschbar zu erfahren gegeben, dass sie nicht so sein muss, wie sie ist, sondern so sein kann, wie sie soll nach Gottes Absicht. Damit diese verwandelnde Kraft Gottes durch alle Zeiten um sich greifen kann, dazu – und nur dazu – hat Jesus selbst die Jünger um sich gesammelt und ausgesandt. Und dazu – und nur dazu – ist aus diesem Jüngerkreis nach Ostern in schmerzlichen Prozessen die Kirche geworden. Deshalb ist diese Kirche der Ort, wo die von Gottes Kraft verwandelte Welt erstehen kann, oft klein und unscheinbar, aber immer wirklich. Diese Kirche ist nicht weniger als ein Wunder – ein Wunder, weil durch sie inmitten der Ketten und Gitter Gottes Mit-uns-Sein, seine befreiende Nähe, fühlbar und sichtbar, für diese unsere Hände greifbar werden kann. Kann! Die Kirche ist die berufene Übersetzerin der Jesaja-Träume.

— *Übersetzerin Kirche – in Gefahr* —

Wenn das stimmt, warum sieht dann die Welt noch immer so furchtbar aus? Die Antwort darauf ist sehr einfach – nur hat sie einen Haken: Wir wollen sie um keinen Preis hören. Diese Antwort lautet: Weil die Kirche täglich dabei ist, jene Nachricht vom gottgeschenkten Neuanfang in Jesus zu verdunkeln – bis der Modergeruch durch die Gemäuer weht, begleitet von der Häme ihrer Kritiker und Gegner. Drastischer als Anfang des zweiten Jahrzehnts des zweiten Jahrtausends konnte das ja gar nicht sichtbar werden, als all die schrecklichen Missbrauchsfälle ans Tageslicht kamen – und zumal junge Träger hoher Ämter anscheinend immer noch nichts gelernt hatten und sich schlimmer gerierten als spätbarocke Fürstbischöfe, gar schamlos genug, die eigene Phrasen-Predigt mit Gottes Wort gleichzusetzen.

Jene andere Welt eines Jesaja und eines Matthäus wird erst dann sichtbare Gestalt annehmen, wenn die Kirche, wenn wir ernsthaft beginnen, den in Jesus gesetzten Anfang uns zu Herzen zu nehmen und ihm nachzugehen. Das aber ist nichts Tiefsinniges und nichts Hochgeistiges, sondern ein Geschehen so diesseitig wie das Essen und Trinken. Paulus hat dieses Nachgehen Jesu, die Übernahme seines alles bestimmenden

Lebensprinzips zusammengefasst in dem lapidaren Ruf: „Einer trage des anderen Last". Wo immer einer für den anderen eintritt, für dessen Freiheit, dessen Leben, dessen Glück; wo immer eine Seele mit der anderen mitfühlt, wo eine Hand sich der anderen entgegenstreckt, dort fängt jene neue Gottes-Welt an.

Viele von uns werden in wenigen Tagen den Christbaum schmücken. Die meisten wissen es wohl gar nicht, aber hinter diesem alten Brauch steht unter anderem auch ein Wort des Jesaja: Er redet einmal von den Bäumen, wie sie jubeln und sich schmücken aus Freude über Gottes Heil. Unser Christbaum mit Kerzen und Kugeln ist so nichts anderes als das sinnenfällige Zeichen der verwandelten Welt. Kann aber dieses Zeichen stehen, wo die Welt die alte bliebe? Sein Recht und seine Wahrheit wird dieses Symbol nur haben, wo dem sinnlich greifbaren Zeichen auch der sinnlich greifbare Beitrag zum Gotteswunder der Verwandlung entspricht.

Christbaum und Christbaum ist also nicht dasselbe. Es gibt wahrhafte und verlogene. Vielleicht täte uns gut, an den Christbaum irgendwo einen kleinen Zettel zu hängen mit den Worten des Apostels: Einer trage des anderen Last. Der Zettel darf ruhig aus Goldpapier sein – Hauptsache, er findet Echo in unserer Seele.

Weihnachten – in der Nacht: Gen 3,1–8 [zugewählt] und Lk 2,1–14

Wofür der Christbaum steht

— Ein Gott, der zu Herzen geht —

Die Heilige Nacht bricht an. Christen feiern das Wunderbarste, das Gott überhaupt hat tun können. Alles Göttliche an sich, alles Hohe hat er abgelegt, auf alles Herrscherliche verzichtet, um dem Menschen als seinesgleichen nahezukommen – mit allem, was dazugehört: mit einem Geborenwerden, einem Heranwachsen, einem Sterben am Ende.

Und warum tut Gott das alles? Die Antwort des Glaubens: Weil sich der Mensch in einer Täuschung über sich selbst und über Gott von diesem Gott abgewandt hat. Weil er ihm nicht mehr traute, dass er es gut meint mit ihm. Darum hat sich der Mensch gegen Gott gestellt. Gott hat ihm seinen freien Willen gelassen. Denn Gott zwingt niemanden. Nur hat der Mensch auch die Folgen seiner Abwendung tragen müssen: dass ihm Welt und Leben Angst zu machen begannen und dass er aus dieser Angst heraus genau das tat, was wir heute noch tun, wenn wir aus Angst handeln: dass wir alles verwechseln und verkehrt machen: Mit Äußerlichem versuchen wir unser Inneres zu erfüllen – durch Besitz unser Glücksverlangen zum Beispiel –, und Innerstes tun wir mit Äußerem ab, wenn wir etwa die Liebe mit ein bisschen Gefühl verwechseln.

In der Not, in die er sich gebracht hatte, begann der Mensch wieder seinen Gott zu suchen. Freilich finden konnte er ihn nicht, weil er mit der Abwendung von Gott auch den Blick dafür verloren hatte, wie und wer Gott wirklich ist. Aber Gott hat das nicht mit anschauen können. Darum hat er nicht mehr Gott sein wollen und ist ein Mensch geworden, wie Menschen sind. Als kleines, hilfloses Kind ist er in die Welt gekommen, damit der Mensch seinem Gott nicht mehr misstraut. Und damit er des Menschen Herz anrühre so, wie Menschen angerührt werden, wenn sie ein Menschenjunges im Arm halten. So zu Herzen gehend sucht Gott

unser Vertrauen wiederzugewinnen, damit die Angst schwindet und wir wieder so zu leben lernen, wie es uns zuinnerst entspricht.

— Das Wunderbare deuten —

Jetzt habe ich Ihnen mit wenigen Worten die ganze Botschaft der Bibel von der Schöpfungsgeschichte bis zum Anfang des Evangeliums nacherzählt. Aber was da erzählt wird, ist so wunderbar, dass zu keiner Zeit Worte allein dafür reichten. Von Anfang an haben Menschen darum versucht, mit Bildern, Zeichen und Bräuchen das Geheimnis der Heiligen Nacht ein wenig begreifbar zu machen. Einer dieser Bräuche ist noch gar nicht so alt. Aber er hat einen Siegeszug um die ganze Welt angetreten, bis dahin, dass ihn auch zahllose Menschen pflegen, die sonst mit den Kirchen nicht sonderlich viel zu tun haben oder nicht einmal Christen sind.

— Paradiesspiel —

Ich spreche vom Christbaum. Vor ungefähr vierhundert Jahren erst tauchte er auf, im Elsass. Nicht als Zimmerschmuck oder Dekor auf öffentlichen Plätzen. Sondern Leute, die die Bibel recht gut kannten, erfanden ein Paradiesspiel, um genau die Geschichte, die ich Ihnen gerade erzählt habe, ihren Kindern lebendig und mit allen Sinnen nahezubringen.

Die biblische Geschichte vom Misstrauen des Menschen gegen Gott beginnt – Sie erinnern sich gewiss – mit einem Baum im Paradies. Woher mitten im Winter einen grünen Baum nehmen? Ganz einfach: Aus dem Wald einen Nadelbaum.

An dem Paradiesbaum hingen schöne Früchte. Gott hatte dem Menschen gesagt: Von allen, allen Bäumen im Paradies dürfe er essen. Nur die Früchte dieses einen solle er nicht essen als Erinnerungszeichen dafür, dass er sich das Paradies und das Leben nicht selber gegeben hat, sondern dass er es einem anderen verdankt. Aber der Mensch wollte auch und gerade erst recht auch noch die Frucht von diesem einen Baum. Er hörte nicht auf Gott, aß, und wie Schuppen fiel es ihm von den Augen, wie armselig er doch ist jetzt fern von Gott und wie kalt und feindlich die ganze Welt. So begann alles. Zur Erinnerung daran hängten die Leute

im Elsass an den grünen Nadelbaum Äpfel, aus denen später die farbigen, verzierten Kugeln wurden.

Doch Gott hat den Menschen in der Finsternis seiner Schuld nicht aufgegeben. Er ist ihm von sich aus nachgegangen, hat sich winzig klein gemacht und in dem Kind von Betlehem ein Zeichen der Liebe geschenkt, so wohltuend und tröstlich wie wenn ein Wanderer, der sich total verirrt hat, der ausgehungert und durchgefroren ist, endlich auf einmal ein erstes kleines Licht entdeckt, erlösendes Zeichen dafür, dass er wieder in die Nähe anderer gefunden hat und bald Hilfe in seiner Not erfahren wird. Das haben die Leute beim Paradiesspiel sichtbar gemacht, indem sie auf den grünen Baum mit den Äpfeln kleine Lichter steckten.

Jesus selber hat sein ganzes Leben lang ein einziges Ziel gehabt: den Menschen diese barmherzige Liebe Gottes glaubhaft zu machen und nahezubringen mit dem, was er sagte und tat und wie er selber war. Darum auch hat er am Ende, vor dem Karfreitag, sein ganzes Leben noch einmal in einem Sinnbild zusammengefasst, das nichts anderes als eine Antwort auf die Geschichte vom Misstrauen gegen Gott und der Schuld des Menschen ist. Jesus hat beim Abendmahl Brot und Wein genommen, den Jüngern zu essen gegeben und dazugesagt: Dazu hat Gott mich für euch gemacht. Ihr müsst nicht aufrührerisch nach der Frucht des Baumes greifen aus Angst, sonst zu wenig an Leben zu bekommen. Gott schenkt euch alles, alles was er hat, sich selber sogar. Nur Geschenk muss alles bleiben. Nehmt und esst von dem, was allein euch wirklich satt machen kann, satt an Leben. Sogar noch den Baum der Schuld macht Gott darum zum Baum des Segens mit neuen Früchten zum Leben. Darum holten sich die Leute für das Paradiesspiel bei ihrem Pfarrer ein paar noch nicht bei der Messe geweihte Hostien und hängten sie an den Baum, um daran zu erinnern, wo den Menschen jene neue Speise geschenkt wird. Später sind daraus die Plätzchen geworden, die man ursprünglich an den Christbaum hängte und die mit ihrem Geschmack und Duft versinnbilden sollten, wie gut es Gott mit dem Menschen meint.

— *Ein Funken Kindsein reicht* —

So ist der Christbaum entstanden. Er wird heute viel missbraucht für modische Faxen. In Wahrheit fasst er die ganze wunderbare Geschichte Gottes mit uns Menschen auf eine Weise zusammen, so schlicht, dass

sie genau zu dem passt, was Gott selbst für uns getan hat. Um zu verstehen, wofür der Christbaum steht, braucht man wenigstens einen Funken Kindsein in der Seele. Dann hätte uns aber zugleich auch schon die Botschaft der Heiligen Nacht angerührt. So wenig braucht es von unserer Seite. Unvergleichlich mehr hat Gott schon getan, als er Kind geworden ist. Das feiern wir jetzt.

Weihnachten – am Tag: Jes 52,7–10

Getröstet sein

— „Frohe Weihnacht“ —

Vor ein paar Stunden haben wir in unseren Familien den Heiligen Abend gefeiert: Das Evangelium von der Geburt des Herrn gelesen, Lichter entzündet, vielleicht eines der alten Lieder gesungen. Viele beschenken einander. So erinnern sie sich daran, wie wir Menschen in der Heiligen Nacht unverhofft Beschenkte geworden sind. Und dann haben wie einer dem anderen „Frohe Weihnacht“ gewünscht. „Frohe Weihnacht“ – so grüßten sich auch Menschen, die einander nur flüchtig kennen, wenn sie sich heute Nacht auf dem Weg zur Christmette trafen. „Frohe Weihnacht“ – so steht es auch auf vielen der Grußkarten, die wir in den letzten Tagen bekamen.

— Einsames Christkind —

Einmal habe ich eine Karte bekommen, die hat mich nachdenklich gemacht. Ihr Bild zeigt eine der ersten Darstellungen der Geburt Jesu. Sie stammt aus dem vierten Jahrhundert: Auf einem Steintrog liegt das Kind, fest in Wickeln eingebunden. Und neben ihm kein Josef, keine Maria, über ihm kein Engel, kein Stern. Nichts. Nur die Köpfe von Ochs und Esel. Und unter dem Bild: „Frohe Weihnacht“. Passt das zusammen?

Als ich die Karte mit dem Bild bekam, ging mir spontan das Wort „Gefängnis“ durch den Kopf: der grob gemauerte Steintrog, das Kind, das passiv auf ihm liegt, ungeschützt, eingewickelt, wie wenn es gefesselt wäre, die Einsamkeit, die es umgibt, und an Lebendigem bei ihm: nur die zwei Tiere. „Frohe Weihnacht?“

— Der Gott, der umkehrt —

Ich glaube, dieses Bild sagt viel genauer, viel tiefer, was Weihnachten ist, als es die idyllischen Krippenbilder der späteren Jahrhunderte vermögen. Das zu verstehen, kann uns die Lesung aus dem Jesaja-Buch helfen: Es ist die Zeit des babylonischen Exils. Israel hatte menschlich gesehen durch Anmaßung, geistlich gesehen durch Unglaube alles verspielt. Land und Heimat, Hab und Gut, seine Zukunft dazu. Mit dem Exil ein Prophet, der sich wie sein großes Vorbild Jesaja nennt. Als Verbannter spricht er zu Verbannten. Aber nicht um ihnen vorzurechnen, wie recht seine Vorgänger mit ihrer Warnung vor einer Abwendung von Gott gehabt haben, nicht um den Leuten hinzureiben, dass ihnen jetzt nur recht geschehe. Sondern Jesaja tröstet. Nicht vertrösten, sondern trösten kann der Prophet, weil er es wagt, auch noch das Unglück des Exils mit den Augen des Glaubens anzuschauen. Und dabei geht ihm auf, dass, wenn Gott wirklich Gott ist, er nicht nur Israel in seiner Hand hält, sondern auch die anderen Völker, ja die Widersacher noch – und am Ende Erde und Himmel im Ganzen sogar. Trotz unserer Untreue wird Gott uns nicht abschreiben, heißt das für Jesaja. Er bleibt sich treu, er, der uns geschaffen, der uns aus der Sklaverei Ägyptens in die Freiheit geführt, uns seine Nähe im Bund am Gottesberg geschenkt hat, – er bleibt sich treu und darin uns. Diese Entdeckung, wer Gott sein muss, wenn er Gott ist, die weckt im Propheten solche Zuversicht, dass er mitten in der Verbannung vom Ende der Verbannung zu singen beginnt:

Jerusalem liegt in Trümmern, aber über die Berge, die es umgeben, kommt ein Eilbote aus Babylon gelaufen und ruft: Das Elend ist vorbei. Friede ist wieder. Du bist gerettet. Dein Gott ist König. Nicht Menschen und Mächte und ihre Götzen halten den Lauf der Dinge in der Hand, sondern dein Gott, der, der dich geschaffen, der dich schon einmal befreit hat – der Treue. Die Wächter, die Späher, – damit meint der Prophet sich selbst und Seinesgleichen – die, die so angespannt auf ein Zeichen für das Ende der Not lauschten, die fangen zu jubeln an, denn sie sehen mit eigenen Augen, wie der Herr nach Zion zurückkehrt. Dieser Satz benennt den eigentlichen Grund dafür, dass der Prophet so getröstet und so tröstend sprechen kann – der Herr kehrt nach Zion zurück. In diesem Satz klingt etwas ganz Geheimnisvolles auf: Für „zurückkehren“ nimmt Jesaja das gleiche Wort, das auch für „umkehren“, für „sich bekehren“ steht. Aber nicht von den Menschen wird das Umkehren gesagt, son-

dern von Gott. Eigentlich wäre doch zu erwarten, dass die, die sich zuvor abgekehrt hatten, wieder umkehren, sich bekehren zu Gott, auf dass sie wieder heimkehren in ihr Land. Stattdessen sagt Jesaja: Gott kehrt um: Er kehrt zurück zum Menschen. Er überwindet den Abgrund, den die Abkehr seiner Geschöpfe aufgerissen hat. Er von sich aus kehrt zurück dorthin, wo sie, die Abgewandten sind. Damit sie nicht im Exil bleiben, verlässt Gott seinen Ort, geht er ins Exil. Nach Zion kehrt er zurück, wie der Prophet eigens betont: Dorthin also geht er, wo alles zerschlagen liegt, wo kein Leben und kein Gott mehr ist. Gott in der Fremde.

Wenn ein Kind in den Schmutz gefallen ist und sich wehgetan hat, kniet sich die Mutter zu ihm, ohne auf den Schmutz zu achten, um ihr Kind zuerst einmal aufzuheben und zu trösten. So auch Gott. Er lässt uns nicht liegen, wo unser Leben in Trümmer ging, wo wir vielleicht sogar selber Ruinen, Ruinierte sind. Darum kann Jesaja so rätselhaft sagen: Brecht in Jubel aus, jauchzt alle zusammen, ihr Trümmer Jerusalems. Wenn Ihnen das Leben schon einmal wie ein Trümmerhaufen vorgekommen ist und Sie dann ein guter Mensch in die Arme genommen hat, dann wissen Sie, was Jesaja meint. So stellt sich Jesaja die Erlösung von der Verbannung vor. Gott wird stärker sein als alle Gewalt und Unterdrückung. Und Gott wird diese Stärke zeigen. Er enthüllt, wer er ist: Seinen Arm entblößt er, sagt der Prophet, wie ein Kämpfer, der das hinderliche Gewand zurückschiebt. Anders kann sich Jesaja Gottes Macht in der menschlichen Ohnmacht des Verbanntseins nicht vorstellen. Und alle, alle werden es sehen, wie der ist, der uns rettet: Alle Enden der Erde schauen das Heil unseres Gottes.

— *Gott im Exil der Trümmerwelt* —

Jesaja war gewiss überzeugt, dass wahr ist, was er von Gott verkündete – von einem Gott, der seiner Majestät und seines Rechtes nicht achtet; der darum in sich das Oberste zuunterst kehrend umkehrt zu denen, die der Umkehr bedürfen; der den Thronsaal des Universums mit den Trümmern Zions vertauscht und so den Trostlosen tröstend zeigt, wer er in Wirklichkeit ist. Dass das alles wahr ist, dessen war der Prophet gewiss; wie wahr es ist, hat er noch nicht wissen können.

Wenn Christen eine Weile nachdenken über den, nach dem sie sich nennen, diesen Jesus von Nazaret, den Christus; wenn sie im Herzen er-

wägen, was er sagte, was er tat, wie er war; wenn sie dann etwas zu ahnen anfangen, dass dieser Mensch untrennbar mit Gott zusammengehört, so untrennbar, dass Gott selbst in ihm begegnet wie in einem lebendigen Gleichnis aus Fleisch und Blut; wenn sie darum sagen: Gott ist Mensch geworden in ihm – da bewegen sie sich auf einmal auf den Spuren, die Jesaja Jahrhunderte vorher gelegt hat. Die Linien, die er tastend andeutete, die ziehen die Christen bis zur Gänze aus. Und am Ende steht wie von selbst ein Bild wie das auf meiner Weihnachtskarte vorhin: ein Gott, der seiner ganzen Herrlichkeit nicht mehr achtet, der dorthin geht, wo er doch gar nicht hinpasst – ins Gottesexil gleichsam, in die Trümmer, die Armut. Ein Gott, der sich bis zum Grunde zum Menschen kehrt, fast hätte ich gesagt: bekehrt. Der darum mit uns teilt, was zu unserer ureigensten Wahrheit gehört: ausgesetzt, ohnmächtig, gebunden, im Allerletzten auf uns allein gestellt zu sein. Wie das eingewickelte Kind auf dem Steintrog, ohne eine Menschenseele bei ihm. Nur die beiden Tiere noch, Ochs und Esel. Als Sinnbilder für das instinktive Sehnen unserer Seele, es möchte doch gut sein mit uns so, wie es ist. Ein Gott, der tröstet, indem er wird, was wir von Wesen sind, und der uns damit sagt: Ja, es ist gut mit dir. Hab' keine Angst. Ich bin mit dir und bei dir, sogar dort noch, wo dein Leben in Trümmer ging. Wo du nichts mehr giltst und nichts mehr hast außer, dass es dich gibt.

Der entblößte Arm, den der Visionär Jesaja erblickte – das war gar kein Krieger-Arm. Das war nur der allererste Anfang, dass Gott die Gewänder ablegte, die ihn verbargen. In der Christnacht vollendete sich, was so begann. Der Tröste-Gott kein Krieger, sondern – ein Kind. Das ist sein wirkliches Geheimnis. Wer Bilder wie das auf der Karte lang genug anschaut, in dem rührt sich wohl irgendwann das Gefühl, er selber müsse das Kind auf dem Steintrog wärmen und trösten in seiner Einsamkeit. Wer so mit seinem Gott empfindet, findet sich tröstend schon selbst getröstet. So macht das Kind in der einsamen Krippe froh. Darum ist es wirklich wahr: Frohe Weihnacht!

Fest des Heiligen Stephanus: Apg 6,8–10; 7,54–60

Das erste Wunder

— Feste – scheinbar einander fremd —

Vorgestern haben wir die Heilige Nacht gefeiert, gestern den Christtag. Heute kommt noch ein Fest dazu, ein ganz anderes freilich. Wir denken an den Hl. Stephanus, den ersten Märtyrer der Kirche. Sein Gedächtnis war auch der erste Feiertag der jungen Kirche nach dem Osterfest. So wichtig, dass das später immer wichtiger werdende Weihnachtsfest den Stephanustag nicht abwerten, geschweige denn verdrängen konnte. So sind zwei ganz und gar verschiedene Feste zusammengewachsen. Das mag man Zufall nennen. Heimlich aber verbindet sie ein Gemeinsames.

— Das erste Wunder nach Ostern —

Stephanus war einer der sieben Diakone, die die Apostelgeschichte erwähnt. Zusammen mit seinen Kollegen hatte er die Aufgabe, sich – modern gesprochen – der Caritas anzunehmen, damit sich die Apostel ganz der Verkündigung des Evangeliums widmen konnten. Bei der Ausübung dieses Dienstes kam er mit weiß Gott wie vielen Leuten zusammen, kam wohl auch ins Disputieren. Im Grunde hat er vermutlich nichts anderes getan als das, was im Ersten Petrusbrief 3,15 allen ins Stammbuch geschrieben ist, die irgendetwas mit Verkündigung zu tun haben: Seid stets bereit, Rede und Antwort zu stehen über den Grund der Hoffnung, die euch beseelt. – Die Art, wie Stephanus den jungen christlichen Glauben verteidigte, hat manche allem Anschein nach provoziert, schließlich gereizt bis aufs Blut.

Eines Tages lief das Fass über: Stephanus wurde in einer Art spontanem Pogrom gesteinigt. Der nüchternen Erzählung dieses Ereignisses fügt Lukas in der Apostelgeschichte den Satz an: Die Zeugen, also die,

die gegen Stephanus auftraten, legten ihre Kleider zu Füßen eines jungen Mannes nieder, der Saulus hieß.

So beginnt die Geschichte vom ersten Wunder, das nach Ostern geschah. Der Mord an Stephanus nämlich wuchs sich zum Auslöser der ersten großen Christenverfolgung aus. Die Zerstreuung eines Gutteils der Jerusalemer Gemeinde in alle Winde hätte nach menschlichem Ermessen zum Zerfall, also zum Ende der jungen Kirche führen müssen. Verblüffenderweise geschah das Gegenteil: Wo immer die in die Flucht geschlagenen Christen hinkamen, erzählten sie auch in der Fremde die Jesus-Geschichten. Und die Leute hörten ihnen zu, hörten ihnen so zu, dass eine neue kleine Gemeinde nach der anderen entstand. Durch die erste Verfolgung bereits begann die Kirche sozusagen katholisch zu werden im ursprünglichen Sinn dieses Wortes: Sie fing an, die Völker und Sprachen ihrer Zeit zu umfassen.

— *Vom Christenhasser zum Apostel* —

Das freilich war nur die eine Hälfte des ersten Wunders nach Ostern. Die zweite Hälfte hat mit demjenigen zu tun, der beim Mord an Stephanus die Kleider der Steiniger bewachte und also dem Geschehen zustimmte: mit Saulus. Ein paar Verse nach unserer Lesung vorhin erzählt die Apostelgeschichte nämlich davon, dass Saulus durch diese Zeugenschaft bei der Beseitigung des Stephanus zum offenen Christenverfolger wurde. Aber gar nicht so viel später wird sich dieser Saulus bekehren, wird er fortan Paulus heißen und das werden, was man später völlig zu Recht „Völkerapostel" nennt. Der also, der den christlichen Glauben über den jüdischen Kulturkreis hinaus zu den Heiden trägt und in rastlosen Missionsreisen, die ihn wahrscheinlich bis nach Gibraltar geführt haben, das Evangelium in der damals bekannten Kulturwelt einwurzelt. Der, den Lukas in der Stephanusgeschichte als das heimliche Zentrum der Feindschaft gegen Christus benennt, eben der in Person ist es, der wie kein anderer die Ausbreitung des Glaubens an Christus in der Welt seiner Zeit vorantreibt.

— *Christliche Verkehrungen* —

Das sind schon mehr als seltsame Verkehrungen: Indem sie vertrieben wird, findet die junge Gemeinde Heimat. Den einen bestimmten Ort hat

sie verloren; dafür ist sie überall zu Hause. Und nicht weniger zum Staunen: Der fanatische Verfolger wird zum brennenden Verkünder. Dieser wunderliche Gang, den die Dinge so nehmen – das ist auch die heimliche Gemeinsamkeit zwischen dem Stephanusfest und dem Christtag: Gott erweist seine Gegenwart und Treue am allermeisten dort, wo wir es nie und nimmer erwarteten. Tod und Verfolgung werden wie von selbst zu Leben und Segen, wie bei Stephanus und Saulus/Paulus. Der Herr der Gestirne, der dreimal Unbegreifliche, den Erde und Himmel zusammen nicht fassen, der spricht in der Geburt eines Menschenkindes bis zum Innersten seines Wesens aus, wer er in Wahrheit ist – das meint Weihnachten. Ich glaube, zum Christsein gehört ein Stück Aufmerksamkeit auf alles im Leben, was uns Menschen nach unseren Maßstäben nicht einleuchtet. Denn darin will Gott, so scheint es, zu allererst von uns gefunden werden.

Und könnte gar sein, dass das auch für unsere unmittelbare Gegenwart gilt? Mehrfach haben wir in der katholischen Kirche unseres Landes in den letzten zehn Jahren das erlebt, was die englische Queen „annus horribilis" zu nennen pflegt: ein Schreckensjahr: Es begann mit den Missbrauchsgeschichten, dann folgten Skandale in diversen Bistümern, ein immer wieder neues kommunikatives Versagen römischer Behörden in wichtigen Belangen, ein Papst, der völlig unpolitisch über allem stand und statt zu regieren lieber an seinem Jesus-Buch weiterschrieb. Ich verstehe das ja. Ich verstehe es wirklich, weil ich auch lieber Bücher schreibe als etwa im kleinen Geviert einer theologischen Fakultät Politik zu machen. Aber wenn ich ein Amt habe, dann habe ich es und muss es auch ausfüllen. Manchmal denke ich mir: Wie in der Endphase der DDR. Alles Fassade. Wir stehen vor einer Implosion, in der sich die Potemkinschen Dörfer der Volkskirche in einer Staubwolke auflösen. Was wird dann bleiben? Auch eine Stephanus-Situation? Ich hoffe es. Denn so etwas hat immer Überraschendes an sich und macht diejenigen, die darin verwickelt sind, jedes Mal zu unverhofft Beschenkten.

— *Was Gott für uns bereit hält* —

Christinnen und Christen sind ja vom Wesen her weihnachtliche Menschen – angefangen vom Beschenkt-Werden in der Taufe bis hin zu dem Augenblick, da ihr Leben endet und sie in diesem Ende noch einmal

unverhofft und überwältigend ins Leben treten, weil sie der in Händen halten wird, der das Leben ist. Genau das hat Stephanus in einer Version geschaut, als seine Gegner ihn angriffen: Ich sehe den Himmel offen und den Menschensohn zur rechten Gottes stehen, sagte er dafür. Mit Weihnachten ist offenbar geworden, dass Gott für uns alles bereithält, was er hat: sich selbst. Not muss uns darum nicht ängstigen, nicht einmal der Tod. Es wartet das Leben auf uns. Dafür steht heute Stephanus.

Fest der Heiligen Familie: Mt 2,13–15.19–23

In Weihnachten verstricken

— Zwischen den Jahren —

Vor ein paar Tagen haben wir Weihnachten gefeiert. Noch kommen ein paar festliche Tage. Aber der gefühlte Höhepunkt ist schon vorbei. Zugleich ist alles umgriffen von der Zeit zwischen den Jahren, wie man so sagt, von Stunden manchmal auch, da man leichter als sonst etwas innehält und ein wenig Bilanz zieht, was denn so gewesen ist.

— Weihnachtliche Lebensspur? —

Das freilich kann man nicht nur im Blick auf die Ereignisse der letzen zwölf Monate tun. Solche Rückschau kann man auch einmal mit Blick auf die eigene Innenseite, das eigene Umgehen mit Gott und dem Glauben halten. Und dazu könnte – zumal in diesen Tagen jetzt – auch die Frage gehören: Was bedeutet mir eigentlich das Evangelium von Jesu Geburt? Hat mein Glaube, dass Gott Mensch geworden, alles mit uns geteilt hat, auf Augenhöhe und in einem Du auf Du, – hat das bislang in meinem Leben eine Spur hinterlassen? Oder wäre ohne die Weihnachtsbotschaft alles genauso verlaufen, wie es bisher gewesen ist? Und wenn ich antworten müsste: Eigentlich ist da kein Unterschied, dann müsste ich mir eingestehen, dass ich das Fest und den Werktag offenkundig streng getrennt gehalten habe. Glauben freilich bedeutete genau das Gegenteil, geradezu ein Ineinander-Verweben von beidem.

— Josef oder Herodes —

Vielleicht gelingt das ausgerechnet mit dem heutigen Evangelium leichter noch als mit der Geschichte aus der Heiligen Nacht. Es handelt sich um die Erzählung von der Flucht nach Ägypten. Das Besondere dieser

Geschichte beginnt schon damit, dass in ihr erstmalig einer als Hauptfigur auftritt, der sonst in sämtlichen Weihnachtsevangelien nur ganz am Rande in Blick kommt: Josef, der Mann Marias, wie Matthäus ihn nennt. Die allermeisten Weihnachtsbilder der Kunst stellen uns den Josef, den Kopf der Familie, abseits von Maria und dem Kind in einer Haltung der Rat- und Fassungslosigkeit vor Augen, so als wollten sie sagen, dass der Kopf, der Verstand, dieses göttliche Wunder einfach nicht begreifen kann.

Umso bedeutsamer aber, was uns im heutigen Evangelium über diesen nicht begreifen könnenden Josef gesagt wird: dass er, um das Kind zu retten, dreimal tätig wird auf Weisung eines Engels, der ihm im Traum erscheint. Er, der Kopf, der nicht verstehen kann, traut der Eingebung Gottes, der Stimme seines Gefühls in seiner Seele und bringt die ihm Anvertrauten in Sicherheit außerhalb des Machtbereichs des Königs Herodes. Damit sieht der Evangelist den Josef als den eigentlichen Gegenspieler des Herodes. Beide sind ja – auf gewiss sehr verschiedene, aber in einem letzten Punkt doch vergleichbare Weise – Häupter, Oberhäupter, solche, die das Sagen haben. Aber beide reagieren im Angesicht des Neugeborenen, des gottgeschenkten Lebens unvergleichlich verschieden. Beide begreifen nicht – Herodes wird darum misstrauisch und mordet; Josef hört die himmlische Stimme im Traum, er vertraut der Botschaft seiner Seele und schützt das Neugeborene, damit es überleben und groß werden kann. Der eine hält Gott und Leben strikt getrennt, der andere verwebt das eine ins andere.

Jeder Mensch, der irgendwann einmal die Botschaft der Heiligen Nacht dankbar ergriffen hat, gerät eines Tages unweigerlich vor diese Alternative: Josef oder Herodes. Wer sich der Weihnachtsbotschaft öffnet, darf hören: Gott will unbedingt, dass du bist; du darfst sein so, wie du bist, musst dir dein Leben nicht erst verdienen. Im Sinnbild des kleinen Kindes, das Gott wählt, um sich in ihm mitzuteilen, ein Menschenbündel, das nichts hat und nichts leistet, hat er diese Zusage unkündbar besiegelt. Doch: Wie stehe ich zu dieser Wahrheit? Macht mir dieses Geheimnis meines Daseins, dass ich gratis, unverdient leben darf, macht mir das am Ende Angst um mein Recht und meine Macht – wie dem Herodes, sodass ich das neu aufkeimende Leben in mir unterdrücken und auslöschen muss? Oder stelle ich mich stattdessen mitsamt der Kraft meines Verstandes – obwohl er nichts so recht begreift davon – hinter

den gottgeschenkten Neuanfang in mir und behüte ihn, damit er heranreifen kann – wie Josef? Es ist genau so, wie es Friedrich Schlegel, das romantische Dichtergenie einmal sagte: dass das Kostbarste, was ein Mensch besitzt, irgendwo zuletzt an einem Punkt hängt, der im Dunklen gelassen werden muss, dafür aber das Ganze trägt und hält, und diese Kraft in demselben Augenblick verlieren würde, wo man ihn in Verstand auflösen, also über ihn verfügen wollte. Man könnte im Blick auf unser Evangelium von heute von einem Josefspunkt reden, den es in jedem Leben gibt und an dem schier alles hängt.

— *Überblendungen* —

Wie ich dazu komme, die Erzählung von der Flucht der Heiligen Familie auf die Geschichte unseres eigenen Lebens zu übertragen, fragen Sie jetzt vielleicht. Sehr einfach: weil das das Evangelium selber tut. Nicht zufällig führt die Flucht ja nach Ägypten, und nicht zufällig befiehlt nach dem Tod des Herodes ein Engel dem Josef im Traum, mit dem Kind und seiner Mutter in das Land Israel zu ziehen. Hinter diesen Worten leuchtet die Erinnerung an ein ganz anderes, an das wichtigste Ereignis des ganzen Alten Bundes schlechthin auf: Israels Auszug aus Ägypten ins gelobte Land. Der Exodus ist das Drama, wie Gott sein Volk in die Freiheit führt, heraus aus der Unterdrückung, heraus aus allem, was wahres Leben abwürgt und unmöglich macht. Diesem Durchbruch folgte über die Jahrhunderte hin ein Auf und Ab von Hoffnung und Angst, das immer zu tun hatte mit einem Hin und Her des Volkes zwischen Vertrauen und Misstrauen gegen seinen rettenden Gott. Mit der Geschichte von der Flucht der Heiligen Familie nach Ägypten und der Rückkehr sagt uns das Evangelium, dass Jesus persönlich das Geschick des erwählten Volkes auf sich nimmt, das heißt seine bewegte Freiheitsgeschichte, in der sich ja nur äußerlich verdichtet, was einem jeden Menschen auf seiner Suche nach gelungenem, befreitem Leben widerfährt. Das nimmt Jesus auf sich – dazu ist er von Gott gesandt –, um die dem Abraham gegebene Verheißung der Heilung allen Lebens vom Misstrauen und der ihm entstammenden Unfreiheit einzulösen und damit zu tun, was sein Name besagt: Jeshua – Gott rettet.

Die scheinbar so beiläufige Fluchtgeschichte deutet uns also an, was der Sinn all dessen ist, was im Evangelium nachfolgend von diesem Jesus

noch alles erzählt wird – angefangen von der Taufe im Jordan bis hin zu Kreuz und Auferstehung. All das geschieht einzig und allein um unserer Befreiung willen, damit jeder als er selbst leben kann, so wie Gott ihn geschaffen hat. Dass dem Josef nach der Rückkehr aus Ägypten durch ein drittes Traumwort befohlen wird, nicht nach Judäa zu gehen, wo in Gestalt des Archelaos immer noch Herodianisches, also Todbringendes regiert, sondern nach Galiläa, das klingt wie eine allererste Vorahnung, dass die in Jesus geschehende Befreiungstat Gottes nicht gradlinig ans Ziel kommen, sondern sehr unerwartete, abseitige Wege gehen wird – der allererste Widerhall der Passionsgeschichte ist das schon.

— *Schule des Ganz-Ohr-Seins* —

Das alles konnte nur geschehen, weil Josef ganz Ohr war für die Gottesstimme in seiner Seele, die die Bibel „Engel" nennt. Auch das gehört zum Weltabenteuer Gottes, das wir Weihnachten nennen. Das aber heißt: Der Josef war der Gehorsame in der Familie von Betlehem. So konnte er das Kind behüten und ihm ein Leben auftun, in dem es heranreifen konnte zu einem eigenen Gehorsam seiner göttlichen Bestimmung gegenüber, der es so frei und menschlich hat werden lassen, dass es zum Befreier all derer hat werden können, die sich ihm anvertrauen. Wie viel menschliches Leid, wie viel Glaubensnot, wie viel Hass auf die Kirche auch würden nie entstanden sein, wenn christliche Familien nicht das bürgerliche Kitschbild der Heiligen Familie zu kopieren gesucht hätten, sondern selber eine solche Lebensschule des Ganz-Ohr-Seins gewesen wären, wie die Heilige Familie es in Wahrheit gewesen ist. An dem Punkt kann das heutige Fest dann sogar zum Gewissenspiegel werden.

Hochfest der Gottesmutter Maria – Neujahr: Lk 2,16–21

Lesen und Schreiben

— *Was Gott sich traut* —

Vor acht Tagen haben wir die Heilige Nacht begangen. Genau dann, wenn im Kreise des Jahres die Nacht am längsten ist, wenn alles in winterlicher Todesstarre harrt, feiern Christen, was Gott für den Menschen übrig hat: einen neuen Anfang. Und Gott selber markiert diesen Anfang gleichsam, indem er sich ohne Vorbehalt auf die Seite des Menschen, ja geradezu an die Stelle des Menschen stellt. Wenn die Botschaft von der Menschwerdung kein Unfug ist, dann bedeutet sie ja genau ebendies. Und sie will sagen: Wenn sich selbst Gott an deine Stelle traut, was vergibst dann du dir, wenn auch du zu sein wagtest, was du bist?

— *Bilanz ziehen* —

Heute fangen wir ein neues Jahr an. Solche Tage lassen uns wie von selbst innehalten und Bilanz ziehen. Was war, wo stehe ich, was wird kommen? Wir dürfen dabei nicht zu oberflächlich fragen, nach Glück oder Pech. Die Frage muss heißen: Was habe ich aus mir gemacht? Wozu bin ich bestimmt? Wer sich nichts vormacht, wird sich eingestehen müssen: Im Vergleich zu dem, was ich sein könnte, bin ich mir etwas – und vielleicht manches – schuldig geblieben. Aber zugleich darf ich mir sagen: Es ist doch Weihnachten gewesen! Weihnachten auch für mich! Und wo, wenn nicht jetzt, da ich nach mir frage, hat jener Neuanfang seinen Ort, den mir die Heilige Nacht verspricht.

— *Am Anfang ein Name* —

Aber wie anfangen mit diesem Anfang? Vielleicht steckt die Antwort in dem Namen, der über diesem ersten Tag des Neuen Jahres steht: Er

gehört Maria. So ehren wir sie, die dem Geheimnis jenes neuen Anfangs nähersteht als jede und jeder andere, ja, die selber in dieses Neuanfangen Gottes mit uns Menschen einbezogen war. Aber nicht einbezogen äußerlich wie ein Werkzeug, dessen sich Gott eben bedient, sondern hineingenommen durch das Einverständnis, das sie dazu gab. Dabei dürfen wir uns das alles nicht zu romantisch vorstellen. Maria musste selbst erst einmal die Spuren Gottes in ihrem Leben, seinen Ruf, seine Herausforderung entziffern lernen, bevor sie werden konnte, was sie nach Gottes Absicht sein sollte.

Was es heißt, die eigenen Lebenslinien zu entziffern, das macht eine mittelalterliche Legende deutlich, die später oft von Künstlern ins Bild gesetzt wurde. Nach dieser Legende hat Maria, als der Verkündigungsengel bei ihr eintrat, in der Bibel gelesen. Sie hat – will das heißen – ihr eigenes Leben, ihre Bestimmung und Zukunft von den alten Gottesgeschichten her verstehen gelernt. Sie hat gelesen, was Menschen mit Gott schon für Geschichten erlebt hatten, seit Abraham. Und dann hat sie sich gefragt, ob denn dieser Gott, der oft so Nahe, aber genauso oft Ferne und Rätselhafte, ob er denn vielleicht auch mit ihr so eine persönliche Geschichte vorhabe. Maria wird gefragt, wird überlegt, auch gerätselt haben. Aber sie hat sich von den Gottesgeschichten der Bibel Mut machen, hat sich von Gott in Anspruch nehmen lassen. Und so ist sie die geworden, die sie werden sollte.

Dieses Entziffern des eigenen Lebens ist dabei keineswegs ein einmaliger Vorgang, sondern etwas, das immer wieder getan werden will, damit irgendwann so etwas wie die Grundrichtung erkennbar wird. Schon die Künstler, die die alte Legende von vorhin malten oder schnitzten, haben das so gesehen. Eines Tages begannen sie nämlich, Maria mit dem Jesus-Kind auf dem Arm darzustellen – aber immer noch lesend, darum mit dem Buch der Gottesgeschichten in der anderen Hand. Auch Jesu Geschick und Geheimnis hat sie – wie wir alle bis heute – verstehen lernen müssen. Und genauso die Rolle, die ihr zugedacht war in all dem. Vom Wort Gottes hat sich Maria ihr Leben auslegen lassen. Und erst, weil sie so lernte, worauf es hinaus will mit ihr, konnte sie ihr Leben leben – und wurde nicht einfach vom Gang der Dinge fortgerissen.

— *Das Leben entziffern* —

Was hilft mir, *mein* Leben zu entdecken und zu verstehen? Was andere sagen, was in der Zeitung steht oder was irgendein Großmaul im Fernsehen zum besten gibt? Vielleicht haben Sie damit schon Erfahrungen machen müssen. Warum also den Neuanfang, der mir offensteht, nicht wie die Maria unserer Legende mit den Gottesgeschichten der Bibel machen? Sich zum Vertrauen ermutigen lassen wie Abraham oder Sara; den Mut zum Weg in die wirkliche Freiheit fassen wie Mose; der Wahrheit die Ehre geben, wie die Propheten, auch wenn es manchen nicht passt; sich trösten lassen von den Psalmbetern oder dem leidenden Hiob, wenn ich dem Zusammenbruch nahe bin, weil sie alle bezeugen, dass gerade dort, wo ich einfach nicht mehr kann, dort, wo ich total am Boden bin, Gott mir auf eine Weise nahe steht, die ich vorher gar nicht kannte!

Alle die Gottesgeschichten sind ja zu nichts anderem aufgeschrieben als dazu, dass sie meine eigenen Geschichten werden, buchstabiert mit dem Wortschatz meines Lebens – und das „-schatz“ in Wortschatz ist buchstäblich gemeint. Der ganze Reichtum meines Lebens – und jedes Leben ist reich, auch das einfache, das behinderte, das schuldig gewordene –, dieser ganze Schatz in mir wartet geradezu darauf, unter Gottes Händen zu einer einmaligen Geschichte, zu seiner Geschichte und zu meiner Geschichte zu werden. Freilich muss ich ihm zur Verfügung stellen, was in mir liegt. Dann werde ich, was ich bin.

— *Neufassungen des Evangeliums* —

Aus der alten Kirche wird überliefert, was ein Heide einmal einem Bischof gegenüber gespottet habe: Das Christentum müsse ja wohl eine Religion für einfache Geister sein, da es mit einem einzigen Buch auskomme. Wenn Jesus so weise sei, wie die Christen behaupten, hätte er doch eine ganze Bibliothek hinterlassen müssen, in der alles geschrieben stehe, was irgendwie und irgendwann für das Leben von Belang sein könne. Der Bischof gab zur Antwort: Nein, uns reicht ein einziges Buch mit Gottes Wort. Denn du vergisst, dass jeder Gläubige dieses Buch neu schreibt.

— 365 leere Seiten —

Das neue Jahr liegt wie ein Buch mit lauter unbeschriebenen Seiten vor uns. Jeder Tag eine Seite, 365 insgesamt. Wir dürfen die Seiten beschreiben, eine nach der anderen. Wenn man etwas schreiben muss, fällt es einem oft schwer anzufangen. Dann ist es oftmals hilfreich, zu schauen, was denn andere schon geschrieben haben. Wer dafür das Buch mit den Gottesgeschichten aufschlägt und sich von ihm helfen lässt, wird am nächsten Neujahrstag in seinem Lebensbuch mit der Jahreszahl im Titel eine Geschichte stehen haben, die stimmt – und die ihn dankbar macht.

Zweiter Sonntag nach Weihnachten: Joh 1,1–18

Weihnachtswissen

— *Zwei Christus-Bilder* —

Manche von Ihnen werden etwas davon schon gesehen haben. Eine der Hauptzugangsstraßen des alten Rom entlang, der Via Appia Antica, erstreckt sich eine ganze unterirdische Totenstadt – die Katakomben. Insgesamt gut 15 Kilometer lang, teils drei Stockwerke tief, haben die frühen Christen dort in dem weichen Gestein ihre Toten bestattet und in den Zeiten der Verfolgung auch Zuflucht gesucht. In dieser Gräberstadt sind auch die frühesten Christusbilder erhalten geblieben, die wir kennen. Zwei davon fallen besonders auf. Etliche Wandmalereien zeigen eine sonnige, frühlingshafte Landschaft, in ihr sitzt ein junger Mann, umgeben von Tieren, eine Leier in der Hand. Das ist die antike Figur des Orpheus, jenes mythischen Sängers, der eine so wunderbare Stimme hatte, dass er nicht nur Menschen und Götter bezauberte, sondern dass auch die Bäume zu tanzen und die Felsen zu weinen begannen, wenn er zu singen anfing. In ihm haben die frühen Christen so etwas wie ein Vorausbild des Erlösers erkannt, der mit seiner milden Stimme die Tiere, also das Unbegreifliche, Dunkle, Gefährliche besänftigt, alles Harte weich macht und die Schöpfung jubeln lässt.

Und da ist noch ein Bild, auch eines, das aus der Welt des griechischen Denkens stammt. Man findet es auf den Sarkophagen. Sie waren der Ort der ältesten christlichen Plastik und zeigen meist Hirten, Betende – und Christus als Philosophen, gekleidet in die Tunika und eine Schriftrolle in der Hand, so wie man in der vorchristlichen Antike gern Sokrates oder Platon darstellte. *Unser* Philosoph, wollten die Gläubigen damals sagen, – *unser* Philosoph, *unser* Weiser ist Christus, weil er das Geheimnis des Lebens *und* des Todes bis zum Grunde kennt.

— Zwei Weihnachtsevangelien —

Dieses Nebeneinander von Orpheus und Sokrates oder Platon, von Dichter und Weisheitslehrer als einem Doppelsymbol für Christus aus den Katakomben spiegelt sich, scheint mir, in gewissem Sinn in den Evangelien des Weihnachtsfestes. In der Christmette haben wir die Kindheitsgeschichte aus dem Lukasevangelium gehört, jenen Reigen von Bildern zwischen Traum und Tag – das Herberge suchende Paar, die Geburt des Kindes im Stall inmitten der Tiere, die Hirten auf dem Feld mit ihrer Herde, die Botschaft des Engels an sie, die Schar der Himmlischen, die darüber jubelt, dass den Menschen Frieden geworden, weil sie Gott so am Herzen liegen. Und dann in der Helle des Weihnachtstages sowie nochmals am heutigen Sonntag folgen die ersten 18 Verse des Johannesevangeliums, steil von oben kommend gleichsam, wie ein mächtig brausender Katarakt, in der Dichte dessen, was sie ausdrücken, nicht zu fassen in den Kommentaren von 2000 Jahren.

— Zwei Paukenschläge —

Diesem Johannes, einem spekulativen, mystischen Theologen, ist nichts zu kühn in seinem Versuch zu sagen, was Weihnachten bedeutet: Darum fängt er seine Jesus-Geschichte mit den gleichen Worten an, mit denen das Heilige Buch der Juden und dann der Christen insgesamt beginnt: Bereschith, en arche, im Anfang – und dann kommt der erste Paukenschlag: Im Anfang war der Logos. Wir übersetzen gewöhnlich: Im Anfang war das Wort – aber das sagt im Grunde überhaupt nichts. Dieses „logos" war schon im sechsten vorchristlichen Jahrhundert durch den Vorsokratiker Hesiod zu einem Grundwort der abendländischen Philosophie, aber dadurch zugleich beinahe unübersetzbar geworden: „Sinn", „Urgrund", „Ordnung", „Zusammenhalt", „Vielfalt in der Einheit" könnte man unbeholfen dafür nehmen – und selbst alles davon zusammen genommen würde noch nicht reichen. Was Johannes damit sagen will: Am Anfang alles Wirklichen ist kein Durcheinander, kein Tohuwabohu, sondern alles ist geordnet, gefügt, stimmt zueinander und lässt sich verstehen, denn nicht irgendetwas, sondern Gott selbst, sein innerstes Wesen ist der Anfang aller Dinge. Und darum auch gibt es Lebendiges und Licht in dieser Welt, Licht, das durch nichts überwältigt und gelöscht werden kann und darum jedem Menschen leuchtet und ihn erleuchtet.

Und dann kommt der zweite, noch größere Paukenschlag: Und dieser Logos ist Fleisch geworden und hat unter uns gewohnt – wörtlich: sein Zelt, seine Bleibe aufgeschlagen. Das war unerhört, denn es bedeutete: Der Logos, diese innerste, alles leitende und bewahrende Mitte des Universums, ist in Jesus selbst sichtbarer Teil dieser Welt geworden. In und an ihm kann man auf menschliche Weise schauen, was es um jenes tiefste Geheimnis und Gesetz ist, das alles schafft und zusammenhält und das Menschen seit je mit dem scheu gesprochenen Namen „Gott" zu ehren suchen. Kein Wunder, dass sich die frühen christlichen Theologen als die Nachfolger und sogar Überbieter der Philosophen verstanden, weil ihnen der Logos, welcher Christus ist, gleichsam auf Du und Du vertraut und zugewandt war. Und deshalb konnten sie auch alles, was sich bei den vorchristlichen Philosophen an tiefer Einsicht und Wahrheit findet, als „Samenkörner des Logos" anerkennen, wie sie sagten, als Vorausbild und Vorspiel dessen, was sich in Jesus Christus in seiner ganzen Fülle auftut und mitteilt. Genauso wie die Künstler der Katakomben im Orpheus und der Figur des Weisen mit der Schriftrolle geistig-geistliche Vorläufer Christi erblickten.

— *Jesus – Exeget des Vaters* —

Man darf nicht glauben, dass Johannes und dann jene Künstler das gemacht hätten, um so etwas wie eine Selbstbehauptung dieser kleinen christlichen Sekte inmitten der hoch stehenden geistigen Welt und dem brodelnden religiösen Siedetopf der spätantiken Gesellschaft zu inszenieren. Da wären sie mit Pauken und Trompeten untergegangen. Dass das nicht geschah, konnte seinen Grund nur darin haben, dass an diesem Jesus etwas war, was Menschen derart in Bann schlug, dass sie den Gedanken wagten: An dem, was dieser Jesus sagt, tut und duldet, leuchtet etwas von Gott selber auf. Wie er war, so ist Gott. Er ist seine Ikone, sein wahres Inbild – genau so, wie das der Evangelist sagt mit den Worten „ekeinos exegesato" – jener, also Christus, hat Kunde gebracht, wörtlich: hat Gott, den Vater, ausgelegt, also gedeutet und damit für uns zugänglich und verstehbar gemacht.

— Jesu Biographie als wahres Gottesbild —

Und was hat uns Jesus von Gott verständlich gemacht? Als Antwort auf diese Frage müsste ich Ihnen eigentlich nun das Leben Jesu von seinem ersten öffentlichen Auftritt in Nazaret bis zur Todesstunde auf Golgata erzählen. Dieses Ganze, seine Biographie, ist das wahre Gottesbild. Das Bild von dem Gott, der der Urgrund, die Quelle und die Mitte von allem ist. Und was zeigt Jesus? Einen, der den Geschöpfen zugewandt ist, liebend Sorge um sie tragend, um die Angeschlagenen, die in sich Verkrümmten zu allermeist. Einen, dem nichts zu viel ist, der sein Eigenstes drangibt dafür, dass anderes, dass die anderen seien und bleiben. Einen, der unbedingt sagt: Ich will, dass Du bist. Dieser Satz aber ist die Tunform eines Hauptworts: Das heißt Liebe. Der Logos also, der alles durchwaltet, schafft und trägt, ist Liebe, ist Sich-Verschenken-Für. Und wenn das wahr wäre, dann, ja dann hat das Dunkle und Schmerzvolle, das Nichts, also der Tod nicht und nirgends das letzte Wort, auch dort nicht, wo etwas in der Welt endet, wie alles Irdische. Enden bedeutet dann nicht *ver*gehen, sondern wieder *ein*gehen in den Urgrund, aus dem alles Seiende kam, und dort vollendet werden.

— Aufklärung christlich —

So vom Leben denken dürfen, so durchlichtet, also aufgeklärt im buchstäblichen Sinn, und nicht einem blinden Geschick oder fremden göttlichen Mächten ausgesetzt sein – das hat Menschen von Anbeginn am Evangelium fasziniert. Das eigene, kleine, zerbrechliche Leben geborgen wissen dürfen bei einem Gott, der selbst das Kleinsein und Zerbrechlichsein aus Eigenstem kennt und gerade darin sein Gottsein erweist. Das macht frei, zum Menschlich-Sein ja sagen zu können und sich nichts mehr vormachen zu müssen, damit man etwas, das heißt jemand sei. Du bist, denn ich bin mit Dir – das ist der Kern der Weihnachtsbotschaft. Und das ist das einzige Wort, das im Angesicht des Todes noch Bestand hat. Darum Christus, der Philosoph, auf den alten Sarkophagen! Darum Christus Orpheus in den Katakomben! Orpheus hatte mit seinem Lied die Schicksalsgötter erweicht, um seine geliebte Eurydike, die gestorben war, aus dem Schattenreich zurückzuholen – wenn er sich nicht auf dem Rückweg aus Angst um sie nochmals umgedreht und so den Sieg über den Tod doch noch verspielt hätte. Christus Orpheus geht auch bis in

die Unterwelt, aber in unverbrüchlichem Gott-Trauen, darum holt er, was er liebt – die Schöpfung, uns – aus den Kellern der Angst. Das Geheimnis des Gottes an unserer Seite, an unserer Seite für immer. Das ist Weihnachten – unzerstörbar selbst durch die trivialste Verkitschung noch. Wie könnte es auch anders sein, wo wir an diesen Tagen doch in unser eigenes Innerstes schauen!

Erscheinung des Herrn: Mt 2,1–12

König werden

— *Zwei Weihnachtsfeste* —

Weihnachten gleicht einem Bergmassiv mit zwei Gipfeln: der Heiligen Nacht und dem heutigen Fest der Erscheinung des Herrn, dem Dreikönigstag. Beiden untergeordnet begehen wir die anderen Feiertage, an denen wir das Weihnachtsgeheimnis gleichsam weitermeditieren: das Fest der Heiligen Familie, den Tag der Unschuldigen Kinder, das Hochfest der Gottesmutter an Neujahr, an dem das Krippenkind auch seinen Namen Jesus empfängt, schließlich kommenden Sonntag das Fest der Taufe des Herrn, mit dem die Weihnachtszeit endet.

— *Sinnige Bräuche* —

Es gab Zeiten, da war den Christen der heutige Dreikönigstag wichtiger als der Heilige Abend. In Italien zum Beispiel ist das zum Teil heute noch so. An Befana, so der alte Name des Tages, der von „Epiphanie" kommt, werden die Kinder beschenkt und versammelt sich die Familie zum Festmahl. Bei uns erinnert daran, dass dieser Tag immer noch mit einer ganzen Fülle von Bräuchen verbunden ist: Das Dreikönigswasser wird gesegnet; in den Wohnungen wird Weihrauch entzündet, gläubige Menschen schreiben über ihre Türen sichtbar nach außen C+M+B und die jeweilige Jahreszahl. C+M+B heißt: Christus mansionem benedicat – Christus segne das Haus in diesem neuen Jahr. Und vielerorts gibt es die Sternsinger. Mädchen und Jungen aus den Pfarrgemeinden ziehen als die Heiligen Drei Könige von Haus zu Haus, verkünden in Liedern das heutige Evangelium, schreiben den Segen über die Türen und bitten um eine Gabe für alle Kinder der Welt, denen auch ein Stück von dem Not tut, was uns schon geschenkt ist. Aber gerade dieser Brauch – und auch schon der übliche Name dieses Festtags: Dreikönig – müsste uns ei-

gentlich stutzig machen. Denn: Im Evangelium steht kein Sterbenswort davon, dass „Könige" zur Krippe gekommen seien. Von Sterndeutern ist dort vielmehr die Rede, von Magiern aus dem Osten. Von Leuten also, die aus der Fremde kommen, die nach den letzten Geheimnissen der Welt und des Lebens suchen. Wie aber und warum werden die in der Überlieferung auf einmal zu Königen?

— Brecht und die Gottesmutter —

Bert Brecht, Erzkommunist und absolut unverdächtig, mit frommen Sachen irgendetwas am Hut zu haben, hat einmal ein paar Zeilen über Maria geschrieben und darin das Rätsel der Drei Könige ziemlich gut aufgeschlossen:

Die Nacht ihrer ersten Geburt war
Kalt gewesen. In späteren Jahren aber
Vergaß sie gänzlich
Den Frost in den Kummerbalken und rauchenden Ofen
Und das Würgen der Nachgeburt gegen Morgen zu.
Aber vor allem vergaß sie die bittere Scham
Nicht allein zu sein
Die dem Armen eigen ist.
Hauptsächlich deshalb
Ward es in späteren Jahren zum Fest, bei dem
Alles dabei war.
Das rohe Geschwätz der Hirten verstummte.
Später wurden aus ihnen Könige in der Geschichte.
Der Wind, der sehr kalt war
Wurde zum Engelsgesang.
Ja, von dem Loch im Dach, das den Frost einließ, blieb nur
Der Stern, der hineinsah.
Alles dies
Kam vom Gesicht ihres Sohnes, der leicht war
Gesang liebte
Arme zu sich lud
Und die Gewohnheit hatte, unter Königen zu leben
und einen Stern über sich zu sehen zur Nachtzeit.[6]

— *Glanz von innen* —

Schöner – und genauer – kann man Dreikönig und eigentlich die ganze Weihnachtsgeschichte gar nicht mehr erklären: Die Armseligkeit der Geburt Jesu wird zum Fest, da Menschen sich beschenken, der eisige Wind zum Engelsgesang, der klirrende Frost zum geheimnisvollen Stern, grobschlächtige Hirten verwandeln sich in Könige. Und das alles durch Marias Sohn – durch das, was und wie Jesus ist, sagt Brecht. Wie er war in seinem Leben, will der Dichter sagen, dadurch hat sein armseliger Anfang Glanz, ein Strahlen von innen bekommen. Licht vom Himmel, ein Stern, stand über seinem Leben gerade dann, wenn es dunkel war – zur Nachtzeit: Von Gott hat er sich führen lassen. Und frei, souverän war er, niemandem verpflichtet als Gott allein – daher seine Gewohnheit, unter Königen, also wie ein König zu leben.

— *Königtum der Freiheit* —

Wie Jesus war, das hat die, die ihn suchten, selber zu Königen gemacht, zu Freien, Souveränen – mögen sie nun Sterndeuter gewesen sein oder bloß Hirten, wie Brecht meint. Das ist eigentlich zweitrangig. Denn es ist ja von jeder und jedem und für alle Zeit gesagt: Wer in den Umkreis, in Jesu Nähe tritt, wer sich führen lässt von dem, was er von Wesen war, entdeckt, dass er selbst von Wesen wie ein König ist. Und was war dieses Wesentliche an ihm? Vielleicht kann man es knapp auf ein einziges Wort bringen: ein durch nichts und niemanden zu beirrendes Gottvertrauen. Ein Sich-geborgen-Wissen in jenem letzten Grund, der ihn trägt, den er so nah empfindet, dass er ihn Abba, lieber Vater, nennt; der ihn so beglückt, dass er alles andere dafür drangeben mag – das Gleichnis vom Kaufmann, der eine wunderbare Perle in einem Acker findet, hingeht, alles verkauft und jenen Acker erwirbt, deutet das an. Die Sorglosigkeit der Vögel des Himmels und der Lilien am Feldrand lässt ihn jenes Geborgensein besingen. Und nicht einmal dann lässt er davon ab, als sie ihm wegen seines Redens davon das Letzte nehmen, ihm sich selbst. Weil er überzeugt ist, dass es nichts gibt, was jenseits dieses bergenden Grundes geschähe, auch das Sterben nicht. Nicht zufällig taucht das Königsmotiv, das Matthäus in Jesu Kindheitsgeschichte intoniert, bei allen vier Evangelisten in der Passionsgeschichte kurz vor der Hinrichtung Jesu auf – gebrochen durch die Persiflage des

Spottkönigs, zu den die römischen Soldaten Jesus machen, aber eben darum umso tiefgründiger und unverwechselbarer mit allem menschlichen Machtgebaren, das sonst am Königstitel haftet. Das alles ist auch gar nicht erstaunlich: Vertraut sich der Mensch Gott an, wie Jesus es tat, hat nichts in der Welt mehr die Macht, über ihn zu verfügen, nicht einmal das Nichts.

Die Evangelien sind allesamt eigentlich nur nach vorne verlängerte Passionsgeschichten. Sie lesen von hinten, vom Ausgang des Ganzen her, bereits in den Anfang ein, was es um diesen Jesus im Tiefsten ist. Darum hatte Matthäus recht, als er schrieb, dass das Kind in der Krippe in Wahrheit ein Königskind sei. Und darum hatten die Frommen recht, die dieses Geheimnis weitergedacht haben und sagten, dass die fremden Wahrheitssucher, die das Kind ehren wollten, auch Könige gewesen seien.

— *Werktagskönige* —

Eine spätere Legende nimmt diesen Faden nochmals auf und spinnt ihn sozusagen fort bis in die Gegenwart: Als die Weisen, so heißt es da, Betlehem verließen, blickten sie von einer Anhöhe her nochmals auf die Stadt zurück. Da sahen sie: Der Stern, der sie zur Krippe geführt hatte, zersprang in tausend und abertausend kleine Sterne, die wie auf die Erde niedersanken. Die Weisen wussten nicht, was das zu bedeuten hatte. Nach einer Weile kamen sie an eine Wegkreuzung. Da sie nicht wussten, wohin, fragten sie einen Fremden, der gab ihnen hilfreiche Auskunft. Als er weiterging, sahen sie über ihm etwas wie einen kleinen Funken. Und als sie abends müde in einer Herberge unterkamen und ihnen der Herbergswirt freundlich ein Abendmahl brachte, sahen sie über ihm wieder ein solches kleines Leuchten. Und da verstanden sie: lauter Sternträger. Wo Freundlichkeit und Güte waren, leuchtete etwas wider von dem Himmelslicht, das sie zum Königskind geführt hatte. Das Bild des Kindes in der Seele, schauen sie sein Geheimnis mitten in der Welt und an ihresgleichen. Freie, Werktagskönige gleichsam sehen sie da, denn nur, wer frei ist, kann gütig und den anderen zugetan sein, weil er oder sie nicht mehr Angst hat, im Eigenen zu kurz zu kommen.

— Die Glaubenden sind Königskinder —

Vielleicht darf man im Geist solch andächtigen Erzählens auch eine symbolische Brücke von dieser kleinen Legende zu einem Element in der Liturgie der Taufe und der Firmung schlagen. Bei diesem Doppelsakrament der Aufnahme in die Gemeinschaft der Glaubenden wird uns auf die Stirn mit Chrisam ein Kreuz gezeichnet, das man unschwer zugleich als die Urform eines kleinen Sterns sehen kann. Schon im Alten Testament drückte die Salbung mit Chrisam die Würde des neu gekrönten Königs aus. Wer getauft ist, fängt an, ein Königskind zu sein. Über seinem oder ihrem Leben steht der Leitstern der Dreikönigswürde, der Stern der Freiheit, die Gott denen zumisst, die sich an ihn binden. Aber auch das Umgekehrte gilt dann: Wo immer uns ein Mensch begegnet, der aus der Schwerkraft einer gelassenen Freiheit handelt, ist es jemand, der dem Stern von Betlehem nicht fern ist – und sei er von außen gesehen auch ein Fremder wie damals die Weisen aus dem Osten.

Es wird gut sein, wenn wir ein wenig Aufmerksamkeit einüben für dieses Zeichen über dem Leben anderer. Und wenn wir uns selber immer wieder dieser unserer Würde erinnern. Der heutige Dreikönigstag tut das Jahr um Jahr.

Fest der Taufe des Herrn: Apg 10,34–38

Was nach Weihnachten kommt

— Was bleibt? —

Zwei Wochen lang haben wir jetzt Weihnachten gefeiert. Am Anfang die Heilige Nacht, dann den Weihnachtstag; den achten Tag danach, der der Gottesmutter Maria gewidmet ist und mit dem Beginn des neuen Jahres zusammenfällt; dann sechs Tage später das Fest der Erscheinung des Herrn. Und heute schließt sich der Kreis mit dem Fest der Taufe Jesu. Weihnachten war. Und was kommt jetzt? Was bleibt?

— Eine gesungene Antwort —

In Irland singt man bis heute ein altes Weihnachtslied, das darauf Antwort gibt. Es heißt:

Wenn der Gesang der Engel verstummt ist,
wenn der Stern am Himmel untergegangen ist,
wenn die Könige und Fürsten heimgekehrt,
die Hirten mit ihrer Herde fortgezogen sind,
dann erst beginnt das Werk von Weihnachten:

Die Verlorenen finden,
Die Zerbrochenen heilen,
Den Hungernden zu essen geben,
Die Gefangenen freilassen,
Die Völker aufrichten,
Den Menschen Frieden bringen,
In den Herzen musizieren.[7]

— *Weihnachten als Aufgabe* —

Besser kann man wohl nicht sagen, was nach Weihnachten kommt und was darum von Weihnachten bleibt. Und besser kann nicht zum Ausdruck kommen, dass Christen an Weihnachten nicht ein bisschen Romantik inszenieren, sondern dass sie Weihnachten als eine Aufgabe für das ganze Jahr begreifen. Denn Weihnachten hat durch und durch mit dem gelebten und erlittenen Leben von Menschen zu tun. Woher kommt das?

— *Jesus lernt seine Sendung* —

Man braucht nur zu hören, was Petrus in der Predigt sagt, die wir vorhin aus der Apostelgeschichte gelesen haben. Da fasst der Apostel den Anfang des öffentlichen Auftretens Jesu zusammen: Bei der Taufe am Jordan, sagt Petrus, hat Gott Jesus von Nazaret gesalbt und mit dem Heiligen Geist und mit Kraft; dann zog Jesus umher; er tat Gutes und heilte alle, die in der Gewalt des Teufels waren; denn Gott war mit ihm.

Dass Jesus geboren wurde, hatte von Anfang an in Gott seinen Grund und von Gott her ein ganz genaues Ziel, will Petrus damit sagen. Dieses Ziel war eine Aufgabe. Gott selbst hat Jesus für diese Aufgabe ausgerüstet – das meint dieses „mit Geist und Kraft gesalbt". Und diese Aufgabe bestand darin, Gutes zu tun und alle zu heilen, die in der Gewalt des Teufels waren, die also – in Worten von heute gesagt – ihrer selbst nicht mehr mächtig waren, umgetrieben wurden von Zwängen oder Süchten, die ihr Leben Stück um Stück zerstörten. Ihnen Gutes tun und Menschen wieder zu sich selbst kommen zu lassen – dazu wusste sich Jesus von Gott gesandt.

Noch etwas ganz Eigenartiges kommt hinzu: Diese Sendung nimmt ihren Anfang im hintersten Winkel einer Provinz des römischen Weltreiches, in Galiläa. Und der Gesandte selbst, Jesus, muss sich selbst ganz und gar menschlich zunächst herantasten an die Frage, wie weit diese Sendung reicht. In der Begegnung mit Menschen, die seiner bedürfen, aber gar nicht zu seinem Volk gehören, lernt er buchstäblich, dass er auch zu den Fremden, nein gerade und zuerst zu ihnen gesandt ist, über die Grenzen seiner Volks- und Glaubensgemeinschaft hinaus. Die Geschichte von der Syrophönizierin, die hartnäckig um die Heilung ihres Töchterchens bittet, etwa erzählt davon, und auch die Begegnung mit

der Samariterin am Brunnen. Das aber sind keine Sonderfälle. Dieser Zug wird für Jesus und sein weiteres Leben derart prägend, dass er etwas später, in der dichterischen Nacherzählung seines Lebensanfangs im Matthäusevangelium gleichsam bis in seine Geburtsgeschichte zurückgespiegelt wird. So entsteht die Szene von der Anbetung der Weisen, die aus der fremden Ferne kommen und im Betlehemer Kind den Leitstern eines gesegneten Lebens erkennen.

In der Sicht der Evangelisten hat diese Sendung aber auch auf Seiten ihrer Adressaten so etwas wie ein Gegenstück, eine Entsprechung: Die da aus der Ferne kommen, die Fremden mit ihren anderen Lebensweisen, anderen Sitten, ihrem anderen Glauben, Leute also, die man ansonsten Heiden nennt, die werden nicht als unwissend und in der Lüge befangen hingestellt, sondern der Wahrheit fähig erachtet. Obwohl fremd und anders, finden sie Zugang zu dem, was Jesus bedeutet. Sie fallen nieder, huldigen ihm und beschenken das Kind, heißt es.

Ihre eigentliche Spitze bekommt die Geschichte aber erst dadurch, dass die Weisen aus dem Osten in schärfstem Kontrast zu Herodes und seinen geistlichen Beratern gezeichnet werden. Sie, die Fremden, die unvertraut sind mit der Geschichte des Volkes Israel und mit seiner Hoffnung auf das Kommen eines Retters, – sie machen sich auf den langen Weg, geführt einzig von einem Stern, also einer leisen, geheimnisvollen Ahnung, um diesen Retter zu suchen. Und sie finden ihn. Die jedoch, die sich in nächster Nähe zum Geschehen befinden, Herodes, der Repräsentant Israels, und die Fachleute für Religiöses haben keinen blassen Schimmer. Das ist eine doppelte Kritik: eine am Bescheidwissen über Gott und seine Pläne. Und genauso Kritik an jedem Versuch, Menschen, weil sie anderer Hautfarbe, Rasse und Herkunft sind oder eine andere Sprache sprechen, auszugrenzen. Für sie, die Fremden, ist Gott genauso Mensch geworden wie für die, die aufgrund ihrer Nähe zu den heiligen Dingen zu wissen meinen, wie alles sein wird. Das alles hat Matthäus gleich in den Anfang seiner Geschichte vom Leben Jesu hineingeschrieben. Anders gesagt: Was Gott durch Jesus kundtut, gilt von vornherein allen und für alle. Seine Sendung und ihre Fortsetzung in der Predigt der Kirche ist katholisch im ursprünglichen Sinn des Wortes: alle umfassend, niemanden ausschließend. Alle sind gemeint.

— *Es gibt keine Fremden* —

Ein paar Jahre nach Matthäus hat ein anderer Autor des Neuen Testaments, der Autor des Epheserbriefes, dieses Gemeint-Sein aller als *das* Geheimnis Christi bezeichnet. Es besteht darin, so wörtlich, dass die Heiden Miterben sind und Mit-Leib und Mitteilhaber an dem, was Gott durch Christus zusagt. In Gottes Urabsicht, dass Menschen ein Leben führen, das ihrer würdig ist, und dass es gut ausgeht mit ihnen, – in diesen Plan sind die Heiden, also die, die aus der Innenperspektive auch der frühen Gemeinde als Fremde erscheinen, grundsätzlich und von vornherein einbezogen. Dass Gott Mensch geworden ist, bedeutet eben auch dies: Es gibt keine Fremden und es gibt keine Ausgeschlossenen – égalité, fraternité, wird das später im Durchbruch der europäischen Moderne heißen. Nirgends anders als in der Weihnachtsgeschichte haben diese Ideale ihre tiefsten Wurzeln. Wer Christ ist, ist kraft dessen, dass sie oder er Christ ist, mit allen verschwistert, egal ob die jetzt schon Christen sind oder noch nicht oder ob überhaupt einmal. Denn das ist nicht die Frage. Aber Tatsache ist: Gottes Liebe hat sie, die für mich anderen, schon von Anfang an mitgemeint.

— *Heilige Nacht auf Dauer gestellt* —

Weil Jesus dies verkörperte, haben Menschen, die das dann an sich selbst erfuhren, später vom Anfang des Lebens Jesu so erzählt, dass in diesem Anfang schon aufstrahlte, was er später gewirkt hat. So entstanden die Weihnachtsgeschichten. Darum aber konnten sie umgekehrt auch sagen: Jesu Geburt, also Weihnachten geschah um dessentwillen, was er dann tat. Weihnachten hat seinen eigentlichen Sinn darin, dass uns durch Jesus Gutes geschieht und wir uns wieder selbst geschenkt werden, wenn wir uns verloren haben, quer über alle Unterschiede hinweg, die es zwischen Menschen geben mag. In dieser alle einschließenden Vermenschlichung ist das Geheimnis der Weihnacht gleichsam auf Dauer gestellt und in die Sprache des Werktags übersetzt.

— *Weihnachten bewahrheiten* —

Das alte irische Lied von vorhin ist im Grunde ein Echo dessen, was die ersten Christen über Jesus gedacht und Apostel wie Petrus über ihn

gepredigt haben: Verlorene finden, Zerbrochene heilen, Hungernden zu essen geben, Gefangene freilassen, Völker aufrichten, in den Herzen musizieren. Wer als Christ Weihnachten ernst nimmt, der kann gar nicht anders, als sich um all das zu mühen. Weihnachten bleibt ja nur wahr, wenn es darin weitergeht, dass Menschen – von Jesus beseelt wie er von Gott beseelt war – ihren Dienst am Leben fortsetzen.

Weihnachten hat offenbar gemacht: Menschsein hat auf engst mögliche Weise mit Gott selbst zu tun und umgekehrt. Das gibt menschlichem Leben eine unvergleichliche Würde, jedem einzelnen. Es ist völlig gleichgültig, ob eines dieser Wesen groß oder klein, gescheit oder dumm, kunstfertig oder behindert, erfolgreich oder erfolglos, unschuldig oder schuldig ist. Seine Würde ist davon unabhängig und unantastbar. Das war zur Zeit der frühen Kirche nicht selbstverständlich und ist es heute nicht mehr. Darum auch verlangt christlicher Glaube gebieterisch, diese Würde zu verteidigen, wo sie bestritten wird, und sie wiederherzustellen, wo sie niedergehalten ist – ohne Ansehen der Person und der Umstände.

So hat Jesus selbst es gehalten. Die, die sich auf ihn berufen, werden ihm darin nachfolgen. Auch für sie wird Weihnachten darum ein Anfang sein. Das Fest ist mit heute aus. Das, was wir gefeiert haben, bleibt uns das ganze Jahr über aufgegeben.

Fasten- und Osterzeit

Erster Fastensonntag: Gen 2,7–9; 3,1–7 und Mt 4,1–11

Quellgrund der Sünde

— Versuchung zum Übermenschlichen —

Die heiligen vierzig Tage haben begonnen. Zeit der Umkehr, Buße und Reinigung möchte diese heilige Zeit uns werden, dass wir an ihrem Ende an Leib und Seele bereitet in das Fest des Ursprungs unseres Glaubens eintreten. Zu dieser Einkehr ins Wesentliche gehört allem voran, dass wir uns auf rechte Weise vor Augen bringen, was wir an Ostern feiern werden. Um es einmal zuerst ganz steil, gleichsam von weit oben her kommend und damit für viele Ohren von heute wohl auch fremd zu sagen: Ostern ist der Dank dafür, dass das Böse, die Sünde, nicht das letzte Wort über uns behält. Wir sind ihm nicht ausgeliefert.

Davon erzählt die Geschichte aus dem Evangelium des ersten Fastensonntags. Auch Jesus, der Gott so kennt und ihm derart nahe ist, dass man Gott ohne ihn gar nicht denken kann, – auch er kennt das, diesen Kitzel, den wir Versuchung nennen: Steine zu Brot machen, also das, was da ist, dem eigenen Nießnutz zu unterwerfen, sich von der Tempelzinne stürzen, also eine Show abziehen und Menschen in Bann schlagen, und für einen Augenblick des berauschenden Geschmacks der Macht buchstäblich seine Seele verkaufen, wie man so sagt. Der Philosoph Hegel erkannte in den Versuchungen Jesu den dreifach elementaren Drang des Menschen auf das Haben, das Gelten, das Herrschen – und er lag, denke ich, richtig damit. Denn alles davon zielt auf nichts anderes als das Urtümlichste, das sich im Menschen regt: dass wir uns unseres Daseins versichern. Was ist daran schlimm? Ganz einfach: Wir können es nicht. Und wenn wir es trotzdem versuchen, bricht das Böse hervor. Denn des Daseins versichern, es von A bis Z in der Hand haben, über sein Kommen und Gehen verfügen, das ist Gottes, nicht des Menschen. Und nicht Mensch sein wollen, sondern als Mensch wie Gott tun, das ist die Sünde. Das Absondern, wörtlich Sich-Abschneiden vom Ursprung, den wir

nicht haben und der wir nicht selber sind, sondern dem wir uns verdanken, das heißt, unser Herkommen, also die Schöpfung zu widerrufen und damit das Tohuwabohu der Ordnung vorzuziehen. Darum ist der Sieg über die Sünde, das Böse, nichts Geringeres als eine neue Schöpfung. Und das ist der erste Name für den Ostermorgen.

— Ikone der Angst —

Dieses Faszinosum und Tremendum des Bösen hat die Menschen umgetrieben, seit es Menschen gibt: In den Versen der Alten schon wird es klopfenden Herzens umkreist, um für immer die Seelen der Dichtenden und Denkenden zu bedrängen. Und quer durch beinahe alle Kulturen und Epochen reden sie von ihm im Sinnbild der Schlange oder des Meerungeheuers. Was sich dahinter verbirgt, hat Jean Paul in seinem erschütternden Text „Rede des toten Christus vom Weltgebäude herab, dass kein Gott sei“ geradezu beklemmend ins Wort gebracht: Da träumte ihm, erzählt er, wie er mitternächtlich über einen Gottesacker geht, die Toten aufstehen und wie Schatten umhergehen. Und dann kommt Christus dazu, aber nicht, um die Toten zu erlösen, sondern um ihnen zu sagen, dass es keinen Gott gebe, dass sie und er mit ihnen nichts als einsame Waisen seien, weil da kein Morgen komme, keine heilende Hand und kein unendlicher Vater sei, wie er mit strömenden Tränen sagt. Entsetzen packt die Toten und den Träumer. Er sieht das Weltgebäude mit seiner Unermesslichkeit an sich vorbeisinken – und mitten darin erblickt er die Riesenschlange der Ewigkeit, die sich um das Weltenall gelagert hatte. Dann, erzählt er, wand sie sich tausenfach um die Natur – und quetschte die Welten aneinander – und drückte zermalmend den unendlichen Tempel (der Welt) zu einer Gottesacker-Kirche (also einer Friedhofskapelle) zusammen – und alles wurde eng, düster, bang – und ein unermesslich ausgedehnter Glockenhammer sollte die letzte Stunde der Zeit schlagen und das Weltgebäude zersplittern… als ich erwachte.

Das ist es: Eng, düster, bang – die Schlange ist eine Ikone der Angst. Angst kommt ja von Enge – dass mich etwas zusammendrückt wie die ringelnde Weltschlange das All, dass es mir eng wird und den Atem nimmt. Und nichts ängstigt uns mehr als der Tod, die eigene Endlichkeit. Jede Versuchung, die den Menschen im Leben anfällt – die Habsucht,

der Stolz, das Begehren nach Macht, Geld oder Geschlecht – ist nichts anderes als ein Widerwort gegen das Sterben, ein Protest gegen die Endlichkeit. Und wer die nicht annehmen mag, muss sich zu Gott erklären.

— Die Masken der alten Schlange —

Genau mit dieser Sinnspitze redet auch die Bibel vom Bösen im Symbol der Schlange von der ersten Seite an, der ersten Lesung von vorhin, bis in die Evangelien hinein: Die Schlange pflanzt ihrem Gegenüber, der Eva, den Keim der Angst in die Seele, der ihr geschenkte Gottesgarten könnte zu wenig, Gott nicht ein Gönner, sondern ein Geizkragen sein. Darum greift die Frau buchstäblich nach dem Letzten noch, dem Baum, der eigentlich nur Erinnerungszeichen der Unverfüglichkeit ihres Daseins hatte sein sollen – und beide, Mann und Frau, essen, also verleiben sich dieses Letzte auch noch ein – und sie erkannten, dass sie nackt waren, heißt es, sie entdecken ihre ganze Armseligkeit in dieser misslungenen Gottesattitüde.

Ähnlich begegnet uns dieses Symbol wieder im Untier Behemot, von dem das Buch Hiob 40,15–24 erzählt und gegen das der Mensch machtlos ist. Auch beim Leviatan, in der Regel als Seeungeheuer wiedergegeben, handelt es sich um eine Manifestation der alten Schlange, wie Jes 27,1 den kanaanäisch-phönizischen Namen korrekt übersetzt: Als Ungeheuer in der Tiefe des Meeres verkörpert er die Tiefe, den Abgrund, also das Chaos selbst. Er ist das Nichts, das allein schon durch seine Präsenz den Menschen Entsetzen einflößt oder – in der Situation unerträglichen Leids herbeigewünscht wird: Hiob 3,8 schreit, dass jene die Nacht seiner Geburt verfluchen sollen, „die es verstehen, den Leviatan zu wecken"; er will, dass alles aus ist. Auch Ps 104,26 erwähnt den Leviatan: Dort wird das Meer als Werk Gottes besungen, das Meer, „so groß und weit", auf dem „die Schiffe dahinziehen" und „auch der Leviatan, den du geformt hast, um mit ihm zu spielen". Letzteres eine Proklamation der absoluten Souveränität Gottes – sogar noch über das Nichts –, wie sie Israel erst nach dem babylonischen Exil gewagt hat und eigentlich wagen musste: Denn nach dem Totalverlust von Land und Zukunft konnte der Glaube nur bewahrt werden, wenn Gott nicht nur der Gott Israels, sondern der aller Völker, der ganzen Schöpfung und eben auch noch Herr des Nichts war.

Sehr nahe, nur ins Persönliche gewendet, steht dem der Auftritt der Schlange als großer Fisch, der den Propheten Jona verschluckt. Der personifizierte Chaosrachen, der den Propheten auf den Abgrund des Meeres zieht, dient Gott und muss den Jona auf Gottes Geheiß wieder freigeben. Darum liegt in dem in Jona 2 festgehaltenen Gebet eine vorjesuanische Ostergeschichte vor: „Du holtest mich lebendig aus dem Grab herauf, Herr mein Gott", heißt es da (Jona 2,7b). Schon dies lässt erkennen, dass frühchristlich das Jona-Symbol nicht zufällig zum verbreitetsten Osterbild geworden ist, wie die Ikonographie der Katakomben belegt. Im Gegenteil drückten die frühen Christen damit aus, dass sie Ostern und die Auferweckung nicht wie manche Theologen und viele Christen bis heute als spektakulären Eingriff Gottes und Wunder aller Wunder begriffen, sondern als definitiven Austrag des Dramas zwischen Vertrauen und Angst: Wer selbst im unmittelbaren Angesicht des Todesabgrunds so unbeirrbar an Gott festhält wie Jesus, der hat Gott so unbedingt für sich, dass er niemals verlorengehen kann. Und Gottes Freude über diese im radikalen Sinn unbedingte Treue verherrlicht Jesus und macht ihn (in den Ostererscheinungen) zum einmaligen Zeugen seiner – Gottes – Treue für alle.

— *Der Angst ins Gesicht schauen* —

Bei Johannes schließlich, dem spekulativen Theologen, blitzt an einer Stelle dieser Zusammenhang zwischen dem Urdrama mit der Angst und dem Ostergeschehen wörtlich auf: Im Gespräch mit Nikodemus umreißt der johanneische Jesus das Ziel seiner Sendung mit dem Satz: „Und wie Mose die Schlange in der Wüste erhöht hat, so muss der Menschensohn erhöht werden, damit jeder, der (an ihn) glaubt, in ihm das ewige Leben hat" (Joh 3,14). Der Vers schlägt dabei den Bogen zurück zu der Exodus-Episode, die im Buch Numeri 21,1–9 erzählt wird: Israel hatte wieder einmal den Mut verloren und lehnte sich gegen Gott und Mose auf: Warum habt ihr uns aus Ägypten herausgeführt? Anders gesagt: Wozu die ganze Plage mit der verfluchten Freiheit? Sterben hätten wir in Ägypten genauso gut können! – Da schickte, heißt es, Gott Giftschlangen unters Volk. Klar: Die Angst, das Misstrauen gegen Gott, vergiftete ihnen das Leben. Zur Rettung derer, die bereuen, fertigt Mose auf Gottes Befehl eine kupferne Schlange und hängt sie an einer Signalstange auf. Jeder,

der gebissen wurde und zu dieser Schlange aufschaut, also der Angst buchstäblich ins Gesicht schaut, wird gerettet, also dem lähmenden Sog der Angst entrissen, und kann den Exodus ins gelobte Land der Freiheit fortsetzen. Für Johannes ist das ein Vorausbild der Erlösung durch das Kommen Jesu: Jeder, der zum Gekreuzigten aufschaut und an seiner Treue zu Gott sozusagen Maß nimmt, gewinnt eine Freiheit zum Leben, die an diesem Leben nichts ängstigt, nicht einmal das Ende.

— *Christliche Umwendung: Das neue Essen* —

Die – verglichen mit den biblischen Auftritten – jüngste Wiederkehr der Schlange, des Untiers, begegnet in einem jiddischen Lied der Hoffnung auf das Kommen des Messias, das der Rabbi im Frage-Antwort-Spiel mit den Kindern inmitten der bittersten Not in den Stetln Osteuropas sang und das bis heute erhalten blieb: „Sug schoin Rebbenju“:

Sag, lieber Rebbe, was wird sein, wenn der Messias kommt?
Wenn der Messias kommt, werden wir ein großes Fest feiern.
Sag, Rebbe, wer wird für uns Musik machen bei dem Fest?
Mose wird für uns singen und spielen!
Sag, Rebbe, wer wird für uns tanzen bei dem Fest?
Mirjam wird für uns tanzen!
Sag, Rebbe, was werden wir trinken bei dem Fest?
Wein werden wir trinken!
Sag, Rebbe, was werden wir essen bei dem Fest?
Den Schurrabah – Kindername für: Behemot – werden wir essen.[8]

Also: Wenn der Messias kommt, wird das Untier der Angst verspeist. In Anspielung auf den Titel eines berühmten Films von Rainer Werner Faßbinder gesagt: Da setzt eine Gegenbewegung ein zum „Angst essen Seele auf“. Was da ein jüdischer Gottespoet formulierte, hat zugleich eine eineinhalb Jahrtausende alte Parallele bei den Kirchenvätern. Denn die hatten vielfach davon gesprochen, dass die Wunde, die das Essen vom Paradiesbaum der Menschenseele geschlagen hatte, durch ein anderes, ein neues Essen geheilt würde: das Essen von der Frucht des Kreuzbaumes, also der Eucharistie. In diesem heiligen Mahl vom Gründonnerstagabend und jedem Sonntag kommt die geängstigte Seele zur Ruhe,

weil sie bis in die leiblichen Sinne hinein verspüren darf: Gott ist für dich da – immer. Du kannst von ihm leben wie vom täglich Brot. Nichts ist ihm zu viel für dich. Alles gibt er dran. Er selber stillt deinen Hunger, den Lebenshunger. Und er kann das, weil er groß genug dafür ist. Denn nur das Unendliche reicht für das, was unsere Seele sucht. Der Kampf zwischen dem Vertrauen in den Gott Jesu und der Angst um uns selbst, das ist der Stoff dieser 40 Tage – und das Finale ist der Ostermorgen. Dessen Glück freilich wird nur empfinden, wer zuvor jenen Kampf gewagt hat.

Zweiter Fastensonntag: Gen 12,1–4a

Der wichtigste Satz

— *Getrennte Trauung* —

Vor einiger Zeit hat der griechische Regisseur Theodoros Angelopoulos einen neuen Film in die Kinos gebracht. Nur wenige sahen ihn. Es kam zu wenig Sex und Gewalt darin vor. Der Film heißt: „Der schwebende Schritt des Storches“. Er erzählt von einem Dorf, in dem Kurden, Türken, Albaner und Iraner dichtgedrängt leben. Mitten durch das Dorf geht ein Fluss. Der ist zugleich Grenze. Keiner aus dem drüben liegenden Teil des Dorfes darf herüber, keiner von herüben hinüber. Versucht es einer, wird er erschossen.

Der Film zeigt, wie eines Tages am Grenzfluss trotzdem ein junges Paar getraut wird. Hüben die Braut, drüben der Bräutigam, jeweils mit ihren Familien. Der Pope kommt dazu, die Trauung findet statt: Hier das Mädchen, dort der Junge, einsamer Brauttanz, ohne dass sich die beiden berühren. Die Braut wirft ihre Hochzeitskrone in den Fluss. Da naht ein Jeep der Grenzsoldaten. So rasch die Familien hinter der Böschung aufgetaucht sind, so rasch verschwinden sie wieder. Der Brautschmuck treibt auf dem Fluss davon, verliert sich im Nebel über dem Wasser.

— *Ohnmächtiger Himmel* —

Bilder von unsäglicher Trauer. Menschen unerreichbar füreinander voneinander abgeschnitten. Auch die mächtigste Macht der Erde – die Liebe – kommt dagegen nicht an. Ja, nicht einmal der Himmel, das Heilige, für das der Pope steht. Das letzte Wort haben die Grenze und die Gewalt.

— *Hoffnungslose Urgeschichte?* —

Angelopoulos sagt mit diesen Kinobildern gar nichts Neues. Genau das Gleiche steht seit Jahrtausenden auf den ersten Seiten der Bibel: Gott

hat den Menschen geschaffen und ihm einen wunderschönen Lebensgarten geschenkt, erzählt sie. Dem Menschen aber war das nicht genug. Er misstraute Gott, ob er ihm nicht noch etwas an Leben vorenthalten habe. Darum versucht er, allmächtig zu werden. Das Gegenteil ist die Folge: Jetzt, außerhalb des Gottvertrauens, verkehrt sich ihm der Paradiesgarten in ein Jammertal, das Leben in Not, Plage, Gewalt: Der Mann herrscht über die Frau. Kain erschlägt seinen Bruder Abel. Zu Noachs Zeit versinkt die Welt in einem Meer des Bösen. Und schließlich endet das Ganze mit dem Turmbau von Babel, mit dem die Menschheit sich endgültig einen Namen machen will, sich dabei aber so zerstreitet, dass einer des anderen Sprache nicht mehr versteht: Gewalt und Grenze feiern endgültig Triumph. Wie in Angelopoulos‘ Film.

Zunächst klingt ja zwischen den Zeilen der Bibel trotzt des lawinenartigen Anwachsen des Bösen ein ganz anderer Ton mit: Der gegen Gott misstrauisch gewordene Mensch kann diesen Gott nur noch als einen erleben, der ihn wegschickt und straft. Aber Gott begrenzt jedesmal neu von sich aus die Folgen, die der Mensch mit seiner Abwendung von Gott auslöst: Adam und Eva müssen, als sie nach dem Baum in der Mitte des Gartens greifen, nicht sterben, wie das ursprüngliche Verbot ankündigte, sondern nur den Garten verlassen. Und Gott macht ihnen sogar noch Schurze aus Fellen, um sie nicht ganz ohne Schutz zu lassen. Kain wird trotz des Mords an seinem Bruder die besondere Obhut Gottes zugesagt, die ihn davor bewahrt, eben das von anderen zu erleiden, was er selbst getan hat. Über die Sintflut hinweg wird Noach und seine Familie für einen neuen Anfang gerettet, obwohl Gott weiß, dass auch diesen Hoffnungsträgern das Böse nicht fremd ist. Nur am Ende, beim babylonischen Turmbau, da fehlt dieser andere, dieser Hoffnungston. Wie bei Angelopoulos. Gemessen an dem, wie der Mensch ist und was er tut, und gemessen an dem, was er schon alles versuchte, kann nicht einmal mehr Gott etwas machen. Das ist das letzte Wort der Schöpfungsgeschichte.

Und trotzdem geht die Bibel weiter. Im Grunde ist das der wichtigste Satz, der in ihr steht. Er heißt: „Und Gott sprach zu Abraham …“. – Wie eigentlich alles gemeint war zwischen Gott und Mensch und mit der Welt, das mündete ins Verhängnis. Gott lässt es dabei nicht. Darum tut er etwas, was er noch niemals vorher tat: Bislang war es immer um *die* Welt, um *die* Geschichte, um *den* Menschen gegangen. Jetzt mit der Berufung Abrahams lässt Gott sich gleichsam persönlich auf die Ge-

schichte ein, bindet sich selbst an einen konkreten Menschen, an dessen Gottessuche und Gottvertrauen, an sein Tun und Lassen. Der Sinn dieser Verbindung: Du, Abraham, sollst ein Segen sein. Auf ganz und gar menschliche Weise soll so offenbar werden, was Gott für seine Geschöpfe sein will, was diese ihn aber wegen ihres Misstrauens nicht sein ließen: ein Segen. Alle Geschlechter der Erde soll dieser Segen umfassen, der von Abraham seinen Ausgang nimmt. Keinen und keine gibt Gott auf. Darum geht er uns entgegen, indem uns sein Segen in unseresgleichen, sozusagen in Menschengestalt begegnet.

— *Wenn Gott spricht* —

Freilich werden und müssen wir fragen: Was bedeutet das eigentlich genau, dieses so entscheidende „Und Gott sprach"? Hans Urs von Balthasar hat Ende der 50er Jahre des letzten Jahrhunderts diese Frage genial beantwortet. Gott spricht zum Menschen – so schreibt er – mitten aus der Welt, ausgehend von dessen eigenen Erfahrungen. Die Offenbarungssprache setze die Sprache der Schöpfung voraus. Gott spricht sein Wort im Menschen und darum wird alles, was der Mensch ist, Organ für Gott. Und jetzt wörtlich:

„Je tiefer Gott sich selbst enthüllt, desto tiefer hüllt er sich in den Menschen hinein."[9]

In dieser „präzisen Verborgenheit" Gottes hat alles Reden Gottes in Menschenwörtern und alles Reden über ihn seinen Ermöglichungsgrund. Sprachlich gewendet heißt das: Das Wort der Offenbarung übersteigt sich selbst – gleichsam zu uns herüber – in total menschliches Wort. Und weil das so ist, bleibt dem Wort Gottes nichts Menschliches fremd: existentiell, personal, politisch, kultur- ell. Seinen Gipfelpunkt hat dieses kommunikative Herüberkommen Gottes ins Menschliche für Christen im Inkarnationsgeschehen, sodass in Jesus ausgesagt ist, was Gott sagen will. Nota bene: Jesus ist Wort Gottes in seinem Reden und in seinem Schweigen! Gott muss sich dabei für seine Selbstoffenbarung nicht des Menschen bedienen. Wenn er es tut, dann sind damit alle menschlichen Dimensionen für den Ausdruck des Absoluten in Dienst genommen.

Gläubige Hörer oder Leserinnen biblischen Wortes wie übrigens die Bibel selbst machen praktisch – wenn auch unausgesprochen – von dem solchermaßen sich artikulierenden Verständnis von „Wort Gottes“ Gebrauch. Anders ließe sich ja nicht erklären, dass innerhalb der Bibel ganze Bücher als „Wort Gottes“ gelten, obwohl sie ersichtlich und ausdrücklich aus von Menschen in erster Person und ureigenstem Anliegen gesprochenen Worten bestehen. Das gilt paradigmatisch vom Buch der Psalmen und von der apostolischen Verkündigung in der Apostelgeschichte sowie den neutestamentlichen Briefen. Diese Bücher sind ja von ihrem Selbstverständnis her Artikulation fragender, suchender, klagender, leidender, hoffender, jubelnder, dankender Menschen, die Ant-Wort geben auf das, was ihnen Gott zuvor gleichsam ins Herz gesprochen hat.

Solche Rückverankerung des Sinnes von „Gott spricht“ in der menschlichen Selbsterfahrung, die ineins Gotteserfahrung vermittelt, ist übrigens keine neumodische Theologenerfindung. Vielmehr kann eine für weiträumige Zusammenhänge sensible Lektüre dieses Verständnis von „Wort Gottes“ auch als ausdrückliches bereits im Alten Testament selbst namhaft machen – und zwar ausgerechnet im Bezug auf den schlechthinnigen Einsatzpunkt des heilsgeschichtlichen Handelns Gottes. Gen 11,10–32, dieses kurze Gelenkstück zwischen der Urgeschichte und den Geschichten der Erzväter aus unserer Lesung vorhin, erzählt im Vers 31:

„Terach nahm seinen Sohn Abram, seinen Enkel Lot, den Sohn Harans, und seine Schwiegertochter Sarai, die Frau seines Sohnes Abram, und sie wanderten miteinander aus Ur in Chaldäa aus, um in das Land Kanaan zu ziehen. Als sie aber nach Haran kamen, siedelten sie sich dort an.“

Und dann setzt Gen 12,1 die Abrahamsgeschichte mit dem unvermittelten Befehl Gottes an Abraham ein, aus seinem Land, von der Verwandtschaft und seinem Vaterhaus auszuziehen. An einer ganz anderen Stelle – chronologisch und theologisch weit entfernt von der Abrahamstradition – erhält jener Aufbruch der Terach-Sippe aus Ur und auch die Abrahamswanderung eine frappierende Interpretation: Holofernes, der Oberbefehlshaber des assyrischen Heeres lässt sich, provoziert vom Widerstand Israels, durch Achior, den Anführer der Ammoniter, über das ihm unbekannte Volk der Israeliten informieren. Achior leitet seine Beschreibung folgendermaßen ein:

„Diese Leute stammen von den Chaldäern ab. Sie hatten sich zuerst in Mesopotamien niedergelassen, weil sie den Göttern ihrer Väter im Land der Chaldäer nicht mehr dienen wollten. Sie waren nämlich von dem Glauben ihrer Vorfahren abgewichen und hatten ihre Verehrung dem Gott des Himmels zugewandt, zu dessen Erkenntnis sie gelangt waren. Deshalb hatten die Chaldäer sie aus dem Bereich ihrer Götter vertrieben, und sie waren nach Mesopotamien geflohen, wo sie sich einige Zeit aufhielten. Doch ihr Gott gebot ihnen, ihren Wohnsitz zu verlassen und in das Land Kanaan weiterzuziehen." (Jdt 5,6–9a)

Als treibendes Motiv für den Aufbruch Terachs und seiner Familie werden also Gottessuche und Gotteserkenntnis benannt. Der neuerliche Aufbruch Abrahams vollzieht sich in der Sicht des Buches Judit ganz im Gefälle dieses Motivs – und das bedeutet: Das „Der Herr sprach..." von Gen 12,1 wird im Buch Judit als eine Initiative Gottes verstanden, die unabtrennbar in eine als Suche und Erkenntnis sich vollziehende menschliche Gotteserfahrung eingebettet ist.

— Einander Segen sein —

Für den Abraham ist das – menschlich gesagt – eine Ehre, wie es sie vor ihm noch niemals gab. Aber eine Aufgabe ist es auch. Und keine leichte. Um Gottes Segen für alle zu werden gegen das Verhältnis vom Anfang, muss er Heimaterde, Verwandtschaft und Vaterhaus verlassen – für einen Sesshaften damals, wie Abraham einer war, etwas nahezu Unzumutbares. Mit Wohl und Wehe soll er sich Gott anvertrauen. Tut er es, verbürgt sich Gott, dass Abraham selbst gesegnet, dass er glücklich werden wird. Und durch ihn die ganze Welt. Abraham folgt diesem Ruf. So ist sein Leben mitsamt seinen Schwächen und Brüchen zur Geschichte von Gottes Passion für seine Geschöpfe geworden. Seit Abraham können Menschen darum auch – gleichsam auf den Schultern Abrahams – einander Segen sein, kann einer den anderen spüren lassen, dass Gott es mit ihm gut meint. Zusammen mit den Juden und den Muslimen sind wir Christinnen und Christen die Erben Abrahams. Wir gehören in den Segen hinein, der ihm zugesprochen war. Mit ihnen ist uns darum aufgetragen, seine Berufung wahr zu machen. Wir sind Zeugen dafür, was Mensch und Welt Gott wert sind. Zeugnis kann immer nur persönlich

sein, auf Du und Du. Jedes Mal, wenn Sie zu einer oder einem anderen „Du" sagen, haben Sie jemanden, der darauf wartet, dass Sie ihm Segen sind.

Dritter Fastensonntag: Ex 17,3–7

Krise der Freiheit

— *Exodus-Melodie* —

Durch die ganze Fastenzeit hindurch und bis in die Mitte des Osterfestes hinein zieht sich wie eine verborgene Melodie die wichtigste Geschichte des Alten Testaments: Wie für Israel das Leben im Sklavenhaus Ägypten unerträglich wird, wie es zu seinem Gott schreit, wie er Mose beruft und durch ihn den Auszug vorbereitet. Wie es endlich zum Ausbruch, zum wunderbaren Durchzug durch das Schilfmeer kommt, wie dieser Gott des Auszugs sich immer wieder noch einmal als Retter erweist und was dann auf dem Weg durch die Wüste ins gelobte Land wirklicher Freiheit hinüber alles geschieht.

— *Damals und heute und immer wieder* —

Schon vor 1700 Jahren hat einer erkannt, dass diese Geschichte nicht irgendwelche Dinge erzählt, die eben passiert sind (oder vielleicht auch nicht). Sondern: Von diesem Auszug Israels aus Ägypten wird so erzählt, dass sich darin spiegelt, was bis heute jeder Mensch erlebt, der endlich frei und er selbst werden will und darum ausbricht aus dem Bisherigen und aufbricht in das Abenteuer der Lebenssuche. Das war der größte Theologe griechischer Sprache in der alten Kirche, der Ägypter Origenes. Und Jahrhunderte später hat der Dichter Dante das genauso gesehen. Theologen heute bringen diese Gleichzeitigkeit von damals und jetzt in der Sprache der Tiefenpsychologie zur Geltung. Das klingt dann ungefähr so:

— *Verheutigung* —

Endlich ist es geschafft – da hat sich einer freigekämpft aus dem, was ihn bisher gefesselt und niedergedrückt hat. Jeden Tag hat er mehr gespürt:

Ich kann so nicht mehr leben. Diese ewige Erniedrigung, die bringt mich um. Dieses Niederdrückende, Versklavende kann dabei ganz verschiedene Gesichter haben: die Flasche zum Beispiel oder Tabletten, die eigene Bequemlichkeit oder eine Beziehung, die ich nie hätte eingehen dürfen. Aber endlich nun hat dieser Mensch seinen ganzen Mut zusammengenommen, hat sich anderen anvertraut, die ihm helfen können, hat vielleicht heimlich oder ausdrücklich Gott um Hilfe gebeten, und hat sich daran gemacht, für sein Leben einen neuen Grund – gelobtes Land – zu suchen.

Die ersten Schritte nach dieser unendlich hohen Barriere des Anfangs sind ihm leichter gefallen als gedacht. Fast möchte ihn so etwas wie Hochstimmung ergreifen, dass er den Ausstieg geschafft hat. Das Wort Zukunft fängt an, in seinen Ohren nicht mehr wie Hohn zu klingen. Er spürt: Auch ich habe noch etwas vor mir, ein Ziel, etwas, das ich mir wünsche, ein Stück Heimat mitten in dieser Welt.

Aber gar nicht lange, da merkt dieser Mensch: Die Freiheit, die neue, die ist nicht nur schön und aufregend, sie ist auch anstrengend. Buchstäblich wie in der Wüste kommt er sich manchmal vor: verlassen von Gott und der Welt, auf sich geworfen, allen möglichen Unannehmlichkeiten, auch Gefahren ausgesetzt. Und in dieser Situation, da reicht nur ein kleiner Anlass, und ein Gedanke zuckt ihm durch die Seele, den er sich vor kurzem noch nie und nimmer hätte vorstellen können: Hätte ich vielleicht doch lieber bleiben sollen, wo ich war? Warum um alles in der Welt habe ich mich auf diese verfluchte Freiheit eingelassen? Wäre ich beim Alten geblieben, die ganze Plage jetzt wäre mir erspart.

Israel, fern von den ägyptischen Fleischtöpfen, wandert durch die sengende Wüste. Wie eine Fata Morgana taucht vor ihm die Erinnerung auf, wie trotz des Knechtdienstes unter der Knute des Pharao wenigstens etwas zu essen auf dem Tisch stand, und vor allem Wasser, Wasser zum Trinken, das Kostbarste, das es gibt, wenn man durch den Glutofen einer Wüste wandern muss. Unerträglich, dieser Durst. Und dann bricht es durch: Mose, warum hast du uns in dieses Abenteuer hineingerissen, das doch nur schiefgehen kann? Dass wir jetzt in der Wüste verrecken, du Hund? Die ersten bücken sich um Steine, andere fangen an, den Rückmarsch zu organisieren.

Mose bleibt nur noch eins: Er schreit zu Gott. Und er befiehlt ihm, mit seinem Stab an den Felsen zu schlagen, dass frisches Quellwasser

herausströmt – Sinnbild, das sagen will: Du kannst auf deinem Weg der Freiheit nur noch von dem leben, was dir unverhofft geschenkt wird und was dir, bevor du es findest, so unwahrscheinlich dünkt, wie dass aus einem Felsbrocken eine Wasserquelle sprudelt. Entweder du gibst dich auf und gehst zurück in die alte Gefangenschaft – oder du gehst weiter in dem Vertrauen, dass dir geschenkt werden wird, was dir nottut.

— *Fortdauernde Bewahrheitung* —

Die Bibel erzählt diese Geschichte und wir lesen sie bis heute einzig deshalb, weil sie sich immer und immer wieder bewahrheitet hat: Wenn Menschen sich aus Gottvertrauen nicht aufgeben, gehen sie nicht unter. Im Gegenteil: Ihr Weg durch die Wüste zieht durch diesen Todesort gleichsam eine Spur des Lebens. Wo sie hinkommen, verwandeln sie ihre Welt und geben sie Zeugnis, dass Freiheit kein Trugbild ist. Und Gott hält aus, dass sie manchmal mit ihm hadern dabei.

Vierter Fastensonntag: Joh 9,1–41

Von der Verlorenheit Gottes

— *Franziskanische Herzenseinfalt* —

Thomas von Celano, der erste Biograph des Heiligen Franz, hat uns folgende Geschichte über den Poverello überliefert: Eines Tages wanderte Franz zusammen mit Bruder Paolo durch die Mark Ancona. Unterwegs sah Franz eine Herde von Ziegen und Böcken weiden und mitten unter ihnen ein einziges Lamm. Da sagte er zu Bruder Paulus: Siehst du das Schäflein mitten unter den Ziegen und Böcken dort? Gerade so war unser Herr unter Pharisäern und priesterlichen Würdenträgern. Komm, lass uns das Schäflein kaufen und aus dieser Gesellschaft befreien! Und so taten sie. In die nächstliegende Bischofsstadt Osimo gekommen, gingen die beiden zum Bischof und erzählten ihm, was sie getan und wie sie es gemeint hatten. Der Bischof sei über ihre Herzenseinfalt ganz gerührt gewesen, heißt es.

— *Zeichen der Verlorenheit* —

Niemals hat Franz bei dem, was er sagte und tat, die Liebe vergessen. Auch nicht bei seiner Kirchenkritik. Das Zeichen mit dem Lamm hat niemanden verletzt – und trotzdem keine falsche Rücksicht genommen. Aus der Intimität seiner Nähe zum Herrn hat Franz ungeschminkt ausgesprochen, was die Kirche wie der eigene Schatten durch die ganze Geschichte verfolgt: dass sie mit ihren Sorgen und Geboten und Hierarchien inmitten ihres aufgeregten, manchmal groben Hin und Her ihren Herrn gar nicht mehr beachtet, ihn dorthin stößt, wo er gerade nicht stört – so sehr, dass er, der Herr, einem wie dem Heiligen Franz in seiner Kirche verloren vorkommt.

— Das Drama um die Wahrheit —

Ich könnte mir vorstellen, dass Franz, als er die Herde mit dem Lamm sah, das heutige Evangelium in den Sinn kam und dieses Zeichen setzen ließ. Denn Johannes erzählt da anhand der Geschichte von der Heilung des Blindgeborenen von der Verlorenheit Jesu, und das heißt: von der Verlorenheit der Sache Gottes in der Welt. Der Evangelist tut das – wie immer – auf die ihm eigene grundsätzliche Weise: Der Mann ist nicht zufällig durch einen Unfall blind, sondern von Geburt an. Und er kreuzt nicht zufällig Jesu Weg, sondern dazu, dass an ihm das Wirken Gottes offenbar werde, wie Johannes den Herrn sagen lässt. Und wiederum nicht zufällig heilt Jesus da einen Menschen von Blindheit, sondern dazu, um kundzutun, wozu er gekommen ist und wer er zuinnerst sein will für uns: das Licht der Welt – der also, durch den sichtbar wird, wer der Mensch ist und wer Gott ist und wie es steht zwischen den beiden. Der Blindgeborene als das Sinnbild des Menschen, wie er ist, begegnet Jesus, dem lebendigen Sinnbild Gottes, damit er an ihm Gottes heilendes Werk an der Welt vollbringe: die Augen auftun für die Wahrheit.

Der uns so seltsam anmuten wollende Vorgang der Heilung selbst setzt genau diese Wahrheit ins Bild: Indem Jesus aus Speichel und Erde einen Teig knetet und dem Blinden auf die Augen streicht, lässt er den geradezu mit Sinnen fühlen und uns an ihm schauen, worin denn eigentlich das wesenhafte Blindsein des Menschen für die Wahrheit besteht: es rührt daher, dass ihm Irdisches die Augen verklebt. Sein Plagen und Ringen um einen Boden, auf dem er stehen kann und der ihn nährt, lässt ihn nichts anderes mehr sehen – auch nicht mehr sich selbst und nicht einmal mehr seinen Gott. Da muss nicht erst eine besondere Verblendung geschehen, wie die Jünger vermuten, weshalb sie fragen, ob denn der Mann durch eigene Sünde oder ob seine Eltern durch ihre Sünde die Blindheit verschuldet hätten. Beides weist Jesus zurück, um damit zu sagen: Blind zu sein gehört zur Befindlichkeit des Menschen, wie er faktisch lebt.

Indem Jesus solchermaßen im Zeichen die tiefste Wurzel der Krankheit des Menschen aufdeckt, tut er bereits, was seinem Namen entspricht: Das Licht der Welt bringt die wesentliche Wahrheit zutage. Und zugleich ist mit diesem Offenbarwerden der Wahrheit des Menschen über sich selbst schon der erste Schritt der Heilung geschehen.

Jesus vollendete diese, indem er – wohlgemerkt! – den Mann mit den verklebten Augen hinschickt zum Teich Schiloach, dass er sich darin wasche. Indem Johannes dazu bemerkt: Schiloach heißt übersetzt: der Gesandte – da macht er vollends offenbar, dass diese Geschichte in einer ganzen Garbe von Sinnbildern ausdeutet, wozu Jesus, das Licht der Welt, gekommen ist und wie er uns heilt vom Blindsein: Geh und wasch deine Augen im „Gesandten", hat der Herr dem Blinden aufgetragen. Der Mann tut es. Und als er zurückkam, konnte er wieder sehen – will sagen: Durch Augenkontakt mit dem Gesandten, also mit Jesus, wird die Existenz des Menschen bereinigt, weil seine Blindheit für das Wesentliche geheilt ist. Augenkontakt heißt: auf ihn schauen, und das schließt immer mit ein: das Geschaute in mich selbst aufnehmen, mir einprägen und einverleiben. Ein anderer Name für Augenkontakt lautet deshalb einfach: Nachfolge Jesu – Übernahme seiner Lebenspraxis, also seines Vertrauens zu Gott und seiner Liebe zu den Menschen. Indem wir dergestalt mittun mit ihm, werden wir der Verblendung entnommen und zu unserer ureigenen Wahrheit als Menschen gebracht. So fasst Johannes in atemberaubender Kürze und Steilheit Jesu Werk zusammen, um uns zu sagen: So einfach ist die Wahrheit unseres Glaubens: Im Blick auf den Herrn deiner Wege gehen macht dich zu dem, was du in Wahrheit bist.

Wird da der Mensch nicht gerade zu dem eingeladen, was er zutiefst sucht? Da wendet doch Gott selbst sich ihm zu, um ihm zu helfen, dass er – seiner tiefsten Sehnsucht entsprechend – endlich er selbst werde. Zum Unbegreiflichsten des Menschen gehört wohl, dass er diese Einladung Gottes nicht beglückt mit beiden Händen ergreift, sondern genauso gut ablehnen kann – und das auch tut. Eben davon erzählt uns Johannes im Bild der Auseinandersetzung, die sich aufseiten der Pharisäer über die Heilung des Blinden entzündet. Konfrontiert mit dem Wunder eines zu seiner Wahrheit gekommenen Menschen besteht die erste Reaktion derer, die die Sache Gottes in der Welt hochzuhalten behaupten, darin, das Angebot Gottes wegen äußerer Verfahrensfragen zu bestreiten: Die Heilung kann nicht von Gott sein, weil der Heilende bei seinem Werk den Sabbat nicht gehalten hat. Freilich meldet sich zugleich der Zweifel bei ihnen: Wie kann ein Sünder ein solches Wunder tun? Auch die Befragung der Eltern des Blindgeborenen – durchgeführt, um vielleicht am Ende behaupten zu können, der Mensch sei gar nicht von Geburt an blind gewesen –, auch diese Befragung führt nicht weiter.

So verhören die Pharisäer den Geheilten ein zweites Mal. Was sie eigentlich wissen wollen, steht dabei schon am Anfang fest: Wir wissen, dass dieser Mensch ein Sünder ist. Der Geheilte hält ihnen entgegen, was auch und gerade sie – die Fachleute in Sachen Gottes – nicht bestreiten können: dass Gott einen Sünder nicht erhören würde. Und dass folglich – wenn Jesus nicht von Gott wäre – er nichts hätte ausrichten können gegen die Blindheit seines Daseins. So schlägt er die Pharisäer mit ihren eigenen Waffen. Und ihre Antwort: Sie pochen auf ihre Lehrkompetenz: Du bist ganz und gar in Sünden geboren, und du willst uns belehren? Und dann werfen sie ihn hinaus. Reaktion derer, die sich unterlegen wissen, aber es nicht zugeben wollen.

Da wird endgültig offenbar, dass die ganze Auseinandersetzung um das Zeichen der Blindenheilung und seine Legitimität eine einzige Auseinandersetzung um Jesus war – und um seine Legitimität. Das aber heißt: Der Streit ging darum, ob Gott das Recht hat, sich dem Menschen zuzuwenden, so wie es in Jesus geschehen ist. Und ob er das Recht hat, eine Wahrheit kundzutun, die sich unterscheidet von der Wahrheit, die Menschen für die ihre halten. Auch ein Standpunkt. Der Standpunkt derer, die – obwohl, oder: gerade weil, seinen Namen dauernd im Munde – Gott heraushalten wollen aus ihrem Dasein, um ihre eigenen Herren zu spielen. Das absolut bedingungsfreie Angebot der Wahrheit von Gott ausschlagen – also blind bleiben wollen – und sich dabei für sehend halten, – dass es das gibt und immer wieder gibt und im Übermaß gibt, daher kommt die Verlorenheit der Sache Gottes in der Welt. Und im Hinauswurf des Geheilten schlagen schon die Umrisse eines anderen Hinauswurfes durch, wo Gottes lebendige Wahrheit exkommuniziert wird, um bei den selbst zurecht gelegten Wahrheiten bleiben zu können. Und heute, gerade in der Mitte der Fastenzeit, haben wir diese Geschichte vom Widerstand gegen Gott gehört, um zu verstehen, wovon das Drama der Passionsgeschichte denn eigentlich handelt – und zugleich, um wenigstens ahnen zu können, was geworden wäre, hätte Gott diesen seinen Hinauswurf aus der Welt am Kreuz in der Grenzenlosigkeit seiner Liebe nicht seinerseits – verrückt, wie nur Liebe verrückt sein kann – noch einmal und endgültig zum Ereignis unserer Heilung gemacht.

— Liebe – bedrängt, bedroht, übersehen —

An diese Verlorenheit Gottes hat Franziskus beim Anblick des Lammes in der wilden Bock- und Ziegenherde denken müssen. Warum hat er dann sein Zeichen ausgerechnet dem Bischof erklärt? Weil er nicht bloß bei den Pharisäern, sondern auch noch in der Kirche Gottes Liebe zu uns und seine Einladung zur Wahrheit immer wieder und immer neu verloren sah. Bedrängt und bedroht und übersehen in dem Gewirr der Hierarchien und Sachzwänge und Machtkungeleien und Eitelkeiten – wie ein wehrloses Lamm zwischen Ziegen und Böcken. Beispiele brauche ich nicht zu nennen. Könnten sie doch nur selbst wieder pharisäerhaft ausfallen. Jeder von uns hat im Blick auf die Passion des Herrn Anlass genug, sich zu prüfen, wo er durch Tun und Lassen auch noch als Christ die Sache Gottes – seine Liebe zur verlorenen gemacht hat. Ist doch jeder von uns die Kirche, die Franziskus meint. Zeit der Umkehr und Buße und Reue ist jetzt.

Fünfter Fastensonntag: Joh 11,1–45

Aufgehoben

— Optimisten-Lied —

Es ist noch gar nicht so lange her, da gab es eine Zeit, die überzeugt war: Es kann alles nur noch besser werden: Die Arbeit leichter, das Brot mehr, das Vergnügen überreich. Es geht aufwärts und wir, wir Menschen verdanken uns das selbst.

Ein neues Lied, ein besseres Lied
O Freunde, will ich Euch dichten!
Wir wollen hier auf Erden schon
Das Himmelreich errichten.

Wir wollen auf Erden glücklich seyn,
Und wollen nicht mehr darben;
[…].

Es wächst hienieden Brod genug
Für alle Menschenkinder,
Auch Rosen und Myrten, Schönheit und Lust,
Und Zuckererbsen nicht minder.

Ja, Zuckererbsen für Jedermann,
Sobald die Schooten platzen!
Den Himmel überlassen wir
Den Engeln und den Spatzen.[10]

— „Do it yourself"-Paradies – und seine Grenze —

Der das gedichtet hat, Heinrich Heine, meinte die Verse durchaus spöttisch. Viele zumindest in unseren Breiten sahen und sehen das anders.

Ihnen geht es tatsächlich um so etwas wie eine Art Paradies auf Erden – oder das, was sie dafür halten. Und wer das nötige Kleingeld aufbringt, kann auch eine ganze Menge aufbieten für sein Paradies: Die mondäne Wohnung mit Designer-Möbeln, das schicke Cabrio, die elegante Lebensabschnittspartnerin dazu, Tiefseetauchen auf den Bahamas zum Entspannen. Und wenn Leib und Seele nicht recht mitmachen, hat man seine Therapeuten und Mediziner. Die haben dafür zu sorgen, dass mir nichts fehlt – man zahlt ja schließlich dafür.

Im Grunde ist heute so viel „Do it yourself"-Paradies möglich, dass es nur noch eine einzige Grenze dafür gibt: dass ich einmal sterben werde. Man kann an dieser Grenze herumdoktern, sie etwas hinausschieben – aber sie kommt. Sie kommt unentrinnbar und widerlegt das Paradies, das selbstgemachte. Gegen sie bleibt deshalb auch nur eins: Man muss sie wenigstens unsichtbar machen. Nichts darf an sie erinnern. Darum werden unheilbar Kranke, die Sterbenden so gern abgeschoben in die Kliniken, und die Verstorbenen – man muss es so sagen – möglichst ohne Aufsehen entsorgt. In Krankenhäusern gibt es Anweisung, tagsüber verstorbene Patienten erst in den Nachtstunden in die Totenkammer zu schaffen, wenn niemand mehr auf den Gängen unterwegs ist.

— *Leben und Tod umdefiniert* —

Wer – mit Heine gesagt – den Himmel den Engeln und Spatzen überlassen hat, wem das Wichtigste ist, dass es ihm jetzt so gut als nur möglich geht, der kann wohl auch mit dem Tod gar nicht mehr anders umgehen. Weil unsere durchschnittliche Weise zu leben uns dieses Empfinden buchstäblich durch alle Poren einträufelt, darum fällt es vielen so schwer, überhaupt noch Zugang zu dem zu finden, was wir heute im Evangelium gehört haben.

Die Geschichte von der Erweckung des Lazarus verkörpert ja wie kaum ein anderes Stück Evangelium die christliche Antwort auf die bedrängende Frage, die das Sterben stellt. Aber wie soll eine Antwort ankommen, wie auch nur verstanden werden können, wenn die Frage verschüttet ist, der sie gilt? Dabei wäre diese christliche Antwort von einer Kühnheit, wie sie in keiner anderen heiligen Überlieferung oder Weisheit begegnet. Entsprechend dramatisch inszeniert Johannes sie auch. Das auf den ersten Blick Unverständliche und auch das menschlich

gesehen Unmögliche, das da begegnet, dient wie ein Stolperstein dazu, uns auf das unbedingt Neue dieser Antwort zu stoßen.

Man muss nur einmal einigermaßen spontan nachvollziehen, was da erzählt wird: Jesus erfährt, sein Freund sei krank – und statt so schnell als möglich zu ihm zu gehen, wartet er volle zwei Tage, bis er aufbricht. Als er endlich kommt, liegt Lazarus prompt schon vier Tage im Grab. Vier Tage! Nach jüdischem Verständnis sind drei Tage das Äußerste, dass sich noch etwas ändern könnte. Vier Tage ist nicht nur ein Tag zu spät. Jetzt ist alles zu spät. Jesus hat Lazarus sterben lassen. In den Worten, mit denen Marta Jesus begrüßt, klingt das mit: Herr, wärst du hier gewesen... Jesu Antwort, ihr Bruder werde auferstehen, ist nichts Neues für sie. Das glaubt sie so, wie ein Teil der Juden damals an eine Auferstehung am Letzten Tag glaubte – dass den Toten in der endgültigen Welt ein neues Leben geschenkt werde. Aber das hatte Jesus nicht gemeint. Seine Antwort angesichts des Todes heißt:

Dem Leibe nach sterben hat mit tot sein gar nichts zu tun. Wenn man verstehen will, was das bedeutet, muss man sich nur vergegenwärtigen, was dieser Satz für das Lebendigsein heißt: Wenn sterben nicht gleichbedeutend ist mit tot sein, dann ist auch lebend sein nicht gleichbedeutend mit leben. Drastisch gewendet: Einer, der auf der Straße geht, kann toter sein als einer, dessen Leib auf dem Friedhof liegt – und umgekehrt! Was ist dann aber Leben, was Tod? Jesu Antwort: Wer an mich glaubt, wird leben, auch wenn er stirbt. Leben kommt aus Glauben. Glauben ist Verbundensein mit Gott. Ist einer mit Gott verbunden, lebt er. Sein irdisches Sterben ändert daran überhaupt nichts – weil sonst Gott nicht Gott wäre, wenn das Selbstverständlichste der Welt, dass der Mensch sterben muss, Einfluss hätte auf das, was zwischen Gott und Mensch geschieht.

— *Aufgehobene Grenze* —

Die Grenze, die uns so sehr ängstigt, dass wir sie mit allen Mitteln verstecken – was macht also Jesus mit ihr? Er stößt uns nicht auf sie. Und er droht nicht mit ihr. Sondern er hebt sie auf. Wer glaubt, also sich von Jesus, von Gott überzeugen lässt, hat die Grenze schon längst überschritten. Und die, die im Glauben, in der Gottverbundenheit gestorben sind, – die sind nicht weg und verloren. Mit den Augen des Glaubens

gesehen bleiben sie da. Darum muss man die, die sterben, nicht fesseln und festhalten. Lasst Lazarus weggehen, sagt Jesus. Eine völlig unverständliche Antwort, wenn es in der Lazarus-Geschichte nur darum ginge, dass da jemand für eine bestimmte Zeitspanne nochmals ins irdische Leben zurück geholt wird. Die Sinnspitze ist eine ganz andere. Sie lautet: Die Toten gehen nicht verloren. In Gott bleiben wir ihnen und sind sie uns verbunden. Jesus hat Leib und Leben dafür gegeben, dass es so ist. Johannes erzählt, dass die Lazarusgeschichte der konkrete Auslöser für Jesu Leidensgeschichte war. Wer diesem Zeugnis Glauben schenkte, hätte eine Antwort auf das Rätsel des Todes, die ihm die Angst nimmt und vieles im Leben leichter macht.

Palmsonntag: Mt 26,14–27,66

Passions-Kunde

— Kann Gott sterben? —

In dieser Woche, die seit alters „die heilige Woche“ heißt, tun wir Christinnen und Christen Eigenartiges: Wir feiern ein Sterben. Einen Tod. Wir feiern, dass da einer sein Leben verlor, durch Gewalt anderer, bloß weil er ihnen widersprach, wenn es darum ging, wer Gott ist und was das für den Menschen bedeutet. Und mehr noch: Den, der da starb, bekennen die Glaubenden als Gottes Sohn, als den, der so untrennbar zu Gott gehört, dass Gott ohne ihn gar nicht er selbst wäre. Aber geht das denn, dass da gleichsam etwas von Gott, nein: dass Gott selber stirbt?

— Geschmacklose Proletenreligion —

Schon in der Zeit der Spätantike, als das Christentum in den Raum der kulturellen Öffentlichkeit trat, war eben dies der eigentliche Skandal dieser neuen Religion. Große philosophische Denker wie die Neuplatoniker Kelsos und Porphyrios oder der Kaiser Julian Apostata wandten sich angewidert ab von einem Gott, der am Galgen stirbt. Geschmacklos einfach! Proletenreligion. Den Tod und das Göttliche auch nur von Ferne in Verbindung zu bringen – das konnte Ihnen nur Indiz größter Torheit sein.

— Was Goethe dazu sagt —

Diese spätantiken Stimmen blieben nicht die einzigen ihrer Art. In ihrer Tradition steht auf ganze eigene Art auch der deutsche Dichterfürst par excellence – Goethe. Bei ihm, der dem Christentum höchst ambivalent gegenüber stand, war daraus im Horizont seiner naturmystisch-pantheistischen Frömmigkeit ein Fundamentalprotest gegen den Tod überhaupt geworden. 1826 sah er in Weimar ein Bild des jungen Malers Carl Friedrich Lessing, eines Großneffen des hoch verehrten Dichter-

fürsten Gotthold Ephraim Lessing. Es zeigte eine Winterszene – einen verfallenen Klosterhof, darin eine schneebeladene zerrupfte Tanne und einen zugefrorenen Brunnen und dahinter Mönche, die einen verstorbenen Mitbruder zu Grabe trugen. Der Anblick des Bildes führte bei Goethe zu einem Wutausbruch:

Das sind ja lauter Negationen des Lebens und der freundlichen Gewohnheit des Daseins, rief er empört. Zuerst also die erstorbene Natur, Winterlandschaft; den Winter statuiere (das heißt akzeptiere) ich nicht; dann Mönche, Flüchtlinge aus dem Leben, lebendig Begrabene; Mönche statuiere ich nicht; dann ein Kloster, zwar ein verfallenes, allein Klöster statuiere ich nicht; und nun zuletzt, nun vollends noch ein Toter, eine Leiche; den Tod aber statuiere ich nicht.

Den Tod statuiert er nicht! Was wunder, dass er später auch am Begräbnis seines Kollegen und engen Freundes Schiller nicht teilnahm und – Gipfel von allen: dass er zuhause im Bett unpässlich liegen blieb, als man seine eigene Frau an seinem Haus vorbei zu Grabe trug. Welche Angst, welches Entsetzen vor dem Tod muss doch in dieser ansonsten so weiten und großen Dichterseele gehaust haben!

— *Freigesprochenes Leben* —

Und wir heute? Wir schauen ausgerechnet auf das Bild eines zu Tode Geschundenen! Dieser Mensch hätte sein eigenes Leben retten können. Aber er verzichtet darauf. Keiner stirbt gern, schon gar nicht, wenn er das Durchkommen zum Greifen nahe hat. Und doch gab dieser Mensch sich selber daran. Wie kommt ein Mensch dazu, so zu handeln? Eines gehört mit Sicherheit dazu: Wer sein Leben für etwas oder jemand einsetzt, ja herzugeben sich entschließt, ist überzeugt, dass zum wirklichen Leben etwas gehört, was mehr bedeutet, als da zu sein in der Welt und mitzumachen.

Dieses Darüber-hinaus über den eigenen Vorteil und über das Überleben hat schon immer viele Namen und Gestalten gehabt: Menschen sind gestorben für Ideen und Überzeugungen, für die Wahrheit, aus Liebe oder Mitgefühl. Aber sie konnten das nur, weil sie überzeugt waren oder zumindest spürten, dass das, wofür sie ihr Leben drangaben, über ihr eigenes Ende hinaus in Geltung bleibt und nicht zerstört werden kann.

Christen und Christinnen sind überzeugt, dass dieses rätselhafte Darüber hinaus durch das Sterben Jesu in seiner eigentlichen und ganzen Wirklichkeit offenkundig geworden ist. Jesus hat sein Leben einem einzigen Anliegen verschrieben: Menschen nahe zu bringen, dass ihr Leben durch und durch von Gott kommt und an Gott hängt – und dass dieser Gott niemand ist, den man fürchten muss, sondern dem man unbedingt trauen darf. Wenn das wahr ist, hat es für alles Menschliche Folgen, die bis an die Wurzeln reichen: Wenn Gott das Leben trägt – und Gott allein –, gibt es keinerlei anderen Trägerschaften, nicht die Natur und nicht die Geschichte, nicht Staat und nicht Gesellschaft, nicht Menschen und Autoritäten und nicht einmal Religion und Kirche. Wenn sich eine dieser Instanzen diese Rolle anmaßt, verfällt sie der Kritik. Genau das hat Jesus getan: Er hat den Menschen radikal freigesprochen, freigesprochen von allen Dienstbarkeiten, allem Unterworfensein, allen Opfern, mit denen er sich von anderen das Recht da zu sein erkaufen muss oder auch nur meint, erkaufen zu müssen. Der Mensch ist frei und muss sich vor nichts und niemandem in der Welt fürchten. Weil Gott für ihn ist.

Durch diese Botschaft von Gott ist Jesus in Konflikt geraten mit denen, die das anders sahen und vor allem anders wollten, weil sie daraus ihre Vorteile zogen. Darum wurde beschlossen, den Prediger dieser aufständischen Freiheit zu beseitigen. Je länger, je mehr hat Jesus selbst das kommen sehen. Trotzdem hat er sein Gotteszeugnis nicht zurückgenommen und ist er vor den Folgen dieses Zeugnisses nicht geflohen. Er blieb sich treu, weil er Gott treu sein wollte, denn er war gewiss: Weil Gott so ist, wie ich ihn verkünde, wird er mir treu bleiben auch und gerade dann, wenn mir das Letzte abverlangt wird für mein Zeugnis von ihm. Ich habe ihn „Abba" genannt, lieber Vater, der da ist für uns auf Du und Du, und so da ist, wie nur ein Gott da sein kann: unbedingt. Darum bleibt er der Daseiende auch dort, wo ich für mich nichts mehr bin. Nicht nur nichts und niemand in der Welt muss mich in den Abgrund der Angst stürzen, sondern auch das nicht, was mir an der äußersten Grenze als Letztes widerfährt: das Sterben. Weil es mehr gibt als Leben und Sterben: Gott, der da ist für mich und dableibt im Leben und Sterben sogar. Dafür verbürgt sich Jesus, indem er alles gibt, was er hat, sich selbst, und darum frei das Kreuz annimmt.

— Vom „Darüber-hinaus" —

So macht sein Sterben das rätselhafte Darüber-hinaus über das irdische Leben, das so vielgestaltig begegnen kann, als das offenbar, was es in Wahrheit ist. Alle, die ihr Leben drangeben für jemanden oder etwas, tun es um eines ihr eigenes Ende Überdauernden willen. Alle Enden wirklich überdauern aber vermag eines allein, weil, wenn es etwas Unbedingtes gibt, es nur ein Unbedingtes geben kann: Gläubige Menschen nennen es „Gott". Er selbst – und er allein – ist darum jenes Darüber-hinaus, das mitten im gelebten Leben da ist und begegnet und das einem Menschen den Mut geben kann, sein irdisches Dasein in die Bresche zu werfen dafür, dass andere gerettet werden und gerade dadurch ihrerseits etwas erahnen von dem, was den, der sie gerettet hat, getragen hat.

Das verrät das Kreuz Jesu vom Menschen: In allem, was eine oder einer tut und lebt, ist jener tragende Grund, der unbedingte, der Gott heißt, immer schon zugegen. Sichtbar wird das immer dort, wo ein Mensch an seine Grenze rührt und sie annimmt. Mehr noch dort, wo er im Vertrauen auf den ihn tragenden Grund zu diesem Ende ja sagt. Auf einmalige Weise dann, wenn dieses Ja um dieses Grundes willen selbst, der Gott heißt, gesprochen wird.

— Christliche Revolution —

Das Einmalige von Jesu freier Annahme des Todes rührt daher, dass in seinem Ja zum Ende so etwas wie eine wunderbare Umkehrung begann: Indem er für Gott starb, wurde er am Kreuz selbst zu einem menschlichen Bild, einem Gleichnis des Gottes, für den er einstand. Jesus gab alles, was er war, für Gott. So bezeugte er mit Leib und Leben, wie der Gott ist, auf den er baut: Einer, der alles gibt, sich selbst, damit wir sind. Wo und wann immer auf der Welt ein Mensch seither sein Leben um dessentwillen einsetzt, was größer ist als er selbst, spiegelt er auf menschliche Weise etwas von dem Gott, der alles von sich einsetzt um dessentwillen, was kleiner ist als er selbst. Der oder die Betroffene müssen das nicht einmal wissen – und leben doch eine Wahrheit, die größer ist als sie selbst. Daher kommt das Fesselnde, die Würde, die all diese Menschen ausstrahlen: eine Anne Frank etwa, ein Dietrich Bonhoeffer, ein Alfred Delp. Selbst die Seele des großen Goethe war zu klein für diese Revolution der Denkungsart. Und die spätantiken Geistesgrößen ziehen

ihretwegen die junge Christengemeinde des Atheismus, der Gottlosigkeit, gemessen am Maßstab dessen, was man seit jeher meinte, wie ein Gott zu sein habe.

Genau diese grundstürzende Wahrheit über uns und über Gott ist es, was in der Karwoche zugänglich wird. Daher kommt, dass wir Christinnen und Christen nicht nur den Ostermorgen, sondern auch Jesu Sterben feiern müssen, denn wir ahnen: Tod und Leben sind eins.

Gründonnerstag: Ex 12,1–8.11–14

Vom Anfang, der alles enthält

— Ouvertüre —

Nach vierzig Tagen der Vorbereitung feiern wir den Ursprung und die Mitte unseres Glaubens: das Osterfest. Den Anfang der heiligen Feier macht der heutige Abend: Gründonnerstag. Mit diesem Anfang verhält es sich ähnlich wie mit dem Anfang einer Geschichte oder eines Musikstücks. Man muss genau hinhören, weil in den ersten Zeilen oder den ersten Takten schon alles anklingt, was noch kommen wird und worum es eigentlich geht. Zwar ist alles noch verschlüsselt oder in Anspielungen verborgen, aber es ist schon da.

— Am Anfang: Pascha —

Genauso ist es mit dieser heiligen Feier jetzt am Gründonnerstagabend: In den Lesungen und in dem, was wir tun, scheint schon das Ganze von Ostern auf. Den Anfang macht die Lesung aus dem Exodus-Buch. Sie erzählt uns, wie die Juden das Pascha-Fest feiern. Was ist Pascha – was geht es uns Christen an und was hat es mit Ostern zu tun?

— Aufbruch —

Seine tiefsten Wurzeln hat Pascha in einem uralten orientalischen Hirtenfest. Hirten können nicht einfach bleiben, wo sie sind, auch wenn es an einem Ort vielleicht ganz günstig war. Sie müssen, um ihre Herde zu nähren und sich selbst am Leben zu halten, immer wieder aufbrechen, müssen in die Fremde ziehen, neues Land erkunden, neue Weide finden. Jeder solcher Aufbruch hat etwas Verheißungsvolles an sich. Zugleich ist er riskant. Man weiß ja nicht, was alles kommen und ob die Suche Erfolg haben wird, und Gefahren gibt es auch. Darum haben die Hirtenvölker, als sie zu Frühjahresbeginn wieder aufbrachen, immer ein Fest gehalten,

haben um Gottes Schutz vor bösen Mächten und vor Unglück gefleht und – das gehört auch dazu – sich selbst vor dem Aufbruch im Festmahl noch einmal richtig gestärkt.

— *Ausbruch I* —

Es war viele Jahrhunderte später. Die Israeliten waren schon längst kein nomadisierendes Hirtenvolk mehr. Trotzdem war wieder einmal ein Aufbruch nötig. Nötiger denn je. Sie waren in Ägypten sesshaft geworden. Dort, in dem fruchtbaren Land, war das tägliche Auskommen ziemlich leicht zu sichern gewesen, fast ein kleines Paradies im Vergleich mit der kargen Steppe, die sie früher durchwandern mussten auf der Suche nach dem Auskommen. Aber im Laufe der Generationen waren sie immer mehr unter die Knute der eigentlichen Landesherren, der Ägypter, geraten. Die fingen schließlich an, die Israeliten auszubeuten und zu Sklaven zu erniedrigen, ließen sie Städte und Paläste bauen, prunkvolle Residenzen für die Landesherren und ihren luxuriösen Lebensstil, während ihnen kaum das Nötigste blieb.

So aber konnte Israel nicht weiterleben. Und darum wagte es unter der Führung eines gewissen Mose endlich wieder einen Aufbruch, der in Wirklichkeit ein Ausbruch war: Schwierig, riskant und hochgefährlich. Immer wenn bei uns Menschen Dinge anstehen, die uns durch und durch gehen, ist das Erste, was wir tun, dass wir uns erinnern, wie es früher war, wie es die Alten gemacht haben. Das gibt Sicherheit in dem, was jetzt zu bestehen ist. Und genau so macht es auch Israel im ägyptischen Sklavenhaus: Es erinnerte sich an die uralten Bräuche aus der Zeit der Vorväter, der Hirtenzeit. So betete es um das Gelingen seines Ausbruchs und stärkte sich noch einmal, bevor es losging. Das war das Paschafest beim Auszug. Die Sache ging wider alles Erwarten gut. Israel kam frei. Selbst die Natur schien sich mit Israel verbündet zu haben: In Ägypten wütete eine Pest, die Mensch und Tier dahinraffte, so dass die Landesherren der Flucht zunächst gar nichts entgegenzusetzen hatten. Und später am Schilfmeer draußen drückten Stürme das seichte Wasser so weit zurück, dass die Israeliten einen Weg durch das Watt nehmen konnten, den es sonst gar nicht gab. Als sie das alles durchgestanden hatten, konnten sie nur noch staunen und sagen: Das alles war kein Zufall! Gott selbst hat uns geführt und gerettet.

— Ausbruch II —

Es war wieder Jahrhunderte später. Israel war erneut unter die Knute geraten. Diesmal in Babylon. Sie hatten aus Kleingläubigkeit ihre Freiheit verspielt und alles, was ihnen lieb und teuer gewesen war, Jerusalem, den Tempel und die heiligen Geräte, den König und viele ihrer Volksgenossen. Da dachten sie wie von selbst immer wieder zurück an den Auszug aus Ägypten damals – und wie er ausging. Nur, dass jetzt in Babylon an einen Ausbruch wie damals in Ägypten nicht einmal zu denken war. Sie selber waren viel zu schwach. Und vor allem die Beherrscher viel zu mächtig. Da taten die Israeliten das einzige, was ihnen noch möglich war: Sie erinnerten sich, erzählten die Geschichte vom Paschafest damals in Ägypten und feierten in ihren Familien das alte Fest mit dem Lamm, dem Brot, den Bitterkräutern. So drückten sie ihre Hoffnung aus, dass Gott, der sie damals so wunderbar gerettet hatte, immer noch zu ihnen stehe und – ja, vielleicht – irgendwann, weil er doch auf ewig der Eine und Gleiche bleibt, ihrem Elend ein Ende machen werde. Damals wurden auch die Zeilen niedergeschrieben, die wir vorhin gehört haben. Die Hoffnung zwischen diesen Zeilen war nicht trügerisch. Gar nicht viel später gab es für Israel tatsächlich einen Auszug, Auszug aus Babylon. Und der war im Grunde noch wunderbarer als der aus Ägypten, weil sich Israel diesmal nicht eine Flucht erkämpfen musste, sondern weil die Machthaber Babylons sie freiwillig ziehen ließen.

— Umbruch —

Es war noch einmal Jahrhunderte später. Da trat in Israel einer auf, Jesus hieß er, der predigte, dass Gott dem Menschen gut und nichts als gut will, dass er keinen einfach verurteilt, sondern auch noch aus den Verstrickungen der Sünde einen Ausweg schenkt, wenn der Betroffene nur darum bittet. Der wagte sogar zu sagen, dass Gott seine Sonne aufgehen lasse über Guten und Bösen und es regnen lasse über Gerechten und Ungerechten – nicht weil gut und böse, gerecht und ungerecht das Gleiche seien, sondern weil er darauf setzt, dass wenn einem, der Böses tat oder ungerecht war, Gottes unbeirrbare Liebe begegnet, ihn Gottes Gottsein bestürzen und zum Guten zurückführen werde. Und ganz dem entsprechend verhielt sich dieser Jesus selbst gegenüber denen, die als Sünder galten und erst recht denen gegenüber, die wirklich Sünder waren.

Aber die Predigt von diesem Gott und ihre Bewahrheitung in Jesu Tun passte einigen Leuten nicht. Darum suchten sie diesen Jesus zu beseitigen. Jesus flüchtete davor nicht, weil er gewiss war: Der Gott, für den ich spreche, hat sich schon so oft als mächtig und wunderbar erwiesen, am meisten in Ägypten und in Babylon, dass er sich genauso wunderbar und rettend erweisen wird, wenn sie mir seinetwegen das irdische Leben nehmen. Darum hat er mit seinen Freunden zum Abschied das alte Fest mit der Bitte um ein geglücktes Fortgehen von hier nach anderswo – das Pascha – gefeiert und dazugesagt: Vergesst nie mehr: Was Gott in Ägypten und Babylon getan hat, tut er immer und für jeden und jedes Mal, wenn einer aufbricht zum Leben und auch am Ende zu dem Leben, das ewig ist. Dafür stehe ich ein. Seitdem ist sein Abschied ein Versprechen. Es heißt: Verlass dich auf Gott wie ich, und du kommst an im Leben.

— *Immer neu aufbrechen* —

Es ist noch einmal Jahrhunderte später. Es ist heute. Jetzt. Wir feiern das uralte Fest beim Aufbruch von einem Ort zum anderen. Unvergleichlich wichtiger als die geographischen Orte in unserem Leben sind die inneren, die geistigen Orte, unsere Standpunkte, wie wir sehr treffend sagen. Ich denke, ich vereinnahme niemanden, wenn ich sage: Alle haben wir nötig, nicht dort stehen zu bleiben, wo wir gerade sind. Wer schon könnte von sich sagen, dass bei ihm, bei ihr alles im Lot sei, dass nichts eines Wandels, einer Umkehr bedarf?! Selbst in drittrangigen Dingen des Werktags schon erfahren wir das Mal um Mal ganz anders – und wie sehr wird es dann erst für das Wesentliche gelten, von dem wir hoffen, dass es uns trägt! Nichts ist davon ausgenommen: die Beziehung, in der einer steht, genauso im Beruflichen, im Umgang und der Sorge um sich selbst, auch im Geistlichen verhält es sich so. Überall gilt: Aufbrechen müssen wir, und noch einmal, und noch einmal, und irgendwann ein letztes Mal.

Die Aufbrüche gehen immer noch ins Unbekannte, sind immer noch riskant. Mit unserer Feier jetzt bitten und hoffen wir, dass sie alle gut ausgehen. Israel in Ägypten, Israel in Babylon, der Israelit Jesus im Abendmahlsaal machen uns zuversichtlich. Jeder Aufbruch ist ein neuer Anfang. Und alle zusammen bilden einmal unser persönliches Ostern. Unsere Auferstehung. Halten wir also unser Pascha.

Karfreitag: Hebr 4,14–16; 5,7–9 und Joh 18,1–19,42 passim

Karfreitagsleere

— *Geniales Logo* —

Kein anderes Zeichen hat die religiöse Bilderwelt und das geistliche Fühlen von Menschen seit je tiefer geprägt als das Kreuz. Angefangen von der Spottkarikatur mit einem gekreuzigten Esel auf dem Forum Romanum über die Mosaik-Kreuze in den frühchristlichen Basiliken, die Gemmen-Kreuze der Romanik, die Schmerzensmänner der Gotik – und es reißt nicht ab. Heute malt Herbert Falken, inspiriert von mittelalterlichen Vorbildern, den Gekreuzigten mit dem gewölbten Bauch einer Schwangeren – Inbild neuen Lebens, das aus dem Sterben hervorgeht. Und Oliviero Toscani, der legendäre Ex-Photograph von United Colors of Bennetton, der jahrelang die Werbetafeln jenes Konzerns zu hauswandgroßen Ikonen des Christlichen verwandelte, ist überzeugt, dass die christlichen Kirchen mit dem Kreuz über das genialste Logo verfügen, das es je gegeben hat. Nur wüssten sie selber damit nichts Rechtes mehr anzufangen. Da mag was dran sein.

Denn wir Theologen reden in den Predigten und sonst wo immer so schnell von der Liebe, vom Versöhntsein und so. Vielleicht geht es darum aber gar nicht zuerst. Toscani, schnörkellos und schnoddrig, wie er eben ist, sagt es so:

„[A]ls Jesus und seine Agentur ‚Die Apostel' die größte Kommunikationskampagne aller Zeiten entwickelten, geschah das eben nicht mit einer respektvollen und glücksverheißenden Bilderwelt. Ganz im Gegenteil! In diesem Clip findet sich einfach alles wieder, was die Werbung verachtet: Ein nackter Mann, der an ein Kreuz genagelt ist […], Umarmung von Aussätzigen, überall Menschen im Elend, abstoßende Kranke, eine Geburt in einem Viehstall inmitten von Tierscheiße, Stunden beispielloser Qualen, Blut, das unter Hammerschlägen hervorspritzt, der Schmerz einer Mutter an der Seite ihres sterbenden Sohnes. […]

Die Jesus-Geschichte beschönigte weder die Leiden noch die Gewalt in der Welt. Sie machte keine Konzessionen an das Sicherheitsbedürfnis ihres Publikums. Sie lancierte die erste große organisierte Kampagne der Geschichte, und dabei wurde eben nicht auf sofortigen Gewinn abgezielt, und es wurden auch nicht die Qualitäten des Produktes direkt angepriesen: das Reich Gottes [...]. Sie erzählt uns von der Erlösung und der ewigen Glückseligkeit und verheißt uns dies durch einen gekreuzigten Mann im blutigen Lendentuch, nicht durch Claudia Schiffer im Chanel-Höschen. Und diese Kampagne ist seit zwei Jahrtausenden Teil der kollektiven Vorstellungswelt.“[11]

— *Die Würde des Fleisches* —

Schon oft hat man sich in der Theologie und unter Historikern gefragt, warum sich denn damals der christliche Glaube, dieses Phänomen aus einer randständigen Provinz des Römischen Reiches, so atemberaubend schnell verbreitet und durchgesetzt habe – wo es doch als Religion mit der geheimnisvoll-attraktiven Gnosis und mit dem intellektuell ungleich anspruchsvolleren Neuplatonismus konkurrieren musste. Vielleicht lässt sich eine Antwort auf diese Frage ganz einfach auf zwei Grundworte zurückführen. Das erste lautet: das Fleisch. Für das Christentum ist buchstäblich in der Mitte des Gottesverhältnisses Platz für das, was jedem Menschen am nächsten ist – die eigene Haut – auch dann noch, wenn sie kein Hit mehr ist: Da darf das Angeschlagene, das Gefährdete, das Verfallende vorkommen, das, was man nicht mehr anschauen mag, weil es nicht schön ist. Der christliche Gott ist nicht nur herrlich – das auch, gewiss. Aber er ist mehr: Vor ihm, besser in ihm hat auch das Ungestalte Platz, nicht bloß, weil es auch zum Leben gehört, sondern weil er es ins Medium seiner Selbstmitteilung hinein nimmt: Darin, dass er der geschlagene Gottesknecht ist, vollendet sich Jesu Gleichnishaftigkeit für Gott. Christentum war von Anfang an ein ästhetischer Verstoß. Das Evangelium hat sich immer kraft der „deformitas Christi“ als „Sermo humilis“ verstanden, als demütige Rede vom Kleinen, weil Gott sich selbst klein gemacht hat in seinem Jesus. Nur so konnte es fähig werden, einer Wahrnehmung des einzelnen, unableitbaren, faktischen Zerstörens und Leidens Ausdruck zu geben. Schon länger grassiert, nicht zuletzt getragen von den technischen Möglichkeiten der Neuen Medien, eine alle Bereiche übergreifende Ästhetisierung der Lebenswelt, ein Verhüb-

schungstrieb, dem daran gelegen ist, die Widersprüche, die nicht aufgehenden Gleichungen des Lebens, das Älterwerden und Verfallen durch Blendwerk zu kaschieren. Dieser Drang zum schönen Schein, selbst um den Preis der Verlogenheit, macht den antiästhetischen Impuls der christlichen Gottrede zum Kronzeugen auch des Dunklen, des Uneingelösten, des noch Ausständigen und damit des Ganzen der Wirklichkeit. In der christlichen Predigt gehören das Aufstrahlen des Schönen und das Ungestalte, Schockierende untrennbar zusammen.

— Absichtslosigkeit —

Und das zweite Grundwort für das Geheimnis des Christentums heißt: Absichtslosigkeit – der Verzicht auf ein Anpreisen der Botschaft, wie Toscani es nennt: Was das wirklich heißt – Absichtslosigkeit –, wurde mir erst vor einiger Zeit klar, als ich auf das irritierendste Osterbild stieß, das mir bislang untergekommen ist. Jean-Louis Gerome hat es geschaffen. 1868 wurde es fertig. „Consummatum est. Jerusalem" heißt es. Es ist ein Golgota-Bild. Aber was für eines! Der Betrachter des Bildes schaut vom Kreuzigungsort auf ein gewitterüberwölktes Jerusalem. Und er steht mit dem Rücken zum Gekreuzigten. Der muss sich ungefähr rechts hinter ihm befinden. Der Golgota-Felsen zu seinen Füßen ist in grelles Licht getaucht, das typische Gelb der Sonne unmittelbar vor einem Gewitter. Und in dieses Gelb fallen nur noch die Schatten des Gekreuzigten und der zwei Schächer. Sie selber sieht man nicht. Und der Betrachter steht gewissermaßen daneben im buchstäblichen Sinn.

— Gottes Schattenexistenz —

Die Szene ist leer. Da wird nichts gezeigt, geschweige denn demonstriert. Das ist die christliche Situation in Reinkultur. Wir haben nichts zum Festhalten. Unser Gott hat sich selber durchgestrichen, sozusagen. Um unseretwillen, dass wir merken, wie nah er uns kommt, buchstäblich auf den Leib rückt, hat er nicht mehr Gott sein, sondern als Mensch sterben, in letzte Verlassenheit gehen wollen. Bis zur puren Schattenexistenz. „Spekulativer Karfreitag" sagt der Philosoph Hegel dafür. Darum ist das echteste Osterbild eben eines, das nicht einmal mehr den Gekreuzigten live, sondern nur noch einen Schattenwurf zeigt. Leere pur. Menschen-

leere. Gottesleere. Das ist die Wahrheit. Und doch liegt über der Szene eine Hauch von Versöhnung, der sich nicht nochmals für sich auf den Begriff bringen lässt, den man im verweilenden Schauen gewahrt: dieses Licht von anderswoher, ohne das es die Schatten nicht gäbe. Wenige Jahrzehnte nach Gerome hat van Gogh diese Wahrheit erneut gemalt, indem er ein Getsemani-Bild schuf ohne jede menschliche Figur, auf dem sich einzig Olivenbäume gegen blutrote Erdschollen stemmen, und über den Baumkronen ein Himmel wie eine Frühlingswiese. Als ob auch tiefste Einsamkeit doch noch einen leisen Vorschein von Geborgenheit in sich trüge.

— *Schwester Ängstin* —

Für unsere Zeit hat diese Erfahrung die zeitlebens von Schmerzen und Seelennot gequälte Kärntner Bauersmagd Christine Lavant ins Wort gebracht, als sie schrieb:

Die Angst ist in mir aufgestanden.
Wie eine Frau, der etwas Furchtbares einfiel
und die dann – wenn sie zwei Stuben hat –
von der einen in die andere geht,
so geht die Angst jetzt in mir hin und her.
Oft rede ich sie an,
singe und bete für sie,
oder lese ihr stundenlang vor
aus sehr klugen, sehr heiligen Büchern.
Aber sie macht sich aus allem nichts.
Nur noch schwerer wird sie davon,
bis jede Stelle, darauf sie tritt,
anfängt zu zittern.
Und so zittert schon alles in mir,
Knie, Hände und Lippen
und am meisten wohl die Lider meiner Augen.
Doch sie findet nicht Ruhe dabei
und durch die Tür meines Verstandes
bricht sie ein in die arme Seele.
Auch dort ist alles schon schwankend.

Bilder des Himmels und der Hölle
fallen übereinander her und über die Ängstin.
O diese Arme!
Niemehr wird sie zum Schlafen kommen,
niemehr wird sie mich schlafen lassen,
denn jemand hat ihr ein Wort gesagt,
das wie ein Schwert
am Faden einer einzigen Hoffnung
über uns hängt.[12]

Da ist der Dichterin die eigene Angst zur Vertrauten, zur Freundin geworden – zu einer, die sie nicht nur aushält, sondern mit der sie mitfühlt und mitgeht. Hauch der Versöhnung. Und das Wort, das über beiden hängt wie ein Schwert am Faden einer einzigen Hoffnung – unser Glaube kennt es. Meist schweigen wir es nur. Heute im Angesicht des Gekreuzigten sagen und singen wir es: Hagios Theos, hagios ischyros, hagios athanatos, eleison hymas – Heiliger Gott, heiliger starker Gott, heiliger unsterblicher Gott, erbarme dich unser.

Osternacht: Gen 22,1–18

Osterahnung auf Morija

— Die ganze Schrift lesen —

Heute Nacht lesen wir länger als je sonst in der Schrift. Von ganz vorn beim Schöpfungsmorgen bis ganz ans Ende der Evangelien zum Ostermorgen. Wir brauchen das Ganze, um zu verstehen, was es um das Eine ist, das wir in dieser Stunde feiern. Denn dort in der Schrift steht Ostern. So wurde es den Emmaus-Jüngern gesagt. So gilt es für uns. Die in Emmaus haben sich auf die Schrift verweisen lassen, haben hingehört – und haben den Auferstandenen gesehen, als er das Brot brach. Die Schrift hat ihnen dabei das Geheimnis Jesu aufgeschlossen. Durch sie ist ihnen österlich geworden. So auch uns. Wir brauchen uns nur den Führern anzuvertrauen, die dort auf uns warten.

— Führer Abraham —

Zu ihnen, diesen Führern, gehört auch Abraham. Er ganz besonders. Wir kennen ihn schon seit dem zweiten Fastensonntag, da wir teilnahmen an der nächtlichen Stunde seiner Gottesverheißung, den gestirnten Himmel über sich, das Gottesversprechen im Herzen, dass er, der Alte, einen Nachkommen haben werde als Stammvater eines unzählbaren Volkes. Und Abraham glaubte Gott. Heute Nacht sind wir wieder dabei, in den aufwühlendsten Stunden seines Lebens.

— „Väterversuchung" (Luther) —

Und wie wir dabei sind! Auf einem Vorzugsplatz nämlich, sozusagen in der Ehrenloge. Denn außer Gott sind es nur wir, die wissen, was da geschieht. Gott stellte Abraham auf die Probe, sagt der erste Vers uns – also: Abraham selbst weiß es nicht. Gerade so wie zu Beginn des Hiob-Bu-

ches, wo einer der Gottessöhne, der obersten Engel, den Höchsten bittet, den frommen Hiob auf die Probe stellen zu dürfen, wie weit es denn her sei mit seiner Frömmigkeit – und der ganze himmlische Hofstaat schaut gebannt zu bei diesem Gottesexperiment. Und wir auch – die Hörenden. Was da jetzt mit Abraham ansteht, hat Søren Kierkegaard zu Eingang des ersten Kapitels seines Buches „Furcht und Zittern" wunderbar umschrieben:

„Wenn Abraham gezweifelt hätte, – dann hätte er etwas anderes getan, etwas Großes und Herrliches […]. Er wäre hinausgezogen zum Berge Morija, hätte das Brennholz klein gemacht, das Feuer angezündet, das Messer gezogen – er hätte zu Gott gerufen: ‚Verschmähe nicht dieses Opfer, es ist nicht das Beste, was ich habe, das weiß ich wohl; denn was ist ein alter Mann gegen das Kind der Verheißung, aber es ist das Beste, was ich dir geben kann. Laß es Isaak niemals zum Bewußtsein kommen, daß er sich trösten mag bei seiner Jugend.' Er hätte das Messer in seine eigene Brust gestoßen. Er wäre in der Welt bewundert worden, und sein Name wäre nicht vergessen worden; aber eines ist es, bewundert zu werden, ein anderes, ein Leitstern zu werden, der einen Geängstigten erlöst."[13]

Was dem Abraham solchen Rang jenseits des menschlich Bewunderbaren verleiht, wird uns erzählt in einer Geschichte aus Worten, die man nur noch zartfühlend nennen kann: Endlich war dem Abraham und seiner Sarai der Sohn geschenkt worden, der verheißene, der einzige. Gefestet hatten sie es, wie sich solches zu feiern gebührt. Da bricht in dieses lebenssatte Frohsein eine neue Infragestellung, die bis an die Wurzel geht: Abraham! – Mit Namen redet ihn Gott an, auszeichnender Ausdruck der Vertrautheit. Und der Angeredete antwortet mit dem tatbereiten „Hier bin ich!". Und dann der Gottesbefehl – Väterversuchung, nannte Luther ihn. Schonend hinzögernd, sich steigernd von Wort zu Wort: Nimm, nimm doch – deinen Sohn – deinen einzigen – den du liebst – jetzt erst der Name: den Isaak. Und bringe ihn auf dem Morija-Berg für ein Opfer hinauf! Schon einmal hat sich Abraham von Liebgewordenem trennen müssen, damals im Ur Chaldäas, als er sich auf Gottes Geheiß von Haus, Hof, Heimat und den Seinen weg machte. Da gab er seine Vergangenheit preis. Jetzt soll er sich wieder von Liebgewordenem trennen, vom Liebsten. Seine Zukunft preisgeben.

Wir sehen, wie sich Abraham reisefertig macht, umständlich alles beschrieben, wie er herumhantiert, den Esel sattelt, die Knechte holt, Holz spaltet – so wie ein Mensch, der in stummer Verzweiflung sich zu schaffen macht, damit ihn die tonnenschwere Last seiner Gedanken nicht gänzlich niederbiegt. Als das Ziel von Ferne in Blick kommt, lässt Abraham die Knechte zurück. Er will allein sein, so wie Mose einmal allein auf dem Horeb stehen und dann noch später der Hohepriester nur allein ins Allerheiligste treten wird. Isaak, der Sohn, übernimmt jetzt die Arbeit, die sonst die der Sklaven ist: das Holz-Tragen. Und nach einer Weile schweigenden Gehens fragt das Kind, wie eben ein Kind fragt, das aufmerksam wahrnimmt: Wo denn das Lamm für das Opfer sei: Vater! Ja, mein Sohn! Und das Lamm? – Wir wissen, was Abraham weiß, und hören ihn sagen: Gott wird sich das Lamm ersehen, Gott selbst wird sorgen für das Opfer.

Und dann wieder dieses verzögernd erzählte Handeln auf dem Berg droben, dass man meint, das Ticken ein Pendeluhr zu hören: Ankommen – Altar bauen – Holz schichten. – Dann bindet Abraham sein Kind, Hände und Füße zusammen. Das zusammenkrümmte, wehrlose Opferbündel hat dem ganzen Ereignis bei den Juden bis heute den Namen gegeben: aqedah Jizak, Isaaks Bindung. Da sich nichts tut, hebt Abraham an zu tun, was ihm befohlen: Messer – Sohn – Schlachten: schachat steht da hebräisch, unser „schächten" kommt davon. Und in diesem Augenblick der doppelte Namensruf von oben, doppelt aus dem Engelsmund vor lauter Engelsangst gleichsam, ja nicht zu spät zu kommen. Abraham! Abraham! Der erste Augenblick der Tat, der getan, die ausgestreckte Hand mit dem genommenen Messer, steht für ihr Ganzes, dem der Gottesbote Einhalt gebietet. Fürs Ganze gilt vor Gott, was der Mensch als Teil getan. Ich weiß ja, dass du Gott fürchtest, und alle Welt weiß es jetzt mit. Vom Liebsten losgesagt, hast du bekannt, was Dir das Liebste des Liebsten ist: Gott dem Treuen zu trauen.

Was dem Abraham da geschieht und geschenkt wird, verwandelt ihm die ganze Welt, so dass er dem Ort des Geschehens einen neuen Namen gibt: JHWH-Jire – Der Herr sieht. Das gleiche Wort wie zuvor bei dem Gott, der selbst das Opfer ersieht. Und heutzutage, fügt die Geschichte an, sagt man: auf SEINEM Berg wird gesehen. Beide Male hören wir nicht, was gesehen wird, beim zweiten Mal nicht einmal, wer da sieht. Sehen, sich sehen lassen, gesehen werden, sind eins. Nur so kann

Abrahams Gotteserfahrung, kann Gotteserfahrung überhaupt in Worte finden: Angeschaut von Gott, schauen wir ihn, ohne ihn sehen zu können, so wie man ins Licht der Sonne tretend sieht und in ihm lebt, ohne dass wir ins Licht selber schauen könnten.

— *Gottes tragende Treue* —

Das ist die Geschichte, wie Abraham, mit Kierkegaards Wort gesagt, zum weisenden Stern geworden ist, der den Geängstigten rettet. Der Gang auf den Morija-Berg hinauf hat ihn gelehrt: Gott wird im Opfer geschaut – und umso gewisser wird er geschaut, je größer das Opfer ist. Darum ist es auch die letzte Gotteserscheinung des Abraham, von der die Bibel erzählt. Das Rettende und Weisende an diesem Gottes-Schauer, das alle Angst beruhigen kann: Was so furchtbar beginnt wie die Väterversuchung, weitet sich in eine Gewissheit, dass Gottes Treue bis ins Letzte trägt, wo der Mensch am eigenen Letzten nicht festhält, diesem Gott nichts verweigert. Und wenn Gott der Treue, der Immerwährende ist, wird dann dieses erlösende Ende des Dramas, das wir jetzt einmalig an Abraham durchzittert haben, nicht immer gelten – immer, wenn eine Versuchung herantritt? Auch die Versuchungen des Rabbi Jeschua von Nazaret und jede danach. Und auch unsere eigenen?

Und wird nicht, wenn dieser Gott der ist, als der er sich dem Abraham sehen lässt, er nicht nur einmal das Opfer ersehen und für es sorgen, sondern immer? Und heißt das nicht im Tiefsten, dass alle menschlichen Opfer seit Abrahams Morija-Erlebnis eigentlich zu Ende sind, weil Gott selbst in die Hand genommen hat, was das Opfer meint: dass Himmel und Erde versöhnt seien? Kein Zufall, dass dieses Wort von Gottes „Ersehen“ des Opfers im Alten Testament überall nachklingt, wo von Liturgie erzählt wird, vom Heiligen Dienst, in dem Gott auf die Seinen schauend sich sehen lässt. Am Eindrücklichsten leuchtet das dadurch auf, dass die drei zentralen Worte aus dem Schluss unserer Abrahamsgeschichte – Widder, Brandopfer, Sehen –, dass diese drei Kernworte gemeinsam wiederkehren haargenau in der Mitte der ersten fünf Bücher der Bibel, im Kapitel 16 des Buches Levitikus, wo im Detail die Liturgie des großen Versöhnungstages beschrieben wird. Das haben die Bibelverfasser getan, um zum Ausdruck zu bringen, was im Zentrum alles Erzählten steht und worauf alles hinaus will: dass der Mensch die Hand der Ver-

söhnung ergreife, die Gott ihm entgegenstreckt. Kein Wunder darum, dass die Rabbinen bis heute sagen: Alle Opfer und Feste wirken von Isaaks Bindung her: Denn dort auf Morija hat Gott mit Abraham die Versöhnung von Himmel und Erde grundgelegt und im heiligen Dienst des Bundes wurde sie stetige Gegenwart.

— Jesus: der Morija-Gedanke in Fleisch und Blut —

Und erst recht kein Wunder, dass unsere Geschichte im Neuen Testament immer genau dort anklingt, wo es um die innerste Mitte von Jesu Sendung und Geheimnis, um sein Ganzes geht: Er hat seinen eigenen Sohn nicht geschont, sagt Paulus im Römerbrief von Gott – den Isaak schon, klingt dabei mit. Das heißt: Selber das Opfer ersehen. Und im 2. Korintherbrief noch deutlicher: Wir bitten an Christi Statt: Lasst euch mit Gott versöhnen. Jesus war und wollte nichts anderes sein als Versöhnung in Person, Gottes kühnster Gedanke, der Morija-Gedanke in Fleisch und Blut. So hat er gepredigt, gelebt als Inbild und Sinnbild eines Gottes, der der Zuvorkommende ist und dem nichts zu viel ist für die tiefste Absicht seines Herzens. Deshalb ist dieses Selber-Sorge-Tragen Gottes für das Opfer, für die Versöhnung, an demjenigen menschlich sichtbar geworden, der das weltzugewandte Antlitz dieses Gottes verkörperte.

Wer seinem Gotteszeugnis traut, den schaut darum Gott an, wenn sie oder er auf den Gekreuzigten blickt – wie Gott auf Morija anschaut. Und dort – am Kreuz – wird gesehen, wie auf SEINEM Berg gesehen wird. Das Herrlichste Gottes, sein Segen seit Abraham, verbirgt sich im Gekreuzigten, damit es uns nicht überwältige und niederschlage, sondern zu Herzen gehe und anrühre, so zartfühlend wie die Geschichte von der Isaaksbindung. Die Gottesliebe, die daraus keimt, die weiß, dass nichts, was einem Menschen je von Herzen kam und kommt, verloren gewesen sein wird. Mit Abraham hat Gott sich dafür verbürgt. In Jesus ist es besiegelt. Wer dem traut, dessen Welt taucht in einen neuen Morgen, von dem ab der Angstmacher Tod und die namenlose Trauer entmachtet sind. Wenn wir das Wort hören und das Brot brechen, also Versöhnung feiern, werden wir Angeschaute, die Sehende sind. Jetzt. Morgen. Für immer. Dafür preisen wir unsern Gott – auf Hebräisch heißt das: Hallelu-Iha.

Ostertag: Joh 20,1–18

Die Leere und das Wesentliche

— *Nahe Wahrheit* —

Christus ist erstanden, halleluja,
er hat den Tod bezwungen, halleluja!

Heute Nacht haben wir diesen Ostersieg des Herrn gefeiert. Im Ostermorgen gründet unser Glaube, in ihm hat er seine Mitte, ohne ihn ist er Trug und Lüge. Eine Wahrheit steht über diesem ersten Tag der Woche, so wunderbar, dass er einem zweiten, neuen Schöpfungsmorgen gleicht. Schwer zu verstehen ist diese Wahrheit für uns – nicht weil sie so schwierig, sondern weil sie so einfach und nah uns ist.

— *Auf das Leere kommt es an* —

Es verhält sich gerade so, wie Laotse lehrte, einer der ganz großen Diener der Weisheit unter den Menschen: Man knetet den Ton zurecht zu einem Trinkgefäß, sagte er; eben dort, wo nichts ist, im leeren Raum des Bechers, dort liegt sein Nutzen. Man baut eine Wohnung mit Tür und Fenster; dort, wo nichts ist, im Innenraum, dort hat sie ihre Nützlichkeit. Das Leere ist das Eigentliche. Eine Wahrheit, die geradezu einfältig ist, und doch bis zum Grunde erfasst, was wesentlich ist an den Dingen. Und gerade so müssen wir die Ostergeschichte lesen, ihre Worte nehmen in ihrer menschlichen Anmut und Leere, wie sie sind, ohne Tiefsinn und Hintersinn hineinzudeuten. Dann können wir erahnen, was den Ostertag wunderbar macht.

— *Maria Magdalenas Erfahrungen* —

Maria Magdalena – die, die Jesus von sieben Dämonen befreit hatte, also die, der er das Leben aus einer entsetzlichen Zerrissenheit als ihr eigenes

zurückgegeben hatte, – sie kommt in morgendlicher Dunkelheit zum Grab. Keine Stunde wird uns da angedeutet, sondern was Maria erfährt: zu den Toten auf den Friedhof geht, wenn es noch Nacht ist, nur, wer es bei sich nicht mehr aushält. Maria will weilen bei dem, was übriggeblieben von dem, der ihr leben half, und endlich frei sie selber sein.

Als sie zum Grab kommt, findet sie es geöffnet. Kein Wunder wird da vermeldet und auch kein Diebstahl des Leichnams verschleiert, wie bald die Gegner des Evangeliums tuscheln sollten; wieder vielmehr, was Maria erfährt, wird uns gesagt, nämlich dies: das Überbleibsel der Hoffnung birgt kein Geheimnis mehr für den, der diese Hoffnung einst gehegt hat. Das Verschlossenste der Welt der Menschen – das Grab steht offen, weil absolut nichts anderes als tot ist, wer sterben hat müssen. Nur weinen kann Maria da noch ob der Vergeblichkeit dessen, das ihre Hoffnung gewesen und dem ihre Liebe galt.

Vor Trauer beugt sich Maria weinend in die Grabkammer hinein: nicht, was Maria macht, wird uns gesagt, sondern was sie erfährt: sie selber krümmt und schmiegt sich dem Ort des Todes ein, sie wehrt ihrer Trauer nicht, geht in sie ein bis zum Grunde. – Da sah sie zwei Engel sitzen, die sie fragen, warum sie weine. Engel begegnen in der Bibel immer dort, wo Gott dem Menschen das Entscheidende zu sagen hat mit der Stimme seines Gewissens. Wozu weinst du?, hört Maria im Abgrund ihrer Trauer. Worüber vergießt du eigentlich deine Tränen? Gibt dir das Grab dazu Anlass? Das deute ich nicht in die Engelworte hinein: das bedeuten sie selber, sonst würde Maria auf diese Wort hin sich nicht zurückwenden vom Grab, wie das Evangelium erzählt.

Da sah sie Jesus dastehen, ohne ihn aber zu erkennen. Nicht was Maria mit Augen äußerlich sieht, wird uns da gesagt – denn wie könnte sie ihn als ihn selber sehen, ohne gleichzeitig zu wissen, dass er es ist –, sondern was Maria erfährt kommt da zur Sprache: dass im Augenblick der Abwendung von der absolut geheimnislosen, leeren Welt der Toten die Osterwahrheit anhebt. Sie hat sich vom Grab zurückgewandt zu dem, was Jesus gesagt, wie er gelebt und getan hatte, wie er zu ihr gewesen und wie er gestorben war. Und Eines muss es gewesen sein, in dem alles in eins kam, wessen sie sich erinnerte: dass er ganz einfach, aber ganz und darum anders als alle anderen, dem traute, was der Glaube seines Volkes ihm versprach: dass Gottes Name und Wesen Ich-bin-da-für-dich heißt. Denn genau das hatte er von Gott behauptet – gültig für jeden, auch und

gerade den Sünder noch. Und so hatte er gehandelt, dass die von Krankheit Gefesselten und von Not Gequälten an Leib und Seele erspürten, was es heißt, dass kein Geringerer als der Höchste für sie da ist. So war er zu ihr gewesen mit ihrem zerrissenen Leben, dass sie von ihm lernte, Maria zu sagen und gewiss zu sein, dass sie es war, die da sprach und lebte. Und so war sein Ende gewesen, dass er im Sterben sogar noch immer seines Gottes Namen rief und so bekannte, dass er ihm traute, auch jetzt noch und gerade jetzt der Ich-bin-da-für-dich zu sein. Warum weinst du noch?, sagt der zu ihr, der so gewesen war. Wen suchst du eigentlich? Hast du nicht schon gefunden, wen du suchst?

Da hört sie ihren Namen: Maria! Alles, dessen sie gedenkt, meint sie. Um ihretwillen ist es geschehen. Gelebt, gesprochen, gelitten, den Tod getragen hat er, damit sie lerne, zu leben und einverstanden zu sein mit dem Leben, wie der Schöpfer es uns geschenkt hat: im Frieden des Herzens, weil dieses Leben mitsamt seinem Ende der Ich-bin-für-dich in Händen hält. Jesu Kommen und wie er sein Leben besteht, das spricht sie an im Innersten ihres Wesens und gibt Antwort auf die Frage, die sie sich immer schon war. Darum antwortet sie ihm: Rabbuni, lieber Meister, du mein Lehrer. Von ihm hat Maria leben gelernt, damit wir es lernen von ihr: demjenigen trauen, der uns geschaffen hat, dass gut ist, wie wir geworden – zwei Hände voll Staub, der Erde vermählt und Gott anvertraut. Und derjenige, der uns darum für immer mehr als alles andere in diesem Leben bedeuten muss, kann selber nur auf wunderbare Weise wirklich sein, also leben trotz seines irdischen Sterbens. So geht unserem Glauben eine neue Schöpfung auf.

Mit Händen greifen möchte Maria ihr Glück. Doch er: halt mich nicht fest! Nicht, was Maria versucht, wird uns gesagt, sondern was sie erfährt: dass sich das Wunder der Auferstehung nicht begreifen und feststellen lässt, sondern dass es eine Verheißung schenkt: Maria soll verkünden, dass Jesus zu seinem Vater und zu unserem Vater geht, zu seinem Gott und zu unserem Gott. Wer mit Maria erspürt, wie er, der Gekreuzigte in unserem Leben lebt und wirkt, der darf selber Gott, den Unbegreiflichen so erfahren, wie er sich nennt: Ich-bin-da-für-dich. Gerade so, wie der Apostel der Gemeinde in Kolossae schrieb: Ihr seid mit Christus auferweckt. Wer mit ihm teilt, wie er lebt und stirbt, dem teilt er mit, was er als erster der Menschen ganz errang: Leben wie der Schöpfer es gemeint hat.

— *„Apostola apostolorum" (Thomas von Aquin)* —

Und Maria Magdalena ging zu den Jüngern und verkündete ihnen: Ich habe den Herrn gesehen. Nicht, was sie unternahm, wird uns gesagt, sondern was sie erfährt: dass sie, die Frau, die Rechtlose und als Zeugin Unglaubwürdige nach den Gesetzen ihres Volkes, – dass sie Lehrerin der berufenen Amtsträger wird. Ich habe den Herrn, gesehen, sagt sie. Sie weiß, dass er lebt, weil sie ihn zu Lebzeiten erfuhr als den, der sie lebendig machte, und weil sie jetzt erfährt, dass das Kreuz seine sanfte Macht, lebendig zu machen, nicht nur nicht gebrochen, sondern aufgetan hat für immer und für alle, die sich zu ihm wenden: Zu meinem Gott und zu eurem Gott gehe ich, sagt er. Wer auf ihn schaut als den, der wahrhaft leben lehrt, wer ihn zu seinem Rabbuni wählt, der findet den Gott Jesus Christi als Gott und Herrn seines eigenen Lebens, der ihm verspricht: ich bin da für dich, vor deinem Anfang schon und auch in deinem Ende noch. Der muss vor dem Sterben nicht mehr Angst haben und kann darum dem Leben trauen, wie es ist. Und so auferweckt zu sich selber wird er als österlicher Mensch leben und damit Zeuge dessen sein, durch den es Ostern für uns geworden ist. Das lehrt Maria, die Apostelin und Lehrerin aus Magdala, die amtlichen Zeugen: nicht ein Geheimnis, nicht Sätze einer Wahrheit, sondern wie Ostern geschieht für uns und alle, die das Leben suchen.

Ostermontag: Lk 24,13–35

Von der richtigen Pforte

— Ostern braucht Zeit —

Gestern Nacht haben wir das Hochfest unseres Glaubens gefeiert. Jetzt halten wir 50 Tage Ostern. Wir brauchen diese Zeit, um dessen inne zu werden, was wir begangen haben. Die Seele muss dem Tun nachkommen, es ist zu dicht, um alles gleich im ersten Moment zu erfassen. Ostern braucht Zeit. Das gilt nicht nur für uns, das war schon bei denen so, die Jesus menschlich am nächsten standen, seinen Jüngerinnen, Jüngern und Freunden, auch bei den Zwölf. Um dieses Zeit-Brauchen geht es auch im heutigen Evangelium, der berühmten Emmaus-Geschichte.

— Wenn der Blick für das Wesentliche fehlt —

Da sind zwei von denen, die dieser Jesus in Bann gezogen hatte auf dem Heimweg, weg aus diesem furchtbaren Jerusalem, in ihr Dorf. Im Dahinwandern, bleierne Enttäuschung in den Knochen, gehen sie nochmals miteinander durch, was passiert war vom Gründonnerstag Abend bis zum Karsamstag. Auch die Nachricht der Frauen vom Ostermorgen hatten sie schon gehört. Aber sie konnten nichts anfangen mit ihr – und eigentlich mit gar nichts von dem, was gewesen war. Daran ändert zunächst auch der seltsame Fremde nichts, der sich ihnen anschließt. Als sie ihm auf sein Nachfrage hin nochmals alles erzählen, belehrt er sie, dass sie all das, was ihnen jetzt wie ein einziges Tohuwabohu vorkommt, auf Strich und Komma im Tenach, also ihrer Bibel, die wir Altes Testament nennen, entschlüsselt finden können. Aber sie verstehen nichts. Sie haben nicht – noch nicht – den Blick dafür. Den Blick für das Wesentliche und darum Wahre. Denn um genau das geht es ja.

— Übersehene Pforte —

Diesen Blick zu gewinnen, ist manchmal gar nicht so leicht. Marcel Proust hat das in seinem Meisterwerk „Auf der Suche nach der verlorenen Zeit" auf den Punkt gebracht, als er schrieb, dass uns erst in dem Augenblick, in dem uns alles verloren scheint, zuweilen die Stimme erreiche, die uns retten könne: Man hat an alle Pforten geklopft, die auf gar nichts führen, vor der einzigen aber, durch die man eintreten kann und die man vergeblich hundert Jahre hätte suchen können, steht man, ohne es zu wissen, und sie tut sich auf.

— Schuppen vor Augen —

Ganz ähnlich verhält es sich bei den Emmaus-Jüngern. Sie haben zuerst ihre Gedanken bei dem, was eben geschehen war – und begreifen nichts. Dann lenkt sie der Fremde von unterwegs auf die Worte der Heiligen Schrift. Und sie begreifen immer noch nicht. Doch hätte da bei ihnen eigentlich schon der Groschen fallen müssen. Ausgehend von Mose und den Propheten legt er ihnen den Sinn des Schicksals Jesu aus – will sagen: Er macht ihnen klar, dass, wer den Gottesgeschichten von den ersten Seiten der Bibel an auch nur einen Funken Glaubwürdigkeit zutraut, diesen Jesus nicht für tot halten kann. Da ist doch schon im Buch Genesis von einem Gott die Rede, der selbst denen fürsorglich zugetan bleibt, die sich von ihm abgewandt haben. Wenn Sie sich erinnern: Adam und Eva haben aus Misstrauen in Gottes Güte ihr Geborgensein in ihm verloren, fühlen sich darum aus dem Paradies, dem behütenden Traumgarten, ausgestoßen in ein Jammertal voll Plage, Disteln und Dornen. Und doch macht ihnen der nun scheinbar so fremd und bedrohlich gewordene Gott noch Kleider aus Fellen, dass sie nicht ganz schutzlos in die kalte Welt der Gottferne ziehen müssen.

Oder aber, wie Gott sogar noch den Mörder Kain durch das Mal, das er ihm auf die Stirn zeichnet, davor schützt, das gleiche Schicksal eines gewaltsamen Todes zu erleiden, das er über seinen Bruder gebracht hatte. Oder die Rettung der Noachsippe über die Flut hinweg. Und dann das durch nichts zu enttäuschende Ringen dieses Gottes um sein Volk angefangen von Abraham, und nicht zu beirren durch das Murren auf dem Weg ins gelobte Land heraus aus der ägyptischen Knechtschaft, nicht zu

beirren durch das goldene Kalb, später durch die politischen Kungeleien, die ins babylonische Exil mündeten, nicht zu beirren durch das immer wieder von den Propheten angeklagte Schuldigbleiben der Barmherzigkeit gerade den Kleinen und Schwachen gegenüber, in der sich nichts anderes als Untreue gegenüber dem Gott kundtut, der das kleine Israel nie vergessen hat. Und der Gott, der so ist, der wird den hängen lassen, der sich ihm mit Leib und Leben so verschrieben hat, wie dieser Jesus das tat? Die Antwort ist unzweideutig: Nie und nie und niemals! Das ist das Osterzeugnis der Schrift des Alten Testaments – wir bräuchten für Ostern keine einzige Zeile des Neuen Testaments.

Und dass der, der an diesen Gott unbeirrt erinnert, als Störenfried empfunden und entsprechend behandelt werden wird bis zu seiner schieren Vernichtung – das ist auch schon Zeugnis der Schrift an den Stellen, an denen der Prophet Jesaja vom leidenden Gottesknecht redet. Das aber ist ein Zeugnis, das das erste Zeugnis nicht widerlegt, sondern bestätigt: Am Gerechten, der für seine Botschaft von diesem Gott sein Leben lässt, wird offenbar werden, dass Gott wirklich so ist, wie die ganze Schrift sagt: Eben der Treue, dem nicht einmal der Tod Paroli bieten kann. Darum musste der, der wie kein anderer zuvor unter Menschen für diesen Gott stand und sein Gleichnis war, erleiden, was er erlitt, um in seine Herrlichkeit zu gelangen, wie das Evangelium sagt – die Herrlichkeit, die darin besteht, dass an ihm, an seinem Schicksal, eben diese Unbedingtheit der Treue Gottes offenbar wird, die genau darin besteht, dass sie sich als mächtiger erweist als das Unbedingteste in der Welt, also der Tod.

— *Auch das Sterben: ein Vorletztes* —

Die Emmaus-Jünger stehen vor dieser Pforte, berühren sie gleichsam mit der eigenen Stirn schon – und wissen es nicht. Wie blind sind sie für die Logik dieser Geschichte Gottes mit den Menschen, die doch so punktgenau darauf hinausläuft, dass – wenn es den Gott, von dem da die Rede ist, wirklich gibt –, dass dann alles, nicht nur das Leben, sondern auch das Sterben ein Vorletztes ist, und ihm, diesem Gott, das letzte Wort bleibt und darum der, der so untrennbar zu ihm gehört wie dieser Jesus gar nicht tot sein kann. Dennoch: Mit allem vertraut. Buchstäblich Auge in Auge mit der Wahrheit. Und doch nichts begriffen.

— Lautloser Umschwung —

Und dann die Szene in der Bleibe unterwegs. Er bricht das Brot. Da gehen ihnen die Augen auf – und im gleichen Augenblick sahen sie ihn nicht mehr. Da tut sich ihnen jene Pforte auf, die sie aus Eigenem nach des Dichters Worten hätten hundert Jahre suchen können, ohne sie je zu finden.

Das ist so ähnlich wie in der Schlussszene einer ganz frühen Novelle Julien Greens, die den Titel „Die Schlüssel des Todes“ trägt: Ein Junge geht in strömendem Regen zwischen seiner Mutter und einem Bekannten auf den Friedhof, wo seine Cousine, mit der er aufgewachsen und die soeben einer Krankheit erlegen war, beerdigt wird. Er bewegt sich, ohne zu wissen, woher er die Kraft zum Gehen nimmt:

„Ich wollte nicht sehen“, so lässt Green ihn erzählen, „wie die Männer den Sarg in die Grube hinunterließen, und als ich an den Rand des Grabes trat, um nach meiner Mutter [...] Erde hinabzuwerfen, kam es mir so tief vor, daß mir einen Augenblick schwindelte und ich die Augen schloß. Dann mußte ich mich zusammennehmen, um wegzugehen, denn das große Kruzifix auf dem Sargdeckel zog meine Blicke an, und mir war, als könnte ich nie wieder die Augen abwenden von diesem Gott, der uns die Arme entgegenstreckt aus den Gräbern der Christen.“[14]

Ein solch lautloser Umschwung bis ins Mark hinab geschieht auch in der Emmaus-Szene. Sie ist so dicht, dass man sie Zug und Zug entfalten muss. Klar natürlich, dass das Erkennungszeichen, das Brotbrechen auf das Abendmahl anspielt. Und Abendmahl ist nichts anderes als das Inbild dessen, was Liebe meint – so sehr, dass ausgerechnet Johannes, der sozusagen theologischste der vier Evangelisten, auf die Einsetzungsszene mit dem Brot- und dem Kelchwort verzichtet und stattdessen nur die Fußwaschung erzählt. Was heißt „nur“! Die Fußwaschung, das Füreinander-Dienst-Tun – ist ja die Mitte, die Substanz der Eucharistie – Liebe eben. Und jedes Feiern dieser Eucharistie, der Messe, ist Erinnerung, Verlebendigung, Vergegenwärtigung dessen, auf dass die Liebe wirklich werde und stark. Unser Emmausevangelium bindet darum die Erfahrung der selbst den Tod besiegenden Treue Gottes – also Ostern – an das Tun der Liebe und sagt damit: Wo Menschen füreinander da sind bis zum niedersten Dienst, werden sie einander zum Gleichnis der Un-

vergänglichkeit, die aus Gottes Treue kommt. Wo geliebt wird, geschieht Österliches.

Dass die Emmaus-Jünger in dem Augenblick, da sie in dem Unbekannten den Auferstandenen erkannten, ihn nicht mehr sahen, bringt genau dieses Gleichnishafte zum Ausdruck. Man kann Ostern so wenig festhalten wie Liebe. Und doch ist es so unbezwingbar wirklich, wie diese – die Liebe – wirklich ist. Getane Liebe weiß darum, dass Ostern wahr ist. Jedes Mal, wenn wir Messe feiern, tut sich die Pforte auf, die unser menschliches Suchen allein niemals würde finden können.

Zweiter Ostersonntag: Joh 20,19–31

Was für Ostern reicht

— *Streit um Gott* —

In den Überlieferungen des Judentums gibt es zahllose Witze darüber, wie Schriftgelehrte um die rechte Auslegung der Bibel streiten. Einer geht so: Rabbi Eliezer und Rabbi Nachman sind sich über einen Bibelvers in die Haare geraten. Der eine sagt, es ist so, wie ich sage, der andere hält dagegen: Nein, ich habe recht. Sagt Rabbi Eliezer: Damit du siehst, dass ich recht habe, soll sofort dieser Fluss austrocknen, an dessen Ufer wir stehen. Und der Fluss trocknet aus. Da sagt Rabbi Nachman: Ich sehe nicht, dass du recht hast, ich sehe nur, dass der Fluss austrocknet. Also gut, darauf der erste wieder, dann soll dieser Baum neben uns sofort verdorren. Und der Baum verdorrt. Nein, sagt Nachman, ich sehe nur, dass der Baum verdorrt, aber ich sehe noch immer nicht, dass du recht hast. Also gut, sagte Eliezer, dann soll Gott reden und unsern Streit entscheiden. Tatsächlich redet Gott und sagt: Ja, also, Eliezer hat wirklich recht. Da sagt Rabbi Nachman zu Gott: *Du* hast auf dem Berg Sinai gesprochen. Aber *jetzt* unterhalten uns Eliezer und ich!

— *Wunder reichen nicht …* —

Wie bei jedem jüdischen Witz verbirgt sich auch in diesem hinter dem Humor eine tiefe Einsicht – die Einsicht, dass sich Glaubensfragen nicht durch Wunder erledigen lassen, nicht einmal durch größte. Auch ein ausgetrockneter Fluss und ein verdorrter Baum können Rabbi Nachman nicht von Eliezers Ansicht überzeugen. Nicht einmal eine Himmelsstimme, die eigentlich klaren Bescheid gibt. Die Macht, die einer demonstriert, besagt überhaupt nichts über ihn und den Anspruch auf Wahrheit, den er erhebt.

— … – auch an Ostern nicht —

Einigermaßen verblüffen muss eigentlich schon, dass genau diese kritische Sicht auch im Neuen Testament begegnet – und zwar im Zusammenhang seiner innersten Mitte: dem Osterereignis. Sämtliche Evangelien und die Apostelbriefe kommen – manchmal gegen den ersten Anschein – darin überein, dass die Erscheinungen des Auferstandenen und das leere Grab nicht als Beweismittel für die Wahrheit von Ostern taugen. Sie deuten und malen diese Wahrheit aus, das ja. Aber sie tragen sie nicht. Diese urbiblische Sicht von Ostern gipfelt auf in unserem Evangelium von heute, der Geschichte vom Apostel Thomas.

Thomas erlebt das erste Kommen des Auferstandenen zu seinen Jüngern nicht mit. Deren Nachricht davon bezweifelt er. Und er stellt Maßstäbe für Ostern auf: Wenn ich nicht die Wundmale an seinen Händen sehe; wenn ich nicht die Wunden betasten und meine Hand in seine Seite legen kann, glaube ich nicht. – Als der Auferstandene sich wieder zu erkennen gibt, ist Thomas dabei. Er wird aufgefordert, seine Beweisforderung nun einzulösen. Aber Thomas tut nicht, was er selbst verlangt hatte. Stattdessen bekennt er: Mein Herr und mein Gott! Und dann spricht Jesus einen der kritischen Sätze des ganzen Evangeliums: Weil du mich gesehen hast, glaubst du. Selig sind, die nicht sehen und doch glauben.

Was Jesus damit sagt, heißt klipp und klar: Thomas, du hättest an meine Auferweckung auch ohne meine Erscheinung glauben können. Und das wäre auch der angemessenere Wege gewesen, der, der diejenigen, die ihn gehen, selig werden lässt. Dieses Wort des Herrn an den Thomas bringt uns vor eine aufregende Frage, die Frage nämlich: Wenn die Erscheinung des Auferstandenen dafür gar nicht nötig, im Grunde gar nicht angemessen ist, was hätte denn dann für Thomas bereits gereicht, um an Ostern zu glauben? Diese Frage ist deswegen so aufregend, weil sie unserer eigenen Situation genau entspricht. Denn auch unser Osterglaube kann sich auf keine Erscheinungen stützen. Was also hätte nach dem Zeugnis des Evangeliums den Osterglauben des Thomas begründen können?

— Was glaubwürdig ist —

Eigentlich sehr einfach: Das, was Thomas von Jesus wusste und mit ihm erlebt hatte. Im Klartext: Wer lebt, wie Jesus lebte; wer tut und sagt, was

er tat und sagte; wer schließlich stirbt, wie er starb – von dem darf man überzeugt sein, dass er mit allem, was zu seinem Leben gehörte, nicht verloren geht, sondern auf immer in Gottes Hand gerettet sein und bleiben wird. Sein Leben und Sterben ist das eigentlich glaubwürdige Zeichen der Auferstehung.

— *Die Außenseite: Vergebung* —

Trotzdem ist Ostern nicht einfach ein inneres, geistiges Geschehen. Es hat vielmehr eine gleichsam greifbare Außenseite, von der unser Evangelium erzählt. Da sagt Jesus seinen Jüngern, dass nun sie seine Sendung, die er vom Vater empfangen hat, ihrerseits fortsetzen sollen. Diese Sendung besteht im Sündenvergeben, also in der Versöhnung zwischen Gott und den Menschen. Was er durch sein Tun und Leiden – durch Leben und Sterben – gewirkt hat, wird den Jüngern übertragen. Indem sie Menschen mit Gott wieder versöhnen, tun sie, was er tat. So erleben sie, dass nicht unmöglich und nicht vergeblich ist, wofür er mit Leib und Leben stand. Ist etwas nicht vergeblich, bleibt es gültig und bestehen. Wenn Menschen auf die Jesusgeschichten der Jünger, der Christen hin sich Gott wieder zuwenden, wirkt der Gekreuzigte weiter das, was er als Lebender tat. Und das heißt: Er lebt. Das Sündenvergeben macht Ostern wahr. Wo Menschen einander Böses nicht aufrechnen, sondern einen neuen Anfang gewähren, da fängt Ostern an, da geben sie Zeugnis für den gekreuzigten Auferstandenen, ob sie es wissen oder nicht. Ostern ist eben keine Idee, sondern eine Wirklichkeit, die man erfährt. Die ist den Jüngern anvertraut – also heute uns. Die Erfahrung machen und weitergeben werden wir, wenn wir uns an das halten, was der Auferstandene dem kritischen Thomas rät.

Dritter Ostersonntag: Joh 21,1–14 (19)

Ostern im Nachspiel

— Lebenssucher —

Eine alte Geschichte erzählt von einem Mann, der am Waldrand das Unterholz abhackte, es verkaufte und von dem bescheidenen Erlös lebte. Eines Tages kam ein Einsiedler aus dem Wald, und der Mann bat ihn um einen guten Rat für sein Leben. Der Einsiedler riet ihm: Geh tiefer in den Wald hinein! Der Mann tat es und fand dort wunderbare Bäume, die er als Bauholz verkaufte. Reich geworden, erinnerte er sich plötzlich wieder an den Rat des Einsiedlers: Geh tiefer in den Wald hinein! – Wieder tat er es, und er fand dort eine Silbergrube. Die machte ihn noch reicher. Doch wieder fiel ihm der Rat des Einsiedlers ein: Geh tiefer in den Wald hinein! Darum drang er noch tiefer in das Dunkel des Waldes vor. Dort fand er kostbare Edelsteine. Er nahm sie in die Hand, freute sich an ihrem Glanz. Und noch einmal erinnerte er sich an das Wort des Einsiedlers. Darum ging er mit den Steinen in der Hand weiter. Im Morgengrauen stand er plötzlich wieder am Waldrand. Er nahm seine Axt und hackte wieder das Unterholz ab, um es zu verkaufen.

— Nie stehenbleiben —

Ähnliche Geschichten gibt es viele. Sie handeln von der Suche nach dem Schatz des Lebens. Und alle sagen sie: Wer diesen Schatz gewinnen will, muss aufbrechen, sich auf Unbekanntes, auf Abenteuer einlassen. Und gleichzeitig darf er nie der Täuschung verfallen, etwas, das er gefunden habe, sei schon dieser Schatz. Selbst nach einem großen, einem kostbaren Fund muss er weitergehen – und eines Tages wird er sich wieder dort finden, von wo die Schatzsuche ihren Ausgang genommen hat. Er wird tun, was er immer tat. Aber er selbst, dieser Mensch ist ein anderer geworden. Den ganzen Wald mit seinem Geheimnis und seinen Schätzen

hat er kennengelernt, trägt ihn nun gleichsam in sich. Und darum kann er einverstanden sein mit sich und dem Leben.

— Nachösterliche Resignation —

Verblüffend ähnlich erzählt das heutige Evangelium von Ostern. Geht es da vielleicht auch um den Lebensschatz? Sehen wir zu! Petrus, Thomas und die anderen Jünger Jesu sind offenbar aus Jerusalem zurückgekehrt in ihre Heimat, an den See Gennesaret, wo sie Fischer waren. Sie hatten auch ein Abenteuer hinter sich, und was für eines! Hatten Haus, Hof und Beruf verlassen, waren mit diesem Jesus gezogen, der vom Gottesreich predigte, waren mit ihm am Ende in Jerusalem in Bedrängnis geraten, waren schließlich geflohen. Er selbst war umgekommen, hingerichtet als Aufrührer. Schönes Abenteuer! Jetzt standen sie wieder dort, wo sie angefangen hatten, nur unendlich ärmer als sie je vorher gewesen waren. Sie hatten am Karfreitag die Hoffnung eingebüßt, ohne die man eigentlich gar nicht leben kann: die Hoffnung, dass das Böse nicht das letzte Wort behalten, die Gerechtigkeit nicht vergeblich sein und Gott kein leeres Wort bleiben werde. – Ich gehe fischen, sagt Petrus, und man hört darin bis heute den Abgrund der Resignation mitschwingen, in den die Jünger gestürzt waren. Kein Wunder, dass ihre Arbeit in dieser Nacht auch keinen Erfolg hatte. Wie auch soll etwas gelingen, wenn ich schon mit der Überzeugung herangehe: Hat ja sowieso alles keinen Sinn!

Irgendwie erinnert mich die Stimmung, die über dieser biblischen Szene liegt, an das, was wir immer wieder einmal in unserer Kirche erleben: die bleierne Last einer Krise, die nicht und nicht aufhören will. Zum Beispiel die tiefe Irritation über den römischen Umgang mit den Splittergruppen am äußersten rechten Rand, denen man bis zur Selbstverleugnung entgegen kommt. Oder der Schock über das Ausmaß des Missbrauchsskandals auch bei uns. Oder die offenkundige Hilflosigkeit, den von den Bischöfen weiß Gott wie oft angekündigten Dialog mit den Gläubigen und der Gesellschaft in Gang zu bringen: Die gut gemeinte Initiative verpufft oft regelrecht, weil ein erheblicher Teil der Verantwortlichen einfach nicht akzeptieren kann, dass Dialog auch heißen könnte, dass die anderen einmal recht haben und man selbst etwas verändern müsste. Und dann meldeten sich im Jahr 2011 zuerst gut hundert, am Ende über 300 Theologinnen und Theologen mit einem Memorandum

zu Wort, in dem sie – völlig unspektakulär – nichts anderes taten, als an Fragen zu erinnern, die seit Jahrzehnten auf der Agenda stehen, aber einfach immer und immer wieder tabuisiert und ungelöst weitergeschoben werden. Und statt diese Wortmeldung als Beitrag zu dem angekündigten Dialog aufzugreifen – selbstverständlich auch kritisch –, aber eben zuerst einmal hinzuhören und darauf einzugehen, wird den Unterzeichnerinnen und Unterzeichnern von etlichen Bischöfen und von strammen neokonservativen Ästhetokatholiken aus der Presselandschaft unterstellt, ihnen mangele es an grundsätzlicher Kirchlichkeit, sie seien so etwas wie die fünfte Kolonne des Antichristen und man müsse die künftigen Priester und Religionslehrer vor diesen Irrlehrern schützen. Von den infamen persönlichen Angriffen, die unter Namensnennung missliebiger Theologinnen und Theologen im Dutzend Schläge unter die Gürtellinie austeilen auf Internetseiten, die sich amtlicher Hochschätzung erfreuen, rede ich erst gar nicht. So mancher hatte schließlich das Gefühl: Du kannst machen, was du willst. Es nützt eh nichts. Der kirchliche Großtanker fährt seinen Kurs weiter, Eisberg hin oder her. Und wenn die kirchliche Sicht an der Wirklichkeit vorbeigeht – dann hat die Wirklichkeit halt Pech gehabt. Und die 180 000 Kirchenaustritte von 2010 – gut, das sind halt die Kollateralschäden im Konflikt mit einer Realität, die sich dem Bild der Kirche von ihr und von sich selbst nicht fügen will.

— *Wider die Vergeblichkeit* —

Doch, halt, wie war das am See damals? Einen Fremden, der sie in der Früh um etwa zu essen fragt, können sie darum auch nichts anbieten. Ihm zuliebe, weil er sie dazu auffordert, werfen sie das Netz trotzdem noch einmal aus, obwohl das jetzt bei Tagesbeginn erst recht vergeblich sein musste – nur in der Nacht lassen sich die Fische täuschen. Aber ihm, dem Fremden zuliebe, tun sie es, wenigstens ihren guten Willen soll er sehen. Und als sie das Netz wieder einholen, schaffen sie es nicht, so viele Fische sind darin.

Spontan ahnen sie: Wenn es mitten in unserer hoffnungslosen Situation, mitten in unserem banalen Werktag solche Momente gibt, sind das nicht Hinweise, dass gegen den äußeren Anschein doch nicht alles ins Sinnlose mündet, also auch Jesus nicht widerlegt wurde und darum im Tod nicht unterging? Ist es vielleicht niemand anderer als er selber, der

sich in solchen unvorhergesehenen Momenten als der Lebendige und der Nahe zu erkennen gibt. Der Lieblingsjünger, verrückt wie nur Liebe ist, behauptet das darum freiweg: Es ist der Herr! Die anderen glauben es einfach einmal – und sie spüren es auch. Aber gleichzeitig sind sie befangen, so dass sie nicht näher zu fragen wagen: Wer bist du? Es scheint so, dass er es ist, aber kann das wirklich sein? Fragen, die bis heute Fragen der Christen, auch die unseren sind.

Und dann noch so etwas Seltsames. Als sie ans Ufer kommen, brennt dort schon ein Kohlenfeuer mit Fisch und Brot darauf. Er, der doch zuvor sie um etwas zu Essen gebeten hatte, – er hat offenkundig jetzt für sie schon etwas bereitet. Auf das, was sie gefangen haben, kommt es also anscheinend gar nicht so sehr an. Die Erfahrung, gegen alle Enttäuschung in Treue und gutem Willen das Ihre zu tun und dann zu erleben, dass ebendies nicht sinnlos ist, war das das eigentlich Wichtige? So ist es wohl: Er nahm das Brot, gab es ihnen, ebenso den Fisch. Das kennen sie vom Gründonnerstag. Und sie wissen, was es bedeutet: Er gibt ihnen alles, was er zu geben hat, sich selbst – jetzt als der Österliche, der also, dessen Leben unzerstörbar ist.

— *Als Beschenkte leben* —

Ostern als Geschichte vom gefundenen Lebensschatz: Die Jünger sind dort, wo sie immer schon waren. Aber alles einschließlich ihrer selbst ist anders geworden: Äußerlich tun sie das Gleiche wie früher. Von innen gesehen ist es ein neues Leben: Mitten in der Unauffälligkeit ihres Werktags wissen sie sich als Beschenkte: Von Gott durch Jesus beschenkt mit der Gewissheit, dass er für sie mehr als genug übrig hat. Und dass es darum am Wichtigsten – dass alles seinen Sinn und Grund hat – nicht fehlen wird. Das versöhnt mit dem Leben, wie es ist. Und macht, dass einer seine Grenzen, seine Wunden sogar tragen, ertragen kann. Wie der Petrus zum Beispiel. Dreimal hatte er Jesus verleugnet. Dreimal wird er jetzt am See vom Auferstandenen gefragt, ob er ihn liebe. Petrus weiß genau, warum dreimal. Er ist traurig über sich. Aber genau darum darf er hören: Weide meine Schafe! Und: Folge mir nach! Trotz seiner Schwäche taugt er zum österlichen Menschen und hat Gott mit ihm Großes vor. Klar, dass Johannes davon nicht aus Klatschsucht über den Kollegen, sondern in unsere Richtung erzählt hat.

Vierter Ostersonntag: Joh 10,1–10

Wie der gute Hirte hütet

— Christliche Alternative —

Wo immer Menschen etwas darzustellen suchen, was ihnen wichtig ist, suchen sie Bilder zu schaffen. Bilder, die Eindruck machen, die Größe und Würde ausstrahlen, Ehrfurcht und nicht selten auch Furcht wecken sollen. Bei den Christen war das ganz am Anfang auf seltsame Weise anders. Sie stellten Jesus nicht dar als Herrscher, Lehrer oder Richter, sondern als Hirten – meist als Hirten, der ein Schaf auf den Schultern trägt, eines wohl, das sich verlaufen hat, das nun erschöpft ist und das er, der Hirte, darum sich auflädt und heimträgt.

— Ein heidnisches Bild wird getauft —

Anlass, ihren Herrn so darzustellen, als guten Hirten, gab den frühen Christen das Evangelium unmittelbar selber, wie wir vorhin gehört haben. Aber von dort hätten sie auch andere Bilder schöpfen können, zum Beispiel den auf den Wolken des Himmels thronenden Richter, wie das später ja auch geschah. Aber das erste Bild war das vom guten Hirten. Da war ihnen, wie es scheint, das Erste und Wichtigste, was sie über Jesus kundtun wollten. Doch etwas anderes kommt noch hinzu: Bilder vom guten Hirten gab es schon längst, bevor Christen mit ihnen Jesus darstellten. Vorher galten sie einem anderen: Dem griechischen Gott Hermes. Hermes war so etwas wie ein Götterbote. Er hatte die Aufgabe, Nachrichten vom Himmel zur Erde zu bringen und den Menschen zu übersetzen, was die Götter ihnen mitteilen wollten. Ganz am Anfang errichtete man ihm kleine Denkmäler, die immer dort standen, wo sich Wege gabelten oder einen ungewohnten Verlauf nahmen, damit die, die unterwegs waren, sich nicht verirrten. Wegweiser also war Hermes, Wegweiser aber nicht nur vom Ort A zum Ort B, sondern Wegweiser in

einem tieferen Sinn: dorthin, wohin man unbedingt kommen musste mit dem Leben, Einweiser ins Geheimnis.

— Kenner Gottes und der Menschen —

Wenn Christen auf das Hermesbild des guten Hirten zurückgriffen, um zu sagen, was ihnen Christus bedeutete, dann wollten sie damit sagen: Für uns ist Jesus Christus das, war ihr von Hermes glaubt: Er richtet uns aus, was Gott uns zu sagen hat. Er übersetzt Gottes Willen in eine Sprache, die wir verstehen. Das meint das Evangelium, wenn es Jesus die Worte in den Mund legt: „Ich bin der gute Hirt; ich kenne die Meinen, und die meinen kennen mich, wie mich der Vater kennt und ich den Vater kenne." Jesus ist damit vertraut, wie es ist, ein Mensch zu sein: Er kennt die Fragen, die Sorgen, die Versuchungen, auch die Freude, die Trauer, die Angst. Selbst das Geheimnis des Bösen ist ihm nicht fremd, gerade ihm nicht, weil er sein Leben lang nichts anders tat, als es zu entlarven und zu besiegen. Er kennt den Menschen bis zum Grund.

Aber genauso sehr ist er mit Gott vertraut. Mit Gott vertraut sein bedeutet nicht, über ein Geheimwissen zu verfügen, das andere nicht haben, sondern: Sich jeden Augenblick des Lebens Gott nahe wissen und so handeln, wie es solcher Nähe entspricht. Das war es ja, was Jesus seine durch nichts in Frage gestellte Sicherheit gab, wenn er von Gott sprach oder wenn er handelte – selbst dann, wenn er mit seinem Reden und Tun im Widerspruch stand zu dem, was Menschen sonst von Gott sagten oder wie sie sich verhielten.

Wenn er den Vater kennt, wie der Vater ihn kennt, und er zugleich uns kennt, wie wir ihn kennen, dann verwebt sich in ihm gleichsam dieses doppelte Vertrautsein. Und das bedeutet: In ihm und durch ihn können wir Menschen Gott selbst auf menschliche Weise kennen. Wie er war, so ist Gott. Was er tat, wie er lebte, was er sagte, verrät, wer Gott ist und was er will. So ist uns Jesus Bote von Gott und sein Übersetzer für uns und damit der, der Sorge trägt, dass es gut ausgeht mit uns – guter Hirt eben.

— Kennen heißt lieben —

Wenn im Evangelium vom „Kennen" die Rede ist, dann klang für alle der biblischen Sprache, also des Hebräischen, Mächtigen, aber auch noch für

die frühen griechisch sprechenden Christen etwas mit, was wir in unserer Sprache ausdrücklich dazusagen müssen: „Kennen“ hatte etwas mit „lieben“ zu tun – weshalb die Bibel ja auch die Begegnung von Mann und Frau mit „Sie erkannten sich“ bezeichnet. Man kann, heißt das, etwas oder gar jemanden niemals kennen, wenn ich ihm nicht ein Stück Sympathie, ein durch nichts getrübtes Ihm-gut-Sein entgegenbringe. Dann erst kann ich wissen, wer er wirklich ist, dann erst verstehe ich ihn. Das ist auch Voraussetzung dafür, dass ich den, der der gute Hirt ist, als guten Hirten erkenne.

Freilich: bei der Liebe muss immer einer den Anfang machen. Jesus hat ihn schon längst gemacht, auf eine Weise, die keiner, der Augen im Kopf hat, übersehen kann: Der gute Hirt gibt sein Leben hin für die Schafe. Das ist sein Erkennungszeichen. Jesus hat sein Leben gegeben. Er hat sich nicht geschont, um das, was er uns von Gott auszurichten hatte, absolut unverfälscht weiterzusagen, in eigenes Fleisch und Blut zu übersetzen. Die Botschaft von Gott, die er so weitergibt, heißt: So viel bist du mir wert! Und weil Jesus so war, wie ich bin, kannst du dem Weg trauen, den er dir weist. Je mehr du ihn kennst, kennst du mich und wirst du erkennen, dass sein Weg der wahre ist.

Der Anfang mit dem Kennen, das aus Liebe besteht, ist schon gemacht und unwiderruflich. Bekennt ein Mensch: „Ich bin Christ“, dann heißt das soviel wie sagen: Diesen Anfang lasse ich nie mehr los. Und ich mache weiter damit.

Fünfter Ostersonntag: Apg 6,1–7

Weltkompetenz

— Heiliger ist nicht gleich Heiliger —

Einige wenige Heilige gibt es, derer an mehreren Feiertagen im Jahr gedacht wird, Maria zum Beispiel und Johannes der Täufer. Weniger bekannt ist, dass zu ihnen auch der Hl. Nikolaus gehört. In ganz Russland, aber auch in westlichen Gebieten, zum Beispiel dem Bistum Fribourg und Genf in der Schweiz feiert man ihn nicht nur am 6. Dezember wie bei uns, sondern auch am 8. Mai – das ist der Tag, an dem man im Jahr 1089 seine Reliquien aus Myra in der Türkei nach Bari brachte, wo sie bis heute bestattet sind. Daneben gibt es aber auch einen Heiligen, der nicht einmal jedes Jahr gefeiert wird: Der Heilige Kassian. Und das kam – wie die Legende erzählt – so:

— Kalender-Konsequenz —

Nikolaus und Kassian waren vom Paradies zu einem Besuch auf Erden gesandt. Da bemerkten sie auf ihrem Weg einen Bauern, dessen mit Heu beladener Karren im Dreck steckengeblieben war und der vergeblich versuchte, seinen Esel anzutreiben. „Komm, wir helfen ihm!", sagte Nikolaus. – „Ich werde mich hüten", erwiderte Kassian, „mir meinen Mantel schmutzig zu machen!" – „Gut", darauf Nikolaus, „dann geh einstweilen weiter!" Und er stieg in den Schmutz und half dem Bauern aus seiner Misere.

Als Nikolaus seinen Gefährten endlich wieder einholte, war er schlammbespritzt und der Mantel zerrissen. Petrus am Himmelstor war reichlich überrascht und fragte Nikolaus, wer ihn denn so zugerichtet hätte. Nikolaus erzählte, was geschehen war. – „Und du, Kassian", fragte darauf Petrus, „warst du nicht dabei?" – „Doch", sagte der, „aber ich bin es nicht gewohnt, mich in Sachen zu mischen, die mich nichts angehen.

Und außerdem wollte ich meinen schönen Mantel nicht beschmutzen.“ – „Gut“, sagte Petrus darauf, „weil du, Nikolaus nicht gezögert hast, dem Bauern in seiner Not zu helfen, sollst du fortan zweimal im Jahr gefeiert werden. Du, Kassian, aber sei zufrieden damit, einen unbefleckten Mantel zu besitzen: Du wirst nur alle vier Jahre ein Fest haben, alle Schaltjahre einmal.“ – Und so feiert man den Hl. Kassian bis heute in der Ostkirche am 29. Februar.

— *Schöpferische Reaktion damals …* —

Eine Legende gewiss, noch dazu eine, die mit etwas Augenzwinkern andeutet, dass auch die Heiligen Menschen waren. Aber gleichzeitig bringt die kleine Geschichte etwas auf den Punkt, was ausweislich der heutigen Lesung aus der Apostelgeschichte von Anfang an ein Kennmal der Christen war, nämlich: Spontan und schöpferisch auf das zu reagieren, was Tag und Stunde fordern. Die junge Gemeinde hatte kurz nach Ostern mächtig zu wachsen begonnen. Außer Frage stand, dass auch jetzt, wo alles auf einmal größere Dimensionen bekam, neben der Verkündigung und dem Gebet nicht die Sorge um die Armen vernachlässigt werden durfte; die gehört untrennbar zum Evangelium dazu, besser gesagt: Sie versinnbildet und bewahrheitet allererst, dass sich Gott vor allen anderen den Armen und Kleinen zuwendet.

Aber kaum, dass sich die Jünger ihrer schönen Missionserfolge freuen konnten – schon hatten sie den ersten gemeindlichen Konflikt am Hals. In der jungen Kirche waren mittlerweile Leute ganz verschiedener Herkunft vereint: In Palästina geborene Juden, aber genauso Hellenisten, also Leute, die aus dem griechischen Kulturbereich kamen. Sie bildeten so etwas wie Landsmannschaften in der Kirche. Und eines Tages hatten jene Hellenisten das Gefühl, dass ein Teil ihrer Armen, nämlich ihre Witwen, die damals zu den rechtlosesten Gruppen der Gesellschaft zählten, – dass die benachteiligt würden. Vielleicht schien es nur so, vielleicht war es so. Die Apostel jedenfalls nahmen die Sache ernst, dieses erste Kirchenvolksbegehren, das es damals gab.

Und nicht nur ernst nahmen sie es, und machten bekümmerte Gesichter dazu oder riefen eine Kommission ins Leben, die beraten sollte, welche Kommission man denn gründen müsse, um die Kritik der Hellenisten zu beruhigen und versickern zu lassen. Stattdessen handelten die

Apostel – und sie kleckerten dabei nicht, sondern sie klotzen, ohne auch nur von Ferne Zeitgeistmarionetten zu sein. Nein, sagten sie, uns ist das Predigen und das Beten ans Herz gelegt, und das soll auch so bleiben. Genauso wenig darf die Sorge um die Bedürftigen ins Hintertreffen geraten. Und also schufen sie ein neues Amt – das Amt der Diakone.

Das muss man sich einmal nur drastisch genug vorstellen. Dass eine Gruppe in der Gemeinde – nicht upper class, sondern die armseligen Witwen, noch dazu die der Fremden, der Zugereisten –, dass um die nicht ausreichend Sorge getragen wurde, das reichte den Aposteln, um ein neues kirchliches Amt zu schaffen mit allem Drum und Dran: Sie beteten und legten den Gewählten die Hände auf – wie das bis heute bei der Diakonenweihe geschieht –, um einen wichtigen Dienst zu gewährleisten, der nötig geworden war.

— *... und heute?* —

So spontan und schöpferisch reagierten die Apostel auf das, was Sache war? Was sie wohl sagen würden, wenn sie zu Besuch in die Kirche von heute kämen? Wie geht man da um mit dem, was Tag und Stunde nahe legen? Da wollen uns ein paar Mitra- und Purpurträger weis machen, das Amt sei auf ewig unveränderlich, weil gleichsam schon im Abendmahlssaal die erste Priesterweihe stattgefunden habe. „Theologische Geisterfahrer" kann ich da nur sagen.

Die Zeiten ändern sich – und mit ihnen darum auch das, was der Kirche wichtig sein muss. Wenn damals schon die Bedürftigkeit einer kleinen Gruppe der Gemeinde Grund genug sein konnte, ein neues kirchliches Amt zu schaffen – wie ist das dann heute, sagen wir, mit der unbestreitbaren Tatsache, dass in unserer Kultur die durch nichts mehr rückgängig zu machende Gleichrangigkeit und Gleichberechtigung von Mann und Frau entdeckt wurde? Müsste dem nicht auch das Bild der Ämter in der Kirche entsprechen? Oder wenn man an die vielfältige Suchbewegung von Menschen denkt, die sich danach sehnen, Grund und Ziel für ihr Leben zu finden – und die dabei so oft nicht mehr auf Priester stoßen, die ihnen zuhören oder sich Zeit nehmen, Rede und Antwort zu stehen über den christlichen Glauben, sondern auf gehetzte Manager und Sakramentenverteiler, weil ihrer immer weniger werden? Die Apostel, kämen sie zu uns, sie könnten sich nur noch wundern,

warum wir ein gefährliches Problem aufkommen lassen, indem wir uns weigern, die Mittel anzuwenden, die wir zu seiner Lösung hätten? Denn warum um alles in der Welt sollten nicht auch bewährte Familienväter und -mütter fähig sein, einer Gemeinde vorzustehen, wenn sie die geistliche Befähigung dazu verspüren und erkennen lassen? Oder ist die sonntägliche Eucharistie zahlloser Gemeinden heute weniger wichtig als das tägliche Brot der Witwen von Jerusalem damals? Und das sind längst nicht alle Fragen, die sich so oder ähnlich stellen ließen.

— *Weltkompetenz* —

Vielleicht würde Petrus, wenn er heute käme, sich unwillkürlich an damals erinnern, als Nikolaus und Kassian von ihrer Erdentour zurückkamen. Der, der sich ohne Ansehen des schönen Scheins eingesetzt hatte, der hatte ihm imponiert. Der hatte so viel Kompetenz für die Welt gezeigt, dass er ihm einen zweiten Feiertag gab, damit er denen auf Erden ja deutlich genug vor Augen stehe. Und vielleicht würde er in seinen Bart murmeln: Ich kapier' das nicht: So viele Anhänger des Kassian! Wo sind denn bloß die Gefolgsleute von Nikolaus?

Sechster Ostersonntag: 1 Petr 3,15–18

Christsein spricht für sich

— *Kostspielige Antwort* —

Es war am 12. Februar 304. 40 namentlich bekannte Christen aus Karthago in Nordafrika standen vor dem Richter. Sie waren angeklagt, weil sie sich gegen das Verbot des Kaisers Diokletian am Sonntag zur heiligen Messe versammelt hatten. Ihre Antwort auf die Beschuldigung lautete: Ein Christ kann nicht ohne Messe sein; die Messe kann nicht ohne uns gefeiert werden. – Diese Antwort kostete sie das Leben.

— *Glaube ist nicht umsonst* —

Das war einmal, und später gab es hie und da Ähnliches. Den durchschnittlichen Christenmenschen in den Gemeinden heute kostet die Sonntagsmesse nichts. Aber schon in Jugend-Cliquen kann das anders sein. „Geht's noch?" kann da einer gefragt werden, wenn er einem Treffen mit den Kumpeln fern bleibt, weil er zum Gottesdienst gehen möchte. Natürlich kostet keinen die heilige Messe das Leben, aber sie kostet auch nicht nichts.

Als ich noch in der Justizvollzugsanstalt als Seelsorger tätig war, da war das auch so. Diejenigen dort, die am Sonn- und Feiertag in die Kapelle kamen, die mussten dafür etwas aufbringen. Mut aufbringen. Von anderen im Haus belächelt, manchmal verhöhnt werden, das gehörte durchaus dazu. Ich war nicht ausgenommen. Bisweilen hörte ich, wenn ich über den Gang kam, ein „Oha, der Kuttenbrunser". Eines Tages hatten zwei auf ihrem Haftraum mit dem Kreuz von der Wand Fußball gespielt, bis die Christusfigur zerschlagen und zerschunden war. Ihm haben sie damit nicht wehgetan, mir auch nicht. Aber sie hatten etwas von dem bloßgelegt, was in ihrer Seele wütete.

— Rechenschaft geben —

Im Vergleich zu dem, was damals in Karthago geschah, nimmt sich das alles recht belanglos aus. Trotzdem verbindet es uns mit jenen Vorgängerinnen und Vorgängern im Glauben. Ihre Situation und die unsere heute sind nicht ganz verschieden: Es gibt Auseinandersetzungen, Provokation, Polemik. Mancher mag sich angesichts ihrer fragen: Wozu eigentlich alles? Wozu mich schmähen, verlachen, herausfordern lassen, weil ich Christ bin und glaube?

Diese und ähnliche Fragen haben sich schon die Christen der Anfangszeit manchmal gestellt. Als das wieder einmal besonders dringlich geschah, hat einer in einem Brief an solche bedrängten Christen das niedergeschrieben, was wir vorhin in der Lesung gehört haben.

Das erste, was er seinen angefochtenen Glaubensgeschwistern ans Herz legt: Haltet in eurem Herzen Christus, den Herrn heilig! – Sie wissen ja: Es gibt immer wieder in unserem Leben Dinge, die uns heilig sind: Ein Andenken von Frau oder Freundin, Mann oder Freund. Ein letzter Brief von jemandem, der uns viel bedeutet hat. Ein Foto, ein Feuerzeug, ein Schmuckstück vielleicht. So halten es Christen auch mit Christus: Was er sagte, was er tat, wie er war, das bedeutet ihnen etwas. Das geben sie nicht mehr her. Das lässt sie durchhalten. Er ist niedergemacht, verhöhnt, am Ende vernichtet worden. Trotzdem, besser: gerade deswegen hat Gott ihn nicht fallen lassen, sondern mit dem Ostermorgen beschenkt. Ermutigt durch Christus, riskieren sie auch für sich selbst die Hoffnung, dass sogar noch das, was sie jetzt niederdrückt, einen Sinn haben könnte.

Was sie damit glauben, ist keine Geheimlehre: Seid stets bereit, jedem Rede und Antwort zu stehen, der nach dem Grund der Hoffnung fragt, die euch erfüllt – logos steht da im griechischen Original, logon peri tes en hymin elpidos: Rechenschaft geben über den letzten Grund der Hoffnung, die in uns wohnt. Das Wort ist seit längerem so etwas wie das Leitmotiv der Fundamentaltheologie geworden, also des Bemühens, den Gehalt des Glaubensbekenntnisses in die Sprache öffentlicher Debatten zu übersetzen und dafür einzustehen, dass das, was Christen und Christinnen glauben, nicht wider die menschliche Vernunft geht, sondern diese vielmehr zu einer Weite befreit und ihr eine Leuchtkraft einstiftet, die sie ohne diese Zusage des Glaubens nicht gewinnen würde.

— Konkretfall Bergpredigt —

Lassen Sie mich das in einigen wenigen Zügen an einer der Leitsterne des Evangeliums etwas verdeutlichen, an einigen Seligpreisungen der Bergpredigt. Man könnte sie etwa folgendermaßen übersetzend nacherzählen:

Die Seligkeit des Armseins: Wenn ihr überzeugt seid, dass ein Mensch mehr ist als sein Konto und seine Karriere, mehr als seine Ellenbogen, sein Cabrio und seine schnieke Wohnung; wenn ihr auch überzeugt seid, dass wenig daran hängt, wie ein anderer von außen aussieht, weil das Schöne immer von innen kommt und man nur um seinetwillen eine, einen anderen liebhaben kann; wenn ihr von all dem überzeugt seid und ihr darum an alle dem, was man haben, machen und leisten kann, nicht hängt und darum frei seid: Selig seid ihr!

Die Seligkeit des Hungerns: Wenn ihr überzeugt seid, dass man Geld nicht essen kann, ja sogar, dass es nichts auf der Welt gibt, was uns wirklich satt macht, weil die Sehnsucht von uns Menschenkindern nach einem Erfülltsein dafür viel zu groß ist; dass uns der Hunger nach Brot und erst recht der nach Angenommensein und Liebe beständig daran erinnert, dass wir nicht aus uns selbst bestehen, sondern angewiesen sind auf das, was die Erde und die anderen für uns übrig haben – und wenn ihr dann noch begreift, dass es trotzdem gut ist mit uns so, wie es ist, weil ihr euch einem verdankt, der euch Leben gönnt und es euch gut meint und darum euren Hunger stillen wird: Selig seid ihr, selig jetzt schon, da ihr noch den Hunger spürt, weil er euch zugleich die Verheißung gibt, einmal wirklich satt zu sein.

Die Seligkeit des Trauerns: Wenn ihr überzeugt seid, dass es nicht nötig ist, immer gut drauf zu sein, da einem manchmal zum Heulen ist, weil ihr eine Chance vertut, einen wichtigen Wink nicht erkennt, ein anderer – gar lieber Mensch – euch hintergeht, ihr jemanden von eurer Seite auf immer verliert und untröstlich seid. Wenn ihr anerkennt, dass es all das im Leben geben kann und ihr weinen müsst – und trotzdem die Welt darüber nicht zerbricht, weil auch noch das menschlich gesehen Verfehlte und Verlorene, gerade es, in Gottes Hand geschrieben ist: Selig seid ihr.

Ja, und dann das andere auch noch: Die Seligpreisung für die, die wegen ihres Bekenntnisses zu Jesus gehasst, ausgeschlossen und geschmäht werden. Wer überzeugt ist, dass das mit dem Armsein, dem Hungern

und Trauern stimmt und das auch noch sagt, der muss mit solchen Reaktionen rechnen. Längst ist es darum auch bei uns wieder normal, Christinnen und Christen ihres Glaubens wegen zu verhöhnen. Zumal katholische. Katholischsein sei ungefähr so, wie wenn in einem muffigen Keller ungewaschene Unterhosen verbrannt würden, meinte neulich ein bekannter Kabarettist.

Dass ich nicht falsch verstanden werde: Es gibt genug Dinge in unserer Kirche, die einen die Wände hochgehen lassen könnten – Beispiele brauche ich Ihnen nicht aufzuzählen. Über manches davon kann ich nur noch den Kopf schütteln, über anderes ärgere ich mich. Aber über all dem darf zugleich nicht aus dem Blick geraten, dass das provozierend Unzeitgemäße am Christsein daherrührt, dass unser Glaube eigentlich gar nicht zuerst Religion ist, sondern prophetische Aufklärung: ungeschminktes Hervorsagen der Wahrheit und damit Erkenntnis, wie es um uns Menschen im Letzten steht. Da ist er wieder, der Logos, dieser letzte Sinngrund von allem, von dem unsere Lesung redet.

— *Das Schöne anbieten* —

Solche Rechenschaft müssen die Christen überhaupt nicht kämpferisch, aggressiv vortragen. Ihr Glaube ist eher wie ein kostbares Schmuckstück, das sie den anderen entgegen halten, dass seine Schönheit ihn oder sie rühre und vielleicht, ja vielleicht bewege, irgendwann auch einmal ein solches Schmuckstück zu tragen. Wenn die Glaubenden so handeln, wie es ihrem Glauben an Christus entspricht, dann spricht dieser Glaube für sich. Wie sich Christsein selber darstellt, wird zum Grund für oder gegen die Hoffnung, die es verkündet. Passt das Leben zum Glauben, das Äußere zum Inneren, dann verstummen die, die gegen das Christsein pöbeln, von selbst.

Das alles zusammengenommen heißt: Man kann beweisen, dass der christliche Glaube wahr ist. Beweisen aber nicht durch Theorien und spitzfindiges Reden, sondern durch gelebtes Leben. Und diesen Beweis führen nicht die Fachleute, die Pfarrer und Theologen, sondern jede Christin, jeder Christ, die den Glauben ernst nehmen. Sie, wir zusammen sind die Fachleute.

Christi Himmelfahrt: Apg 1,1–11 und Mt 28,16–29

Doppelbewegung

— Heiliger Rhythmus der „Vierzig" —

Am 40. Tag nach der Osternacht feiern wir Christ Himmelfahrt. Vierzig meint in der Bibel immer so viel wie ganz, vollständig, endgültig. Wir dürfen gewiss sein, dass die Zahl der Tage dem Echo des Ostermorgens im Glauben der Jünger entstammt, nicht der Abzählung von Kalenderfristen. Sie wollten damit zum Ausdruck bringen: Was geschah, gehorcht ganz und gar dem Rhythmus, in dem das Heilige, das Göttliche seit Abraham geschieht. Es fügt sich ein in die Kette all der Geschehnisse, an denen Israel seit Anfang ahnt und lernt, dass Gott ihm nahe ist. Und weil das, was Jesus sagte und tat und wie er war, so ganz und gar zu diesem Gott passte und manchmal auf sprachlos machende Weise bestätigte und bis zum Grund aufschloss, was die Alten seit je von diesem Gott erzählten, darum konnte sein eigenes Schicksal, sein Sterben um dieses Gottes willen, diesem Gott selbst nicht fern sein. Ja, dieser Jesus musste regelrecht in diesen Gott hinein gestorben sein – und eben darum konnte er gar nicht tot sein, wenn denn Gott wirklich Gott ist: nämlich der, durch den alles ist und ohne den nichts sein und begriffen werden kann. Und eben deshalb kommt am 40. Tag nach Ostern zur Gänze heraus, was Ostern bedeutet: ein Fortgehen, das in einem Dableiben besteht.

— Im Fortgehen dableiben —

Fortgehen, das im Dableiben besteht – das ist nicht so einfach zu begreifen. Auch für die Jünger Jesu gilt zunächst, was Hans Carossa einmal ganz aufs Irdische bezogen in einfachen Worten so gesagt hat:

Was einer ist, was einer war
Beim Scheiden wird es offenbar.
Wir hörens nicht, wenn Gottes Weise summt,
Wir schaudern erst, wenn sie verstummt.[15]

Etwas davon klingt auch an in den ersten Versen der Apostelgeschichte aus der Lesung vorhin. Jesus ist nicht mehr da, ihren Augen entzogen von einer Wolke, also eingegangen in das alte Sinnbild des alles Begreifen übersteigenden Gottes – und sie schauen, vielleicht muss man sagen: sie starren, unverwandt zum Himmel empor. Bis sie die Männer in weißen Gewändern, also Engel, das heißt Gottes Wink, buchstäblich vom Himmel losreißt und auf den Boden zurückholt: „Ihr Männer von Galiläa" werden sie bezeichnenderweise angesprochen und so an ihre irdische Herkunft und Heimat erinnert.

Durch diesen Satz des Evangeliums aber passiert etwas ganz Eigenartiges. Man könnte es so sagen: Während die Richtung der Botschaft, des Erzählten nach oben weist und eine Aufstiegsgeschichte darstellt, deutet die Dimension der Unterweisung in diesen Worten, der Ruf zum Handeln, genau andersherum nach unten und macht dieselben Worte zu einer Abstiegsgeschichte – bezeichnenderweise sagt das Evangelium ja, dass die Himmelfahrt auf einem Berg geschah. Der aufsteigende Weg Jesu zum Vater und der absteigende Weg der Jünger nach Galiläa machen gemeinsam das Geheimnis der Himmelfahrt aus.

— *Umgekehrtes Vaterunser* —

Es gibt eine ganz eigenartige Geschichte aus der Tradition der Ostkirche, die genau diese Doppelbewegung nach oben und unten zugleich versinnbildet. Der frühere Jesuitengeneral Peter-Hans Kolvenbach hat sie vor einigen Jahren im Westen bekannt gemacht. Und nicht zufällig wohl hat sie Papst Benedikt XVI. in seinem Jesus-Buch weitererzählt. Die Geschichte handelt von einem orthodoxen Starez, einem frommen Gottsucher, der die Gewohnheit hatte, seine Schüler das Vaterunser immer beim letzten Wort anstimmen zu lassen, damit man würdig werde, das Gebet mit den Anfangsworten – Pater hemon, Unser Vater – zu beenden. Befragt, wie er denn auf diese ausgefallene Idee komme, sagte der Starez: Weil wir so im Beten unseres wichtigsten Gebetes den österlichen Weg

gehen: Man beginnt in der Wüste bei der Versuchung, man kehrt zurück nach Ägypten, schreitet dann auf dem Exodus durch die Stationen der Vergebung und des Mannas Gottes und gelangt durch den Willen Gottes in das Land seiner Verheißung, das Gottesreich, wo er uns das Geheimnis seines Namens mitteilt: Unser Vater.

Da wird also das ganze Ostergeschehen in seinen alttestamentlichen Vorausbildern, wie sie alle in den Lesungen der Osternacht intoniert werden, in das christliche Grundgebet hineingespiegelt: Am Anfang steht die Versuchung, die Israel in das Sklavenhaus Ägyptens geführt hat, dann kommt der Exodus mit seinen Krisen, den Aufständen Israels gegen seinen Gott, seinen Ausbrüchen von Misstrauen, auf die dieser Gott immer und immer wieder noch einmal mit Akten der Vergebung und nicht zu beirrender, überschwänglicher Güte reagiert – wie etwa in der Gabe des Manna. Und so gelangt das Volk durch den Willen Gottes in das gelobte Land, das Reich der Himmel, um mit dem Größten beschenkt zu werden, was Gott zu geben hat: dem Geheimnis seines Namens, will sagen: mit dem Innersten seines Wesens: dem unverrückbaren Ich-bin-der-ich-bin-da-für-Dich.

Man muss diese höchst ungewohnte Sicht auf das Vaterunser buchstäblich im Rückwärtsbeten ausprobieren, um in diese geistliche Lektüre des Starez hineinzufinden:

Führe uns nicht in Versuchung, sondern erlöse uns von dem Bösen.
Vergib uns unsere Schuld, wie auch wir vergeben unsern Schuldigern.
Unser tägliches Brot gib uns heute.
Dein Wille geschehe, wie im Himmel so auf Erden.
Dein Reich komme.
Geheiligt werde dein Name!
Unser Vater in den Himmeln!

Eine einzige Bewegung nach oben! Reines Aufstiegsgebet, das in dem Jubelruf „Unser Vater“ gipfelt, dem Jubelruf der Heimgekommenen – man muss unwillkürlich an das Gleichnis vom barmherzigen Vater denken. Bezogen auf den Ersten, der wieder ganz heimkommt aus den Verließen der Sünde, weil er dort die Sünder suchte, um sie herauszuführen, ist das auch der Osterdank aus dem Mund des Auferstanden: Lieber Vater, jetzt bin ich wieder bei dir und die, die du mir anvertraut

hast, sie kommen auch. Von rückwärts gebetet entpuppt sich das Vaterunser als Brevier der Heilsgeschichte, wie sie sich im Geschick Jesus verdichtet wiederholt und vollendet. Das Vaterunser von hinten ist ein Himmelfahrtsgebet.

— Der Ort des Vaterunsers in der Messe —

Von daher fällt jetzt auch noch Licht auf einen Zusammenhang, über den sich vermutlich kaum jemand von uns in der Regel Gedanken macht: die Frage, warum wir das Vaterunser gerade an der Stelle der Eucharistiefeier beten, wo es liturgisch steht – am Beginn der Kommunionfeier. Ganz einfach: Wir beten es dort, weil es zugleich ein Abstiegsgebet ist. Zuvor mit dem Beginn des Hochgebetes sind wir nämlich schon mit hinaufgestiegen: Der Herr sei mit Euch … Erhebet die Herzen: wörtlich Sursum corda – hinauf die Herzen! – Wir haben sie beim Herrn. – Lasset uns danken dem Herrn, unserm Gott. – Das ist würdig und recht! In diesem hymnischen Dialog geben wir uns buchstäblich hinein in die Bewegung der Himmelfahrt, lassen wir uns mitnehmen in die Vollendung, in jene, die uns jetzt schon zur irdischen Lebzeit offen steht: die Wandlung in der Heiligen Messe, wo mit der Anrufung des Geistes jene Neuschöpfung in den Gaben von Brot und Wein beginnt, die sich fortsetzt in der Verwandlung unser selbst zu neuen Menschen, die Gott entsprechen – bis einmal alles in Gott und Gott alles in allem sein wird. Darum ist das Geschehen der Wandlung so etwas wie der höchste Punkt, an den das Kreatürliche rühren kann. Und dann beten wir das Vaterunser als Abstiegsgebet von dieser Gotteshöhe, diesem Berg der Himmelfahrt hinab in das Galiläa unseres Werktags: So bewegen wir uns dorthin, wo sich nun die Verwandlung, die uns oben auf der geistlichen Höhe in die Seele gesenkt wurde, im buchstäblichen Sinn verwirklichen und bewahrheiten will in einem gewandelten menschlichen Miteinander. Deswegen mündet das Vaterunser in die Kommunion: das gemeinsame Teilen der heiligen Gaben, das die Communio, also die Gemeinschaft stiftet und versinnbildet, das Zueinander und Miteinander, in dem einer um die andere Sorge trägt und eine dem andern zugetan ist und niemand vergessen wird. Und aus diesem menschlichen Zusammenstehen wächst die Communio Sanctorum, die Gemeinschaft der Heiligen, jener Kreis der Zeugen, die den Auferstandenen und zum Vater Gegangenen ver-

körpern – so sehr, dass sie sich als sein österlicher Leib verstehen und fühlen dürfen.

— „Immanuel" für immer —

Aus eben dieser Erfahrung stammt der Satz, mit dem unser Evangelium von heute und das Matthäusevangelium insgesamt schließt und dessen sich der Evangelist so gewiss war, dass er ihn samt dem Taufbefehl, der ja seiner reflektierten theologischen Sprache nach aus dem gottesdienstlichen Leben der frühen Kirche stammt, dem österlichen Jesus selber in den Mund legt: Ich bin bei euch alle Tage bis zum Ende der Welt. So wird den Glaubenden ein unwiderrufliches Geborgensein und Beheimatetsein in Gott zugesprochen – und das besiegelt nichts anderes als jenen Vers aus dem ersten Kapitel des Evangeliums, aus der Kindheitsgeschichte Jesu, wo der Engel als ersten Titel des von ihm angekündigten Kindes den Namen „Immanuel" nennt: Gott mit uns.

Wir in ihm – Gott – und er in uns: Durch ihn und mit ihm und in ihm, dem Christus. Das ist der Knotenpunkt jener Doppelbewegung nach oben und unten, die das heutige Festgeheimnis durchzieht. Und von ihm her schließt sich auch auf, dass kein frommes Gerede, sondern bewegende Wahrheit ist, was ein unbekannter Beter einmal niedergeschrieben hat: dass Christus keine Hände habe als nur unsere, um seine Arbeit zu tun, keine Füße als die unseren, um Menschen auf seinen Weg zu führen, keine Lippen als die unseren, um Menschen von ihm zu erzählen. Dass wir die einzige Bibel seien, die die Welt noch lese, Gottes letzte Botschaft, geschrieben in Tat und Wort. Das ist wahrlich nicht klein gedacht von uns! Aber wessen Seele etwas von Himmelfahrt weiß, kann nicht kleiner denken von sich.

Siebter Ostersonntag: Apg 1,12–14 und Joh 17,1–11a

Vom Umgang mit unserem Erbe

— *Zeichenhandlung* —

Ein Vater hatte sieben Söhne, die öfter in Streit waren miteinander. Über dem Zanken vergaßen sie ihre Arbeit. Einige böse Menschen hatten sogar im Sinn, diese Uneinigkeit zu nutzen, um die Söhne nach dem Tode des Vaters um ihr Erbteil zu bringen. Da ließ der alte Mann alle sieben Söhne zusammenkommen, legte ihnen sieben Stäbe vor, die fest zusammengebunden waren und sagte: Dem von euch, der dieses Bündel Stäbe zerbricht, zahle ich hundert Taler. Einer nach dem anderen strengte alle seine Kräfte an, und jeder sagte nach vergeblichem Bemühen, das sei gar nicht möglich, die Stäbe zu zerbrechen. – Doch sprach der Vater, nichts ist leichter. Er löste das Bündel auf und zerbrach mühelos einen Stab nach dem anderen. Und er sprach: Wie mit diesen Stäben, so ist es mit euch. Solange ihr eins seid, werdet ihr bestehen und das Erbe bleibt euch erhalten. Löst ihr aber das Band der Eintracht auf, so geht es euch wie den Stäben, die hier zerbrochen auf dem Boden liegen.

— *Schwächende Trennung* —

Die beunruhigende Ahnung von den Folgen der Zwietracht hat den alten Vater dieses aufrüttelnde Zeichen der zerbrochenen Stäbe setzen lassen. Wo Gemeinschaft dem Unfrieden weicht, zerfällt alles in Trümmer. Und vor allem: weil sie einzeln schwach sind, werden die Söhne auch das noch verlieren, was ihnen als Erbe anvertraut und also zum Leben geschenkt ist. Nicht anders bei denen, die sich Töchter und Söhne Gottes nennen dürfen. Die Trennung in Konfessionen ist ihnen heute weitgehend zum Faktum geworden, mit dem sich leben lässt. Aber nur, weil ihnen vor lauter Standpunkten und Streitpunkten die Folgen der

Trennung aus den Augen geraten sind: nämlich der drohende Verlust des Erbes, das Christus, der Herr vom Vater gebracht und ihnen geschenkt hat. Und das kommt daher, dass wir Christen ein gutes Stück gar nicht mehr wissen, was Gott uns durch Christus anvertraut hat. Erst wenn wir den Schatz unseres Erbes wiederentdeckten, würden die Kirchen ihre gefährliche Trennung so schmerzen, dass sie nicht mehr bloß ein bisschen, sondern alles täten, die verlorene Einheit wiederzufinden. Die Schriftlesungen des heutigen Tages helfen uns, diesem Vergessen unseres Erbes zu widerstehen.

— *Die Liebe trügt nicht* —

Oft und oft kommen die schriftlichen Zeugnisse aus dem Leben der jungen Kirche auf die Einheit der Glaubenden zu sprechen. Die Einmütigkeit wird so oft betont, dass man schon ahnen kann, als wie zerbrechlich sie wohl erfahren wurde. Doch eigenartig: Bevor das Anliegen angesprochen wird, ist meist zuerst von dem die Rede, was durch Christus schon geschehen ist. Gott – so könnte man diese Vergewisserung an vielen Stellen zusammenfassen –, Gott hat uns alle herausgeholt aus einem geradezu schicksalsträchtigen Daneben-gehen-müssen des Lebens. Er hat uns erlöst aus den Zwängen in sich verkrümmter Ichbesessenheit, befreit zu einem neuen Lebensstil. Und dieses Neue, das irgendwie alle Vergleiche sprengt, einigermaßen zur Sprache zu bringen, hat immer mit Ostern zu tun.

Christus ist auferstanden! Mit diesem Bekenntnis steht und fällt unser Glaube. Und wir meinen damit: Gott hat erfahrbar bestätigt, dass die Liebe nicht vergebens und dass das Gelingen des Lebens nicht unmöglich ist, wo einer sein Leben ganz von Gott her und auf Gott hin anlegt – eben so wie Jesus es getan hat. Ja mehr noch: Auferstehung meint, dass durch seine Verbundenheit mit Gott menschliches Leben nicht einmal im Tod zerfällt, sondern sich sogar auch noch in der Preisgabe seiner selbst gerettet und vollendet wissen darf in der Hand des lebendigen Gottes. Gott selbst bestätigt: Jesus hat recht gehabt mit seinem Vertrauen zu mir. Das ist Auferstehung.

Mit Christus auferstanden ist jeder, der diesem Selbstzeugnis Gottes für seine Treue traut – nicht bloß mit dem Mund, sondern in der Sprache des gelebten Werktags: aus Gottvertrauen den Teufelskreis von

Leistenmüssen und Geltenwollen durchbrechen und mich annehmen, wie ich bin: für einen zu kurz Gekommenen eintreten, auch wenn es mir zum Nachteil gereicht; mit denen, die nichts haben, teilen, ohne sich dabei selbst noch einmal großartig zu fühlen; einen eigenen Fehler eingestehen, um Vergebung bitten und anderen vergeben können; gewaltfrei aufständisch sein gegen jede Form von Unterdrückung – auch in der Kirche noch –, in all dem ereignet sich wirklich und anschaulich das Mitauferstandensein, auch wenn die Auferstehung in ihrer vollen Gestalt all diese ersten Zeichen weit hinter sich lassen wird. Zu solchem aufgerichteten, befreiten Leben befähigt zu sein, das ist unser ureigenes Erbe als Kirche Jesu Christi. Wie aber dürfte es dann ausgerechnet unter uns – den Erben – etwas geben, was sich diesem Vorgang der Auferweckung entgegenstellt? Die Trennung der einen Kirche in Konfessionen aber tut genau das. Sie dementiert den Angelpunkt des Glaubens, die siegreiche Macht der Liebe, und macht das mit Ostern eröffnete neue Leben zum unglaubwürdigen Gerücht.

Nicht von ungefähr sind Jesu letzte Worte vor seiner Passion im Johannesevangelium ein inbrünstiges, flehentliches Gebet, das in der Bitte um die Einheit derer gipfelt, die der Vater dem Sohn anvertraut hat. Jesus hat uns gekannt und um die große Versuchung seiner Kirche gewusst, die Versuchung, am Ende doch wieder der Ausübung von Macht und den Hierarchien, den angeblich heiligen Herrschaften mehr zu trauen als der verletzlichen, nicht mehr kontrollierbaren Liebe.

— *Versuchung zur Macht …* —

Eben das hat die Kirche ja in die unseligen Spaltungen getrieben. Und eben das hindert die Konfessionen bis heute daran, die längst gegebenen Wege einer Wiedervereinigung überhaupt ernst zu nehmen. Es ist ja bezeichnend, dass ausnahmslos alle immer noch bestehenden Uneinigkeiten ihren Ausgang bei der jeweiligen Auffassung des kirchlichen Amtes (einschließlich des Papsttums) nehmen. Würde die Ausübung des gewiss konstitutiven Amtes in der Kirche auf allen Ebenen endlich vom Eindruck – und nicht nur vom Eindruck! – des Machtgebarens befreit, wer weiß, wie viel von dem Trennenden sich von selbst erledigte, gleichsam verdunsten würde. Die Sympathie, das gemeinsame Leiden an dem, was Christus, dem Herrn, geschuldet wird – oder ganz einfach: die Liebe,

sie hat noch allemal das sogar scheinbar Unüberbrückbare zusammengebracht mit der Kraft ihrer unerschöpflichen Phantasie:

— … und die schöpferische Macht der Liebe —

Im Jahre 1888 starb im holländischen Roermond ein Ehepaar, die Frau wenige Monate nach dem Mann. Die beiden waren konfessionsverschieden gewesen, er katholisch, sie evangelisch. Die feindschaftliche Trennung zwischen den Konfessionen untersagte strikt, dass beide in einem gemeinsamen Grab bestattet wurden. Aber weil die Verwandten beider Seiten wussten, wie sehr die zwei sich geliebt hatten, ersannen sie einen Ausweg: Der evangelische und der katholische Friedhof lagen direkt nebeneinander und waren nur durch eine Mauer getrennt. So legte man die beiden Gräber mit dem Kopfende unmittelbar an die Trennmauer und zog die Grabsteine so hoch, dass sie die Mauer überragten. Und an der Spitze wurden beide verbunden durch einen Marmorstein in der Gestalt zweier Hände, die einander festhielten. Der Maler-Priester Herbert Falken aus Aachen hat dem Grabstein eine ganze Bilderserie gewidmet und darin die Macht der Liebe für die Augen meditiert. Liebe ist erfinderisch. Keine Trennung wird ihr widerstehen. Je mehr sich die Kirchen auf ihren Herrn und seine Botschaft von Gott besinnen, desto eher werden sie sein können, wozu es sie überhaupt gibt. Darum beten wir in diesen Tagen.

Pfingsten: Gen 11,1–9 und Apg 2,1–11

Nicht Adler, sondern Taube

— *Kleines Missverständnis …* —

In einer Gemeinde, in der ich Kaplan war, wurde eines Tages ein neuer Küster eingestellt. Der Mann war von Herkunft katholisch, hatte aber lange in einem osteuropäischen Land gewohnt, dort unter dem Staatsatheismus den Kontakt zur Kirche verloren und musste sich nun erst wieder mit allen den Dingen des Glaubens und vor allem der Liturgie vertraut machen. Zu seinen Aufgaben gehörte auch, an den Festtagen eine zusätzliche Skulptur auf den Hochaltar zu stellen. Wir zeigten ihm den Schrank mit den Figuren. Ah, das ist ja das Christkind für Weihnachten, sagte er, ein wenig stolz über sein Bescheid wissen, und das ist der Auferstandene für Ostern. Aber wann muss denn dieser Adler da auf den Altar rauf?

— *… aber aufschlussreich* —

Klar, wir anderen schmunzelten und klärten ihn auf. Natürlich war es die Pfingsttaube. Eigentlich ein triviales Versehen. Aber wenn man einen Augenblick davor inne hält und ein wenig bei den beiden Symboltieren verweilt, kann einem spontan etwas Wichtiges aus dem heutigen Festgeheimnis aufgehen.

Seit eh und je gehört der Adler zu den großen Emblemen in Religion und Politik: Zeus und Jupiter begleitet dieser stolze König der Vögel, nah verwandt ist er mit dem Horus-Falken der Ägypter. Ihrer scharfen Schnäbel und Krallen wegen kommen diese majestätischen, manchmal geradezu Angst machenden Greifvögel in zahllosen Herrschaftswappen der österreichischen, deutschen, polnischen und auch in anderen Nationalgeschichten vor – immer als Signatur von Macht und Herrschaft.

Doch wie anders die Taube: Im ganzen antiken Orient schon begegnet sie auf vielfältige und doch verwandte Weise: Ihr Gurren und Balzen und Tänzeln, ihr lebenslanges Zusammenbleiben von Männchen und Weibchen ließ sie kulturübergreifend zur Botin der Liebesgöttin werden. Auch im alttestamentlichen Hohelied der Liebe sagt der Geliebte von seiner Geliebten, ihre Augen blickten wie Tauben, und meint damit den Blick des Mädchens, der ihn wie eine Liebesbotschaft erreicht. Und in der Sintfluterzählung begegnet uns die Taube des Noach, die ihm mit dem frischen Ölzweig die erste Spur neuen Lebens nach dem Untergang der Sündenwelt bringt. Das alles schwingt mit, wenn im Neuen Testament von der Taube die Rede ist, in deren Gestalt nach dem Zeugnis aller vier Evangelien der Heilige Geist auf Jesus bei seiner Taufe im Jordan herab kam: Liebe, Zärtlichkeit, Treue, Hoffnung. Und mit all dem ist die Taube zum Sinnbild für Pfingsten geworden, obwohl in der Pfingstgeschichte von ihr gar nicht die Rede ist. Wie kam es dazu?

— *Das Desaster von Babel …* —

Dahinter steht, dass schon die Kirchenväter Pfingsten als das Gegenbild, den Anti-Typos der Geschichte vom babylonischen Turmbau verstanden haben. Und beides hängt so zusammen: Es waren einmal viele Menschen – so erzählt das Buch Genesis –, die verbündeten sich zu einem gemeinsamen Werk. Sie bauten sich eine Stadt – darin konnten sie wohnen und sich sicher fühlen. Und dazu einen riesigen Turm. Solche Türme dienten nicht einfach der Zierde, sie waren eher so etwas wie eine Burg und das Rückgrat der Wehrkraft jener Städte. Die Menschen taten mit ihrem Werk nichts Unerhörtes. Sie fassten nur ihre Energie zusammen. Mit ihrem Werk suchten sie sich einen Namen machen, heißt es – sie wollten etwas sein. Das ist menschlich. Aber dahinter steckt noch anderes: Dann werden wir uns nicht über die Erde zerstreuen, hoffen sie. Sie bangen also. Sie haben Angst. Angst davor, nichts zu sein. Deshalb setzen sie alle ihre Kräfte ein, etwas zu werden und sich zu sichern. Und sie tun es auf dem Weg gigantischer Aufrüstung. Die Angst ist es, was die Leute von Babel ihre Stadt so bauen heißt, wie sie sie bauen.

Und Gott – er muss herabsteigen, um sich den riesigen Turm und die Stadt anzuschauen. Mit einem einzigen Wort entlarvt die Geschichte, was die Trutzburg der Menschen in Wirklichkeit wert ist. Und Gott

erkennt an dem Bauwerk bereits, wo alles enden wird. Die Menschheit, die sich nur noch in sich selber verbunden und gesichert weiß, hat die Hände frei für alles – vor allem für alle Maßlosigkeit. Deshalb verwirrt er die Sprache der Menschen, wie die Geschichte sehr menschlich von Gott sagt. Und sie spricht damit aus, was jedes Mal und zwangsläufig aus einem maßlos gewordenen Sicherheitsbedürfnis und Großseinwollen hervorgeht: dass jede Gemeinschaft und Gesellschaft zerfällt – und zwar so sehr, dass die Menschen sich nicht einmal mehr verständigen können und einander nicht mehr verstehen. – Klar auch: Wer nach außen so gigantisch aufrüstet wie die Leute von Babel, der hat schon längst vorher in seiner Seele tiefe Gräben ausgehoben und Mauern aufgezogen, weil er ausnahmslos jeden anderen im tiefsten Winkel seines Herzens für einen Gegner hält, gegen den er sich sichern muss, um nicht zu kurz zu kommen – gerade so, wie das seit Monaten europäische Staaten gegenüber den Flüchtlingen aus Nordafrika tun. Und hinter solchem Zerfall des Menschlichen kommt schließlich noch anderes zutage: Denn wer dauernd für sich selber sorgen muss und meint, so – aus eigener Kraft – Bestand zu gewinnen, der hat schon vergessen, dass er sich einem anderen verdankt und wem er sich verdankt. Im Turm von Babel, den die Angst errichtet, spiegelt sich das Innerste derer wider, die sich von Gott losgesagt haben, weil sie ihm nicht mehr zutrauen, ihr Leben zu verbürgen.

— … *und seine Aufhebung durch Pfingsten* —

Pfingsten ist die frohe Kunde davon, dass eben dieses Babel-Desaster im Abenteuer von Gott und Mensch nicht das letzte Wort bleibt. Denn da ist einer gekommen, der hat den Leuten von Gott erzählt, wie keiner vor ihm. Er hat gesagt, dass Gott wie ein liebender Vater ist, auch dann noch, wenn Menschen schwere Fehler machen. Und er hat die Menschen spüren lassen, was das bedeutet. Und all das konnte er nur, weil er selber jenes Verhängnis des Sich-nicht-mehr-Verstehens zerrissen hat. In seiner tiefsten Wurzel schon hatte er es unterlaufen, weil er Gott nicht misstraute. Weil er sich ganz ihm überließ und deshalb keine Angst haben musste um sich selber und keine Sicherheiten brauchte, die ihm sein Leben garantierten. Das hat ihn unendlich frei gemacht und befreiend für andere. Einigen aber hat das gar nicht gepasst, nämlich denen, die von der Sorge um Sicherheit profitierten. Deshalb haben sie ihn, den

Ungesicherten, umgebracht am Kreuz. Aber nicht einmal das hat die alte Herrschaft von Sicherheit und Zerfall wiederhergestellt. Im Gegenteil.

Das Gottvertrauen, das Jesus bis hin ans Kreuz noch lebte, hatte Frauen und Männer aus seinem Freundeskreis dermaßen überwältigt, dass es sie selber durch und durch ergriff. Durch dieses ihr Gottvertrauen fanden sie sich selbst in einem Leben solch angstloser Freiheit wieder, wie sie es vorher nie gekannt hatten. Darum auch waren sie unbeirrbar überzeugt, dass der, dessen Leben und Sterben ihre eigene Existenz so grundstürzend änderte, – dass der nicht vergangen, also unwirklich sein kann, sondern vielmehr wirklicher, gegenwärtiger, lebendiger ist als alles, was sonst so heißt. Darum brannte ihnen auf der Zunge, den Leuten zuzurufen: Jesus lebt! Gott selbst hat bestätigt, dass er recht hatte mit seinem Vertrauen zu ihm. Vertraut darum auch ihr euch diesem Gott an, dann könnt auch ihr leben, aufleben wie dieser Jesus und wie wir durch ihn. Schließt euch uns an. Wir sind seine Zeugen!

— *Geburtstag der Kirche* —

Und was dann geschah, hätte kein Mensch für möglich gehalten. Denn tatsächlich schlossen sich den Jüngern Leute an. Sie ließen sich ein auf die Geschichten von Jesus aus Nazaret. Arme und Reiche, Alte und Junge. Dirnen und feine Damen. Geschäftsleute und Bettler. Ausländer und Einheimische. Sie alle spüren, wie sie verwandelt werden, weil sie sich von Jesus wieder zu Gott hinführen lassen. Sie spüren, wie alles Lastende von ihnen abfällt. Und vor allem, wie das geheilt wird, was hinter allen Lebensschatten im Letzten am Werk ist: die Angst um sich selber und voreinander.

Was da geschah, war so neu, dass es keine passenden Wörter dafür gab. Deshalb haben jene Jesusleute die Heiligen Schriften des Alten Testaments genommen und darin gelesen, weil sie überzeugt waren, dass das, was ihnen widerfuhr, mit Gott zu tun hat und deshalb auch in den alten Büchern schon vorkommen musste. Und dabei stießen sie auf die Geschichte vom Turm in Babel. Da fiel es ihnen wie Schuppen von den Augen. Denn sie sahen: Durch Jesus ist uns genau das Gegenteil von dem widerfahren, was damals passiert ist. Wir haben zusammengefunden. Damals haben die Menschen sich zerstreut und sich nicht mehr verstanden. Wenn einer redet, so ist es, als könnten ihn alle in ihrer

Sprache reden hören. Wir haben wieder Kontakt zueinander gefunden. Wir verstehen uns. Parter, Meder, Elamiter, Juden und Proselyten, Kreter und Araber. Wir gehören zusammen über alle Unterschiede hinweg. So drückt Lukas in der Apostelgeschichte aus, was damals geschah und was wir Pfingsten nennen – das Ereignis, dass Jesu Geist übergesprungen ist auf viele. Sie sind Jesusleute geworden und sie bezeugen, dass Gott mit Ostern das Verhängnis von Babel zerbrochen hat. Er hat einen Schlussstrich gezogen unter den Wirrwarr und den Streit und die Angst. Und das Neue, was nun beginnt, ist die Gemeinschaft derer, die an Christus glauben und deshalb keine Angst mehr haben, weil sie Gott wieder trauen.

Diese Gemeinschaft heißt Kirche. Pfingsten ist ihr Geburtstag – eine Gemeinschaft von Menschen, die untereinander versöhnt sind, weil sie sich mit Gott wieder haben versöhnen lassen. Pfingsten ist das definitive Ende der Aufrüstung von Babel. An die Stelle der Macht- und Herrschaftsembleme tritt die Taube, das Wappentier der Wehrlosigkeit, der Zärtlichkeit, der Treue, der Hoffnung. Wie gut stünde der Kirche an, sie würde diesem Sinnbild, das ihre Geburtsurkunde – die Pfingstgeschichte – seit je besiegelt, bis zum Grunde trauen und der babylonischen Versuchung, die immer wieder einmal an sie herantritt, auch selbst widerstehen.

Pfingstmontag: Gal 6,14–18 [zugewählt]

Der springende Punkt

— Zeit der Vertiefung —

Jetzt sind die großen Festtage unseres Glaubens im Jahreskreis vorbei. Nächsten Sonntag das Fest der Heiligen Dreifaltigkeit noch, gleichsam als Zusammenfassung dessen, was wir von Advent bis Pfingsten gefeiert haben. Danach schließlich – gleichsam als ein Widerhall des Gründonnerstags und damit der Eucharistie als dem Höhepunkt aller heiligen Feier – das Fronleichnamsfest. Und dann beginnt endgültig die „grüne Zeit" in der Liturgie: die gewöhnlichen Sonntage. Aber auch die und die Tage zwischen ihnen sind wichtig. Sie geben uns Raum, das Wesentliche in der Seele einzuwurzeln, dass wir Stand gewinnen im Glauben. Denn das geschieht nicht von selbst. Daran erinnern uns immer wieder Menschen, denen ein besonderes Gespür für die Dinge Gottes geschenkt ist.

— Katholischer Visionär —

Zu ihnen gehört auch der Jesuit und Philosoph Teilhard de Chardin, einer der ganz großen, derzeit freilich auch vergessenen Denker und Seismographen der Gegenwart. Teilhard ist 1955 gestorben. Trotzdem nannte ich ihn gerade Denker der Gegenwart, weil viel von seinen Gedanken so seiner Zeit voraus war, dass das Wichtigste davon auch heute noch nicht eingeholt ist. Drei Jahre vor seinem Tod schrieb Teilhard in einem Brief einen Satz, dessen Wahrheit sich auch erst in den letzten Jahren zu bestätigen beginnt. Der Satz heißt:

„*Was immer man auch sagt, unser Jahrhundert ist religiös – vielleicht religiöser als alle anderen … Nur hat es noch nicht den Gott gefunden, den es anbeten könnte.*"[16]

Mit diesem Wort stand Teilhard bereits damals völlig quer zu seiner Zeit. Es waren die Jahre, wo man begann, das Ende nicht nur des Christentums, sondern auch der Religion überhaupt vorherzusagen: Alles, was mit Gott und Glaube zu tun habe, entlarve sich über kurz oder lang als fauler Zauber und billiger Trost. Doch schon ein gutes Jahrzehnt später sah die ganze Lage völlig anders aus: Zuerst wurde Jesus zum Idol der Hippie-Generation, die sich Jesus-People nannten, neue Sekten schossen regelrecht wie Pilze aus dem Boden, Kontinente übergreifende religiöse Bewegungen entstanden. Und heute ist Religion auch intellektuell weltweit ein Megathema. Das geschieht oft an den alten religiösen Mustern und Autoritäten, auch an der Kirche vorbei. Aber Religion lebt – in einer nicht mehr zu überschauenden Vielfältigkeit.

— *Den untrüglichen Gott suchen* —

Teilhard hatte also recht. Er hatte aber auch recht mit dem zweiten Teil seines Satzes: dass unser Jahrhundert noch nicht den Gott gefunden habe, den es anbeten könnte. Heute wird nicht nur ein Gott verehrt, sondern viele. Früher im alten Rom hießen sie Jupiter, Mars, Merkur oder Venus. Die gleichen Götter gibt es heute immer noch. Nur heißen sie jetzt Macht, Gewalt, Geld oder Geschlecht. Und die Schar ihrer Verehrer ist groß. Doch ebenso groß ist die Zahl derer, die sich von diesen Göttern wieder abwenden, weil sie eines Tages entdecken, dass sie einem Trug aufgesessen waren. Dass sie das Ein und Alles ihres Lebens von Sachen erwartet hatten, die man haben und machen kann. Und dann fangen sie zu suchen an: Wo finde ich einen Gott, der nicht trügt und den ich anbeten kann, dem ich danken, zu dem ich schreien darf? Einer, in dessen Hand ich mich fallen lassen darf, wenn ich nicht mehr kann – in der Gewissheit, unverlierbar gehalten zu sein?

— *Bedingungslose Zugewandtheit* —

Besonders häufig ist es der Apostel Paulus, der uns für diese Suche nach einem der Anbetung würdigen Gott Winke gibt, allerdings nicht selten etwas ungewöhnliche Winke. Einer der seltsamsten steht in den letzten Zeilen des Briefes an die Galater. Diese Gemeinde war für Paulus ein großes Sorgenkind. Er hatte ihnen einen Gott verkündet, der durch Jesus

Christus gezeigt hat, dass es ihm voraussetzungslos um den Menschen geht. Der von sich alles daransetzt, dass der Mensch ihn wieder finde und sich wieder mit ihm verbinde, weil allein so ein Menschenleben wirklich gelingen kann. Die Galater hatten diese frohe Botschaft begeistert aufgenommen.

Aber nicht lange, da drängte sich ihnen – geschürt von konservativen Kreisen - die Frage in den Vordergrund: Kann das wirklich sein? Ein Gott, der nicht zuerst verlangt und dann gibt? Einer, der zuerst vergibt und eben dadurch mich zur Umkehr bewegen möchte, also nicht durch Drohung und Strafe? Ist es nicht doch besser, eine Art Vorleistung zu erbringen: Rituale und Bräuche einzuhalten? Es ist doch sicherer, wenn man selber auch etwas in der Hand hat, als Verhandlungsmasse sozusagen und ein bisschen als Anspruch gegenüber diesem Gott.

Paulus war außer sich, als er davon hörte. Denn würden die Galater dem tatsächlich nachgeben, würden sie tatsächlich wieder so denken, dann hätten sie den christlichen Glauben nicht nur ein bisschen mit anderem vermengt, sie hätten ihn mit Stumpf und Stil über Bord geworfen. Kein Wunder, dass es keinen Brief des Apostels gibt, der so harsch klingt wie der Galaterbrief. Darum ruft er den Galatern am Schluss noch einmal ins Gedächtnis, was allein und ausschließlich den wahren Gott und darum den wahren Christen ausmacht: Ich will mich allein des Kreuzes Christi, unseres Herrn rühmen. In Worten von heute wiederholt: Ich bilde mir nichts ein auf meine Frömmigkeit und schon gar nicht auf etwas anderes. Ich bilde mir einzig etwas darauf ein, dass Jesus Christus für seine Botschaft vom bedingungslos uns zugewandten Gott ans Kreuz ging. Und dass er eben dadurch selbst zum einzigartigen Gleichnis dieses Gottes wurde. Zum Inbild dessen, dem nichts zuviel ist für uns, der alles darangibt, sogar sich selbst, um uns wieder für sich zu gewinnen.

— *Stolz sein auf das Kreuz* —

Um nochmals in der Sprache Teilhard de Chardins zu fragen: Wäre nicht gerade dieser Gott, der nichts für sich will, der richtige für dieses durch und durch vom Tauschen, Leisten und Handeln bestimmte Zeitalter, auf dass es einen Gott zum Anbeten hätte? Ich glaube schon, denn es wäre ein Gott, der dem Anspruch von Macht und Geld und Ansehen Einhalt

gebieten kann, weil diese Dinge schier unvereinbar sind mit dem, wie er selber ist.

Praktisch gesagt: Zum Christsein gehört, dass ich lerne, auf das Kreuz stolz zu sein. Weil da das Wichtigste von Gott für mich sichtbar geworden ist. Das ist auch der Grund, ein Bild des Gekreuzigten an die Wand zu hängen, bei sich zu tragen oder sich zu bekreuzigen. Wer es mit Ehrfurcht tut, übt den Stolz ein, zu dem ihr oder ihm das Evangelium das Recht gibt. Fast möchte ich sagen: Diesen Stolz auf das Kreuz einzuüben, das ist die Aufgabe, die uns der Pfingstmontag, dieser Übergangstag zwischen Fest und Werktag, als große Aufgabe bis zum nächsten Advent mitgibt. Und es ist gut, dass das durch einen Tag geschieht, der noch ganz in das Licht des pfingstlichen Geistes getaucht ist. Denn ohne ihn, den Geist, von dem wir bekennen, dass er die Herzen lenkt und den Schwachen Beistand schenkt, – ohne ihn wären wir kaum so mutig, im Kreuz ein Inbild unzerstörbaren Lebens zu sehen. Natürlich wird es immer auch Leute geben, die deswegen, weil sie das tun, die Christinnen und Christen für Spinner halten. Das war ganz am Anfang der Kirche so, das ist heute so. Manche Prediger des neuen Atheismus der jüngsten Zeit ergötzen sich noch immer daran, dass das französische Wort für Idiot, chretin, ursprünglich vom Namen Chretien, also Christ, kommt. Doch das tut nichts zur Sache. So viel Widerständigkeit des Christlichen zu dem, was man so denkt, muss sein. Weniger darf nicht sein.

Herrenfeste

Dreifaltigkeitssonntag: Ex 34,4b.5–6.8–9

Gottes Sprachlehre

— Jesus in Gott hineindenken —

Etliche Jahre war ich Seelsorger in einem Gefängnis. Nicht nur das Zuhören und einfach Dasein ist dort wichtig, sondern genauso – und das überrascht Außenstehende oft – die Verkündigung. Die Leute dort hören meist sehr genau zu bei der Predigt. Sie wollen wissen, ob der da vorne was zu sagen hat, was sie angeht, wenn er denn schon redet. Und sie sind unbestechlich. Anfangs hatte ich besonders vor bestimmten Festen ein flaues Gefühl. Werde ich „rüberbringen", was es da zu sagen gilt? Auch am Dreifaltigkeitssonntag ging es mir beim ersten Mal so. Aber dann war ich überrascht. Denn ich merkte, dass sich gerade die Auslegung alttestamentlicher Passagen besonders zu eignen schien, deutlich zu machen, was denn das christliche Bekenntnis zum dreifaltigen Gott zuinnerst bedeutet. Was unsere älteren Glaubensgeschwister, auf deren Schultern wir stehen, an Gottesweisheit überliefern, lässt einen manchmal beinahe spielerisch nachvollziehen, wie ein Mensch aus Fleisch und Blut unabdingbar in das Geheimnis des unbegreiflichen Gottes hineingehören kann – denn das meint ja die Rede vom dreifaltigen Gott. Und wie dieses einmalige Ineinander von Himmel und Erde zum Heute „gleichzeitig" werden kann zumindest für die, denen das Wort „Gott" überhaupt noch etwas bedeutet. Diesen Weg möchte ich nachfolgend betreten.

— Das Echo des ersten Buchstabens —

Wer ist Gott? Vielleicht haben Sie schon lange nicht mehr so gefragt. Aber mit dieser Frage fängt letztlich der Glaube an. Wer ist Gott? Juden wie Christen halten sich, vor diese Frage gebracht, an die Bibel. Gleichzeitig wissen sie, dass nicht einfach über Gott Bescheid weiß, wer dieses

Buch kennt. Gott ist größer als das, was in menschlichen Worten in der Heiligen Schrift gesagt wird. Daher kommt übrigens auch, dass in der Bibel Dinge stehen, die sich widersprechen. Da ist menschliche Sprache im Sprechen über Gott an ihre Grenzen gestoßen und kann nur noch gleichsam sich selbst durchstreichend auf das Größere hinausweisen. Die Juden halten das in zwei Merksätzen fest, die mit dem Alphabet zu tun haben. Sie sagen: Das erste Wort der Bibel heißt „bereschit – im Anfang". „Bereschit" geht mit „B" an, also dem zweiten Buchstaben des Alphabets. Das „Aleph", das „A", ist Gott vorbehalten. – Oder sie sagen: Gott hat einen einzigen Buchstaben gesprochen – das „Aleph" –, und die ganze Bibel ist das Echo davon. Unser Denken und Sprechen fasst Gott nicht, heißt das, und dennoch teilt sich in den menschlichen Worten der Bibel etwas von seinem Geheimnis mit.

— *Bundeskrise* —

Auf ganz einzigartige Weise gilt das von den paar Zeilen der heutigen Lesung aus dem Buch Exodus – eine denkwürdige Stelle: Gott hat seinem Israel die Gebote geschenkt und mit ihm einen Bund geschlossen. Doch noch ehe Mose mit den Bundestafeln vom Sinai zurückkehrte, war das Volk schon abgefallen von Gott und hatte sich den Fruchtbarkeitsgöttern der umliegenden Völker zugewandt – die berühmte Geschichte mit dem goldenen Kalb. Mose zertrümmerte aus Verzweiflung die Tafeln. Doch Gott verstieß sein Volk nicht, sondern rief den Mose zu sich, um den gebrochenen Bund noch einmal zu erneuern. Das ist die Szene, die wir gehört haben. Mit jedem einzelnen Vers, beinahe mit jedem Wort leuchtet in ihr etwas von Gott auf.

— *Unerreichbar – und doch auf Du und Du* —

Mose steigt auf, hoch auf den Berg. Trotzdem muss Gott gleichzeitig herabsteigen. Das Hinaufsteigen auf den höchsten Berg, den es für Israel gab, reicht noch lange nicht, um zu Gott zu kommen. So groß ist er, so sehr menschlichem Messen entzogen. Er von sich aus kommt uns nah. Sonst wüssten wir nichts von ihm. Aber auch als Nahegekommener bleibt er der Verborgene – darum begegnet er Mose in einer Wolke. Keiner kann sich seiner bemächtigen. Und wiederum ein „trotzdem", denn: Der unserem

Blick Entzogene stellt sich – heißt es – neben Mose. Inmitten der Unerreichbarkeit stehen Gott und Mensch gleichsam auf Du und Du.

In diesen Widerspruch von Widersprüchen hinein ruft Mose Gottes Namen an. Und der Herr ging an ihm vorüber, wird erzählt, wir heute würden sagen: Mose hat eine Gotteserfahrung gemacht. In seiner durch die menschlichen Widersprüche aufgesprengten und empfindsam gewordenen Seele teilt Gott etwas von sich mit:

Barmherzig ist er, sagt Gott als Erstes von sich. Das hebräische Wort dafür – „rechamim" – kommt von „rechem", das heißt Mutterschoß: Wie eine Mutter ihr Kind im eigenen Leib birgt und schützt und nährt – so ist Gott. In sich gibt er seinen Geschöpfen Raum, auch wenn das für ihn Mühe, ja sogar Last bedeutet – was „Last" meint, hatte ja soeben die Geschichte mit dem goldenen Kalb mehr als deutlich gemacht.

Und auch gnädig nennt sich Gott: Gnädig ist, wer einem andern wohlwollend begegnet und großzügig; wer seine Position nicht ausnutzt, um sein Gegenüber auszubeuten und zu versklaven, sondern es beschenkt. Lateinisch heißt Gnade „gratia", davon kommt unser Wort „gratis". Gnädig ist, wer umsonst – ohne Vor- und Gegenleistung – etwas tut oder gibt. Umsonst hat er uns geschaffen. Umsonst schaut er uns an. Umsonst wird er uns einmal wieder in seiner Hand bergen, wenn unser Leben an sein Ende kommt. Was auch hätten wir zu geben, was dies alles aufwiegen könnte? Aber wir brauchen auch nichts – außer, dass wir wir sind, die, als die Gott uns gemeint hat. Alles gratis. „Umsonst" ist einer der Ur-Namen Gottes.

Aber das ist nicht alles. „Langmütig" heißt Gott auch. Langmütig meint wörtlich „lang in seinem Zorn". Gott ist geduldig und wartet, gewährt Aufschub und noch einmal und noch einmal, wo nach Recht und Gesetz und menschlichem Ermessen der untreu gewordene Mensch seinen Gott schon längst als Richter hätte erfahren müssen. Wie oft hat Israel das erlebt auf seinem Weg von Ägypten ins gelobte Land hinüber, wie oft in seiner späteren Geschichte! Wie oft hat die Kirche es erlebt in ihrer so oft von Zwielicht gezeichneten Geschichte! Wie oft erleben wir es selbst, was unser eigenes kleines Dasein betrifft? Im Blick auf andere, die Böses tun, fragen wir manchmal: Warum schlägt Gott nicht drein? – Weil er langmütig ist. Keinen gibt er auf, keinen bis zum letzten Augenblick. Den Sünder schon gar nicht. Und seien wir nicht missgünstig darum! Wir leben selber davon.

Gerade darum heißt Gott schließlich auch noch „reich – wörtlich: gewaltig – an Huld und Treue“. Gewaltig sein geht bei Menschen immer mit Macht und Triumph einher, und das hat immer für andere etwas von Beherrschtwerden und Niederlage an sich. Gottes Gewaltigsein besteht darin, dass er sich uns zuwendet in Güte und unbeirrbar als der Treue erweist, der zu uns steht, was immer geschieht. Dort, wo diese Zuwendung Zurückweisung erfährt, offenbart sich Gottes Treusein am tiefsten – als Vergebung. Als ein Vergeben, das letztlich darin besteht, dass Gott selbst das Böse trägt, den Schaden, den der Sünder anrichtet, sich aufládt, damit der an ihm nicht zugrunde geht.

— *Kleine Sprachlehre* —

Was Gott dem Mose auf dem Sinai da von sich mitteilte, ist eigentlich nichts anderes als eine kleine Sprachlehre: Barmherzigkeit, gnädig, langmütig, gewaltig an Huld und Treue bin ich, sagt Gott. Jedes dieser Wörter muss vertieft, geweitet, ins Ursprüngliche übersetzt, aufgesprengt werden. Für Mose geschah das dadurch, dass sich ihm aus seiner eigenen und seines Volkes Geschichte mit diesem Gott die Wörter füllten. *Wir* lernen von Gott recht reden, indem wir im Licht der biblischen und unserer eigenen Lebensgeschichten jene Menschenwörter hören und deuten, in denen nachhallt, was Gott im Uranfang sprach.

— *Siegel in Menschengestalt* —

Eines freilich unterscheidet die Christen von Mose, etwas, was uns das Verstehen dessen, was Gott sagt, und das rechte Reden von ihm leichter macht, obwohl es im ersten Augenblick alles zu verkomplizieren scheint. Jesus hat durch sein Tun und Leben bestätigt, dass Gott so ist, wie Mose es erfuhr. Er ist sozusagen Gottes persönliches Siegel in Menschengestalt auf das Barmherzig-, das Gnädig-, das Langmütigsein und darauf, wie viel an Zuneigung und Treue Gott für uns übrig hat.

Bei einem Brief, der ein Siegel trägt, gehört dieses Siegel selbst zum Inhalt dazu. Es macht ihn erst eigentlich glaubhaft und wichtig. So verhält es sich für uns Christen mit Jesus und dem, was wir von Gott zu sagen vermögen. Das ist der Grund, warum für uns Jesus untrennbar zu Gott, besser in Gottes Geheimnis hineingehört. Schon die frühen

Christen suchten das auf sehr persönliche Weise auszudrücken. Darum sagten sie: Er ist der Sohn des Gottes, den er Vater nannte. Beide stehen zueinander wie Vater und Sohn – und sind doch zugleich noch einmal ganz anders, unvergleichlich verbundener, als das menschliche Väter und Söhne sind. Auch diese Wörter „Vater“ und „Sohn“ müssen geweitet, vertieft, gesprengt werden. Die frühen Christen wussten das sehr wohl. Wenn man es vergisst wie heute manchmal, kommen lauter Missverständnisse heraus.

— *Das „Darüberhinaus“: der Geist* —

Wenn wir mit unseren kleinen Wörtern vom unfassbaren Gott zu reden suchen, sind wir im Reden schon immer über das hinaus, was unsere Worte meinen. Indem man von Gott spricht, ist etwas im Spiel, was dieses Mehr bewirkt und uns über die Grenzen unserer Sprache hinwegträgt. Dieses seltsame Geschehen gehört also auch wesensmäßig zu Gott – und betrifft zugleich ganz persönlich jede und jeden, die von Gott sprechen. Schon die ersten Christen, vielleicht sogar Jesus selbst bereits, haben diesem Verbindenden, weil es so wichtig ist, einen eigenen Namen gegeben: Geist; Heiliger Geist. Dieser verbindenden Kraft verdanken wir, dass in unserem Sprechen von Gott, dem Vater, und Jesus als seinem Sohn, etwas vom innersten Geheimnis des unfassbaren Gottes laut wird. Und weil das alles – jene Kraft, Gott und Jesus – so eng zusammengehört, nennen wir den einen Gott „dreifaltig“. Einmal mehr streichen sich unsere menschlichen Wörter dabei gegenseitig durch – und schaffen gerade so in unserer Seele den Raum für den, den man eigentlich nur im Schweigen anbeten kann.

Fronleichnam: Mt 12,1–8 [zugewählt]

Dem großen Sabbat entgegen

— *Größer denken* —

Keine Frage: Durch die Erneuerung der Liturgie beim letzten Konzil ist viel Beiwerk von der Feier der heiligen Messe entfernt und ihre Mitte wieder an ihren rechten Ort gerückt worden: dass sie Sakrament der Christusgegenwart ist, das in der Geste des Brotbrechens aufgipfelt und dann im Mahlhalten die Glaubenden mit ihrem österlichen Herrn und untereinander zusammenschließt. Doch seltsamer Weise hat das vielerorts dazu geführt, von diesem heiligen Geschehen im Grunde viel zu klein zu denken – zu beschränkt auf Kirche und Gemeinde. Dabei gab und gibt es seit Jahrhunderten ein Fest, das die Eucharistie viel größer und weiter versteht, gleichsam bezogen auf die ganze Welt. Das ist heute – Fronleichnam.

— *Mehr als Frömmigkeit* —

Gewiss geht das Fest auf die geistliche Erfahrung von Menschen im 13. Jahrhundert zurück, hat danach zu Zeiten Ausdrucksformen gefunden, die uns heute fremd sind. Aber schon, dass sich damals ein Meistertheologe wie der Hl. Thomas von Aquin nicht lange bitten ließ, die liturgischen Texte und Hymnen für das heutige Fest zu schreiben, die wir jetzt noch singen, das Pange lingua etwa (Preise, Zunge, das Geheimnis), das Adoro te devote (Gottheit tief verborgen) – schon das kann hellhörig machen und will als Anzeichen genommen sein, dass sich da mehr dahinter verbirgt als nur die Frömmigkeitsvorliebe einer vergangenen Epoche.

Wie so oft, findet sich auch dafür in der sakralen Kunst ein kleiner, auf den ersten Blick verrätselter Wink: Im Mittelalter hat man gern die Messkelche mit dem Namen „Maria“ als Inschrift geschmückt. Das kam

nicht aus einem frömmelnden Durcheinander, sondern wollte besagen: Wie Maria nach der Empfängnis den menschwerdenden Jesus in ihrem Leibe trug, so umfängt der Kelch jetzt den gegenwärtigen Herrn – ist gleichsam so etwas wie ein Tempel en miniature, Ort des geheimnisvollen Ankommens und Verweilens Gottes, der sich seiner Welt zuwendet, in sie hineinbegibt und nun in ihr ruht.

— *Vom Ruhen Gottes* —

Man muss dieses Sinnbild sozusagen mit feinem Ohr wahrnehmen, um es recht zu verstehen. Denn das Wichtigste an ihm war soeben das letzte Moment, das ich erwähnte: das Weilen und Ruhen des Herrn im heiligen Zeichen. Denn dieses Moment schlägt den Bogen zurück bis dahin, wo die Verehrung des eucharistischen Sakraments und Fronleichnam ihre tiefste geistliche Wurzel haben. Und dieser Bogen ist weit: Er geht zurück bis auf die ersten Seiten der Bibel, zur Schöpfungsgeschichte, genauer: an das Ende des Siebentagewerks. Denn dort ist zum ersten Mal von einem Ruhen Gottes die Rede: Ich spreche – Sie haben es sofort entdeckt – vom Sabbat. Schon in der Bibel, aber genauso in den jüdischen Traditionen danach bis heute umgibt den Sabbat hochkarätigste Theologie – ein funkelnder Diamant aller Gottesweisheit gleichsam.

Kein Wunder auch das, wenn wir nur bedenken, dass – anders als wir gern oberflächlich unterstellen – nicht der Mensch, sondern der Sabbat die Krone von Gottes Schöpfertat darstellt. Auf den Sabbat, auf das Ausruhen von der Mühe und das heißt, auf Fest und Freiheit ist alles Geschaffene hingeordnet. Von ihm her hat alles seinen Rhythmus und sein Wesensgesetz. Und eben darum galt das Missachten des Sabbat als so schwerwiegendes Vergehen, weil es das Ziel der Schöpfung und damit diese selber dementiert und für schlecht erklärt. Von Anfang an aber war der wöchentliche Sabbat nicht nur Erinnerung an die Güte der Schöpfung und ihrer Herkunft, sondern er ist zugleich Vorzeichen der Zukunft – Inbild dafür, worauf es mit allen und allem am Ende hinaus will. Darum hat der Sabbat immer auch etwas Adventliches an sich. Wenn es Sabbat wird, blicken die zum Gebet versammelten Juden auf die offen gelassene Tür, denn der Sabbat zieht ein, hoheitlich wie eine Königin, Ruhe gewährend von der Mühe der Werktage. Und einmal wird es der endgültige Sabbat sein, der nie mehr endet.

Von daher erschließt sich auch dann von selbst, was die Evangelien – so wie auch das von heute – von Jesus und dem Sabbat erzählen. Mehrfach hatte es Konflikte gegeben, weil Jesus mit der Heilung von Kranken gegen das Sabbatgebot verstieß und seine Jünger nicht hinderte, am Sabbat Ähren zu rupfen, um ihren Hunger zu stillen. Die eigentliche Pointe der jeweiligen Antwort Jesu auf die Vorwürfe der Pharisäer ist dabei gar nicht das „Der Mensch ist nicht für den Sabbat, sondern der Sabbat ist für den Menschen da" – das ist auch wichtig, weil sich darin die um den Menschen besorgte Güte Gottes geltend macht. Aber das Eigentliche steckt in den dann erst folgenden Worten: Hier ist mehr als der Tempel und: Der Menschensohn ist Herr über den Sabbat. Will sagen: Christlich gesehen ist Jesus ein, nein *der* Sabbat in Person, Vergegenwärtigung in Fleisch und Blut von Gottes Güte und Weltzuwendung, von Fest und Freiheit. In ihm kommt Gott zum Ziel seiner Absicht mit der Welt und in ihr. In ihm findet alles seinen Sinn und seine Ruhe.

Im sogenannten Protoevangelium des Jakobus, einer frühchristlichen Schrift des 2. Jahrhunderts, die nicht in den Kanon des Neuen Testaments aufgenommen wurde, wird dieses sabbatliche Verständnis Jesu erzählerisch ausgestaltet: Als Jesus geboren wurde, so heißt es dort, habe die ganze Schöpfung für einen Augenblick den Atem angehalten: das Himmelsgewölbe habe in seiner Bahn innegehalten, die Vögel seien einen Wimpernschlag lang nicht geflogen, die Schafe nicht gezogen, die Arbeiter hätten nicht ihr Werk getan, die Essenden nicht gegessen, die trinkenden Tiere nicht getrunken. Und dann ging plötzlich alles seinen Lauf wieder weiter. So habe – in unseren Worten gesagt – der erste Augenblick von Jesu Eintritt in die Welt – offenbar gemacht, worauf sein Kommen zielt: auf das Ankommen Gottes, in dem alles Geschaffene zur Ruhe kommt und sich vollendet.

— *Überströmende Gottesgegenwart* —

Genau dieser Sabbattheologie schreibt sich Fronleichnam ein. Das Fest setzt gleichsam in Bild und Geste, was das Evangelium meint mit diesem „Hier ist mehr als der Sabbat und mehr als der Tempel": Die Gottesgegenwart in Christus ist zu groß für das irdische Gotteshaus und seine Feste. Sie strömt sozusagen über beides hinaus. In den Hymnen, den geschmückten Straßen, den Prozessionen, dem Segen mit der eucharisti-

schen Gestalt in alle vier Himmelsrichtungen breitet sich die Eucharistie, die christliche Verdichtung des sabbatlichen Festes über unsere Stadt, das Land, die ganze Erde hin. Ein Vorschein des Kommenden, ein wenig von dem Glanz der Vollendung, auf die wir hoffen, legt sich auf alles, birgt es ein und erinnert uns daran, wozu alles Geschaffene berufen ist und welche Würde es darum jetzt schon besitzt.

— *Wohin wir unterwegs sind* —

Im heutigen Fest werden gleichsam die Mauern der Kirche und die Grenzen der Gemeinde diaphan. Gottes Herrlichkeit, die den Glaubenden in der Gestalt Christi aufleuchtet, strahlt hinaus und bringt auch alles Geschaffene zum Leuchten, so dass die ganze Welt anfängt, Ort der Gottesgegenwart zu werden – genau so, wie das auf den letzten Seiten der Bibel, in der Offenbarung des Johannes verheißen ist: dass alles Geschaffene, geleitet vom Auferstandenen, der himmlischen Stadt zuwandert, deren zwölf Tore offen stehen, deren Mauern und Straßen aus lauterem Gold, glänzend wie durchsichtiges Glas sind, und die keinen Tempel und keine Himmelsleuchten mehr braucht, weil Gott selbst ihr Tempel ist und ihre Leuchte das Lamm, also der gekreuzigte Auferstandene. Darum ist Fronleichnam genau besehen nach dem Ende der liturgischen Festkreise das Fest, das uns vor Augen stellt, wohin wir unterwegs sind.

Sonntage im Jahreskreis

Erster Sonntag im Jahreskreis: [siehe Fest der Taufe Jesu]

Zweiter Sonntag im Jahreskreis: Joh 1,29–34

Gottes Wappentier

— Unheimlicher Patient —

In einer seiner Kurzgeschichten erzählt Franz Kafka vom nächtlichen Besuch eines Landarztes am Bett eines Kranken. Schon die ersten Zeilen verstricken die Leser in eine Welt, deren Unheimlichkeit man förmlich zu fühlen meint: Als der Doktor zu seinem Patienten, einem mageren Jungen mit leeren Augen kommt, da denkt er zunächst, dem fehle gar nichts, der tue nur so, als sei er krank. Ärgerlich will er sich schon auf den Rückweg machen, da entdeckt er auf der rechten Seite des Kranken in der Hüftgegend eine handtellergroße Wunde und darin lauter Würmer. Der Arzt weiß, was das bedeutet. In diesem Augenblick kommen die Familie des Jungen und die Dorfältesten, entkleiden den Arzt und legen ihn zu dem Kranken ins Bett an die Seite der Wunde. Dann gehen alle aus der Stube und draußen singt ein Chor den Vers: Entkleidet ihn, dann wird er heilen. Und heilt er nicht, so tötet ihn! 'S ist nur ein Arzt, 's ist nur ein Arzt. – Der Junge sagt zu ihm noch: Weißt du, mein Vertrauen zu dir ist sehr gering. Du bist ja auch nur irgendwo abgeschüttelt, kommst nicht auf eigenen Füßen. Statt zu helfen, engst du mir mein Sterbebett ein. – Wenig später ist er tot. Der Arzt flüchtet und irrt durch eine Schneewüste, ohne mehr nach Hause zu finden.

— Verhängnis und Heilung —

Wie in all seinen Werken ringt Kafka auch in dieser so dunklen Erzählung mit dem, was ihn als Mensch und Künstler in Bann geschlagen hatte: die Überzeugung, dass unser ganzes Dasein von Anfang bis Ende unter einem unentrinnbaren Verhängnis steht, dem Verhängnis der Schuld. Das ganze Leben ist angeschlagen, gezeichnet von einer Wunde, die sich

näherem Zusehen als grauenvoll und ausweglos tödlich erweist. In dieser Ausweglosigkeit legen die Angehörigen den Arzt zu dem Kranken ins Bett, an die Seite der Wunde – gleichsam als Zeichen ihrer instinktiven Ahnung, dass Heilung – wenn überhaupt – geschehen kann nicht durch Mittel von außen, sondern dadurch, dass der Heilkundige eins wird mit dem Kranken, an seiner Verwundung teilnimmt, um sie von innen her mit seiner eigenen Lebenskraft zu heilen.

Solches Mittragen des Verhängnisses durch einen, der heil ist und um das Heil weiß, – das wäre Erlösung von der Wunde, sogar für Kafka. Doch die Worte des Misstrauens, die der Kranke spricht, machen auch diesen leisen Hoffnungsschimmer zunichte. Durch Schuld krank zum Tode wirst du geboren, und Heilung gibt es nicht für dich – das ist die Summe von Kafkas Lebensphilosophie. Und ist sie im allerletzten nicht wahr? Hat denn etwas Menschliches, selbst wärmste Mitmenschlichkeit, je einen Menschen heilmachen können von der niederschmetternden Erfahrung, dass er sich immer neu schuldig findet und schuldig macht an sich, an den anderen – denen, die ihm lieb sind sogar – und an der Welt?

Vorausgesetzt, wir verharmlosen nicht und nehmen ernst, dass es Schuld gibt in unserem Leben, wie gehen wir selber dann um mit ihr? Müssen wir sie – mit Kafka – hinnehmen als das unentrinnbare Verhängnis, das unser Leben für immer eindüstert? Oder dürfen wir doch auf Heilung hoffen?

— *Aus der Schuld freikommen* —

Dieser Frage entkommt keiner, der über sich nachzudenken beginnt. Auch unser christlicher Glaube ringt damit. Dass und warum Menschen schuldig werden, das hat schon das erste Buch der Bibel in der Schöpfungsgeschichte bleibend gültig zur Sprache gebracht. Und auch die Ahnung, dass – wenn es denn Erlösung aus diesem Verhängnis soll geben können – , dass diese Erlösung einzig von Gott kommen muss. Aber ob Gott das tun wird, darauf ergeht für uns Christen die eindeutige Antwort erst im Neuen Testament. Und dies nicht beiläufig neben anderem, sondern in seiner innersten Mitte – und zwar so sehr, dass eben diese Frage nach der Heilung vom Verhängnis der Schuld geradezu Pate stand bei der Geburt des Johannesevangeliums. Noch bevor Johannes auch nur ein einziges Wort verliert über Leben, Gestalt und Geschick Jesu, da sagt er

uns in wenigen Worten – als Vorzeichen des Kommenden –, warum er denn überhaupt von diesem Mann aus Nazaret erzählen will, nämlich weil er in ihm Gott eine Antwort auf eben jene uralte Menschheitsfrage nach dem Freiwerden von aller Schuld gegeben sieht.

Wie in einer Nahaufnahme – alle Begleitumstände weglassend – zeigt uns da der Evangelist den Täufer Johannes und Jesus. Und den Täufer – in den Augen des Evangelisten der Christuszeuge schlechthin –, ihn lässt er dann das gewaltige, aus der rückblickenden Betrachtung des Lebens und Sterbens Jesu geborene Bekenntnis ablegen: Seht, das Lamm Gottes, das die Sünde der Welt hinweg nimmt.

Mit diesen paar Worten wagt der Evangelist, alles Wesentliche über Jesus zusammenzufassen. Da kommt einer – sagt er –, der heilt von dieser Wunde unseres abgründigen Schuldigseins. Aber nicht, indem er brennt und schneidet, also alles Bestehende, die Schuldigen zumal, vernichtet, um Platz zu schaffen für eine neue Welt. Nein: er heilt, indem er die Sünde der Welt hinweg nimmt. Die Sünde der Welt hinweg nehmen. Was tut er da?

Johannes bringt die Dinge gleich immer bis zum Grunde zur Sprache. Deshalb redet er auch nicht von Sünden, sondern von *der* Sünde. Die Angeschlagenheiten des Daseins, wie sie jeder von uns an sich erfahren kann in der oft unbegreiflichen Bereitschaft zur Gemeinheit und Niedertracht, zum Sich-gehen-lassen, zur oft raffiniert versteckten Gewalttätigkeit gegen andere und sich selbst –, diese Angeschlagenheiten betrachtet Johannes nicht einfach als tragische Rückseite menschlicher Existenz, die es halt hinzunehmen gilt. Stattdessen begreift ein Johannes sie als Masken der Sünde. Sünde kommt von „sondern", „absondern". Alles, was an Unmenschlichem und darum Widergöttlichem geschieht – will der Evangelist damit sagen – kommt aus der Absonderung vom Lebensgrund unseres Daseins; es entstammt der Trennung von Gott. Das ist die Sünde der Welt. Diese Sünde der Welt wegnehmen bedeutet also: die Absonderung von Gott aufheben und den Faden zu ihm neu knüpfen. Und eben das war es, was Jesus seit seiner Taufe nicht mehr ruhen ließ. Weil er mit Gott fühlte in seinem Schmerz um jedes Geschöpf, das sich abgewandt hat. Und weil er aus dem Glück seiner eigenen Gottesnähe nachfühlen konnte, was es menschlich heißt, ein Leben fern von Gott zu führen. Solches Mitfühlen mit den sündigen Menschen freilich wäre für sich genommen immer noch folgenlos geblieben. Jesus hat stattdessen –

sagt Johannes – diese Trennung zwischen Gott und Mensch weggenommen. Und wie? Nicht indem er Zachäus und der Sünderin, dem Nathanael und der Samariterin am Brunnen sagte: Bessere dich, streng dich an, dann akzeptiert dich Gott wieder. Sondern: Er nimmt die Trennung weg, indem er zu jedem – auch und gerade dem Sünder – zuerst Ja sagt; indem er ihm Zuneigung schenkt und ihm versichert: So wie ich jetzt zu dir bin, so ist Gott zu dir und zu jedem auch in der Sünde noch. Und eben dieses unbedingte Ja der Liebe zum Sünder auch noch als Sünder, das befreit den Sünder davon, die Trennung von Gott für nötig zu halten aus Angst, in einem Leben zu kurz zu kommen, das ganz ungesichert darauf vertraut, beschenkt zu werden. Jesu Ja zum schuldigen Menschen hat diesen erahnen lassen: Wenn mich Gott auch jetzt noch mag, da ich böse war, wie unbedingt und grenzenlos muss er mich dann überhaupt mögen. Und genau das hat den Sünder frei gemacht, umzukehren und gerade in der innigen Bindung an Gott sein Leben gesichert zu erfahren – und also heil zu werden vom Verhängnis des Böseseinmüssens, der Schuld.

— *Mitsamt der Wunde bejaht sein* —

Zum Sünder so Ja-Sagen: das heißt, ihn spüren lassen, dass er mitsamt seiner Wunde vor Gott noch jemand ist, geliebt wie das eigene Kind. Das heilt. Was die Angehörigen des Kranken in Kafkas Geschichte aus Instinkt für das Übermenschliche in einer verzweifelt menschlichen Geste mit dem Arzt gemacht haben, das tut Jesus von sich aus für uns. So befremdlich es sich anhören mag: In der Sünde – also im Weggehen von Gott – da kommt er uns – in Christus – am nächsten, um uns durch ihn zu sagen: Auch wenn du dich lossagst – ich bleibe da und warte auf dich. Nicht einmal das Böse an dir streicht meine Liebe durch. So hoffe ich in mir für dich. So verletzlich macht sich Gott für uns. Deshalb verleiht Johannes dem, der diese unbegreifliche Wesensart Gottes verkündet und persönlich beglaubigt, den geheimnisvollen Namen: Lamm Gottes. In diesem Sinnbild der Wehrlosigkeit schlechthin fasst er zusammen, wie Jesus war, um uns zu bezeugen, wie Gott ist.

Bei jeder Messe wird uns dies verkündet: Seht das Lamm Gottes, das hinweg nimmt die Sünde der Welt. Und wir schauen dabei auf ein Stück gebrochenes Brot. Darin wird dieses ganze Geheimnis der Liebe Gottes zu uns gegenwärtig. Er selbst ist seine Antwort auf unsere Urfrage nach

dem Verhängnis der Schuld. Diese Antwort gibt er uns jeden Sonntag neu. Freigesprochen von der Schuld, die offene Wunde unseres Daseins geheilt, gehen wir weg von jeder Feier der Eucharistie.

Dritter Sonntag im Jahreskreis: Mt 4,12–13

Der Anfang

— *Endlosschleife* —

Schon zu Zeiten, als es die UdSSR noch gab, galt Radio Eriwan als unerschöpflicher Quell der Belustigung. Daran hat sich auch durch die Umstürze der jüngsten Zeit nichts geändert. In dem jetzt so heißenden armenischen Staatssender gab eine Moderatorin auf die Frage nach dem Unterschied zwischen Kommunismus und Kapitalismus zur Antwort: Im Kapitalismus beutet der Mensch den Menschen aus. Im Kommunismus ist es umgekehrt.

— *Widerspruch gegen das Unausweichliche* —

Im ersten Moment mag diese Antwort zum Lachen sein. In Wirklichkeit ist sie fürchterlich. Denn sie behauptet: Alles bleibt immer gleich, wie immer es drehe und wende, wer will. Und dieses Gleiche besteht darin, dass der Mensch dem Menschen das Leben zur Hölle macht. Unausweichlich, jeder jedem und alle immer. Unser christlicher Glaube fängt mit der Überzeugung an, dass es anders ist.

— *Einfacher Anfang* —

Das hat nichts mit Schwärmerei zu tun. Das Erste, was von Jesus nach seiner Taufe an öffentlich Wahrnehmbarem erzählt wird, ist, dass er sich nach der Verhaftung des Täufers Johannes nach Galiläa zurückzog. Galiläa war so etwas wie das Glasscherbenviertel des damaligen Israel, jedenfalls alles andere als der Ort, von dem man erwartet hätte, dass sich Großes täte an ihm.

Aber genau dort fängt Jesus seine öffentliche Tätigkeit an. Dieser Anfang ist so einfach, wie wohl die Leute einfach waren, an die Jesus

seine Botschaft richtete. Sie besteht aus genau zwei Sätzen, erzählt Matthäus: einer Aufforderung und der Begründung dafür: Kehrt um! Denn das Himmelreich ist nahe. An diesem „denn" hängt es.

Der Himmel – damit meinten die Juden: Gott bestimmt die Dinge wieder. Und mit dem „nahe" meinte Jesus sich selbst. Wie er ist und was er tut, bringt Himmel und Erde, Gott und Mensch ins Lot. Nicht mehr die gegenseitig bereitete Hölle beherrscht alles, das Chaos, das Durcheinander, sondern Gott. In Jesus fängt dieses Neue an, das Gottesreich. Wer das wahrnimmt und ernst nimmt, kann gar nicht anders, als die Begegnung mit diesem Jesus als Ruf zur Umkehr erleben. Was ist Umkehr?

Umkehr hat nichts mit Zusammenreißen und nichts mit Leistung zu tun. Bloßes Frommsein scheidet sowieso aus. Das Evangelium macht Umkehr an den Geschichten klar, mit denen es erzählt, wie die ersten Jünger zu Jesus gekommen sind:

Die ersten sind – so erzählt Matthäus – Simon und Andreas. Sie werden mitten in ihrem Werktag angesprochen – sie warfen gerade ihr Netz in den See, weil sie Fischer waren. Der Ruf zum Christwerden hat von allem Anfang an etwas Unerwartetes an sich. Und das Angesprochensein reicht schon dafür. Die Geschichte mit dem zweiten Brüderpaar bestätigt das – und verrät zugleich vom Geheimnis des Christwerdens noch Tieferes als die Begegnung mit Simon und Andreas: ... sie verließen das Boot und ihren Vater... – Zum Betreten des Gottesreiches gehört, so scheint es, der Abschied von dem, was einer bislang für tragend hielt im Leben: vom Fischerboot auf dem See Gennesaret, das die Jünger ja genährt hatte und das eigentlich als Sinnbild dafür steht, wie der Mensch sich zu halten sucht auf dem See, dem Meer des Lebens und über seinen Abgründen. Und der Abschied vom Vater deutet an, dass zum Betreten des Gottesreiches auch das Heraustreten aus den natürlichen menschlichen Bindungen gehört, in denen sich jeder bewegt.

— *Erste Ahnung* —

Es ist eben dies wohl auch immer die erste Ahnung von der Wirklichkeit des Gottesreiches, dass einer auf einmal merkt: Woher ich komme, wo ich stehe, was ich tue, ist nicht alles im Leben. Bei vielen Menschen bleibt es bei dieser dunklen Ahnung, andere schütten sie wieder zu, drängen sie weg auf alle erdenkliche Weise. Sie begnügen sich mit dem, was

ist, und geraten eben darum unausweichlich in jenes Gegenteil des Gottesreiches, das sie das eigene Dasein und die ganze Welt als Teufelskreis erleben lässt. Teufel heißt griechisch „diabolos", Durcheinanderwerfer. Ein solches Leben – die Hölle. Ihr aktuelles Format, scheint mir, ist die grassierende Depressivität unserer überdrehten Leistungs- und Spaßgesellschaft, die sich für viele nur noch mit Medikamenten oder Rauschmitteln ertragen lässt.

Andere spüren dieser Ahnung nach, entdecken eines Tages, dass diese Ahnung durch Jesus eine Antwort, gleichsam ein Gesicht erhält. Darum vertrauen sie sich ihm an. Sie gehen seinen Weg mit. „Nachfolge" sagt das Evangelium dafür und meint damit: Wer an der Seite Jesu geht und bleibt, findet das Gottesreich. Wann bin ich das letzte Mal in meinem Leben vor der großen Weggabelung gestanden, an der sich die Wege ins Chaos und ins Gottesreich trennen? Wohin habe ich mich dann aufgemacht? Ich könnte umkehren, wenn ich falsch gegangen bin.

— *Ruf von weit her* —

Hört man auf das heutige Evangelium ein bisschen genauer hin, dann fällt einem auf, dass Matthäus die ganze Geschichte in der Vergangenheit erzählt und sie dabei in einen größeren Rahmen gestellt hat. So macht er klar, dass dieser Ruf zur Nachfolge gleichsam von weit her kommt, in eine lange Geschichte hinein gehört. Um das wahrzunehmen, muss man bei diesem Evangelium gerade auch auf das achten, was nebensächlich scheint. Das gilt besonders von den vielen Orts- und Ländernamen, die da fallen. Der ganze Anfang des Matthäusevangeliums wird ja regelrecht von einem einzigen Wandern durchzogen: Nachdem Jesus geboren ist, kommen die Weisen von fern aus dem Osten. Wegen Herodes müssen Maria und Josef mit dem Kind nach Ägypten fliehen. Nach Herodes Tod wandern sie wieder nach Israel zurück, und weil es in Judäa immer noch gefährlich war, ziehen sie nach Nazaret. Später zieht Jesus aus Nazaret an den Jordan zum Täufer Johannes. Und als der verhaftet wurde, so hörten wir vorhin, geht er nach Galiläa zurück, verlässt dort aber Nazaret und zieht nach Kafarnaum. Und alle diese Wanderungen erklärt Matthäus zu Erfüllungen dessen, was die alten Propheten schon längst verheißen haben. Damit will er sagen: Hinter allem Hin und Her steht Gott selbst. Und das „Jetzt" ist kein Zufall, sondern ein gottgegebener Glücksfall, ein

Kairos. Er, Gott selbst, hat Jesus an den Punkt geführt, an dem er nun steht, und von diesem Punkt aus wird er in Angriff nehmen, was ihm aufgetragen ist.

Und was ist ihm aufgetragen? Das sagt Matthäus erneut mit einem Zitat aus dem Propheten Jesaja: Das Volk, das im Dunkel lebte, hat ein helles Licht gesehen. Jesus ist gesandt, es denen, die sich trostlos und ohne Ausweg fühlen, hell zu machen, damit sie sich nicht mehr fürchten und dass sie weiterfinden mit dem Leben. Nicht zufällig nennt Matthäus die Gebiete, in denen die wohnen, zu denen Jesus kommt: das Land Sebulon und das Land Naftali, das riesige Gebiet, wo sich die berühmte Meer-Straße hinzieht im Westen, das Land jenseits des Jordan, also der Osten, und das heidnische Galiläa, also dort, wo die wohnen, die mit den Heiden zu tun haben, und darum selber verachtet waren. Das heißt so viel wie: In Jesus wendet sich Gott allen zu, links und rechts, oben und unten, und denen hinten oder draußen, den Abgeschriebenen auch. Ihnen allen gilt die Botschaft, die Jesus von Gott auszurichten hat. Und den Inhalt dieser Botschaft bringt Matthäus dann auf eben jenen einzigen Satz in Jesu Mund: Kehrt um! Denn das Himmelreich ist nahe. Das ist die vorwegnehmende Zusammenfassung all dessen, was Jesus später im Evangelium verkünden wird, besonders in der gleich nachfolgenden Bergpredigt. Das Gottesreich ist unmittelbar nahe gekommen, das heißt: es fehlt nicht viel. Es fehlt deswegen nicht mehr viel, eigentlich gar nichts mehr, weil Jesus selbst diesen Anfang verkörpert. Genau das meinte der größte griechische Theologe der alten Kirche, Origenes, als er Jesus „Autobasileia“ nannte, „Selbst-Himmelreich“ wörtlich, Gottesreich in Person, übersetzen wir. Schon nimmt dieses Gottesreich seinen Lauf. Jesus zieht umher und verkündet, was er von Gott zu sagen hat, in Wort und Tat. So heilt er, heißt es, alle Krankheiten und Leiden im Volk und bestätigt damit, was die Alten schon von Gott glaubten: dass er ihr Arzt sei, der der die Wunden verbindet, die Schwächen heilt und alles austreibt, was das Leben niederdrückt.

— Ins Jetzt gesprochen —

Autobasileia: Dadurch dass Jesus ist, wie er ist, wird er denen Licht, also Orientierung, zu denen er gesandt ist in ihrer Verfahrenheit. Sie brauchen sich ihm nur noch anzuschließen. Das meint das Umkehren, zu

dem Jesus aufruft. Und auch bemerkenswert: Ein einziger Satz am Ende dieses weiten Bogens der Gottesgeschichte steht, wenn man den griechischen Urtext nimmt, im sprachlichen Tempus der Gegenwart: „Da sagt er zu ihnen: Hierher, hinter mich! Also: Kommt her, folgt mir nach!" Matthäus wollte damit sagen: Der Satz gilt immer. Also auch uns.

Vierter Sonntag im Jahreskreis: Mt 5,1–12

Arche aus Worten

— Geistliches Wortspiel —

Die hebräische Sprache hat ein paar Eigentümlichkeiten, die allen Fremden am Anfang Probleme machen, die Hebräisch zu lernen versuchen. So werden zum Beispiel keine Vokale, kein a, e, i, o, u geschrieben, nur die anderen Buchstaben. Und darum kann es passieren, dass zwei Wörter aus genau denselben Buchstaben bestehen, aber ganz Verschiedenes bedeuten, je nachdem, welche Vokale dazu gelesen oder dazu gesprochen werden. Welche, das kann man oft nur aus dem Zusammenhang entdecken, in dem das Wort vorkommt.

Von Anfang an haben sich daraus aber auch Wortspiele ergeben, weil manchmal beide Wörter in den Zusammenhang passen und auf diese Weise auf das Erzählte ein überraschend neues Licht werfen können. So ist es auch im Fall des Wortes „tewah". Tewah bezeichnet eigentlich die Arche, die Noach auf Gottes Geheiß gebaut hat, um seine Familie und von den Tieren je ein Paar über die große Sintflut zu retten. Aber zugleich kann man tewah als Wort für „Wort" lesen. Und dann lautet die alte Geschichte: Gott habe dem Noach befohlen, eine Sprache zu machen, die ihm als Zuflucht und rettendes Floß im Chaos der Welt dienen solle.

— Im Wort der Bibel bergen —

Für gläubige Juden, die dieses Wortspiel kennen, war immer klar, was mit dem Wort, mit der Sprache, die wie die Arche retten kann, gemeint ist: Das Wort der Bibel natürlich. In ihm kann man sich bergen, wenn einem Angst wird in der Welt, wenn der Boden unter den Füßen wankt und alles versinkt wie in einem Meer, im Meer der Trauer zum Beispiel oder im Meer der Verzweiflung. Zu allen Zeiten gab und gibt es Menschen,

die sich in ihrer Not an ein Wort der Heiligen Schrift klammern, um durchzustehen, was sie quält. Und wie viele Zeugnisse sind überliefert – auch schon in der Bibel selbst, aber genauso später und heute noch –, dass es das wirklich gibt: Gehalten und getragen werden von einem Bibelwort über jeden Abgrund hinweg!

— *Gedicht vom gelungenen Leben* —

Eine der schönsten Archen aus Wörtern hat uns niemand anderer als Jesus gezimmert. Die Bergpredigt, deren Anfang wir vorhin gehört haben. Eigentlich ist der Name „Bergpredigt“ falsch. Es handelt sich vielmehr um Jesu Lehre vom gelingenden Leben. Und jenem Anfang hat Matthäus Gedichtform gegeben, damit man ihn sich besser einprägen kann und auswendig weiß, wenn man eine Arche baut, etwas, worin man Schutz suchen und woran man sich klammern kann.

Darum auch besteht das, was Jesus in den Seligpreisungen sagt, eigentlich aus einem einzigen Zuspruch: Was immer komme und was geschieht: Gott vergisst dich nicht. Er ist und bleibt dir zugewandt, wie er es immer war. Hinter allem Auf und Ab des Lebens – Er. Nichts muss dich ängstigen, nichts dich betrüben. Er ist Dir nah. Und am allermeisten dann, wenn du dir nichts vormachst. Wenn du die Dinge siehst, wie sie in Wahrheit sind.

— *Mächtige Missverständnisse* —

Es ist noch gar nicht so lange her, dass dieses Verständnis der Bergpredigt überhaupt Fuß fassen konnte. „Gott ist eine Anstrengung, aber die Götter sind ein Vergnügen“[17], hat Thomas Mann einmal geschrieben. Ich könnte mir vorstellen, er habe dabei an die Bergpredigt gedacht. Und gibt ihm die nicht recht? Kein Stück des Evangeliums scheint das Christsein enger mit Anstrengung, Disziplin und Opfer, ja mit menschlich gesehen geradezu Widersinnigem zu verbinden als die Bergpredigt: Du musst arm sein, dann gehört dir das Himmelreich. – Du musst traurig sein, dann wirst du einmal getröstet werden. – Du musst sanftmütig sein, dann wirst du einmal Boden unter die Füße bekommen. – Du musst hungern und durstig sein nach der Gerechtigkeit, also jetzt ungerecht behandelt werden, dann wird sich deine Sehnsucht einmal erfüllen. –

Du musst barmherzig sein, musst Verzeihen und Nachsicht üben, dann kannst du selbst einmal mit Barmherzigkeit rechnen, wenn du vor Gott stehen wirst. Und so weiter und so fort. Du musst, du musst, du musst. Wohl wahr: Dieser Gott, dessen Reich Jesus da verkündet, der ist eine Anstrengung. Eine Anstrengung, im Vergleich zu der die Gesetze und Riten und Opfer der früheren Religionen mit ihren vielen Göttern das reinste Vergnügen waren. Hat Thomas Mann also recht?

— *Den Anfang beachten* —

Schlimmer als so zu denken, kann man die Bergpredigt nicht mehr missverstehen. Etwas ganz Einfaches bewahrt uns davor: Wir brauchen nur den Anfang ein wenig genauer zu lesen. Stellen wir uns nur einmal bildhaft vor, was Matthäus schreibt: Viele Menschen folgen Jesus bereits. Sie täten das nicht, wenn sie nicht irgendwie schon zu ahnen begonnen hätten, dass dieser Wanderprediger aus Nazaret etwas ungeheuer Wichtiges zu sagen hat, und wenn das, was von ihm ausging, seine Ausstrahlung, sie nicht in Bann geschlagen hätte. Diese Leute – viele waren es, sagt Matthäus –, sieht Jesus. Er spürt ihre Suche nach Leben, nach Wahrheit, nach Gott, und darum hält er ein auf seiner Wanderung und lehrt sie, wie sie finden, was sie suchen.

Matthäus beschreibt den Anfang der Bergpredigt geradezu feierlich: Jesus stieg auf einen Berg. „Berg“ ist für die ganze Bibel das Sinnbild, der Ort der besonderen Gottesnähe – denken Sie an den Sinai! Dann setzte er sich – wie ein König. Und die Jünger treten herzu, fast wie eine Art Kronrat. Und dann spricht Jesus zu denen, die ihm gefolgt sind. Indem der Evangelist der ganzen Szene eine solche Feierlichkeit gibt, will er sagen: Jetzt geschieht Großes. Jetzt wird ausgesprochen, was es in Wahrheit um Gott und Mensch, um Welt und Leben ist. Worte darum so groß, dass kein Mensch sie ausdenken kann, dass sie also von Gott selbst kommen müssen.

— *Die große Verheißung* —

Und dann sagt Jesus denen, die ihm schon gefolgt sind, die also begonnen haben zu glauben und sich dadurch wieder mit Gott zu versöhnen, – denen sagt er:

Alle, die mit Gott versöhnt sind, begreifen, dass Besitz nicht gleich Leben ist, Sie müssen nichts haben. Sie wissen: Eigentlich bin ich arm. Aber ich darf arm sein. Gott hält mich ja. Ich muss keine Angst haben, nichts wert zu sein. Ich bin. Das ist vor Gott genug. Das zu glauben, macht frei. Glaubende sind frei vom Zwang, sich selbst groß und wertvoll zu machen – darum sind sie selig.

Alle, die mit Gott versöhnt sind, sind gewiss, dass dieser Gott sie niemals abstürzen lassen wird ins Dunkel. Darum müssen sie die Zeichen des Abgrunds, die in einem jeden Leben begegnen – den Schmerz, die Trauer – nicht verleugnen und verdrängen. Sie müssen nicht den harten Mann spielen. Sie dürfen auch weinen, weil auch das zum Leben gehört – deshalb sind sie selig.

Alle, die mit Gott versöhnt sind, kommen ohne Gewalt aus. Sie brauchen nicht Macht über andere, um selber etwas zu gelten und auf eigenen Beinen zu stehen – darum sind sie selig.

Alle, die mit Gott versöhnt sind, können barmherzig sein mit ihresgleichen. Sie müssen nicht mehr aburteilen, um selbst besser dazustehen, müssen sich nicht mehr an den Fehlern anderer weiden, um mit sich zufrieden zu sein – deshalb sind sie selig.

Alle, die mit Gott versöhnt sind, können auch untereinander versöhnt, in Frieden leben, ja können sogar Frieden stiften. Damit tun sie im Maß des Menschlichen, was Gott der ganzen Welt gegenüber tut. So etwas wie Gottes Partner in der Welt werden sie dadurch, seine „Söhne" heißen sie darum – deshalb sind sie selig.

Jetzt verstehen Sie auch: Das heimliche Grundwort der Seligpreisungen heißt nicht: Du musst tun!, sondern: Du darfst sein. Du musst dir nichts vormachen, musst dich nicht mit Ellenbogen durchsetzen. Du darfst „ja" sagen zum Leben auch dort, wo du seine Armseligkeit spürst, wo dich Trauer bedrückt. Du musst nicht angstvoll darüber wachen, nur ja zu deinem Teil zu kommen, du kannst gütig und gerecht sein, ohne dich zu verlieren. Das alles darfst du und kannst du, weil Gott dich trägt.

— Unser Beitrag —

Das einzige, was es von unserer Seite dazu braucht: Dass wir Jesu Worten trauen, bis wir ihm glauben. Es gibt so etwas wie eine praktische Gegenprobe, ob wahr ist, was er sagt: Sie besteht darin, so zu sein und zu leben, wie die Seligpreisungen sagen. Wenn sie wahr sind, werden wir von selbst erfahren, was „selig sein" heißt.

Fünfter Sonntag im Jahreskreis: Mt 5,13–16

Woran alles hängt

— *Fatale Verkehrung* —

Nach einer Theaterpremiere trafen sich in der Wandelhalle des Londoner Schauspielhauses ein anglikanischer Bischof und der Hauptdarsteller des Bühnenwerkes. Der Bischof stand noch ganz unter dem Eindruck des gerade gespielten Stücks und fragte den Schauspieler: Wie kommt es, dass wir Geistlichen, ungeachtet der großen und wahren Gegenstände, die wir öffentlich vortragen, so wenig Eindruck machen, ihr auf der Bühne aber so viel? – Ohne lange zu überlegen, antwortete der Schauspieler: Das kommt daher, dass wir Schauspieler von erdichteten Sachen wie von wahren, die Herren Geistlichen dagegen von wahren Sachen wie von erdichteten sprechen.

— *Glaubwürdigkeit* —

Die Antwort des Schauspielers war hart. Aber sie stimmt bis heute. Große Worte werden in den Kirchen gesprochen – Worte über Gott und Welt und Leben, über Glück und Not, Leid, Schuld und Vergebung, Worte, die als wahr behauptet werden. Aber oft und oft werden diese Worte in den Kirchen und von den Kirchen so gesprochen, als wären sie schon längst abgegriffene Leerformeln. Man proklamiert sie feierlich, ohne selbst noch recht an ihre Wahrheit zu glauben. Daher kommt, dass sie dann erdichtet wirken, bedeutungslos für das gelebte Leben, unglaubwürdig für jeden, der nach Wahrheit über sich und sein Dasein sucht.

— *Beklemmende Beispiele* —

Freiheit habe Christus dem Menschen gebracht, Selbststand und Verantwortung jenseits äußerer Zwänge, wird verkündet – und dann das Leben

der Gläubigen bis in intime Details hinein lehramtlich reglementiert, als ob man dem Gewissen des Einzelnen aus Prinzip nicht trauen dürfe, das Gute zu wollen.

Wo zwei oder drei in meinem Namen versammelt sind, da bin ich mitten unter ihnen, heißt es im Evangelium. – Wo zwei von euch die Köpfe zusammenstecken, ist der Teufel nicht weit, hieß die stehende Redewendung von Ordensschwestern in einem Mädcheninternat meiner Heimatstadt.

Als Bote und Zeuge der durch nichts zu erschöpfenden Barmherzigkeit Gottes wird Jesus auf den Kanzeln gepriesen – und wie geht man in der Kirche um mit Menschen, deren Partnerschaft zerbricht und die dann doch noch das Glück ihres Lebens mit einem anderen Partner finden? Wie mit Priestern, die nach Jahren ihres Dienstes zur Überzeugung gelangen, einst nicht reiflich genug überlegt und dann entschieden zu haben, so dass sie nach Treu und Gewissen ihren Dienst niederlegen müssen? Von Barmherzigkeit keine Spur. An ihrer Stelle beruft man sich formal auf Kirchenrechtsparagraphen.

— *Selbsterweis der Wahrheit* —

Dieser Widerspruch zwischen Reden und Tun, der bringt die Botschaft in Verdacht, erdichtet, leere Hülse zu sein. Das ist im Fall der Kirchen nicht nur eine ärgerliche Unstimmigkeit. Wenn bei ihnen Botschaft und Handeln auseinanderfallen, geschieht etwas ganz Dramatisches, weil nach dem Evangelium selbst das Jünger-, also für uns das Christsein, prinzipiell für sich selbst spricht: Wenn Menschen Jünger Jesu sind, also teilen, wie er zu Gott und zu den Menschen steht, wird das von selbst klar aus dem, was sie sagen und tun. Man muss nichts mehr dazusagen, nichts erklären. Es zeigt sich.

Das meinte Jesus mit den zwei kleinen Gleichnissen des heutigen Evangeliums: Ihr seid das Salz der Erde: Vom Salz gebraucht man nicht viel, um seine Wirkung in der Speise zu spüren: Es würzt, es reinigt, es bewahrt vor Fäulnis. So verhält es sich mit den Christen in der Welt: Sie tönen nicht vollmundig herum, ziehen keine große Show ab – und sind dennoch präsent. Geben durch ihre Art zu denken und handeln dem Leben Geschmack, bewahren vor Zerfall: Zum Beispiel in den aufgepeitschten Diskussionen um Asyl und Fremdenfeindlichkeit. Zum Bei-

spiel auch in den Jahrhundertfragen, die das Ende des Kalten Krieges und die Wiedervereinigung Deutschlands aufgeworfen haben. Kaum eine politische oder gesellschaftliche Instanz wagt, sie ehrlich anzupacken, weil sie alle Angst haben, ihren Besitzstand nicht wahren zu können. Christen kennen doch das Lebenswissen ihres Glaubens, wie wenig an materiellen Dingen Menschen brauchen, um glücklich zu sein. Jetzt müssen sie anfangen, entsprechend zu handeln. Dann sind sie Salz der Erde.

Was aber, wenn das Salz den Geschmack verliert? Jesus wusste also um die Möglichkeit, dass die Seinen versagen – dass Glaube und Leben auseinanderfallen, folglich das Evangelium zur Floskel verkommt. Wenn das geschieht, sagt er, wird das Salz weggeworfen und von den Leuten zertreten. Das ist Gericht. Es muss nicht erst von Gott vollzogen werden. Es besteht darin, dass die Jüngerschaft, die Kirche, wo immer sie ihr Ureigenes schuldig bleiben, von den Menschen zertreten wird, von denen, für die sie eigentlich Salz zu sein hätte, es aber nicht ist. Lautstark beklagen die Kirchen heute, dass ihre Meinungen in der Öffentlichkeit an den Rand gedrängt, dass manche ihrer Leitungsorgane in den Medien lächerlich gemacht werden. Muss uns das heutige Evangelium nicht fragen lassen, ob darin nicht ein gutes Stück weit eben jenes Gericht geschieht, das die Unglaubwürdigkeit der Jünger nach Jesu Wort auf sich zieht?

Ihr seid das Licht der Welt. Anziehungskraft eignet euch, wenn ihr seid, was ihr seid, wie eine Stadt droben auf dem Berg. Weithin sichtbar, Verheißung von Unterkommen, Schutz und Geborgenheit. Von Gemeinschaft, Trost, Hilfe. Auch von Fest und Feier. Beruhigender Lichtpunkt für die, die im Dunkeln unterwegs sind, dass sie die Orientierung nicht verlieren. Dieses Licht ist den Christen und ihren Kirchen mit dem Evangelium anvertraut. Es leuchtet weithin. Man kann es aber auch zum Verlöschen bringen, wie wenn ein Topf darübergestülpt würde, der das Licht verdunkelt und über kurz oder lang die Flamme erstickt. Wieder diese beunruhigende Möglichkeit des Versagens der Jüngerschaft, die einzig darin besteht, nicht aus sich und für sich zu sein, was sie von Jesus her ist.

— *Das Erste: Barmherzigkeit* —

Natürlich heißt das nicht: Christen, Gemeinden, Kirchen seien die Christen, Gemeinden und Kirchen erst, wenn sie hier und jetzt und auf der Stelle den Stand vollkommener Heiligkeit erringen. Bis zum Ende

der Geschichte wird es auf allen Ebenen immer wieder auch Versagen, sogar schlimmes Versagen geben. Die Jüngerschaft Jesu besteht nun einmal – nach seinem Willen – aus fehlbaren Menschen mit Leib und Seele und nicht aus reinen Geistern. Und doch soll – und kann sie – jetzt schon auch Licht vor den Menschen sein. Das geschieht, wenn die Gläubigen gute Werke, wörtlich: Werke der Barmherzigkeit tun. Und wenn die, die diese Werke sehen, darum den Vater im Himmel preisen, wie unser Evangelium im letzten Vers sagt. Das ist kein Zufall: Mit der Barmherzigkeit fängt das Salz- und das Lichtsein der Christen an. Sind sie barmherzig miteinander, wird glaubwürdig klingen, wenn sie sagen: Gott ist barmherzig. Schenken sie ihre Barmherzigkeit auch denen, denen diese Botschaft noch fremd geblieben oder wieder fremd geworden ist, werden diese – wie auch immer – den Gott der Christen als den erkennen, den sie in der Verborgenheit ihrer Seele eigentlich schon immer gesucht haben. An unserer Barmherzigkeit hängt, was der Herr uns zutraut.

Sechster Sonntag im Jahreskreis: Mt 5,17–18.27–37

Über-Maß

— Dunkle Rückseite —

Das Leben des großen russischen Dichters Leo Tolstoi prägte eine Bekehrung, wie man sie sich tiefer gar nicht vorstellen kann. Eines Tages begriff er, dass das Evangelium wahr ist. Das ging ihm bis ins Mark. Er begann, mit brennenden Worten den Frieden zu predigen, er forderte das Ende menschlicher Anmaßungen und die Rückkehr zu einem natürlichen Leben, entwarf sogar den Plan für ein Staatsgebilde, dessen Gesetz die Bergpredigt sein sollte. Gleichzeitig geschah etwas ganz Verrücktes: Nach seiner Bekehrung entfesselte Tolstoi mit Gemeinheiten, Seitenhieben, manchmal sogar Gewalttätigkeiten gegen seine Frau einen Ehekrieg, der seinesgleichen sucht.

— Gnadenloser Perfektionismus —

Leute, die Tolstoi kannten und um diese Dinge wussten, nannten ihn einen Heuchler. Das mag verständlich sein. Trotzdem war dieses Urteil ganz und gar oberflächlich. Hinter diesem Widerspruch, dass jemand ein inbrünstig frommer Mensch und gleichzeitig menschlich ein Tyrann, ein Ekel sein kann, steckt etwas ganz anderes: Nachdem er Gott erkannt hatte, befiel Tolstoi die Angst, wie er denn vor diesem Gott bestehen könne. Diese Angst hat er mit moralischem Perfektionismus zu beruhigen gesucht – und tat in dessen Gefolge genau das, was er eigentlich vermeiden wollte. So konnte der Friedensprediger zugleich Gewalttäter werden.

Genau von dieser unseligen Verkehrung der Dinge handelt das Stück aus der Bergpredigt, über das wir jetzt nachdenken – und davon, wie der Mensch ihr nicht verfällt. Wenn einer aufgrund seiner Gerechtigkeit ins Himmelreich kommen, also vor Gott bestehen will, dann muss seine Ge-

rechtigkeit die der Schriftgelehrten und Pharisäer weit übertreffen, sagt Jesus – die Gerechtigkeit derer, die damals als die Gerechten galten. Aber wie sieht diese Gerechtigkeit konkret aus?

— Die neue Gerechtigkeit —

Das machen die Beispiele klar, die Jesus wählt, besonders das zweite: Da spricht er über das Verhältnis der Geschlechter und die eheliche Gemeinschaft von Mann und Frau. Beides ist so fundamental für uns Menschen, aber auch so sensibel, dass die Kulturen und Religionen aller Zeiten der gelebten Leiblichkeit und Partnerschaft eine wie auch immer begründete Ordnung gaben. Sie taten das aus der Erfahrung, dass Menschen in geradezu animalische Unmenschlichkeit sich verstricken können, wenn sie leibliche Sehnsucht oder eheliche Partnerschaft einzig ihrem eigenen jeweiligen Interesse unterstellen. Auch das Alte Testament hat eine solche Ordnung formuliert, übrigens eine sehr liberale, wie etwa das pharisäische Scheidungsrecht verrät. Jesu Worte von vorhin sind eine Stellungnahme zu dieser überkommenen Ordnung. Allerdings eine besondere Stellungnahme: Ihr habt gehört, dass gesagt worden ist: Du sollst nicht die Ehe brechen. Ich aber sage euch: Wer eine Frau auch nur lüstern ansieht, hat in seinem Herzen schon Ehebruch mit ihr begangen.

Als ich vor einigen Jahren mit den Schülern einer vierten Grundschulklasse die Bergpredigt las und wir zu eben dieser Stelle kamen, meldete sich ein Mädchen und sagte: Herr Kaplan, da hat mein Vati aber schon oft Ehebruch begangen. – Kein einziges der anderen Kinder lachte. Und ich war betroffen, wie genau ein zehnjähriges Kind die Bergpredigt verstehen kann. Unendlich genauer als viele Erwachsene, genauer als die meisten Priester und Bischöfe sogar. Denn dieses Kind hatte – gewiss ohne es zu begreifen – aus seinem unverbogenen Vertrauen in die Wahrheit der Worte Jesu zutiefst gefühlt, was Jesus da tut: nämlich, dass er das alte Gesetz nicht aufs Äußerste zuspitzt, sondern dass er es ad absurdum führt. Wenn ein begehrlicher Blick genügt, um Ehebruch zu begehen, wo bleibt dann einer, der nicht irgendwann in seinem Leben – vielleicht sogar noch versteckt vor sich selber – diese Schuld auf sich geladen hätte? Willst du gerecht sein vor Gott kraft der Härte der Gesetze, die du dir auferlegst, dann kannst du dir gleich ein Auge ausreißen oder ein Glied

abhacken und so im Vorhinein an dir ausrotten, was dir einmal Gelegenheit zur Sünde werden könnte. Will der Mensch gut sein aufgrund der Erfüllung von Gesetzen, dann muss er an sich die verstümmelnde Gnadenlosigkeit eines solchen im Grunde anmaßenden Unterfangens erfahren. Was aber stattdessen?

Die Antwort ist zutiefst einfach. Und doch kann sie nur entdecken, wer nicht übersieht, an wen die Worte der Bergpredigt überhaupt gerichtet sind. Der Herr spricht sie – so steht es am Anfang der Bergpredigt – zu denen, die ihm – fasziniert von seiner Predigt und betroffen von der heilenden Kraft seiner Rede – bereits folgen. Folgen, weil sie aus seiner Zuneigung und Menschlichkeit erahnen, dass der Gott, von dem er spricht und den er Abba, lieber Vater, nennt, es wirklich gut meint mit ihnen. Das heißt, Jesus spricht in der Bergpredigt zu denen, die bereits angefangen haben, Gott wieder zu trauen.

Gott trauen aber bedeutet: nicht mehr Angst haben müssen, ich könnte zu kurz kommen im Leben, wenn ich nicht restlos alles an Schönem und Erstrebenswertem mir aneigne, was mir begegnet. Gott als gütig Gönnenden glauben, das beruhigt die atemlose Jagd, die ein Ich immer rasender um sich selber kreisen lässt und es zwingt, alles und alle seinem Hunger nach Leben zu unterwerfen. Was im Verhältnis der Geschlechter selbst das schärfste Gesetz nicht zu erreichen vermag, das stellt sich – paradox genug – dort, wo ein Mensch zu glauben begonnen hat, gleichsam von selber ein: der muss nicht jedes Gegenüber, das ihn bezaubert und seine Sinne bis in die letzten Fasern hinein wachruft, mit dem Funken der Begehrlichkeit in den Augen auf den möglichen Lustgewinn hin taxieren; der kann sich stattdessen freuen über dieses herrliche Geschöpf Gottes und muss es trotzdem nicht besitzen, weil er selbst schon mit einem anderen Menschen beschenkt ist, der ihn auch so bezaubert hat. Das ist die „Moral" der Bergpredigt: Gut kann der Mensch nur, und nur, sein in dem Maß, in dem sein Herz befriedet ist durch sein Vertrauen in Gott. Entsetzlich oft hat die Kirche in ihrer Geschichte diesen Zusammenhang zerrissen. Herausgekommen ist dabei jedes Mal und bis heute nichts anderes als eine durch nichts gerechtfertigte Überbetonung des sechsten Gebotes – und eine Moral der Angst und der Drohgebärden, die Menschen von Kind an krank zu machen vermag.

Genau das gilt für Jesu Wort über die Eheschließung. Selbstverständlich hat der Herr die Unauflöslichkeit der Ehe gepredigt; diese folgt

ja für den biblischen Glauben aus dem Werk der Schöpfung selbst, weil die beiden Partner nur in der Zeit eines ganzen Lebens in etwa der Einzigartigkeit und des Geheimnisses des anderen innezuwerden vermögen. Unauflöslich aber kann eine Ehe nur in dem Maß sein, wie sie im Glauben geschlossen worden ist. Warum? Weil zwei Ehepartner genau in dem Maß, in dem sie ihr Leben nicht in Gott geborgen glauben, das ganze Glück ihres Daseins einzig voneinander erwarten müssen. Eben dadurch freilich überfordert einer den anderen zwangsläufig und bis hin zur gegenseitigen Zerstörung. Die meisten Ehetragödien, die sich ereignen, haben hier ihre Ursache. Nicht das ganze Glück des Lebens vom Partner erwarten aber und also auch Krisenzeiten bestehen, das Abkühlen der Leidenschaft annehmen, das Unbegreifliche am anderen ertragen, – kurz: mit der Endlichkeit auch der Liebe noch einverstanden sein kann nur, wer glaubend ahnt, dass Gott allein groß genug ist, die Sehnsucht seines Herzens zu erfüllen und dass er sie einmal erfüllen wird, wenn unser Leben vollendet ist in ihm. Wo darum Menschen ohne wirklichen Glauben heiraten – selbst vor dem Altar –, kann keine unauflösliche Ehe zustande kommen. Auch dieser Zusammenhang ist in der katholischen Kirche – übrigens anders als etwa in den Ostkirchen – zerrissen. Mit der Folge, dass Jesu Wort über den geistlichen Grund der unauflöslichen Ehe zu einem äußerlichen Rechtssatz verkommen ist, der Menschen unendliches Leid und Unrecht auflädt. Nicht einmal, dass Matthäus selbst schon in der Bergpredigt eben wegen jenes geistlichen Grundes der Unauflöslichkeit einen möglichen Fall von Auflöslichkeit genannt hat – nämlich den Fall der Unzucht, das heißt des restlosen Zerfalls zwischen der geschlossenen Partnerschaft und ihres leiblichen Ausdrucks, – nicht einmal das hat bis heute die katholische Kirche davon abgebracht, mit einem nicht mehr vorstellbaren Maß an Spitzfindigkeiten das Ehe-Wort des Herrn als äußerlichen Gesetzesbefehl zu behaupten.

— *Fatale Willkür* —

Und das Schlimmste: in den Ehefragen wird kein I-Tüpfelchen der Bergpredigt ausgelassen, um ein unantastbares Gesetz der Unauflöslichkeit herauszubringen. Aber das, was Jesus unmittelbar anschließend über das Schwören sagt, das wird – ohne mit der Wimper zu zucken – beiseite gewischt. – Ihr habt gehört, dass zu den Alten gesagt worden ist: Du

sollst keinen Meineid schwören … Ich aber sage euch: Schwört überhaupt nicht! – Seit etlichen Jahren wird dem Neupriester vor der Priesterweihe, dem Kaplan vor der Übernahme einer Pfarrstelle, dem Theologen bei Antritt seines Lehrauftrags über das Glaubensbekenntnis hinaus ein dreiteiliger Eid abverlangt, der im Wesentlichen einen Verzicht auf ein kritisches Erwägen dessen formuliert, was von oben kommt. Schwüre verlangt eine Verwaltung, wenn sie korrupt ist, sagt ein altes chinesisches Sprichwort. Kann es für einen Priester oder Theologen überhaupt etwas geben, was ihn mehr bindet als das Glaubensbekenntnis? Zu dieser Meinung kommen kann man nur dort, wo das Glaubensbekenntnis zu wenig scheint – wo also Glaube fehlt. Das sagt die Bergpredigt. Solange die Kirche ein Wort der Heiligen Schrift bis zum Exzess strapaziert, um recht zu haben, und das nächste Wort kommentarlos übergeht, weil es nicht in den Kram passt, wird sie bitter dafür zahlen in der Münze ihrer Glaubwürdigkeit.

Siebter Sonntag im Jahreskreis: Mt 5,38–48

Unterbrechung

— *Entmenschlichendes Entsetzen* —

Ein deutscher Soldat, der den Russlandfeldzug überlebte, hat nach dem Krieg von einem Erlebnis erzählt, das ihn zutiefst erschütterte. Der Mann kam mit einem Kameraden zu einem Ort, wo ein Bataillon deutscher Soldaten in einen Hinterhalt geraten und gefangengenommen worden war. Es waren nur noch Leichenhaufen übrig. Als sie näher hinkamen, entdeckten Sie, dass die Soldaten immer zu mehreren zusammengebunden, mit Säure übergossen und dann mit Handgranaten in die Luft gesprengt worden waren. Die beiden wären am liebsten davon gerannt vor diesem entsetzlichen Anblick. In diesem Moment entdeckte der andere, dass auch sein Bruder unter den Opfern war. Der Anblick des zu Tode Gequälten und Zerfetzten entmenschte ihn. Jedes Mal wenn er in den Wochen danach einen feindlichen Soldaten erwischte, zwang er ihn mit der Pistole, sich sein eigenes Grab zu schaufeln und erschoss ihn in dieses Grab hinein.

— *Logik der Rache* —

Der Mann, der so reagierte, war kein Killer und Berserker gewesen. Im Gegenteil. Vor dem Krieg hatte er Theologie und Philosophie studiert. Er hatte nach festen Grundsätzen gelebt, sich an Recht und Ordnung gehalten, an Gott geglaubt. Und trotzdem: Der brutale Mord an seinem Bruder riss in ihm alle Dämme gegen den Hass und die Gewalt nieder. Er übte Rache und Vergeltung, wie Menschen Rache und Vergeltung üben, wenn sie im Innersten getroffen sind: Vergeltung ohne Maß. Sie haben das Gefühl, der Tod des einen, des ihnen nahen, könne nur noch durch die Vernichtung von vielen auf der Feindesseite aufgewogen werden, am besten von allen. Und so haben Menschen nicht nur in grauer

Vorzeit oder in Extremsituationen wie einem Krieg gedacht und gehandelt. Es geschieht heute nicht selten genauso.

— *Israels Fortschritt* —

Vor diesem Hintergrund wird klar, was für ein ungeheuerer Fortschritt es war, als die Stämme Israels anfingen, die gegenseitige Vergeltung unter Menschen zu begrenzen, und dieses Gebot für so grundlegend für das Miteinanderleben empfanden, dass es nur von Gott stammen konnte und darum im Buch der Gebote Gottes festgehalten wurde? Wir liegen völlig daneben, wenn wir heute dieses berühmte biblische „Auge für Auge und Zahn für Zahn" sprichwörtlich in den Mund nehmen, um zu sagen: Tust du mir etwas an, tue ich dir das Gleiche an.

Für Israel war dieses Gebot nicht Aufforderung zur Rache, sondern Einschränkung der Rache. Hatte einer dem anderen ein Auge ausgeschlagen und ihn damit um ein Stück Lebenstüchtigkeit bei der Jagd, der Arbeit oder der Verteidigung seines Stammes gebracht, so durfte die geschädigte Sippe die andere deswegen nicht ganz vernichten, ja nicht einmal den Täter umbringen, sondern nur so viel Schaden zufügen, wie sie selbst erlitten hatte. Das Gebot des „Auge um Auge, Zahn um Zahn" unterbricht die teuflische Spirale, dass Gewalt mit umso größerer Gewalt, Unrecht mit umso mehr Unrecht beantwortet wird.

— *Jesuanische Vertiefung* —

Nur wer das begriffen hat, kann verstehen, was Jesus mit diesem alten Gebot im heutigen Evangelium macht. Er zitiert es und fügt an: Ich aber sage euch: Leistet dem, der euch etwas Böses antut, keinen Widerstand, sondern wenn dich einer auf die rechte Wange schlägt, dann halt ihm auch die andere hin! Merken Sie, was da geschieht? Jesus setzt das alte Gebot nicht außer Kraft und setzt ihm nicht ein neues entgegen. Sondern er denkt das alte weiter, vertieft es und legt seinen eigentlichen Sinn, sein Ziel offen. Vergeltung einschränken heißt ja in sich schon soviel wie: Sie ist eigentlich nicht der richtige Weg. Richtiger ist, gar keine Vergeltung zu üben. Denn wirklich zerbrochen wird der Kreis der Gewalt nur durch Nicht-Gewalt. Die andere Backe hinzuhalten ist nicht Dummheit und nicht Schwäche, sondern die Stärke des Gewaltlosen.

— Utopie? —

Doch sind Menschen wirklich fähig, so zu handeln? Es wird nicht immer möglich sein. Es gibt Situationen, da kann man sein Leben nur noch mit Gegengewalt schützen. Aber das andere gibt es genauso, vielfach bezeugt: Dass einer dadurch, dass er nicht zurückschlägt, den Gewalttäter aus dem Tritt bringt, ihn buchstäblich schockiert, so dass der bestürzt sein Unrecht erkennt und einhält.

Es war am 10. November 1977. Der Terrorist Christoph Wackernagel landete zusammen mit dem RAF-Mitglied Gerd Schneider aus dem Nahen Osten kommend auf dem Amsterdamer Flughafen Schipol. Dort wurden sie von einem Polizeitrupp gestellt. Es kam zu einem Schusswechsel, bei dem beide Terroristen verletzt wurden. Für beide folgte eine Zeit der Isolationshaft, der Hungerstreiks. Die holländischen Behörden lieferten die Häftlinge schließlich an die Bundesrepublik aus. Je 15 Jahre Haft, lautete das Urteil. In dieser Zeit passierte etwas Merkwürdiges: Der Chef der holländischen Polizei, Herman van Hoogen, war selber bei der Schießerei verletzt worden. Doch ausgerechnet er erkundigte sich immer wieder nach dem Befinden der beiden Inhaftierten. Als sich nach siebeneinhalb Jahren eine erste Entlassungsmöglichkeit bot, trat er in einem Brief an die deutschen Behörden für die Freilassung der beiden Terroristen ein. Van Hoogen schrieb den beiden Inhaftierten, besuchte sie sogar mehrmals. Als sie dann im Herbst 1987, nach 10 Jahren freikamen, wartete van Hoogen zusammen mit seiner Frau an der Torwache und begrüßte die beiden mit einer Blume in der wiedererlangten Freiheit. Wackernagel trifft sich noch heute mit seinem ehemaligen Feind, dem Polizisten, und besucht ihn. – Dass es möglich war, vom Schießen zum Reden zu kommen, sagte Wackernagel einem Journalisten einmal, hängt damit zusammen, was van Hoogen für ein Mensch und wie er Polizist ist. Für ihn war es eine moralische Niederlage, dass er seine Waffe gegen uns benutzen musste. Und für uns Terroristen geriet eine Welt aus den Fugen. Irgendetwas stimmte nicht mit dem bewaffneten Kampf, wenn ein Bulle so reagierte. Diese Macht der Unterbrechung ist eine Wirklichkeit. Und ohne sie kann es kein wirkliches Miteinander unter Menschen geben. Darum nimmt sie Jesus auf in die Ordnung des Gottesreiches, das er verkündet.

— Unabdingbare Voraussetzung —

Freilich hat diese Macht der Ohnmacht noch eine Voraussetzung. Sie kann nur dort wirken, wo alle Ansprüche von Menschen gegen Menschen in einem letzten Sinn als relativ erkannt sind. Urteil und Vergeltung reichen nämlich gar nicht bis dorthin, wo sich Schuld und Gerechtigkeit eines Menschen entscheiden. Das geschieht einzig und allein vor Gott. Das meint Jesus mit dem kühnen Satz, dass Gott seine Sonne aufgehen lasse über Bösen und Guten und es regnen lasse über Gerechte und Ungerechte. Auch wenn du böse warst, ist und bleibt Gott für dich da. Und wenn du einmal vor Gott treten willst, wirst du dein Böses so schmerzhaft erkennen, dass es dich zutiefst gereut, und der, dem du Böses getan hast, wird allein schon dafür versöhnt sein, dass er merkt, wie dir wehtut, dass du ihm weggetan hast. Nur wer daran glaubt, dass Gott durch sein bloßes Dasein für den Menschen sogar noch Schuld in etwas Versöhnendes zu wandeln vermag, der kann sich getrauen, auf die eigene Durchsetzung seines Rechts zu verzichten. Ihr eigentliches Ziel erreichte sie ohnehin nicht. Umso mehr haben wir Grund, die Not, die wir manchmal einander bereiten, in Gottes Hand zu legen.

Achter Sonntag im Jahreskreis: Mt 6,24–34

Von der ersten Sorge

— *Erstaunliche Wahl* —

Wann immer ich von einem Paar gebeten werde, ihrer kirchlichen Trauung zu assistieren, bitte ich beim Vorgespräch, die beiden möchten doch gemeinsam in der Bibel blättern und sich die Lesungen für Ihren Hochzeitstag selbst auswählen. Und erstaunlich oft bekomme ich dann zu hören: Wir möchten Mt 6, die Verse mit den Vögeln und den Lilien. Und ich frage, was der Grund dafür sein könnte.

— *Gespür für das Wesentliche* —

Ich denke mir: Wenn Menschen kirchlich heiraten, nennen sie Gottes Namen nicht einfach, um ihr Versprechen festlicher zu machen, und auch nicht, um hervorzuheben, was dieses Ja-Wort wiegt. In Gottes Namen trauen sie sich einander an, weil anders als in Gottes Namen Menschen einander gar nicht trauen und einander gut sein können, gut sein zumal auf eine Weise, die sich unabhängig weiß von Gefühl und Stimmung. Denn keiner von uns kann ja die Hand ins Feuer legen für sich, für seine schönsten Gefühle nicht einmal. Ein Wort der Treue ehrlich sprechen kann darum nur der, der weiß, dass dieses Wort auf einem Grund steht, den er ihm nicht selbst geben muss, geben kann.

— *Gottes Jawort zuerst* —

Dieser Grund ist uns geschenkt. Er ist das Ja-Wort, das Gott zu uns spricht. Er spricht es, bevor wir noch den ersten Atemzug tun. Und er spricht es dadurch, dass es uns gibt – jeder und jede so, wie er ist. Sein Versprechen, für uns der Treue und Verlässliche zu sein, – dieses sein Ja zu uns heißt in Menschenwort übersetzt: Sei Du Du. Ich will, dass Du

bist. – Von einem wollen, dass er sei – und so sei, wie er ist –, das heißt, ihm sagen: Ich liebe dich.

Nur wer sich selbst von Gott, dem Verlässlichen, so bejaht glaubt – Gottvertrauen sagen wir dafür –, nur der oder die kann „Ja“ sagen zu sich selbst und zu anderen neben sich. Von daher versteht sich, dass ein menschliches Ja-Wort, das sich für ein ganzes gemeinsames Leben zu verbürgen wagt, – dass das gar nicht anders ehrlich und ernstgemeint sein kann als dadurch, dass es sich auf das Ja-Wort Gottes stützt. Wenn und weil zwei Menschen Gott trauen, können sie einander trauen. Trauen, dass nichts, was ihre Zukunft bringen mag – Glück und Not und Freude und Sorge – , dass nichts die Macht hat, sie zu trennen, weil sie wissen, dass in allem, und besonders auch in dem, was dunkel und schwer zu sein scheint, der zu ihnen steht, dem sie zutrauen, der Treue zu sein.

— *Gottesspuren in der Menschenwelt* —

Wenn zwei Menschen so aus Gottvertrauen ihr gemeinsames Leben beginnen, dann werden sich ihrem Tun und Lassen Spuren einzeichnen, die etwas erahnen lassen von dem Grund, auf den sie sich eingestellt haben. Jedenfalls weiß das Evangelium darum, dass der Glaube nicht nur nicht folgenlos bleibt, sondern einen Menschen gerade in dem formt, was sein Tiefstes, sein Wesen ausmacht. Und dieses unser Wesen als Menschen ist: die Sorge. Nicht nur, dass wir uns nicht selbst ins Dasein bringen. Auch über sein Ende bestimmen wir nicht. Und in der Spanne dazwischen, die uns gegeben ist, müssen wir uns erhalten. Darum sorgen wir uns um uns. Wir haben nicht nur Sorgen, diese und jene. Wir sind Sorge. Immer. Sobald uns nicht mehr das Überleben Sorge macht, halten uns andere Sorgen in Atem: um Ansehen und Aussehen mühen wir uns, am Wohlstand ist uns gelegen, Ehre und Karriere fordern die Kräfte. Und dass es uns gut geht, darauf achten wir. Weil wir von all dem erwarten, es werde unserm Leben Geschmack geben, Geschmack, der uns mit ihm, mit uns zufrieden sein lässt.

Was braucht der Mensch dazu, dass er so zufrieden wird? Jedes gelebte Leben antwortet auf diese Frage. Aber treffen alle Antworten, die gegeben werden, das, was sie eigentlich meinen? Ich bin seit Jahrzehnten auch Seelsorger; oft und oft habe ich mit Menschen zu tun, die unglücklich sind, viele von ihnen krank. Krank an sich selbst, weil eine unüber-

windliche Kluft liegt zwischen dem, was sie sein möchten oder was man ihnen eingeredet hat, dass sie sein sollen, und dem, was sie in Wahrheit sind. Sie sind nicht daheim bei sich, das ist ihr Elend. Und die Mühen und Sorgen, die sie sich täglich machen, führen sie immer nur weiter fort von dem, was sie eigentlich suchen.

— *Was ins Weite führt* —

Diese Erfahrungen haben mich gewiss gemacht: Einen Weg nur gibt es wohl, der hinausführt aus diesem Teufelskreis. Jesus sagt es so: Sorgt euch nicht um euer Leben [...]. Seht euch die Vögel des Himmels an: Sie säen nicht und ernten nicht;... euer himmlischer Vater ernährt sie... Lernt von den Lilien ...: Sie arbeiten nicht und spinnen nicht. Doch ich sage euch: Selbst Salomo war in all seiner Pracht nicht gekleidet wie eine von ihnen. – So kann nur einer reden, der zuinnerst weiß, was Gottvertrauen ist. Weil nur, wer sich ganz aufgehoben weiß bei dem, von dem er herkommt und auf den er zugeht, – weil nur so jemand überhaupt wahrnimmt, dass auch noch das bloße Dasein der Tiere von einem tiefen Geheimnis kündet und wie herrlich Lilien sind, einfach dadurch, dass es sie gibt. So unbeschwert durchs Leben kommen wie Vögel, die bald hier, bald da etwas finden, die heute wenig und morgen im Überfluss haben, die nicht horten und hasten, weil sie gar nichts wissen von einer Sorge, was denn morgen kommen könnte; und so selbstverständlich da sein und im Überschwang prangen wie eine wild blühende Lilie, die keiner am Feldrand erwarten würde, – das war es doch, was damals Menschen in Bann schlug an diesem Jesus.

Jesus verrät uns auch sein Geheimnis, wodurch er so ist, wie er ist, und wie einer wird, was das Gleichnis von den Vögeln und den Lilien meint: [...] fragt nicht, was ihr essen und was ihr trinken sollt, und ängstigt euch nicht! Denn um all das geht es den Heiden in der Welt, – denen, die von Gott nichts wissen. Euer Vater weiß, dass ihr das braucht. Euch jedoch muss es um sein Reich gehen; dann wird euch das andere dazugegeben. Das ist eine Antwort, die passt zu dem, als was wir uns erfahren: dass wir vergänglich sind und nicht über uns selbst verfügen. Diese Antwort heißt: Gottvertrauen – dass es niemanden gibt und nichts, was uns trennen könnte von dem, der „Ja" gesagt hat zu uns. Denn Furcht ist nicht in der Liebe, sagt der Erste Johannesbrief dafür – ein Wort so in die Mitte

unserer Seele gesprochen, dass Menschen – gestützt auf diesen Zuspruch – es wagen dürfen miteinander in allem. Wer Gott so traut, dem geht es um das Gottesreich. Und er findet von selbst, was er braucht. Denn dies Vertrauen macht hellsichtig für alles, was an Schätzen und Geschenken auch noch im scheinbar so banalen Alltag verborgen liegt.

— *Doppeltes Gleichnis* —

Wenn zwei Menschen also dieses kleine Evangelium über den Beginn ihres gemeinsamen Lebens stellen, möchten sie sagen, dass das Gottesreich für sie Mitte und Grund sein wird, und dass sie vertrauen, alles andere, was auch wichtig ist, werde von selbst dazukommen. Die beiden werden sich im Werktag der Ehe dann immer wieder an dieses Bekenntnis erinnern müssen. Man vergisst das Fundament so leicht zwischen den vielen sogenannten guten Ratschlägen und dem Schwall geschwätzigen Geredes, dem wir ausgesetzt sind. Aber wenn die beiden dem Versprechen treu bleiben, das sie nicht nur einander, sondern miteinander auch dem geben, in dessen Namen sie ihr Ja-Wort sprechen, dann werden sie überrascht sein, was er alles bereithält, um es ihnen gratis – aus Gnade – hinzuzugeben zum Gottesreich. Ein Leben lang werden ihnen Geist und Sinne geschenkt sein, die nicht unfähig werden, sich bezaubern zu lassen. Empfindsam werden sie bleiben für alles, was menschlich ist und menschlich macht. Für das Lachen und das Weinen, für das Schweigen und für die Leidenschaft, die nicht duldet, bezähmt zu werden. Und in all dem werden sie die Güte dessen erahnen, der hinter dem steht – und auch hinter ihnen selbst als der, der sagt: Ich will, dass es euch gibt. Und so werden sie Tag um Tag einander als den Schatz erfahren, bei dem ihr Herz ist. Und wenn Sie manchmal unterwegs sind auf ihren Wegen und Feldblumen oder Vögel sehen, dann dürfen sie daran denken: Sie sind ein Gleichnis. Für sie selbst – und darum für den, in dessen Namen sie einander angetraut sind.

Neunter Sonntag im Jahreskreis: Mt 7,21–27

Mystischer Überschuss

— *Falsche Antwort* —

Vor einigen Jahrzehnten taten sich für eine kurze Zeit vier Weltklasse-Musiker zu einem legendären Quartett zusammen: Arthur Rubinstein spielte das Piano, Gregor Piatigorsky das Cello, Jascha Heifetz strich die Violine, und der Bratscher war William Primerose. Eines Abends traten sie in der Carnegie Hall auf. Mitten im Spiel verlor Rubinstein – wie das bei ihm öfter vorkam – den Faden. Da flüsterte er Piatigorsky zu: Wo sind wir? Und der antwortete: In der Carnegie Hall! – Der berühmte Computerphilosoph Joseph Weizenbaum hat die Episode glaubhaft überliefert.

— *Glaubens-ABC?* —

Wo sind wir? – In der Carnegie Hall! Die Antwort war völlig richtig. Aber sie half dem Frager Rubinstein wahrlich nicht weiter. Eher hat es wohl seine Panik gesteigert. Etwas Vergleichbares kann passieren, wenn Menschen – gläubig oder nicht – der Bergpredigt etwas näher begegnen. Sechs Sonntage lang hat sie uns jetzt begleitet. Gerade haben wir im Evangelium die Schlussverse gelesen. Und die – so scheint es – bekunden doch so unzweideutig, wie es nur eben geht, was es mit dieser ersten großen Rede Jesu auf sich hat: Dass es sich um die Magna Charta christlicher Praxis handelt, um den heißen Kern der christlichen Ethik. Und nur, wer Jesu Worten gemäß handelt, so hörten wir, wird mit seinem Lebenshaus auf einem Boden Stand fassen, der wirklich trägt. Und wer es nicht wagt, dieses Hinhören auf den Bergprediger, der sei so unvernünftig wie einer, der sein Haus auf das rutschige Geschiebe einer Sanddüne baute, die sofort nachgibt, wenn sie unter Druck kommt – und alles stürzt ein. Also: Die Bergpredigt. Das ABC eines aus Glauben

kommenden Handelns und das Vademecum gar einer am Evangelium orientierten Politik!

— *Komplikationen* —

Aber ist das wirklich schon die Antwort, die jemand sucht, wenn ihm die Bergpredigt begegnet? Denn was heißt das eigentlich: Handeln nach diesen Jesus-Worten. Wir wissen: Jesus hat sie gewiss nicht eins zu eins so und in der Reihenfolge gesprochen, wie sie da stehen. Vielmehr hat Matthäus aus vielfältigen Predigten Jesu Elemente aufgenommen und sie kunstvoll zu einem ungeheuer komplexen Gedicht geformt, einem Poem zumal, das zugleich in Form und Inhalt auf den Dekalog anspielt, also die Gabe der göttlichen Gebote auf dem Sinai, die in die Mitte von Israels Selbstverständnis gehört: Dort wird uns der Mose gezeigt, der vom wolkenverhangenen Berggipfel der Gottesgegenwart die Gesetzestafeln bringt und sie dem Volk verkündet, auf dass es sich auf seinem Weg in die Freiheit des gelobten Landes an sie halte, damit es sich nicht verirre und verloren gehe. Und hier bei Matthäus der neue Mose Jesus, der vom Berg herab, also von Gottes Wohnstatt her, das neue Zehnwort proklamiert.

Hat man diese Ähnlichkeit gesehen, springt einem aber – bei aller Kontinuität – der Unterschied zwischen dem alten und dem neuen Dekalog wie von selbst in die Augen: Israel war immer und ist bis heute überzeugt: Die zehn Gebote sind nicht schwer, man kann sie leicht halten. Aber wie ist das bei der Bergpredigt? Erinnern wir uns einfach nochmals an ein paar Passagen aus den letzten Sonntagsevangelien, zuerst die Seligpreisungen: Soll ich wirklich arm sein wollen, um selig zu werden? Traurig sein wollen, hungrig sein wollen, verfolgt werden wollen und so weiter, um selig zu sein? Kann ich das überhaupt wollen wollen, ohne unter den Verdacht krankhafter Selbstquälerei zu geraten – also genau das, was Nietzsche den Christen, diesen Schwächlingen, die ihre Schwäche ressentimentgeladen in Stärke umlügen, immer wieder vorgeworfen hat?

Und dabei sind in dieser Hinsicht die Seligpreisungen noch harmlos im Vergleich zu dem, was in der Bergpredigt dann noch alles folgt. Sie wissen schon – all diese Radikalismen wie etwa der, dass unsere Gerechtigkeit weit größer sein müsse als die der Pharisäer, um vor Gott zu bestehen –, wo doch gerade die Pharisäer eine außerordent-

lich strenge, auf Erneuerung und Vertiefung des Glaubens bedachte Reformgruppe im Israel der Jesus-Zeit waren! Also noch viel strenger, noch genauer im Befolgen der Gebote, im Fasten und Beten? Oder – wohl noch schärfer: Jesu Zuspitzung des Tötungsverbots, gemäß der, der einem anderen das Leben nimmt, als dem Gottesgericht verfallen galt. Und jetzt sagt eben dies Jesus bereits über jede und jeden, die einem anderen zürnen oder ihn auch nur einen gottlosen Narr nennen! Aber nicht nur einem und nicht nur fünf anderen habe ich in meinem bisherigen Leben gezürnt, weil sie mich bis aufs Blut gereizt haben durch ihre Provokationen oder Schlamperei, und nicht nur einen oder fünf habe ich bisher zumindest im Herzen einen gotterbärmlichen Idioten gescholten, weil er mir wieder etwas verdorben hat, was ich doch so gut gemeint hatte und was hätte so schön und, ja – das auch –, für mich so vorteilhaft hätte sein können. Wer von uns – und diesmal spreche ich bewusst so inklusiv und ohne Ausnahme – wer von uns müsste sich gemessen an dieser Norm für seine Todesstunde nicht der tiefsten Dante'schen Hölle gewiss sein? Aber selbst das ist noch steigerbar – und natürlich, wo sonst, dort wo es um Leib und Geschlecht geht: Gegen das Verbot des Ehebruchs, sagt Jesus, verstößt nicht nur, wer solches in die reale Tat umsetzt, sondern schon, wer eine Frau auch nur lüstern ansieht. Radikale, fundamentalistische Kreise in den christlichen Kirchen sehen von diesem Diktum her die überwältigende Mehrheit ihrer Zeitgenossen von heute – sexualisiert durch die Höllenmaschinerie der Mode, der Presse und der Neuen Medien – um die ewige Seligkeit gebracht. Auch katholische Würdenträger bis in den Kardinalsrang lassen sich gelegentlich so vernehmen. Und haben sie nicht recht, solange man Jesu Wort und damit das Evangelium ernst nimmt, weil man doch nicht je nach Gusto und Bedarf das eine Diktum wörtlich, das andere als allegorisch und im übertragenen Sinne verstehen kann?

— *Schlüsselstelle* —

Nach der Logik von Pitiagorskys Carnegie-Hall-Antwort an Rubinstein vorhin hätten sie in der Tat recht. Der hatte dem Frager exakt richtig das äußerlich Evidente beschrieben. Aber Rubinstein wollte etwas ganz anderes wissen: Er wollte wissen, wo er sich momentan im Musikstück, in dem, was durch seine Seele strömte, befindet, um im richtigen Au-

genblick wieder den richtigen Ton zu treffen. Pitiagorsky hätte ihm beispielsweise nur zu sagen brauchen: Bei Takt 157 sind wir.

Und ganz ähnlich gibt es auch in der Bergpredigt eine Passage, wo das Innerste so deutlich durch die äußeren Worte scheint, dass von ihr her ein ganz neues Licht auf das Ganze fällt. Die Stelle haben wir vorletzten Sonntag gelesen. Sie wird vorbereitet durch die ungeheuer provokativen Forderungen, die Jesus-Gläubigen sollten denen, die sie auf die rechte Wange schlagen, auch die andere hinhalten, und sie sollten ihre Feinde lieben und für ihre Verfolger beten, dann würden sie Kinder des Vaters im Himmel sein. Und jetzt kommt es: Denn er lässt seine Sonne aufgehen über Bösen und Guten, und er lässt regnen über Gerechte und Ungerechte.Was passiert da? Ganz einfach: Da sprengt Jesus die Kategorien des Moralischen auf. Ein Gott, der Solches tut, der seine Sonne scheinen lässt über Guten und Bösen und regnen lässt über Gerechte und Ungerechte, der ist nicht mehr moralisch. Der ist, wenn er denn ein Gott und kein Teufel sein soll, mehr als moralisch.

Nicht nur, wenn du gut bist, ist Gott da, bei dir und über dir und trägt dich. Nein: Auch wenn du böse warst, ist er immer noch da, bleibt er immer noch treu und verlässlich wie die Sonne, die jeden Morgen aufgeht, ob du böse oder gut warst tags zuvor. So ist Gott – der Gott für die Menschen. Es ist schwer, das richtig auszudrücken: Vielleicht kann man es – unbeholfen – das Mystische nennen: Die geradezu verstummen machende Einsicht, besser das Gespür, dass Gott, wenn er Gott ist, auch noch das Böse und Dunkle, dessen ich fähig bin, gleichsam in sich verwindet und mich dadurch, wenn ich vor dieser Einsicht stehe, derart bestürzt, dass mir all mein Verfehltes so auf der Seele brennt, dass ich nur noch voll Wehmut seine Nähe suchen kann und darin frei werde. Das, denke ich, steht auch hinter dem, was die Tradition so missverständlich und auch missbrauchbar Purgatorium, Fegefeuer, genannt hat.

Genau von diesem mystischen Überschuss her wird klar, was sozusagen im Innenraum der Bergpredigt wirklich passiert: Jesus führt uns mit der Radikalisierung der alten Gebote in ihre menschliche Unerfüllbarkeit hinein zu der Einsicht, dass wir uns, wollten wir mit unserem Moralisch-Sein aus eigenem Tun vor Gott Stand und Bestand gewinnen, in eine gnadenlose Überforderungsethik verstricken, mit der wir uns gegenseitig die Hölle bereiten und die anderen – ganz wie Sartre das einmal gesagt hat – schlichtweg für uns die Hölle sind.

Zu entkommen vermag dem nur, wer sich – unbeschadet eines treuen Mühens um das alltägliche rechte Tun – unverlierbar in Gott geborgen weiß mitsamt seinen Grenzen, seinen Fehlern, seiner Versuchlichkeit. Und wer aus der Gewissheit, in Gott unverlierbar zu sein, die Armut, die Trauer, die Zurücksetzungen, die das Leben mit sich bringt, anzunehmen vermag. Wer die Konflikte, das Versagen und Scheitern im Zusammensein mit anderen, gerade auch denen, die ihm nah und lieb sind, im Raum dieses Gottvertrauens auf sich nimmt und auszutragen versucht: Die Bergpredigt also keine Elitenmoral, an der die breite Masse nur zerbrechen kann, sondern das Gedicht vom Gottes-Kinder-Werden, aus dem allein jenes Maß an Gutem erwachsen kann, dass es das Böse, das es immer auch gibt, aufwiegt und am Ende einmal überwindet.

— *Erstpersönliche Wendung* —

Wenige Kapitel nach der Bergpredigt – in Matthäus 11 – macht derjenige, der so von Gott zu sprechen wagt, sich selbst zum lebendigen Gleichnis dieses Gottesreiches aus Fleisch und Blut in erster Person, zur Autobasileia, wie der große Origenes sagte, wenn er ausruft: Kommt alle zu mir, die ihr euch plagt und schwere Lasten zu tragen habt. Ich werde euch Ruhe verschaffen … denn ich bin gütig und demütig von Herzen … Denn mein Joch drückt nicht und meine Last ist leicht. Kommt zu mir, traut euch mir an – mathete, jüngert mich, heißt es wörtlich bei Matthäus, – geht mit mir, dann findet ihr den Herzensfrieden, die Geborgenheit, die ihr verloren habt, weil ihr auf falschen Wegen suchtet. Da begegnet das so schwer auszusprechende Mystische der Bergpredigt gleichsam mit menschlichem Gesicht. Deswegen ist es so wichtig, schon die Seligpreisungen am Anfang dieses großen Gedichts als so etwas wie Selbstportrait Jesu zu lesen und diese Ouvertüre gleichsam in die Lektüre alles Weiteren mitzunehmen, denn dann wird spürbar, dass uns aus diesen Worten keine moralische Keule droht, sondern eine Einladung zur Freiheit geschenkt wird.

Zehnter Sonntag im Jahreskreis: Mt 9,9–13

Unmoderne Diagnose

— *Gewöhnungseffekt* —

Es mag der binnenchristliche Gewöhnungseffekt sein, dass das Evangelium von soeben einen kaum mehr elektrisiert, wenn es vorgelesen wird. Alles ist ja so klar: Es geht um eine Berufungsgeschichte. Diesmal nicht um die von Fischern, die zu Jüngern werden, diesmal ist es ein Zöllner, Mitglied einer wenig geachteten Berufsgruppe und von geringem öffentlichen Ansehen mithin, weil, wer da an der Zollschranke Dienst tut und sein Auskommen sucht, mehr oder weniger direkt als Kollaborateur der römischen Besatzungsmacht galt und überdies bei solchen Leuten die Versuchung nahe lag, zur Maximierung des eigenen Gewinns die Passierenden auszupressen.

— *Drinnen – draußen* —

Mit ihm und seinesgleichen – vielleicht im Haus dieses Matthäus – lässt sich Jesus zusammen mit seinen Jüngern zum Gastmahl nieder. Solche Gastmähler hatten damals für alle Beteiligten wie von selbst ein religiöses Gepräge: Miteinander essen ließ zwanglos auf viele Dinge kommen, die mit Gott und seiner Verheißung zu tun hatten in jener Zeit des Hoffens, dass Vieles besser und einmal alles gut sein werde. Und was sollen da Leute wie ein Zöllner und andere Außenseiter viel mitreden! Es wirft kein gutes Licht auf einen, wenn man sich trotzdem zu sehr auf sie einlässt. Eben daher rührt auch der Anstoß, den die Pharisäer aus ihrem Suchen nach rechter Frömmigkeit an Jesu Gebaren nehmen. Dass sich im Evangelium die Kritik der Pharisäer nicht an Jesus direkt, sondern an die Jünger wendet, deutet wohl an, dass diese Frage – wer gehört dazu, wer ist drinnen und wer draußen – auch in der jungen Gemeinde kontrovers war.

— Mehrwert der Barmherzigkeit —

Jesu Reaktion schildert der Evangelist lapidar – und kategorisch: Er verbindet den damals geläufigen Spruch, dass nicht Gesunde, sondern Kranke einen Arzt brauchen, mit einem an das Buch Hosea gemahnenden Wort vom Mehrwert der Barmherzigkeit über das rituelle Opfer in den Augen Gottes und bündelt beides zusammen in einem jener für ihn typischen „Ich-bin-gekommen“-Sätze, in denen er die Grundbestimmung seiner Sendung zur Sprache bringt: Ich bin gekommen, um die Sünder zu rufen, nicht die Gerechten.

Die Botschaft der paar Zeilen, damals schon und heute an uns, scheint einfacher und unzweideutiger nicht sein zu können: Auch das Denken des aufrecht religiösen Menschen – denn das waren die Pharisäer – ist nicht einfach von selbst auf der sicheren Seite, lautet sie. Auch bedarf es zur rechten Zeit der Korrektur, um nicht quer zu stehen zu dem, was eigentlich in seiner Absicht steht. Wer Gottes Willen zu entsprechen sucht, muss sich bisweilen zu einer Einsicht befreien lassen, die größer ist als die eigene Überzeugung – am besten nennen wir sie dialektisch in der Sprache von heute: dass Gottesliebe ohne Nächstenliebe nicht zu haben ist – darum geht die Barmherzigkeit dem Opfer vor. Und dass sich Jesus zuerst zu den Sündern gesandt weiß, nicht zu den Gerechten – nicht, weil ihm die Ersteren mehr und die Letzteren weniger wert wären, sondern weil die Angeschlagenen und Verstrickten zuallererst Gottes Sorge auf sich lenken. Darum zieht ihnen das sie von Gott Trennende die Nähe dieses Gottes zu, bis dahin, dass ihnen Gott im Maß ihres Weggehens nahekommt; das ist das Dialektische hier. Und dafür steht Jesus ein.

Eine solche Botschaft ist nicht ohne, auch für bibelgewohnte Ohren nicht. Und doch sind wir bis jetzt auf das eigentlich Beirrende an ihr noch gar nicht zu sprechen gekommen. Was Jesus da sagt und tut, hat ja die Form einer Diagnose und versteht sich als Beginn einer Therapie: Denn seine Reaktion auf die Pharisäerkritik unterstellt, dass es eine Krankheit gibt, die Sünde heißt. Und sein Verhalten versteht er als Inbild heilender Hilfe, die von Gott selber ausgeht.

Es ist genau diese Voraussetzung des Evangeliums, die längst zur Disposition steht. In seinem Opus magnum, dem Roman „Der Mann ohne Eigenschaften“, schrieb Robert Musil schon im ersten Viertel des letzten Jahrhunderts:

„So viele Worte in einer großen Stadt in jedem Augenblick gesprochen werden, um die persönlichen Wünsche ihrer Bewohner auszudrücken, eines ist niemals darunter: das Wort ‚erlösen'.“[18]

Die Thesen eines Nietzsche und Freud, dass die christliche Rede von Sünde und Erlösung selbst erst das Elend schaffe, das sie zu beheben behaupte, und darum am besten zu entsorgen sei, hatte diesem Verdunsten eines biblischen Grundgedankens den Boden bereitet. Nicht sehr lange nach Musil konnte der überzeugte Katholik Heinrich Böll mitten aus dem Krieg seiner Verlobten und späteren Frau schreiben:

„[...] ich ahne unsere unendliche Einsamkeit, wenn ich manchmal bei Beerdigungen die vollkommene Verständnislosigkeit und Abgewandtheit der Kirche gegenüber in ihrem vollen Umfang spüre. Ich glaube, wir gehen Zeiten entgegen, in denen auf eine apokalyptische, absolut offenbare Weise wir für die übrige Welt die Narren sein werden und auch die Feinde [...].“[19]

Ob Böll, als er das 1941 schrieb, ahnte, wie recht er behalten sollte? Auf hohem intellektuellem Niveau wird heute aus der Religionswissenschaft der Vorschlag gemacht, die Unterscheidung zwischen wahr und unwahr, zwischen Gott und Götze, durch die in den monotheistischen Religionen der Gedanke der Sünde in die Welt gekommen sei, um eben dieser Folge willen in Frage zu stellen. Andere ziehen die Sache ins Lächerliche, so der Medien-Philosoph und Entertainer Peter Sloterdijk: Wenn Ende des 21. Jahrhunderts einmal in einer großen Ausstellung Resümee über unsere Epoche von heute gezogen werde, da würden sich die Besucher über unser Ringen um den Unterschied zwischen wahr und falsch, gut und nützlich, Sein und Schein als halbarchaische Konfliktfolklore amüsieren. Sloterdijk wörtlich:

„An Schaubildern dessen, was wir heute denken, werden Schulklassen vorüberziehen und kichern: ‚Das waren die, die an den Gegensatz von Tatsachen und Möglichkeiten geglaubt haben und an die Kluft zwischen dem Positiven und dem Phantastischen.'“[20]

— *Gegenspuren* —

Wer nicht mehr von Sünde und Erlösung spricht – das steht dahinter –, entzaubert eine Illusion, legt eine Quelle von Konflikten trocken und macht so die Welt humaner, menschengemäßer also. Ist das so? Manchmal stößt man unversehens auf feine Spuren, die gegen das übermächtig Plausible in eine andere Richtung deuten. Eine solche Spur fand ich in einem Gedicht von Michael Krüger, das mit „Rede des ev. Pfarrers" betitelt ist:

> *Rede des ev. Pfarrers (lacht):*
> *Ach, wissen Sie,*
> *auch ohne ihn,*
> *haben wir viel zu tun.*
> *Manche in der Gemeinde*
> *Haben ihn schon vergessen.*
> *Anderen fehlt er. Sehr.*
> *War es besser mit ihm?*
> *Der Trost drang tiefer,*
> *und die Scham darüber,*
> *geboren zu sein,*
> *ließ sich leichter*
> *verbergen.*[21]

Was es denn mit seinem Dienst auf sich habe, wenn doch Gott ohnehin verschwunden sei, scheint die Frage zu sein, auf die der Pfarrer da antwortet. Und die Antwort fällt sarkastisch aus, mindestens: dass auch ohne ihn, Gott, noch viel zu tun sei. Der Betrieb geht weiter. Gottvergessen hat sich ausgebreitet. Aber ein paar andere sind immer noch da. Denen er fehlt. Sehr sogar. Und warum?

> *Der Trost drang tiefer,*
> *und die Scham darüber,*
> *geboren zu sein,*
> *ließ sich leichter*
> *verbergen.*

Da ist sie, jene Spur. Die Ahnung, dass dem faktisch gelebten Leben etwas eingeschrieben, nein eingeritzt ist, das man am liebsten ungesehen

und unsichtbar wüsste – dieses immer wieder zu groß von uns Denken, von uns Staubkörnern. Und das zugleich viel zu kleine Handeln gemessen an der Größe, die gleichwohl die unsere ist. Die Not, Balance zu halten zwischen Tier und Engel, zu fallen und wieder von vorne anzufangen und noch einmal und noch einmal. Diese Wesenswunde nicht immer anstarren müssen, weil sie geborgen ist in dem, was mit einem altmodischen Wort Erbarmen heißt – und sich an dieses Wort noch halten können in Situationen, in denen Menschen eines letzten Wortes nicht fähig sind, und sie darum im Keller ihrer Seele noch der Trost erreicht: Das ist der Hauch von Versöhnung über dem Evangelium überall dort, wo es vom Verhältnis zwischen Gott und Sünder spricht – so wie wenn der Sünder gar nicht mehr nur Sünder sein kann, wo auch nur Gottes Blick auf ihn fällt.

Der Dichter redet davon in Vergangenheitsform, lässt aus der Erinnerung an das, was man früher „Leben mit Gott" nannte, allenfalls verhaltene Sehnsucht zu. Vielleicht besteht das Wagnis des Glaubens für uns jetzt mehr als in anderem darin, das an sich so einfache Evangelium von heute als Tiefendiagnose zu hören und dem ganz zu Ohr sein, ihm ein Heilsames zuzutrauen, das in unsere Gegenwart reicht.

Elfter Sonntag im Jahreskreis: Mt 9,36–10,8

Apostolischer Dienst

— Zeitzeichen —

Wenn man derzeit irgendwo in Deutschland eine Domkirche betritt, kann es sein, dass man unversehens in einen festlichen Gottdienst gerät. Es ist die Zeit der Priesterweihen. Und es gehört nicht viel dazu zu prophezeien, dass man bei dieser Gelegenheit höchstwahrscheinlich das heutige Evangelium hören würde. Klar, warum: Wegen Mt 9,37: Die Ernte ist groß, aber es gibt nur wenig Arbeiter. Ein Wort, der Situation unserer Tage wie auf dem Leib geschrieben. Scheinbar, behaupte ich.

— Situationsdiagnose —

Scheinbar deswegen, weil der vielbeklagte und von ein paar hierarchischen Geisterfahrern zynisch geleugnete Priestermangel heute nicht daher rührt, dass – wie in der jungen Kirche – die Zahl der Verkünder mit der der Taufbewerber nicht schritthalten konnte; diese Erfahrung steht wohl im Hintergrund des Wortes von der großen Ernte und den wenigen Arbeitern. Der sogenannte Priestermangel hat nämlich seine tiefste Ursache darin, dass in der Kirche und in der Theologie flächendeckend die Konturen des priesterlichen Berufsbilds abhanden gekommen sind. Und wer lässt sich gern auf so Verschwommenes ein?! Die mühsam unter der Decke gehaltenen Diskussionen um Zölibat und Frauenordination sind lediglich zweitrangige Oberflächensymptome, die nur deshalb ein so ausgezacktes Profil gewinnen, weil sich an ihnen die Suche nach dem spezifisch Priesterlichen als letztem Strohhalm festmacht. Und beides taugt nicht dafür. Denn beides verfügt weder über eine theologische Begründung noch über einen geistlichen Zeichencharakter.

Die These, die die derzeitigen Zugangsbedingungen zur Ordination darauf zurückleitet, dass Jesus beim Abendmahl nur Männer um sich

gesammelt habe, ist nicht nur bodenlos albern, sondern auch theologisch grundfalsch: Sie verstellt nämlich den Blick dafür, dass der Zwölferkreis nicht die Sammlung eines neuen Volkes Gottes, sondern die Neusammlung des Volkes Gottes symbolisiert, aus deren Scheitern die Kirche hervorging. Und bei deren Entstehen spielten Frauen offenkundig die grundlegende Rolle – von der apostola apostolorum (so nennt Thomas von Aquin die Maria von Magdala) über die anderen Osterzeuginnen, bis zur ersten europäischen Christin, der Purpurhändlerin Lydia in Philippi, die nach ihrer und ihres Hausgesindes Taufe den Paulus und seine Begleiter in ihr Haus lud und so zur ersten Gemeindevorsteherin und unserer Stammutter im Glauben wurde.

Beim Zölibat ist die Sache noch einfacher: Es hat ihn faktisch immer gegeben (seit Paulus). Notwendig ist er nicht (sonst könnte es keine unierten Ostkirchen mit verheirateten Presbytern oder konvertierte ehemalige evangelische oder anglikanische Pastoren mit Frauen und Kindern geben, die Mutter Kirche allemal hochwillkommen waren und sind). Und den angeblichen besonderen Zeichencharakter, der die Erfüllung des Daseins von jenseits dessen, was es jetzt gibt, erwartet, hat der Zölibat längst eingebüßt – dafür sorgt die Vielzahl derer, die heute aus Überzeugung Singles sind. Der Rest ist Ideologie.

Weder das Mann-Sein noch das Zölibatär-Sein also geben dem spezifisch Priesterlichen Profil. Um wieviel weniger dann erst das, was viele Diözesen unter dem Obertitel „Pastoralplan" diesbezüglich feilbieten: dass einer sozusagen naturwüchsige Managerqualitäten mitbringt und sich als Mehrzweckwaffe einsetzen lässt. Längst kein Geheimnis mehr ist, dass, wer mit 30 zwei und mit 33 vier Pfarrgemeinden zu betreuen hat, mit 40 im Grab liegt oder verheiratet ist.

Wem sollte man verdenken, dass er angesichts eines solchen Berufsbildes spontan sagt: Nein danke, für mich nicht! Entschuldigen Sie, dass ich an diesem Punkt in das Sprachspiel meines Faches – der Philosophie – falle, aber anders kann ich es eigentlich gar nicht sagen. Was dem Ganzen fehlt, ist – die Metaphysik. Die Metaphysik des geistlichen Amtes. Und nur so etwas wie die – bin ich überzeugt – kann jemand dafür begeistern, sich auf so etwas wie das Priesteramt ehrlich einzulassen. Die richtige Metaphysik, versteht sich. Damit fragen Sie natürlich, worin denn die besteht, eine solche adäquate Metaphysik des Amtes. Ich versuche eine Antwort. Die Metaphysik des

Amtes fängt so an, wie jede Metaphysik seit Sokrates anfängt – mit einer Erzählung.

— *Fiktion und Wahrheit* —

Es gibt einen Film von Roberto Benigni, der Furore gemacht hat. Sein Titel lautete – beinahe trivial – „La vita e bella“ (Das Leben ist schön). Aber er spielte in der Hölle: In einem Vernichtungslager der Nazis. Eine jüdisch-italienische Familie wird noch kurz vor Ende des Krieges ins KZ deportiert. Um seinem kleinen Sohn die Angst zu nehmen und das Leben im Lager erträglicher zu machen, spielt der Vater mitten im KZ den Clown. Er erzählt seinem Kind, dass es sich bei all dem, was es da erlebt, um ein großes Spiel handelt. Und wenn man es mitspiele und sich nicht zu sehr fürchte, dann könne man Punkte sammeln. Und wer ganz viele Punkte zusammenbringe, gewinne am Ende den großen Preis: einen echten Panzer. Das Brüllen der KZ-Wächter, das Verschwinden der Alten und Kinder – alles erklärt der Vater dem Kind als Bestandteil des Spiels. Noch als er selbst zur Hinrichtung geführt wird, macht er Clowns-Faxen, um dem Kind seinen Glauben an das Spiel zu erhalten. Und am Ende sieht der Bub den versprochenen Gewinn: den echten Panzer. Es ist der Panzer der amerikanischen Befreier, der durchs Lagertor fährt.

— *Wirklichkeit umerzählen* —

Der Film hat viele gerührt. Und schnell waren auch Deutungen zur Hand: Wie der Vater aus Liebe und Barmherzigkeit gelogen habe, um seinem Kind die Hoffnung am Leben zu halten. Einige weniger haben tiefer gesehen: Sie haben verstanden, dass der Vater gar nicht gelogen hat. Sondern der Vater hat mit seiner Clownrolle eine neue Wirklichkeit geschaffen. Was er tat – erzählen, Witze reißen, Faxen machen – war von lächerlicher Ohnmächtigkeit, scheinbar nicht wert, auch nur von Ferne Widerstand gegen den menschengemachten Wahnsinn des Vernichtungslagers genannt zu werden. Und dennoch war es mehr Widerstand, als wenn er hätte eine Revolte anzetteln, einen Wärter überrumpeln, fliehen können. Er schuf stattdessen neue Wirklichkeit, weil er mit seinem ganz und gar auf das Kind gerichteten Tun seinem eigenen Leben und Sterben gegen seine äußerliche Wert- und Sinnlosigkeit mitten dieser

Lagerhölle einen neuen, einen unbedingten Sinn gab. Ganz daran hingegeben, seinem Kind gegen die Unmenschlichkeit um es herum das Vertrauen in die Welt zu erhalten, wächst in dem Vater eine Lebensgewissheit, die ihn noch den Gang zum Galgen nachgerade zur Komödie machen lässt, damit seinem Kind nicht das Lachen erstirbt. Im liebevollen Erhalten des kleinen Kinderlebens im Äußersten tut sich dem Mann im Innersten etwas auf, das nicht einmal das abgrundtief Böse seiner Henker zu zerstören vermag. Gerade das nicht, denn jenes Unzerstörbare ist unerreichbar für sie.

— Den Himmel ins Leben ziehen —

Wie viele der Kinobesucher wohl verstanden haben, dass der Film die Jesusgeschichte erzählt? Nach außen die Geschichte einer barmherzigen Lüge. Nach innen ein Bilderbuch zum Evangelium, wie es wahrer nicht sein könnte. Sie brauchen nur an das zu denken, was Jesus getan hat: Das Reich der Himmel hat er verkündet, will sagen: dass Gott und Mensch untrennbar zusammengehören und dass der Mensch darum darauf setzen darf, dass da einer ist, der es gut meint mit ihm, dass er dem Leben trauen darf. Um das zu bekräftigen, hat er Hungernde satt, Lahme gehen, Blinde sehen gemacht, andere, die ihrer nicht mehr Herr waren, hat er aus ihrer quälenden Gefangenschaft in den eigenen Ängsten befreit und – Gipfelpunkt von allem – Sünden hat er vergeben, also das getan, was nur Gott allein kann.

Als Spinnerei haben manche – selbst die eigene Familie – das zuerst abgetan. Dann haben sie ihn für gefährlich erklärt. Und warum? Weil sie merkten: Der erzählt die Wirklichkeit um. Der sagt zum Beispiel, dass Gott seine Sonne aufgehen lässt über Guten und Bösen und es regnen lässt über Gerechten und Ungerechten – was soviel heißt: Wenn du gut warst, ist Gott dir nah, und wenn du böse warst, ist er dir immer noch nah und menschlich gesprochen sogar noch mehr als zuvor, weil er dich nicht verloren geben mag. Und was dann passieren kann, steht auch schon im Evangelium, zum Beispiel in der Geschichte von Zachäus, der auf die völlig verrückte Zuwendung Jesu nur noch damit antworten kann, dass er in der Sprache der Geldsummen, also der Sprache, die er am besten versteht, genauso verrückt antwortet und das zu Unrecht an der Zollschranke Einbehaltene nicht eins zu eins, sondern vierfach zurückerstattet. So

ist Zachäus aus der Zwangsjacke seiner Rechenbücher ausgebrochen und hat wieder zu leben begonnen; auch schon eine Auferstehung.

Oder die andere Jesus-Verrücktheit: dass, wer einen Hungrigen gespeist, einen Gefangenen besucht, einen Fremden aufgenommen hat, dies dem Menschensohn, also im letzten Gott selbst getan oder – wenn nicht getan – verweigert habe. Da zieht er den Himmel in die Erdenwelt so hinein, dass man beide nicht mehr auseinanderbringt. Und genau das ist es, weswegen er im Neuen Testament als einziger „Priester" genannt wird (der Hebräerbrief bezeugt das) – als einziger, nota bene!

— *Was ein Priester tut* —

Wenn es post Christum natum überhaupt Priesterliches noch geben kann, dann nur gemessen an eben diesem Maßstab der Umerzählung von Wirklichkeit. Wer im jesuanischen Sinn priesterlich handelt, bricht das, was der Fall ist – die Wirklichkeit samt ihren sogenannten Sachzwängen – mit einem scheinbar ohnmächtigen Mittel, dem Wort und dem Zeichen, buchstäblich auf. Aufbrechen hat mit Freiheit zu tun. Priestersein ist von Wesen befreiend. Wirkt es anders, dementiert es sich selbst.

Wem dieses Bild des Priesterlichen, das ich eben skizzierte, zu wenig „priesterlich" erschiene, den müsste ich darauf hinweisen, dass es genau dem Spitzensatz der klassischen Amtstheologie korrespondiert. Der heißt: Der Priester handelt „in persona Christi". Und was, bitte, entspräche dem mehr, als wenn einer genau das tut, was er – Er! – getan hat, und das genau so geschieht, dass eine unmittelbarere Wiederholung und also Vergegenwärtigung gar nicht denkbar ist – also ein echtes Wirklichkeits-Umerzählen. Mein früh verstorbener Lehrer und Freund, der Regensburger Domprediger Michael Grünwald bestand darauf, dass das „in persona Christi" seine wirkliche Wahrheit in einem Handeln Christi „in persona nostra" habe. Das ist sozusagen die begriffliche Variante jenes Ineinanders von Himmel und Erde, von dem ich gerade sagte, dass es Jesu Absicht gewesen sei.

— *Der erste Name Gottes* —

Jenseits der schlechten Metaphysik der Klerikalismen jene rechte Metaphysik – also wörtlich: jenes Darüberhinaus über alles Gegebene – in

Wort und Geste zur Geltung zu bringen, das daran erinnert, dass das, was war und ist, nicht alles gewesen sein kann, wenn das, was war und ist, einen Sinn haben soll. Und das so, dass dabei aufklingt, was unser Evangelium den zur Verkündigung Gesandten als Besiegelung ihres Auftrag nachgerade ins Stammbuch schreibt: Umsonst habt ihr empfangen, umsonst sollt ihr geben. Ist doch dieses „umsonst" der erste der Namen Gottes für uns. Lateinisch heißt es „gratis", griechisch „charis" – und das heißt nicht nur Gnade, sondern auch Liebenswürdigkeit. Würde das jenseits der Nebenkriegsschauplätze als das wahre Profil des priesterlichen Dienstes wiedererkannt, dann hörte der Unfug auf, dass wir um Arbeiter für die Ernte bitten, dass wir sie bekommen – und dann einen Gutteil von ihnen nicht arbeiten lassen. Und Priestermangel wäre ein Fremdwort.

Zwölfter Sonntag im Jahreskreis: Mt 10,26–33

Soweit der Glaube reicht

— *Trotz-Bekenntnis* —

Einer der Orte schlimmster Gräueltaten während des letzten Krieges ist das Warschauer Ghetto gewesen. Deutsche Truppen hatten die ganze jüdische Bevölkerung auf engsten Raum zusammengetrieben und dann das Wohnviertel unter Trommelfeuer genommen. Als das Ghetto schon in Flammen stand, schrieb der Jude Jossel Rackower auf einem Fetzen Papier ein persönliches Vermächtnis nieder, das man später fand: Jetzt fallen die letzten Verteidiger unserer Festung, schrieb er. Die Sonne ist im Untergehen, und ich danke dir, Gott, dass ich sie nicht mehr aufgehen sehen werde. Spätestens in einer Stunde werde ich mit Frau und Kindern vereint und mit Millionen meines Volkes in einer besseren Welt sein, wo es keinen Zweifel mehr gibt und wo Gott der einzige Herrscher ist. Gott – ich bin ihm nachgegangen, auch wenn er mich vor sich hergeschoben hat, ich habe seine Gebote erfüllt, auch wenn er mich dafür geschlagen hat, ich habe ihn lieb, auch wenn er mich zur Erde erniedrigt, zu Tode gepeinigt, zum Gespött gemacht hat.

Mein Rabbi hat mir oft die Geschichte erzählt von einem Juden, der mit Frau und Kindern der spanischen Inquisition entflohen ist und über das stürmische Meer mit einem kleinen Boot zu einer steinigen Insel kam. Es kam ein Blitz und erschlug die Frau. Es kam ein Sturm und schleuderte seine Kinder ins Meer. Allein, nackt und barfuss, mit wirrem Haar und die Hände zu Gott erhoben, ist der Jude seinen Weg weitergegangen auf der Insel und hat gesagt: Gott Israels, hierher bin ich geflohen, um dir ungestört dienen zu können. Du aber hast alles getan, damit ich nicht an dich glaube. Doch ich sage dir, Gott meiner Väter: Es wird dir nicht gelingen. Du kannst mich schlagen, mir das Teuerste nehmen, das ich auf der Welt habe. Du kannst mich zu Tode peinigen – ich werde dich immer lieben – Dir selbst zum Trotz.

Und das sind auch meine letzten Worte an dich, mein Gott! – so endete Jossel Rackowers Vermächtnis. – du hast alles getan, damit ich an dir verzweifle. Ich aber sterbe, wie ich gelebt habe: in felsenfestem Glauben an dich. Höre Israel, der Ewige ist unser Gott, er, der Einzige!

— Absurdität? —

So redet einer zu Gott, eine Stunde, bevor er grausam ums Leben kommt. Was ist das? Wäre nicht viel menschlicher, wenn Jossel Rackower auf Knien um Rettung gefleht hätte, wenn er wenigstens mit Gott gehadert, ihm sogar geflucht hätte, weil doch sein Schicksal der beste Beweis für die Ferne, wenn nicht Ohnmacht dieses Gottes ist, falls es ihn überhaupt gibt. Aber so: Rackower gibt sein Einverständnis zu seinem, zu diesem Schicksal und bleibt zugleich seinem Gott treu. Er hält fest an Gott, wie er an ihn glaubt, gegen Gott, wie ihn dieses Geschick zwingen möchte, sich Gott zu denken. Herrscht da das Jetzt-erst-recht des religiösen Fanatismus? Ist es die Inthronisation des Absurden zum letzten Sinn, wie sie nur ein Überdruck an Leid und Verzweiflung aus dem Menschen hervorpressen kann?

— Unselbstverständlicher Glaube —

Nicht Fanatismus spricht aus Rackowers Testament, und nicht Kapitulation vor der Sinnlosigkeit, sondern ein bis zu seiner letzten Wurzel freigelegter Glaube. Wir Christen haben uns gewiss zu hüten, Rackowers Bekenntnis so leichthin religiös für uns zu vereinnahmen. Und dennoch ist er damals im Feuersturm von Warschau zum Bruder Jesu geworden. Denn er wagte zu leben, was Jesus – nach dem Zeugnis des heutigen Evangeliums – mit „Glauben“ meinte und als seinen Glauben selbst lebte.

Glauben war für Jesus alles andere als eine Selbstverständlichkeit, eine Zustimmung zu bestimmten Sachverhalten oder Sehweisen in entspannter Atmosphäre. Glaube hat stattdessen für ihn von Anfang an mit Konflikt zu tun. Als Jesus die Zwölf, die er sich dafür gewählt hatte, aussandte, um in seinem Namen die Botschaft vom anbrechenden Gottesreich zu verkünden und in Zeichen zu beglaubigen, da sagte er ihnen geradeheraus dazu, dass diese ihre Sendung nicht reibungslos ablaufen würde. Wenn sie anfangen, öffentlich davon zu reden, wie Gott wirklich

ist: Ich-bin-da-für-dich, für jeden Menschen bis zur letzten Konsequenz, dann werden sie wie ein Magnet Widerspruch auf sich ziehen, weil ein solcher Gott jedes menschliche Maß und Recht und Urteil unterläuft. Und gerade die, die so halbwegs oder gar richtig rundum mit sich zufrieden sind, die werden sich gegen diese Botschaft empören, weil sie doch ihre eigenen Anstrengungen gänzlich zu entwerten scheint: Wo kämen wir hin, wenn der Lump zuerst einmal vor Gott genauso viel wert ist, wie die strenggläubige Seele, die ihre Pflicht tut? Doch gerade die Gegner dieser Botschaft spüren im Grunde ihres Herzens genau, wie befreiend dieser Gott wäre, wie erlösend vom Zwang des Gutseinmüssens auch für sie, die meinen, mit erworbenen Ansprüchen einmal vor Gott bestehen zu können. Darum wird jedes öffentliche Anerkennen und Eintreten für diese Botschaft Jesu Konflikte auslösen.

Das freilich bleibt nicht folgenlos für die, die diese Botschaft verkünden und für die, die sie bejahen, ihr also glauben. Sie werden sich fragen: Müssen wir den Konflikt wagen oder sollen wir ihm aus dem Weg gehen. Der äußere Widerspruch schlägt sofort durch und bekommt seine Innenseite im Zwiespalt des Herzens. Und der natürliche Hang des Menschen in solchen Situationen ist mehr als eindeutig. Nicht umsonst ruft Jesus den Seinen an dieser Stelle gleich dreimal zu: Fürchtet euch nicht! Er fordert sie auf zum Konflikt um des Glaubens willen, sogar dort noch, wo dieser Konflikt die Züge tödlicher Bedrohung anzunehmen beginnt: Fürchtet euch nicht vor denen, die den Leib töten… Doch warum diese Radikalität im Glauben? Wäre es in 99 von 100 Fällen nicht menschlicher, im Letzten nicht zweckdienlicher, im Kompromiss einen Mittelweg zu suchen, mit dem beide Seiten leben könnten? Was sich auf den ersten Blick so human ausnimmt, wäre in Wirklichkeit jedoch nichts anderes als Demontage des Evangeliums. Denn jedes Mal, wenn sich ein Jesus-Jünger, also ein Gläubiger, wegen seines Glaubens in einen Konflikt verwickelt, wird im Entscheid des Gläubigen, ob er den Konflikt eingeht oder ihm ausweicht, über die Ernsthaftigkeit seines Glaubens als solchem und ganzem entschieden.

Ich kann nicht auf der einen Seite einen Gott behaupten, der Ich-bin-da-für-dich heißt und gleichzeitig Maßnahmen zu meiner Absicherung ergreifen, wenn ich wegen eben dieses Glaubens und seiner praktischen Konsequenzen Widerspruch erfahre, Nachteile zu gewärtigen habe. Verkauft man nicht zwei Spatzen für ein paar Pfennig? Und

doch fällt keiner von ihnen zur Erde ohne den Willen eures Vaters. Dass Spatzen tot zur Erde fallen – und sie fallen tot zur Erde –, das spricht so wenig für die Macht Gottes wie gegen sie. Aber ernsthafter Glaube greift im Ansatz schon über die Alternative Leben – Tod hinaus, will der Herr mit diesem Sprichwort sagen. Glaube verlangt nicht die Aufhebung des Todes, sondern setzt darauf, dass der Name Gottes „Ich-bin-da-für-dich" auch noch im Tode, also gerade und erst recht dann wahr ist, wenn ich meiner Selbstverfügung restlos entzogen gänzlich ohnmächtig geworden bin. Welche Reichweite ein Mensch seinem eigenen Glauben zubilligt, ob er ihm das Ganze seiner Existenz – Leben und Tod – überantwortet, das bestimmt dann natürlich auch die definitive Stellungnahme dieses Menschen zu seinem Gott – also das, was wir in der Sprache des Glaubens Gericht nennen. Deshalb sagt Jesus am Ende unseres Evangeliums dazu: Wer sich zu mir bekennt, zu dem werde auch ich mich vor meinem Vater bekennen. Wer mich aber vor den Menschen verleugnet, den werde auch ich vor meinem Vater verleugnen. Nicht drohen also will uns dieses Wort, sondern zusagen, dass Gott auch seinerseits unseren Entscheid über ihn ganz ernstnehmen wird. Und weil die Reichweite von Glauben für uns am Glauben und dem diesem Glauben entsprechenden Geschick Jesu von Nazarets offenbar geworden ist, fällen wir diesen Endentscheid über uns in der Zustimmung zu Jesus oder in seiner Ablehnung, im Bekennen oder Verleugnen.

— *Signatur des Unbedingten* —

Glaube umgreift also von seiner Verfassung her immer schon und von vornherein das Ganze unseres Daseins und lässt nicht zu, dass etwas ausgeschlossen wird. Daher trägt Glaube die Signatur des Unbedingten, nicht nur in der Grenzsituation des Martyriums, sondern immer, also auch dort, wo einer durch seine Barmherzigkeit, durch seinen Verzicht auf das letzte Wort und Rechthaben, durch seine Solidarität, durch seinen Widerstand gegen Unmenschliches sein Glaubenszeugnis für den Ich-bin-da-für-dich ablegt. Weil sich aber unser Leben, wie es eben ist, in einem Dickicht von Bedingtheiten, von Wenn und Aber, abspielt, wird der Konflikt zwischen dem, was der Fall ist so jeden Tag und dem Glauben mit seiner Unbedingtheit immer wieder unvermeidbar sein. Wenn zwischen Glaube und Lebenserfahrung eines Menschen oder einer

Gemeinde, ja der ganzen Kirche keine oder nur ganz wenige Konflikte vorkommen, dann wird das deshalb ein Alarmsignal sein. Wo Christen niemals des Zuspruchs Jesu bedürfen: Fürchtet euch nicht, dann rührt das mit großer Sicherheit daher, dass Christen da in folgenloser Angepasstheit leben, weil sie die Unbedingtheit ihres Glaubens – das für jeden gültige Ich-bin-da-für-dich Gottes – um bestimmter Vorteile willen aufgeweicht haben. So hält man sich das ohne Zweifel wichtige Engagement in Sachen §218 kirchlicherseits sehr zugute; beim Einsatz für das geborene Leben aber wird schon wieder aus Konfliktscheuheit mit anderem Maß gemessen – woher käme sonst die Halbherzigkeit der offiziellen Stimmen zur Abrüstung. Warum sagte kein Bischof etwas zu den beschämenden Winkelzügen gewisser politischer Kräfte in der Nulllösungsdebatte?

Selbstverständlich gilt die Warnung des Evangeliums vor der Konfliktscheuheit nicht nur für das Verhältnis zwischen Kirche und Gesellschaft, sondern auch innerkirchlich. Es geht nicht an, nach außen alle möglichen Rechte einzuklagen, zugleich aber nach innen mit Menschen – mit ganzen Diözesen – umzuspringen wie auf dem Exerzierplatz – bei Bischofsernennungen zum Beispiel. Jeder Akt der sichtbaren Kirche muss – muss! – davon Zeugnis geben, dass der Name des Gottes, in dem diese Kirche handelt, „Ich-bin-da-für-euch" heißt; andernfalls ist Widerspruch um der Wahrhaftigkeit der eigenen Botschaft willen geboten. – Und genauso wenig geht es an, große Reden über die Gleichheit der Geschlechter zu schwingen aber zugleich innerkirchlich jeden Versuch einer Neubesinnung auf die Rolle der Frau im Keim zu ersticken. Vor Jahren haben bei einer theologischen Veranstaltung in Mainz zwei Referentinnen über die Benachteiligung der Frau in der Geschichte der Kirche gesprochen. Der damalige Bischof von Fulda reagierte in der anschließenden Diskussion darauf mit der Bemerkung, er käme sich hier vor wie auf dem Mainzer Karneval. Gottseidank ist dann unter den Zuhörern ein Pfarrer aufgestanden und hat sich bei den anwesenden Frauen für den Bischof entschuldigt. Auch in der Kirche gilt manchmal: Fürchtet euch nicht vor den Menschen. Gewiss werden Konflikte nie verletzend werden dürfen. Denn auch jeder Widerspruch steht noch unter dem Liebesgebot Jesu. Aber umgangen dürfen solche Konflikte niemals werden, weil sie sonst – als verdrängte – die Wahrhaftigkeit des eigenen Glaubens und die Glaubhaftigkeit der Verkündigung mit Fäulnis infizieren.

Überall, wo im Eintreten für die unbedingte Gültigkeit des Gottesnamens „Ich-bin-da-für-euch“ die kleinen menschlichen Aufstände für Leben und Freiheit stattfinden, ereignen sich Vorzeichen jener großen, endgültigen Auferstehung, auf die wir alle miteinander zugehen. Und nur das kann uns auch bewahren vor so schrecklichen Zeiten wie der, die den Jossel Rackower zu seinem Bekenntnis gedrängt hat. Wenn es stimmt, dass die Beichte wesentlich ein österliches Sakrament ist, so wird in unserer Gewissenserforschung niemals die Frage fehlen dürfen, ob und wo wir notwendigen Konflikten ausgewichen sind, also zu wenig geglaubt haben. Auch das gehört zum ersten Gebot!

Dreizehnter Sonntag im Jahreskreis: Mt 10,37–42

Verkünder werden

— *Wenn der Gesandte sendet* —

Wenn Jesus Jünger aussendet, so tut er das, damit sie in ihrer Zeit und Kultur fortsetzen, was er mit seiner eigenen Sendung begonnen hat. Dieser Ruf in die Nachfolge ist keineswegs nur an jene gerichtet, die sich zu einem Leben als Ordenschristin oder als Priester berufen glauben. Dennoch wird die Brisanz dessen, was Jesus über Jüngerschaft sagt, besonders markant im Blick auf die Gestalt des priesterlichen Dienstes in der katholischen Kirche westlicher Prägung fassbar. Die Frohe Botschaft sollen sie verkünden, Menschen in ihren Hoch- und Krisenzeiten begleiten, in der Feier der Sakramente die Gläubigen in das Christusgeheimnis einführen und jedem, der sie fragt, Rechenschaft geben über den Grund der Hoffnung, die sie selber beseelt. Gewiss ist das Sakrament der Priesterweihe wie jede Gnade Geschenk Gottes. Und doch fällt auch Gnade einem nicht vom Himmel in den Schoß. Vielmehr setzt Gnade die menschliche Natur voraus, um wirksam werden zu können, wie schon der Hl. Thomas von Aquin wusste. Oder in der Sprache von heute gesagt: Jeder Priester muss gewisse Voraussetzungen mitbringen, um den ihm übertragenen Dienst recht auszuüben.

— *Voraussetzungen* —

Denn worin eigentlich die wirklichen Voraussetzungen für die Ausübung des kirchlichen Dienstes bestehen, darüber geht im Grunde schon Jahrzehnte ein Streit, der meist statt gelöst durch Denkverbote schlicht unterdrückt worden ist. In besonderer Schärfe aufgeflammt ist er zuletzt, als der Paderborner Priester und Theologe Eugen Drewermann 1989 in einem 900-seitigen Buch die Probleme des Priesterseins in der Spätmoderne erschöpfend untersuchte. Ohne Zweifel hat der Autor – wohl

motiviert aus eigenen biographischen Verletzungen – in Etlichem gehörig überzeichnet, wohl auch manches pauschale und darum anfechtbare Urteil gefällt. Aber ich bin bislang keinem wirklichen Kenner der Materie begegnet, der nicht anerkannt hätte, dass Drewermann eine schwerwiegende Not in der Kirche zur Sprache gebracht und im Wesentlichen die Dinge richtig gesehen hätte. Drewermanns hauptsächliches Fazit: der Priestermangel, die oft bis zur Erschöpfung gehende, aber dennoch folgenlos bleibende Arbeit der Seelsorger, die menschlichen Tragödien, in die sich nicht wenige – sichtbar oder verborgen – verstricken, die unglaubliche Fühllosigkeit, mit der manche Amtsträger – gerade höhere, oft auf Schicksale Gläubiger reagieren, der vorgestrige Eindruck, den zumindest das amtlich vorgetragene Priesterbild vor allem bei jungen Leuten hinterlässt, – das alles hat zu tun mit den Voraussetzungen, die man offiziell in der Kirche denen abverlangt, die in den priesterlichen Dienst treten möchten. Worin bestehen diese Voraussetzungen? Es sind nur wenige: auf die Ehe verzichten, einen schwarzen Kragen tragen und – vor allem – nichts kritisieren, was von oben kommt, und wenn es noch so daneben liegt. Nach der menschlichen Reife der Kandidaten wird manchmal wenig gefragt; und was die geistliche oder gar die theologische Kompetenz angeht, drücken Verantwortliche – gewiss nicht überall, aber zu oft – schnell nicht nur ein, sondern beide Augen zu. Hauptsache wieder einer mehr am Weihealtar! Können das die Voraussetzungen sein für den Verkündigungsdienst in einer Zeit, die gerade ob ihres nichtchristlichen Grundtenors mit Sicherheit mehr Format von den Boten des Herrn verlangt als – sagen wir – vor 300 oder 200 Jahren nötig war?

— *Evangelische Verschärfung* —

Doch nicht nur die Erfordernisse der Zeit verfehlen die heute propagierten Voraussetzungen für den kirchlichen Dienst. Genauso wenig haben sie zu tun mit dem, was das Evangelium von den Jüngern erwartet. Die Aussendungsrede Jesu an seine Boten im Matthäusevangelium, dem doch so viel am kirchlichen Amt liegt, nennt ja auch einige Voraussetzungen für die Verkünder – freilich solche ganz anderen Kalibers. Die erste: Wer Vater oder Mutter mehr liebt als mich, ist meiner nicht würdig. Schockierend möchte man im ersten Moment fragen, ob denn Lieblosigkeit einen erst zur Verkündigung befähige. Doch nicht von der Regung der

Gefühle ist hier die Rede, sondern von der Gebundenheit an andere. So wie die Elternliebe untrennbar ist von der Bindung eines Menschen an seine eigene Herkunft, so hat die Liebe der eigenen Kinder immer auch zu tun mit der eigenen Zukunft. Beide Verbindungen sind darum verknüpft mit der Suche nach Sicherheit und Bestand des eigenen Daseins. Das macht den natürlichen Charakter der Eltern- wie Kindesliebe aus. Wer aber sich selbst vor allem anderen festmacht in denen, von denen er herkommt, und in denen, die ihn einmal tragen werden, weil sie selber von ihm herkommen, der kann nicht begreifen, was Jesus meint und wer er ist, sagt das Evangelium. Hat er doch gepredigt und gelebt, dass es einen einzigen wirklichen Grund unseres Daseins nur geben kann: die grundlose Sympathie Gottes für uns, dem der Mensch ohne weitere Garantieforderung traut. Bote Jesu zu werden, setzt eben diesen Abschied von allen natürlichen Sicherungen des Daseins voraus: abgenabelt von der Herkunft und ohne besorgte Fixierung auf die Träger der eigenen Zukunft, gleichsam freischwebend nur ich selber seiend im Gottvertrauen – das ist die erste Voraussetzung der Jüngerexistenz. Bezeichnenderweise spricht dieses Herrenwort nicht davon, dass die Liebe zu Mann und Frau einen Menschen nicht Verkünder werden lassen könnte – logischerweise, weil eben diese Beziehung nichts mit natürlicher Sicherheit zu tun hat, sondern selber in ihrer Zerbrechlichkeit nur in Gottvertrauen gelebt werden und gelingen kann. Ein bisschen Aufmerksamkeit auf die leisen Töne des Evangeliums führt die Zölibatsdiskussion der letzten 300 Jahre schlicht, aber gründlich ad absurdum.

Nicht weniger missverständlich als die erste mag uns die zweite Voraussetzung der Jüngerexistenz anmuten, von der das Evangelium weiß: Wer sein Kreuz nicht auf sich nimmt und mir nachfolgt, ist meiner nicht würdig. – Wie viel Schindluder ist mit diesem Wort in der Geschichte der Kirche schon getrieben worden – so weit, dass bis heute ein paar verknöcherte Prälaten behaupten, ein Priesterleben bestehe hauptsächlich aus Opfern; als ob auch nur ein Mensch so menschlich zu leben vermöchte! Kreuztragen als Jünger des Herrn meint stattdessen: eingehen in die Grundform des Lebens Jesu. Und diese Grundform ist wirklich Kreuz, aber nicht als Ausdruck krankhafter Lust am Leiden, sondern: Jesus übernimmt das Kreuz als Ausdruck dafür, dass er das Gelingen seines Lebens nicht damit gleichsetzt, dass seine Pläne und Absichten sich erfüllen. Sondern dass in diesem seinem Leben auch noch die Ohnmacht,

die Schmerzen und der Tod sogar Platz haben, weil er Gott vertraut; so sehr vertraut, dass er auch dieses Dunkle und Lastende noch in und nicht außerhalb von Gottes Hand liegend glaubt und dass es darum am Ende sinnvoll zu ihm und seinem Leben gehören wird. Und wie auch könnte ein Verkünder seine Enttäuschungen über Menschen, sein Scheitern in der Seelsorge, seine Not auch mit der eigenen Glaubensnacht auf andere Weise menschlich und christlich bestehen als durch Teilnahme an dieser Grundform der Existenz Jesu durch sein eigenes Gottvertrauen?

Und schließlich die dritte Voraussetzung: Wer das Leben gewinnen will, wird es verlieren, wer aber das Leben um meinetwillen verliert wird es gewinnen. Aus der Preisgabe des Lebens und seiner Ansprüche Leben gewinnen – die Gebildeten unter den Nichtchristen nennen das Paradox, die weniger Feinsinnigen sagen Blödsinn dafür. Beide haben aus ihrer Sicht völlig recht. Weil dieses Wort nur nachvollziehen kann, wer wenigstens ein Stück weit schon vertraut geworden ist mit Jesus und seiner Weisheit. Denn nur in der Kraft mutigen Gottvertrauens kann ich es wagen, mein Leben nicht gewinnen zu wollen, also nicht Versicherungen abzuschließen, Vorräte anzuhäufen, Garantien einzufordern, dass es einmal gut ausgehe mit mir. Was passiert, wenn einer versucht, sein Leben selber zu gewinnen, führen uns nicht wenige Zeitgenossen vor: die Exzesse, die sie sich dabei – nicht selten auf Kosten anderer – im Erleben und Genießen leisten, sind dabei ja nur die spektakuläre Außenseite der Panik, die sie befällt, wenn sie entdecken, dass absolut nichts, was sie zu erringen vermochten, ihnen wirklich bestätigt, dass sie sind und Bestand haben werden.

— *Frei sein aus Gottvertrauen* —

Das ist die Front, an die die Christus-Boten geschickt sind. Dorthin, wo der Streit anzufechten ist für ein Leben, das menschlich zu heißen verdient, und gegen das Misstrauen in den, dem es sich verdankt. Diesen Dienst erfüllt der Verkünder nicht mit bloßen Worten, nicht mit Geboten und Drohungen gegen die ach so böse Welt und schon gar nicht durch die Besetzung klerikaler Rollen. Verkünder wird ein Mensch erst dadurch, dass er aus Gottvertrauen – wie Jesus, sein Herr – frei und als Freier er selbst wird. Eben dies macht ihn zum Symbol, also zum lebendigen Sinnbild Jesu Christi. Und das deckt auch den hohen Anspruch

der Worte, die er weiterzusagen hat, und macht sie wirksam zur Freiheit für die, die sie hören. Das ist die wahre Voraussetzung für jeden, der in den Dienst des Herrn tritt. Gebe Gott, dass die Verantwortlichen unserer Zeit darauf endlich aufmerksam werden.

Vierzehnter Sonntag im Jahreskreis: Mt 11,25–30

Quellort der Kirche

— *Sprechende Bildwelten* —

Das Apsisbild in der Kirche meiner Heimatgemeinde ist nichts Besonderes. Es entstand 1927, in der Zeit, da man in der Sakralkunst durch einen strengen Realismus Abstand zum Nazarener-Stil der Epoche vorher suchte. Überlebensgroß füllt ein Christus im Brustbild den oberen Teil der Rundung – umgeben von stilisierten Engelscharen, darunter im Halbkreis nebeneinander die Apostel und Evangelisten. Genau dort, wo die himmlische und irdische Sphäre zusammenstoßen, steht ein Vers aus dem Matthäusevangelium. In der damals gebräuchlichen Übersetzung: Kommt alle zu mir, die ihr mühselig und beladen seid; ich will euch erquicken.

— *Wesensaufgabe der Kirche* —

Je mehr ich ins Evangelium und auch in die Fragen der Theologie hineinwuchs, desto bedeutsamer ist mir dieses Bild geworden. Wenn ich es anschaue, sagt es mir: Jenes Herrenwort, das die Geplagten und Beladenen zum Ausruhen einlädt, ist der Kirche – symbolisiert durch die Zwölf und die Evangelisten – buchstäblich auferlegt als ihre Wesens-Aufgabe. Eben damit aber macht mir dieses Bild auch anschaulich, was im heutigen Evangelium steht.

— *Kleine Theologie des Mitleids* —

Die Verse, die wir gehört haben, leiten Jesu Aussendungsrede ein, nach der Bergpredigt die zweite Redekomposition, in der Matthäus verdichtet, was er über Jesus, seine Absicht und sein Geheimnis weitersagen will. Und so wie bei der Bergpredigt kann man auch diese Rede nur recht ver-

stehen, wenn man ihre ersten Worte genau genug betrachtet. Die lauten: Als Jesus die vielen Menschen sah, hatte er Mitleid mit ihnen.

Mitleid also, das ist der Grund für alles, was folgt: die Worte von der großen Ernte und den wenigen Arbeitern, die Bevollmächtigung und Aussendung der Jünger, die Regeln, die sie dafür mit auf den Weg bekommen – also das Wichtigste, was Matthäus über die Kirche zu sagen hat. Aus guten Gründen gilt das Matthäusevangelium seit je als das Evangelium von der Kirche, kein anderer der Evangelisten hat sich so intensiv mit der Gemeinschaft der Jesusleute befasst. Es versteht sich von selbst, dass Matthäus an einer so zentralen Stelle seines Evangeliums nicht einfach auf eine Gefühlsregung Jesu neben anderen rekurriert. Entsprechend wichtig wird man nehmen müssen, dass der Evangelist Mitleid für den Ursprung der Kirche hält.

Um dieses Umgangs wirklich inne zu werden, müssen wir hinter unser Wort „Mitleid" zurückgehen, so nahe wie möglich an den jesuanischen Originalton heran. „Mitleid" klingt im Grunde viel zu gefühlhaft, zu ungeschützt dagegen, dass sich Momente von Äußerlichkeit und Überhobensein einschleichen. Ganz anders im Hebräischen. Sein Wort für Mitleid heißt „rechamim" – und das kommt von „rechem" – Mutterschoß. Mitleid hat, wer jemandem so gut ist, dass er ihn am liebsten gegen alle Unbill mit dem eigenen Leibe schützte und nährte, ja in sich selber bergen möchte; wer, was dem anderen aufgeladen ist, am liebsten selber trüge. Mitleid haben heißt: für den anderen mit allem, was man selber ist und hat, einstehen und aufkommen.

Wenn Matthäus von Jesus sagt, er habe Mitleid gehabt, dann erschöpft sich, was er damit meint, aber auch nicht in dieser Grundhaltung elementarer Menschlichkeit. Denn alles, was der Evangelist vom Menschen Jesus sagt, steht zugleich in einer auf Gott hin geweiteten Dimension. Jesus ist für Matthäus der „Immanuel", der Gott-mit-uns. In Worte unserer Sprache von heute übersetzt: Jesus gilt ihm als lebendiges Gleichnis Gottes in Menschengestalt: Was Jesus sagte, was er tat, wie er war, so ist Gott. Im Mitleid-Haben Jesu kehrt sich darum das Innerste Gottes in das Äußere einer menschenmöglichen Wahrnehmbarkeit. In ihm teilt Gott sich selbst von Wesen mit. Offenbarung heißt der alte Name dafür.

— Reflex „Kirche" —

Und genau in diesem Akt der Entäußerung des Innersten Gottes nimmt – etwas kühn, aber durchaus matthäisch gesagt – die Kirche ihren Anfang. Weil er Mitleid mit den verstreuten und erschöpften Menschenkindern hat: verstreut, weil sie nicht wissen, wohin; und erschöpft von dem, was ihnen das tägliche Bestehen abverlangt, – darum sendet er die Zwölf aus, die er um sich gesammelt hatte als Sinnbild der Neusammlung des Volkes Israel.

Kirche ist ein Reflex – Widerspiegelung – des Erbarmens Gottes mit uns im Gleichnis menschlichen Erfahrens. Sie ist innerstes Moment dessen, was das Besondere des biblischen Gottesbildes ausmacht. Darum haben Glaubende Grund, von Kirche mit Dankbarkeit und Achtung zu sprechen. Freilich ist von diesem theologischen, diesem geistlichen Ursprung der Kirche her auch ein Maßstab aufgerichtet, an dem sich alles messen lassen muss, was in der Kirche geschieht, und genauso alle, die in dieser Kirche wirken. Niemand wird in der Kirche mit Berufung auf Jesus etwas tun können, das nicht mit jenem ihrem Ursprung – der barmherzigen Anteilnahme Gottes selbst am Geschick seiner Geschöpfe – in Einklang stünde. Natürlich braucht es menschliche Regeln, wie überall, wo Menschen einander in ihrer Verschiedenheit begegnen und miteinander zugange sind. Aber schon an der Praxis der Regelbefolgung muss Kirche ihre eigene Herkunft aus jesuanischem Mitleiden bewähren. Und wie anders sollte solche Bewährung geschehen als dadurch, dass man die durchaus anspruchsvollen Prinzipien christlicher Lebensführung so hochhält, dass man im begründeten Sonderfall auch einmal unter ihnen hindurch kann? Nicht nur bei Bagatellmaterien, sondern genauso, wenn es um Trennung von Partnern, um Abtreibung, um Laisierung von Priestern, um ein menschenwürdiges Lebensende geht. Genau das – und noch manches andere mehr – fällt doch in ebenjenen Bereich, wo Menschen sich buchstäblich verlieren, wo sie verstört werden und manchmal sich selbst zerstören bei dem Versuch, endlich ein Leben zu finden, das verdiente, ihr eigenes genannt zu werden.

— Der Maßstab des Wunderbaren —

Matthäus hat, als er mit dem heutigen Evangelium die geistliche Grundlegung der Kirche zu Papier brachte, nicht gezögert, die Jünger durch Jesus mit schier Unglaublichem beauftragt werden zu lassen: Sie sollten, sagte er, die Nähe des Himmelreiches vergegenwärtigen, indem sie Kranke heilten, Tote auferweckten, Aussätzige wieder in die Gesellschaft integrierten und Dämonen, also alles, was unfrei macht, vertreiben. Damit hat der Evangelist in Sprachbildern seiner Zeit der Kirche – versehen mit jesuanischer Autorität – das Wunderbare als Wesensmoment ins Stammbuch geschrieben. Für einen Ausrutscher aus dem Überschwang des Anfangs ist das Matthäusevangelium viel zu spät geschrieben. Sein Verfasser wollte wohl sagen:

Zu Kirche gehört eine Weise menschlicher Zuwendung, in der etwas von jener unbedingten Menschenliebe Gottes ahnbar wird, für die Jesus in erster Person einsteht. Die aber ist von Wesen wunderbar. Und – realistisch gefragt – kann es sie anders überhaupt geben? Mir will scheinen: Dass andere zum Beispiel neidlos – neidlos! und also ohne jeden Hintergedanken – anerkennen, eines Menschen Lage mache nötig, ihm gegen alle Prinzipien einen neuen Weg aufzutun, ist ungefähr soviel wie einen Toten wieder ins Leben zu rufen – und manchmal mindestens genauso viel. Das Befremdliche des heutigen Evangeliums ist uns weit näher, als das eingespielte Kirchentum zulassen möchte.

Und noch eins. Keiner kann sagen: Das Christentum ist Vergangenheit, weil es in der Kirche keine Wunder mehr gibt. Denn wenn es so wäre, trüge allein die Kirche selber Schuld daran.

Fünfzehnter Sonntag im Jahreskreis: Mt 13,1–9

Wider die Mutlosigkeit

— *Nachfrage und Angebot* —

Jedes Geschäft, jeder Industriebetrieb hat seine Kunden. Wer sind die Kunden der Fernsehanstalten? Die Zuschauer meinen: Sie, die Zuschauer. – Völlig falsch. Die Zuschauer sind stattdessen das Produkt. Für ihre gebannten Blicke zahlt die werbende Wirtschaft. Sie ist der Kunde. Der Geschäftsführer von RTL-plus, dem deutschen Sex-and-Crime-Radau-Sender, fragte neulich bei einem Interview höhnisch, ob er denn Fernsehen für seinesgleichen machen solle. Er selbst und seine Familie hätten keinen Fernseher. Und: Der Wurm muss dem Fisch schmecken, nicht dem Angler. Das sagte er auch.

Fußballübertragungen, so der Fernsehmann weiter, seien ein echtes Problem. Weil die Zuschauer wüssten, wann die Spielpausen, also die Werbeblöcke kämen, und dann gezielt umschalten könnten, ohne etwas vom Spiel zu verpassen. Der europäische Fußballbund denke schon über neue Regeln nach, damit Werbepausen mitten im Spiel möglich würden. – Ein klassischer Fall von „Nachfrage bestimmt das Angebot".

— *Das Evangelium und die Quote* —

Auch die Christen und ihre Kirchen haben ein Programm. Gilt da auch das Gesetz von Nachfrage und Angebot? Geht es um das Evangelium und seine Hörer, um die Botschaft und was sie zu sagen hat? Oder geht es sozusagen um die Einschaltquote, um den Erfolg bei der Kundschaft? Solche Fragen sind nicht an den Haaren herbeigezogen. Evangelische Kirchen in Norddeutschland und auch einige katholische Bistümer hatten schon Profis von Werbeagenturen engagiert. Sogar Verantwortliche in der Priesterausbildung haben's versucht. Mit jungen Männern auf Plakatwänden, sehr nett, sehr smart, sehr propper und so. Von denen stellte

sich dann dummerweise heraus, dass es Models waren. Das hätte absolut nicht passieren dürfen – abgesehen davon, dass real-existierende Seminaristen ohnehin nicht so aussehen wie die auf dem Plakat, sondern so wie – Sie und ich. Aber so ist Marketing eben. Die Absicht mag ja gut sein. Aber wenn man sie merkt, ist man verstimmt. Das wusste schon Goethes Tasso. Und vor allem: Passt sie ihrerseits überhaupt zum Evangelium?

— *Drei Viertel daneben* —

Was wir vorhin gehört haben, lässt mich da heftige Zweifel haben. Natürlich lag Jesus daran, gehört, verstanden zu werden und Zustimmung zu dem zu erhalten, was er zu sagen hatte. Wie auch anders! Er weiß sich gesandt, die Botschaft vom Gottesreich zu predigen, Menschen dafür zu gewinnen, so von Gott zu denken und sich ihm anzuvertrauen, wie er selber das tat und in seinem Handeln verkörperte. Zugleich aber hat sich Jesus dabei nichts vorgemacht. Das Gleichnis vom Sämann bringt schonungslos auf den Punkt, wie seine Botschaft ankam: Ein Teil der Körner von vieren fällt auf den Weg und wird von den Vögeln des Himmels gefressen. Ein zweiter von vieren fällt auf felsigen Grund, kann nicht anwurzeln und verdorrt, sobald es heiß wird. Ein dritter Teil von den vieren fällt unter die Disteln und erstickt unterm Gestrüpp. Der vierte von den vier Teilen schließlich fällt auf guten Boden. Man braucht dieses Gleichnis erst gar nicht zu erklären. Es spricht für sich – und sagt: Dreiviertel sind daneben und vergebens. Als ich noch Vorlesungen in Homiletik, also Predigtlehre hielt, habe ich die Studenten an Hand des Gleichnisses immer über den – übrigens durch Messung bestätigten – Rezeptionsgrad von Predigten aufgeklärt: Wenn Sie eine Predigt von – sagen wir – acht Seiten vorbereiten, dann gehen Sie davon aus, dass sechs davon für die Katz' waren. Zwei kommen, wenn's gut geht, über. Also: 75 % verlorene Liebesmühe beim Evangelium. Ein Viertel gelingt. Ein jämmerlicher Anteil. Jeder Bauer, jedes Geschäft, das so wirtschaftet, muss über kurz oder lang Konkurs anmelden.

Jesus aber sagt von seinem vierten Teil des Evangeliums, das auf guten Boden fiel: *... es brachte Frucht, teils hundertfach, teils sechzigfach, teils dreißigfach.* Das Wenige, das ankam, das lohnt sich im Übermaß. Auch dem gilt das abschließende „Wer Ohren hat, der höre!". Natürlich muss aufhorchen lassen, dass so viel daneben geht und vergeblich ist, drei

Viertel. Aber mindestens der gleichen Aufmerksamkeit ist wert, dass jenes vierte Viertel Frucht im Übermaß erbringt. Auf den Punkt gebracht heißt das ja: Jesus ist trotz der bitteren Enttäuschung, die er erleben musste, voller Zuversicht. Am Ende, wenn vor Gott herauskommt, wer ihm geglaubt hat, wird das, was die, die geglaubt haben, zusammenbringen nicht nur nicht ein wenig, es wird überwältigend viel sein, obwohl man in der Zeit davor, in der Zeit der Welt und der Geschichte eher enttäuschend wenig davon hat wahrnehmen können.

— Wer ist wer? —

Von Anfang an haben sich die Glaubenden in den jungen Gemeinden beim Hören dieses Evangeliums gefragt, wer denn unter welchen der vier Teile falle, die Jesus da nennt. Die Frage war – scheint's – für die frühen Christinnen und Christen bedrängend, vor allem wohl deshalb, weil sie erfahren mussten, welch heftigen Widerstand es gegen das Evangelium gab. Deshalb entstand im Licht der alttestamentlichen Prophetenrede von der Verstocktheit der Herzen eine mögliche Antwort, die als so übereinstimmend mit Jesu Erfahrung und Geschick selber empfunden wurde, dass sie als erste Auslegung des Gleichnisses durch Jesus selber aus seinem Mund festgehalten wurde: Bei den einen kommt der Böse und nimmt das Wort, kaum haben es die Hörerinnen und Hörer vernommen, wieder weg. Nichts kann eindringen und ankommen. Alle Liebesmüh vergebens. Die Predigt geht wie gegen eine Wand. Zweite nehmen das Wort schnell und freudig auf. Aber es findet keinen Halt, kann keine Wurzel schlagen. Die Oberflächlichkeit seiner Annahme macht es anfällig, über kurz oder lang von anderem verdrängt zu werden – dann zumal, wenn Gegenwind aufkommt, Konflikte wegen der eigenen Überzeugung auszuhalten, eventuell Nachteile in Kauf zu nehmen sind. Bei Dritten kommt das Wort zwar an, kann auch ein Stück weit Stand gewinnen. Aber dann kommen die unendlich vielen Dinge des Alltags daher, die Sorgen oder auch die kleinen Lüstchen des Tages und der Nacht, wie Nietzsche einmal frozzelte, und alles wird überblendet und schließlich abgewürgt. Doch beim letzten Viertel, da folgt dem Hören ein Verstehen – und die Ernte ist überreich.

Die Frage, wer zu welchem Viertel gehört, haben sich Glaubende auch nach der Frühzeit, im Grunde die ganze Kirchengeschichte hin-

durch gestellt. Manchmal geschah es auch, dass das Gleichnis als Instrument der scharfen Scheidung zwischen drinnen und draußen, zwischen rechtgläubig und lax in Anspruch genommen wurde. Und heute dient es in unseren Breiten bisweilen, mit der Erfahrung fertig zu werden, dass das Christentum nach Jahrhunderten kultureller Präsenz und Dominanz für einen halben Kontinent eine Minderheitenangelegenheit zu werden scheint. Wer aber gehört dabei zu denen, bei denen die Saat des Evangeliums vergeblich ausgestreut wurde, oder zu denen, wo sie Frucht trägt? So kann man natürlich fragen. Aber wie soll man antworten, ohne andere, in die man nicht hineinsehen kann, ungerecht zu beurteilen oder selbstgerecht zu sein?

— Alle sind alles —

Vielleicht geht es in erster Linie auch gar nicht um diese Frage, wer zu welchem Teil gehört. Jedenfalls endet der Kern des Gleichnisses mit einer Wendung, die eigentlich in eine ganz andere Richtung weist. Es ist ein Appell an die unmittelbare Hörerschaft, der in seiner Dringlichkeit wie ein Gewissensruf klingt. Und der meint dann viel eher: In jeder, in jedem von uns steckt etwas von allen vier Vierteln der Aussaat, über die Jesus spricht. Da gibt es Teile in unserer Seele, da ist alles wie festgetreten, wie ein Trampelpfad. Die Saatkörner des Evangeliums, Jesu Worte, bleiben darauf einfach liegen, werden von hochfliegenden Ideen, von Gedanken und Idealen erfasst und davongetragen wie von Vögeln. Andere Teile in uns schauen gut aus, sind aber trügerisch. Unter der dünnen Schicht scheinbar fruchtbaren Bodens ist alles steinhart. Was an Saat aufgeht, findet keinen Halt, geht sofort ein, wenn es der sengenden Sonne des Tages ausgesetzt wird. Auf einem dritten Teil wächst mit und neben dem Korn auch noch anderes. Das ist an sich ganz normal. Doch eines Tages fängt das andere zu wuchern an – und im Handumdrehen sind die Getreidehalme umschlungen und verwuchert. Ein Kleines noch, und sie sind erstickt. Das Festgetretene, der felsige Grund, das Stück mit den Disteln – sie können zahllose Gesichter haben, für jede und jeden ein anderes: Arroganz und Hochmut vielleicht, die Weigerung, sich wirklich für etwas in die Pflicht nehmen zu lassen und zu etwas zu stehen; Lüge und Geiz zum Beispiel; oder Grobsein, Oberflächlichkeit und Ichsucht. Jede und jeder muss sich da selbst anschauen.

Doch das Tröstliche: Jesus ist überzeugt – ein gutes Stück steckt auch in uns. Eines, das sein Wort aufnimmt und Frucht trägt dadurch, dass es verwirklicht, was er sagt. Soll es Güte, soll es Geduld, soll es Feingefühl, soll es Hilfsbereitschaft sein. Auch da muss jede und jeder bei sich schauen. Das ist wichtig. Viele von uns, zumal die Älteren, haben noch eine Form der Gewissenserforschung gelernt, die darauf angelegt war, das Verfehlte und Vertane aufzuspüren und der Vernebelung zu entreißen, in der gewiss niemand nicht Meister wäre – im Sichs-leicht-Machen und im Sich-etwas-Vormachen solange, bis die größte Gemeinheit noch ihre dialektische Rechtfertigung gefunden hat. Insofern ist diese kritische Gewissenserforschung unverzichtbar. Aber über ihr darf die andere, die stärkende nicht vergessen werden, die Gewissenserforschung, die das Gute und Gelungene aufsucht und dankbar sammelt. Meist braucht es gar nicht viel an so Geglücktem, dass ein Mensch den beschrittenen Weg weitergeht oder den Mut zu Größerem fasst.

Darum macht uns das Gleichnis Jesu Mut, auch – und nicht nur nebenher – nach diesem guten Viertel in uns zu suchen. Und es dann zu pflegen und zu hüten. Die Frucht, die es tragen kann, ist das wert.

Sechzehnter Sonntag im Jahreskreis: Mt 13,24–43

Gottes Behutsamkeit

— *Märchen-Wahrheit* —

Die Gebrüder Grimm haben uns das Märchen von der Kröte überliefert: Eine Mutter fütterte ihr kleines Kind auf dem Schoß mit Milchbrei und Brot. Dann sagte sie zu ihm: Geh spielen! Und gab ihm das Näpfchen mit, Reste darin vom Essen. Das Kind lief in den Garten, den eine alte Mauer umgab. Dort in den Ritzen wohnte eine Unke. Das Kind rief: Unke, Unke, komm geschwind, komm herbei, du liebes Ding, sollst dein Bröcklein haben, an der Milch dich laben! – Die Unke kam, fraß von den Resten und brachte dem Kind zum Dank dafür bunte Perlen und eine kleine goldene Kugel zum Spielen. Das Kind fütterte das Tier liebevoll, so wie es das selbst auf dem Schoß der Mutter erfuhr.

Eines Tages hatte es die Mutter eiliger mit dem Morgenessen als sonst. Das Kind auf dem Schoß aß ihr zu langsam, darum schlug sie ihm mit dem Löffelchen auf den Kopf und sagte dabei – lauter als gewohnt: Iss große Brocken, du! Danach ging das Kind wieder in den Garten. Wieder kam die Unke und fraß aus dem Napf. Das Kind wiederholte, was es gerade selbst erlebt hatte, schlug das Tier leise mit dem Löffelchen auf den Kopf und sagte – lauter als sonst: Iss größere Brocken, du! Das hörte drinnen die Mutter, sie schaute hinaus, sah die Kröte beim Kind, eilte zum Herd, holte ein glühendes Holzscheit und schlug die ihr hässlich dünkende Kröte tot.

Und von Stund an ging eine Veränderung mit dem Kind vor. Es war, solange die Kröte mit ihm gegessen hatte, groß und stark geworden, jetzt aber verlor es seine roten Backen und magerte ab. Nicht lange, so fing in der Nacht der Totenvogel zu schreien an. Das Rotkehlchen sammelte Zweiglein und Blätter zu einem Totenkranz. Und bald danach lag das Kind auf der Bahre.

— Die Würde des Unansehnlichen —

Seltsam, was dieses Märchen ahnend umkreist. Behauptet es doch, Ungeduld ziehe auf verborgene Weise Tod nach sich. Zuerst gebiert sie Gewalt, die Ungeduld: Die Mutter schlägt mit dem Löffel das Kind auf den Kopf, das Kind tut desgleichen mit der Kröte. Und was mit dem Nicht-warten-mögen begann, schlägt um in die Verachtung – und das heißt zutiefst immer: die Vernichtung des Unansehnlichen, dessen, was nichts hermacht und nicht glänzt, eher ein bisschen hässlich scheint – der Kröte. Dort aber, wo man das Unscheinbare nicht mehr achtet und ihm nicht mehr traut, verliert das Leben als ganzes seinen Grund, sagt das Märchen mit seinem traurigen Ende. Wer solchen alten Geschichten auch nur einen Funken Wahrheit zutraut, dem wird – zumal uns Stressgeplagten und Effizienzbesessenen – dieses Märchen vom Unglück der Ungeduld nachgehen.

— Das Geheimnis der Geduld —

Muss es uns dann aber nicht zutiefst treffen, Jesus selbst von diesem unheimlichen Zusammenhang zwischen Ungeduld und Tod und auch vom Unglück der Missachtung des Unansehnlichen im heutigen Evangelium reden zu hören? Mit Haut und Haaren hatte sich Jesus einer einzigen Aufgabe verschrieben: den baldigen Anbruch des Reiches Gottes zu verkünden, also die Menschen einzuladen zu einem gratis geschenkten Neuanfang des ganzen Daseins, der darin besteht, dass sie sich mit Gott wieder versöhnen lassen, dass sie zurückkehren zu ihm, ihm neu zu trauen beginnen als dem verlässlichen Grund ihres Daseins. Und mit den Gottesreich-Gleichnissen, die uns Matthäus in der Seepredigt Jesu überliefert hat, führt uns der Herr gleichsam in die Innenwelt dieses unerhört Neuen ein, das er zu verkünden hat.

Mit dem Himmelreich ist es wie mit einem Mann, der guten Samen auf seinen Acker säte. Der Bauer hat alles daran getan, was in seiner Sorge stand, er hatte gute Samenkörner ausgewählt und den Acker bestellt. Zu seiner Überraschung aber wuchert in rauen Mengen das Unkraut zwischen den aufgehenden Saatkörnern, dass man anfangs kaum das eine vom anderen unterscheiden kann. Seine Knechte plädieren dafür, sofort einzugreifen, bevor das nutzlose Zeug noch länger den Boden auslaugt und dem Korn den Platz raubt. Doch der Bauer: Wohl nimmt er wahr,

dass da einer gegen ihn gearbeitet hat. Aber das Ansinnen seiner Knechte: Sollen wir gehen und das Unkraut ausreißen? – weist er zurück. Habt Geduld bis ans Ende! Mit eurer Säuberungsaktion würdet ihr viel zu viel guten Weizen mitvernichten. Sind doch die Wurzeln von Weizen und Unkraut ineinander verwoben und verschlungen, so sehr, dass man sie nicht mehr auseinanderhalten kann. So ist es mit dem Himmelreich, sagt Jesus. So ist Gott zu dir: Er verlangt von dir nicht, dass du vollkommen bist von Anfang an, er fordert nicht einfach alles oder nichts, wenn du zu ihm gehören willst. Natürlich sieht er das Böse, er wird es auch verbrennen einmal am Ende im reinigenden Feuer seiner bestürzenden Liebe. Aber: Nichts soll ausgerissen werden mit Stumpf und Stiel in der Zeit des Wachstums, weil so viel Gutes dabei mit verloren ginge. Reich Gottes, das ist, dass Gott mit uns Geduld hat, dass er in zärtlicher Behutsamkeit auf uns schaut, ja kein guter Halm an uns möge geknickt werden. Kann man diesem Gott nicht getrost trauen? Nicht ihn verharmlosen, nein: er ist der Richter über gut und bös am Tag des Endes. Aber kann ich nicht trotzdem mit allen dunklen Schatten – so, wie ich eben bin – zu ihm kommen; zu ihm, der um die Schwäche meines guten Willens weiß, der meine unverbesserlichen Süchte und Zwänge kennt – kann ich nicht trotzdem zu ihm kommen voller Hoffnung, weil er so ist, wie er ist – so geduldig mit mir? Wo einer das wagt, fängt das Gottesreich an, seinen Einbruch vorzubereiten.

— *Maßstab der Kirche* —

Selbstredend ist Gottes Geduld mit uns, die Jesus zu Herzen gehend predigt, auch unverrückbarer Maßstab für alles, was die Kirche tut, die sich diesem Gott verdankt glaubt. Anscheinend hat sie diesen Maßstab oft vergessen – nicht nur in den schrecklichen Exzessen der Hexenprozesse und Ketzerverbrennungen. Und auch heute noch vergisst sie ihn immer wieder, wenn sie – auf welcher Ebene auch immer – mit Denk- und Redeverboten und Exkommunikationen kurzen Prozess mit einem macht zugunsten sogenannter klarer Verhältnisse. Wie viel Lebenskraft geht der Kirche verloren, wie viel Tod macht sich breit in ihr, weil sie so oft mit der Harke bei der Hand ist, um Weizen vom Unkraut zu trennen. Geschiedene, die wieder in Ehe leben, verheiratete Priester, junge Menschen, die nicht mehr klarkommen mit Dogmen und Morallehren,

deren Sprache sie nicht mehr erreicht in ihrer Welt! Nicht, dass die alle von vornherein recht hätten und recht täten – aber wem stünde das Urteil zu, alle, die sich schwertun oder aus persönlichen Gründen in Konflikt geraten mit Geboten und Gesetzen, seien Unkraut, und die andern, die Braven, die Ja-Sager der Weizen? Wenn sich die gütigen Züge der Geduld Gottes über das Reich Gottes breiten, um wie viel mehr müssten sie dann erst das Gesicht der Kirche prägen, die nicht das Reich Gottes ist, sondern diesem zu dienen hat – und nur dies?

— *Maßstab für mich* —

Übrigens: Was für die Kirche im Ganzen gilt, darf sich auch jeder Einzelne von uns für sich gesagt sein lassen: Wie viel Gutes, wie viel Gewachsenes zerstören wir immer wieder auch an uns selbst, weil es uns nicht schnell genug geht mit dem Vorwärtskommen, im Menschlichen vor allem – und auch darin, wie wir stehen vor Gott. Im Gewaltakt möchten wir Menschen vollkommen werden als Ehepartner, als Eltern, als Freunde, als Priester – und verwüsten die Saatfelder unserer Seelen dabei. Auch mit uns selbst dürfen wir Geduld haben, wenn schon Gott mit uns so geduldig ist.

Woher diese zerstörerische Ungeduld im Letzten kommt, das deuten uns das zweite und dritte Gleichnis des heutigen Evangeliums an: Mit dem Himmelreich ist es wie mit einem Senfkorn, das ein Mann auf seinen Acker säte. Es ist das kleinste von allen Samenkörnern; sobald es aber hochgewachsen ist, ist es größer als all die anderen Gewächse und wird zu einem Baum… Und: mit dem Himmelreich ist es wie mit dem Sauerteig, den eine Frau unter drei Sea Mehl mischte, bis das Ganze durchsäuert war. Jesus greift geradezu zum Mittel der phantastischen Übertreibung – ein Mann sät ein einziges Samenkorn aus und dieses winzige gerade noch mit menschlichem Auge wahrnehmbare Senfkorn, das gewöhnlich große Stauden hervortreibt, wächst sich zum Baum aus; und eine Handvoll Sauerteig lässt er drei Sea, also knapp einen halben Zentner Mehl durchsäuern, was Brot für gut 100 Leute ergäbe –, zu diesen Übertreibungen greift Jesus, um bis zum äußersten zuzuspitzen, worauf er einzig unseren Blick ziehen möchte: den immer wieder frappierenden Kontrast zwischen der Unansehnlichkeit des Anfangs und dem, was am Ende dann aus diesem Anfang geworden sein wird.

So ist es mit dem Himmelreich: Die paar Fischer und einfachen Leute aus Galiläa werden mit mir zusammen den neuen, endgültigen Einsatz Gottes für die Befreiung seiner Geschöpfe aus der selbstverschuldeten Knebelung durch die Folgen der Sünde sein Ziel erreichen lassen – das sagen die Gleichnisse an die Adresse der Frommen damals, die nicht zulassen wollten, dass Gott ganz anders handelt, als sie sich auszudenken belieben. Und uns rufen diese Gleichnisse zu: überseht doch nicht die kleinen, unscheinbaren Vorzeichen des Gottesreiches, die sich beständig an euch und rings um euch ereignen: Dass sich ein Dutzend Frauen und Männer einer Gemeinde über Jahre regelmäßig treffen, um Gottes Wort zu lesen und zu verstehen; dass andere keine Angst haben, sich mit Tabuthemen den Mund zu verbrennen und wegen ihres Glaubens auch im Politischen kritisch Stellung zu nehmen, wenn es sein muss; dass sich 18- und 20jährige an Wochenenden stundenlang zusammensetzen, um im gemeinsamen Studium Einsicht in ihren Glauben zu gewinnen; dass andere ihre ganze Phantasie und nicht selten ihr Hab und Gut aufbieten, dass es Alten und Kranken nicht an menschlicher Zuwendung fehlt und dass zu kurz Gekommenen wenigstens das Lebensnotwendige zur Verfügung steht; das sind Senfkorn und Sauerteig. Wir brauchen doch jetzt auch noch gar nicht zu wissen, was bei all dem am Ende herauskommen wird. Jetzt und hier die Aufbrüche nicht übersehen, sie hegen und nähren, das ist wichtig und behütet davor, das Unkraut zum Thema Nr. 1 zu machen. All diese Aufbrüche übersehen dagegen, das schürt Resignation und reizt zur Ungeduld, die mit ihrem Alles-oder-Nichts-Fanatismus das Lebendige totschlägt. Gott aber achtet und bejaht alles Lebendige an uns, und sei es noch so unansehnlich. Denn er weiß, dass gerade manchmal das Kleine, Unnütze, dem ungeduldigen Blick sogar gefährlich Scheinende kostbare Perlen einträgt, wenn man es hütet und schätzt – wie die Kröte im Märchen. Gott hat auch unsere Kröten lieb. Das ist Himmelreich.

Siebzehnter Sonntag im Jahreskreis: Mt 13,44–46

Glücksfall Gottesreich

— *„Herbstmilch"* —

Vor Jahren wurde eine einfache Frau aus Niederbayern zur Bestsellerautorin. Die Rottaler Bäuerin Anna Wimschneider hatte in schlichten Worten die Geschichte ihres Lebens niedergeschrieben. Hunderttausendfach hat dieses Stück Zeitgeschichte unter dem Titel „Herbstmilch" Leser gefunden; sogar verfilmt wurde die Autobiographie. Im Zusammenhang einiger besonders einschneidender Erlebnisse vor allem in der Kinderzeit kommt die Autorin auch auf die Kirche zu sprechen:
Übriges Geld war nie, schreibt sie in etwa, – auch der Vater hatte kaum etwas. Oft kam der Gerichtsvollzieher, weil der Vater nicht die Steuern bezahlen konnte. Dann mussten alle Kinder antreten, da ging er wieder fort. – Bevor nicht alle Kinder aus dem Haus waren und die Kleinen versorgt waren (wir waren im ganzen 8), durfte ich nicht zur Schule gehen. So kam ich immer zu spät. Der Lehrer hatte Verständnis, aber der Pfarrer nie. Der schimpfte mich jeden Tag, weil ich nicht zur Schulmesse kam. Er sagte, ich müsse eben früher aufstehen... Ich war sehr traurig, weil ich ja gar nichts dafür konnte. Als aber der Pfarrer mich in der Kirche geschlagen hat, weil ich kein „Lob Gottes" wie die anderen Kinder mitbrachte – wir hatten nur vier Gebetbücher für die vielen Kinder –, da ist der Vater zur Polizei gegangen. Der Pfarrer musste 30 Mark Strafe zahlen. Darauf hat der Pfarrer an den nächsten beiden Sonntagen in der Predigt geschrieen als wäre eine Kirchenverfolgung... Mein Vater saß mit unbewegtem Gesicht in seiner Bank. Ich war ihm dankbar, weil er mir geholfen hat.[22]

Was wird ein Kind denken, dem Kirche so begegnet? Und so noch einmal die Erzählerin über ihre Jugendzeit: Bei der Osterbeichte fragte der Pfarrer die verheirateten Bauersleut, ob der Kindersegen verhütet worden ist, und das war eine Todsünde. Da kommt man im Fall eines

plötzlichen Todes gleich in die Hölle. Meine Mutter ist beim letzten Kind gestorben, weil sie nicht in die Hölle kommen wollte. Der Doktor hatte schon gewarnt, aber die Mutter wollte das nicht auf ihr Gewissen nehmen. Unsere Mutter hat sich aber aus der Ewigkeit um uns Kinder gekümmert und es sind alle große und richtige Leute geworden.[23]

— Abrechnungen —

Anna Wimschneider rechnet nicht bitter ab. Sie urteilt auch nicht. Sie erzählt nur. Aber gerade das macht ihre Geschichte so bestürzend. Sogar noch der Gerichtsvollzieher handelt im Anblick der Umstände verstehend, ja einfach menschlicher als der, dem von Amts wegen aufgetragen ist, die Menschenfreundlichkeit Gottes zu bezeugen. Ist nicht ein Wunder, dass einem jungen Menschen über dem brutalen Gebotsfanatismus und der Gnadenlosigkeit des kirchlichen Gnadenverwalters der Glaube an Gott nicht zerbricht? Gewiss war auch damals längst nicht jeder Pfarrer so. Aber Einzelfall war er mit Sicherheit auch keiner. Und regelmäßig waren es gerade die Kleinen und Wehrlosen, die die geballte Autorität der Hochwürdigen Herren als erste zu spüren bekamen. Der Geschichten darüber, die ich selber schon aus dem Mund älterer Christen gehört habe, ist Legion. Nicht immer ging es so gut aus wie bei Anna Wimschneider. Denn für viele, viel zu viele sind solche schmerzlichen Begegnungen mit Priestern und Ordensleuten zum Wurzelboden für die Frage geworden, was denn die Kirche, die sich so gebärdet, noch mit dem zu tun hat, auf den sie sich als ihren Herrn beruft.

— Beglückender Fund —

Und in der Tat: Welten trennen solche Erlebnisse von der Art und Weise, wie Jesus als Sachwalter Gottes in der Welt auftrat. Das heutige Evangelium führt uns gleichsam bis in die unterste Seelenschicht Jesu hinab, bis dorthin, wo in seinem eigenen Fühlen und Sprechen Gottes Geheimnis selbst sich erahnen lässt und warum er so war, wie er gewesen ist. Im Medium der zwei Gleichnisse von vorhin hat er uns dieses Geheimnis mitgeteilt: Mit dem Himmelreich ist es wie mit einem Schatz, der in einem Acker vergraben war. Ein Mann entdeckte ihn, grub ihn aber wieder ein. Und in seiner Freude verkaufte er alles, was er besaß, und kaufte den Acker.

In seinem Beten, im Betrachten der Heiligen Schriften des Alten Bundes und wohl auch in der Feier des Gottesdienstes der Synagoge hat Jesus eines Tages eine Entdeckung gemacht, die ihn so überwältigte, dass sie ihn nie mehr losließ und letztlich dazu brachte, mit der öffentlichen Predigt vom Gottesreich zu beginnen. Eines Tages stand ihm in letzter Klarheit vor Augen, wer Gott ist: Gott ist mein persönlicher Glücksfall – er ist für mich so wie etwas, das es im ganzen Leben nur ein einziges Mal gibt, gleichsam ein völlig unverhoffter, beglückender Fund, der den höchsten Einsatz wert ist, um ihn für immer zu gewinnen – gerade so wie der Mann im Gleichnis, der sein ganzes Hab und Gut für den Acker drangibt, um den in ihm verborgenen Schatz zu gewinnen, den er gefunden hatte. In dem Augenblick, da ein Mensch eben dieses Geheimnis Gottes – sein Glücksfall zu sein – mit allem ergreift, was ihm zu Gebote steht, – in diesem Augenblick hat für diesen Menschen das Gottesreich angefangen, Wirklichkeit zu werden – dass es wieder stimmt zwischen Himmel und Erde, zwischen Schöpfer und Geschöpf. Gerade so, wie Gott von Anbeginn das traute Zueinander zwischen sich und seinem Werk gedacht hatte: dass wir verängstlichten, ja menschlich gesehen zufälligen Wesen vertrauensvoll mit der Gewissheit leben: Da ist einer, dem ich mich verdanke, weil er mich grundlos – aus Liebe – gewollt hat; einer, der mich darum auch trägt im Hier und Jetzt meines Daseins, auch und gerade in dem, was über mein Verfügen hinausgeht; einer schließlich, in dessen bergende Sympathie einmal auch alles zurückfallen wird, was ich auf Erden gelebt habe und gewesen bin – einer also, der mir Grund gibt zu glauben, es sei gut, dass es mich gibt, und der mir dadurch auch die Größe schenkt, das auch einem anderen an meiner Seite zu sagen und so für ihn so etwas wie ein kleiner Widerschein dessen zu werden, der hinter uns allen steht. Sind wir alle nicht ein ganzes Leben lang wie Kaufleute, die in der Unüberschaubarkeit der Welt und ihrer Reichtümer nach eben einem solchen Schatz suchen, der uns mehr als alles andere bedeutet? Mit Sicherheit werden wir bei dieser Suche zwischen Sand und Steinen so manche wertvolle Perle finden, über die wir glücklich sind: Gesundheit und ein langes Leben, die Liebe eines Menschen, das Gelingen eines Werkes, das Bestehen großer Not und mehr noch, was uns zutiefst am Herzen liegt. Und doch findet unser Sehnen – wenn wir es denn nicht zuschütten – bei all dem nicht wirklich Ruhe, bis es die eine Perle, die kostbarer ist als alle anderen, entdeckt hat. Und dann geht der Kaufmann hin, verkauft alles, was er besitzt,

und kauft die eine – so ist es mit dem Himmelreich, sagt Jesus, so ist es, wenn du Gott gefunden hast. Er macht die anderen Perlen darob nicht wertlos. Im Gegenteil: hat er dir doch auch diese anderen geschenkt. Aber wenn du ihn als den größten Schatz deines Lebens gefunden hast, wirst du bewahrt bleiben davor, eines anderen Güter für dich zum Ein und Alles zu machen – und dadurch zu klein von dir denken: E Dio solo basta, sagt die Hl. Teresa von Avila – Gott allein ist groß genug, dass er die Unendlichkeit unserer suchenden Seelen ausfüllen kann. Keine Frage dann auch – nebenbei bemerkt –, dass es für den oder jenen ein freudiges und darum zutiefst menschliches Verzichttum geben kann auf einen Schatz, den er ergreifen könnte, aber nicht ergreift, weil solcher Verzicht auf geheimnisvolle Weise dem Gewinn des Größeren und Größten dient. Doch wehe, man versuchte aus dem, was immer und nur dem einzelnen unverfügbar und für andere unbegreifbar möglich ist, ein ehernes Gesetz für alle zu schmieden!

Unbeschadet all der kritischen Fragen, die sich gerade diesbezüglich die katholische Kirche wird gefallen lassen müssen, verdienen zu allererst Jesu Gleichnisse aus dem heutigen Evangelium unsere ungeteilte Aufmerksamkeit. Denn: was für ein Gott, der des Menschen Glücksfall sein will! Und was für ein Bote dieses Gottes, der durch sein eigenes unverstelltes Reden und Sein und Tun uns bezeugt und beglaubigt, dass Gott wirklich so ist – am allermeisten dort, wo wir gar nicht mehr glauben können, dass es Glück auch für uns noch soll geben können, wenn wir am Boden sind.

— *Unverlierbar gehalten* —

Wie hat doch Anna Wimschneider am Ende der Erzählung vom Sterben ihrer Mutter geschrieben?: Unsere Mutter hat sich aber aus der Ewigkeit um uns Kinder gekümmert, und es sind alle große und richtige Leute geworden. – In diesen wenigen, schlichten Worten schimmert etwas durch von dem Vertrauen, durch alles Schlimme hindurch unverlierbar gehalten zu sein von einem, der mir wahrhaft gut und darum mein größter Schatz ist. Helfen wir einander durch das gegenseitige Glaubenszeugnis und die Güte zueinander, etwas von jenem größten Schatz des Lebens zu entdecken und zu ergreifen. Und beten wir darum, dass das auch dort noch geschehe, wo menschliches Versagen der Kirche und ihrer Amtsträger diesem Fund im Wege stehen.

Achtzehnter Sonntag im Jahreskreis: Mt 14,13–21

Was uns zugetraut ist

— Des Dichters Feingefühl —

Eines Abends hielt der Dichter Antoine de Saint-Exupery folgende Begebenheit in seinem Tagebuch fest: Als ich heute in der Einöde dahinging, begegnete ich einem kleinen Mädchen in Tränen. Ich bog seinen Kopf zurück, um in seinen Augen zu lesen. Und sein Kummer hat mich geblendet. – Wenn ich es ablehne, Herr, den Kummer kennen zu lernen, lehne ich einen Teil der Welt ab und habe mein Werk nicht vollendet. Es geht nicht darum, dass ich mich von den großen Zielen abwende, aber es gilt, dieses kleine Mädchen zu trösten. Denn nur dann geht es gut in der Welt. Auch das kleine Mädchen ist Sinnbild der Welt.

— Gespür für das Wesentliche —

Wen die Tränen eines kleinen Kindes solche Worte finden lassen, der muss sich ein unbeschädigtes Gespür bewahrt haben für das, was wesentlich ist im Leben. Würde er es ablehnen, den Kummer des kleinen Menschenkindes kennen zu lernen, hätte er sich einem Teil der Welt verweigert und darum nicht das Seine getan, sagt der Dichter. Eine Sorge, eine Bedürftigkeit, die unwichtig wäre und übergangen werden dürfte, gibt es nicht, bedeutet das. Und es gibt sie deshalb nicht, weil die Welt sonst nicht mehr so aussieht, wie sie gemeint ist.

— Jesu Mitleid —

Was dem Dichter so unvermittelt in der Begegnung mit dem Kind aufging, davon redet das Evangelium an vielen Stellen. Als Jesus die vielen Menschen sah, hatte er Mitleid mit ihnen und heilte die Kranken, schreibt Matthäus. Die Formulierung kehrt in den Evangelien mehrfach

wieder, beinahe wie ein Stereotyp – und das verrät, wie charakteristisch für Jesus das war, was da erzählt wird.

Wir müssen wohl davon ausgehen, dass die längste Zeit seines öffentlichen Auftretens nur die Wenigsten verstanden haben, was Jesus vom Reich Gottes predigte – bis in den engsten Jüngerkreis hinein. Aber viele spürten, dass dieser Jesus mit dem, was er sagte, was er tat und wie er war, etwas zu tun hatte mit ihrem Leben. Dass es an ihre Sorgen, ihre Nöte und Ausweglosigkeiten rührte. Und Jesus geht ein auf dieses Bedürfen der Menschen. Er muss das aus der inneren Logik seiner Predigt. Denn „Reich Gottes" heißt für ihn: Welt wird wieder so, wie Gott sie gedacht hat. Und das vermag sie dort, wo sich Menschen auftun für Gott. Wo sie ihr Woher und Wohin von Gott her verstehen und auf ihn hin leben. Mit einem Wort: Wo Menschen das Wagnis des Glaubens, der vertrauensvollen Übereignung an Gott eingehen. Dort, wo das geschieht, werden Vorzeichen, Spuren des Gottesreiches, dieses versöhnten Daseins, zu greifbarer Erfahrung. Und zugleich stärken sie die Hoffnung, dass einmal alle Not und Elend geheilt und den Opfern der Geschichte Gerechtigkeit widerfahren wird.

— *Gott bewahrheiten* —

In diese Übersetzung der Reich-Gottes-Predigt in menschliche Erfahrung gehört auch die Geschichte vom Wunder der Brotvermehrung hinein. Nicht um ein Schaustück, ein Spektakel zur Verblüffung von Zuschauern geht es dabei, sondern um Bewahrheitung dessen, was Jesus von Gott zu sagen weiß. Ein Gott, zu dessen Urnamen auch das Wort „Erbarmen" gehört, wie die Heilige Schrift oft und oft bezeugt, der ist auch nicht gleichgültig gegen den Hunger der Menschen nach Brot, gegen dieses Elementare unseres leiblich-irdischen Daseins. Und wer diese Fürsorglichkeit Gottes um sein schieres Dasein erfährt, lernt auch zu hoffen und zu glauben, dass dieser Gott nicht nur den Hunger stillen wird, der geht und kommt, sondern auch jenen anderen, großen Hunger nach Leben und Friede und Angenommen sein, der die Urregung unserer Seele ausmacht.

Das ist aber nur die eine Hälfte dessen, was uns das Evangelium heute sagt. Ein zweites, genauso Wichtiges kommt hinzu: Denn Matthäus erzählt auch, wie und wo jene Übersetzung der Reich-Gottes-Predigt

geschieht: Jesus legt sie buchstäblich in die Hände der Jünger – und die stehen bei Matthäus immer exemplarisch für die Gemeinde, die Kirche. Denn er sagt: Gebt ihr ihnen zu essen! Und das ist ernst gemeint. Sie, die Jünger, die Gemeinde, die Kirche sollen anfangen, das Wunder des Gottesreiches zu wirken, das Wunder eines Stücks versöhnter, verwandelter Welt. Doch die Jünger sind begriffsstutzig. Sie hätten die Leute lieber weggeschickt. Sie fühlen sich ohnmächtig und überfordert mit ihren fünf Broten und zwei Fischen vor so vielen Hungrigen.

— *Abendmahls-Anklang* —

Deswegen übernimmt Jesus selbst die Initiative, fast wie in der Emmaus-Geschichte, wo die Jünger auch nichts verstehen und ihnen die Augen aufgehen in dem Moment, da er das tut, was sich ihnen vor dem Karfreitag am tiefsten von ihm eingeprägt hat: das Brotbrechen. Und genauso hier in unserem Evangelium, das ja nach Ostern niedergeschrieben ist: Auch hier beginnt das Wunder mit dem Anklang an die Abendmahlsszene:

Er nahm die fünf Brote und die zwei Fische,
blickte zum Himmel auf,
sprach den Lobpreis,
brach die Brote und gab sie den Jüngern.

Das ist gesagt, dass uns die Augen aufgehen: Das Wunder der Brotvermehrung – dass das scheinbar Wenige für Viele reicht, ja selbst zum Überfluss wird –, das fängt dort an, wo Menschen Eucharistie, Liebesmahl halten und damit bekennen: Wir sind füreinander da, wir lassen keinen fallen, wir stehen füreinander ein. Wo Menschen sich – getragen vom Zeichen des Brotbrechens – mit Gottes Sorge um den Menschen identifizieren, da wächst ihnen von innen, aus der Mitte ihrer Seele, die Kraft zu, Wunderbares zu tun. Und das Wunderbarste ist immer, wenn eine oder einer die Angst und Sorge um sich selbst und das Eigene überwindet und aus dem Vertrauen, von Gott getragen zu sein, selber zur Trägerin, zum Träger der Not und Last der anderen wird. Das Wunder der Brotvermehrung beginnt mit der Verwandlung der Seele. Und diese formt sich aus in eine Geschwisterlichkeit, die sich nicht mehr mit Al-

mosen begnügt, sondern wahrhaft teilt mit denen, die dessen bedürfen, dass sie ein des Menschen würdiges Leben zu führen vermögen. Und manchmal ist es mehr als nur ein Teilen. Manchmal wird es ein Überschwang des Gebens, in dem sich gleichsam das Ende unseres Evangeliums widerspiegelt, das davon erzählt, dass nach der Sättigung der Vielen die Jünger die übrig gebliebenen Brotstücke einsammelten, zwölf Körbe voll. Solch großherziges Teilen ist übrigens gar nicht so selten. Denn zu ihm gehört meist auch, dass es im Verborgenen geschieht.

— *Widerschein im Kleinen* —

Vielleicht gibt es aber auch eine Weise dieses Wunders, die noch tiefer reicht: Wenn jemand, der selber nichts oder fast nichts hat, mit einer winzigen Gabe oder Geste, die so viel wie nichts ist, einer oder einem andern etwas schenken kann, was mit nichts in der Welt aufzuwiegen ist. Von so etwas erzählt der Liedermacher Wolf Biermann. Sein Vater war überzeugter Kommunist gewesen. Deswegen saß er sechs Jahre im Zuchthaus ein, wie das damals hieß. Dann wurde er in Auschwitz umgebracht. Biermann kannte den Vater kaum. Aber die Mutter machte ihn für das Kind gleichsam zu lebendiger Wirklichkeit: Jeden Morgen, erzählt Biermann, wachte ich mit meinem Vater auf eine Weise auf, die sich kein Schriftsteller ausdenken kann. Meine Mutter, Emma Biermann, konnte das. Wenn ich morgens um sechs aufstand, meine Mutter musste um sieben in der Arbeit sein, lief ich aus meinem Zimmerchen ins Treppenhaus. Dort stand mein Leiterwägelchen und da lag jeden Morgen von meinem Vater ein Bonbon, ein Keks, ein Stück Zucker. Dann zog ich den Wagen mit dem Geschenk meines Vaters rein, und meine Mutter erzählte mir beim Frühstück, auf welch abenteuerliche Weise dieser Keks aus dem Gefängnis zu mir gekommen war. Dann hab ich den Keks meines Vaters gegessen, im Grunde genauso wie die Katholiken den Leib Jesu mit der Hostie. So war mir mein Vater inniger vertraut als anderen Kindern ihre Väter, die bald da waren, bald nicht.

Aus dem Kleinen das Wunderbare wirken, das vermag die Liebe. Sie ist das eigentliche Wunder. Jesus hat sie gepredigt und gelebt mit allem, was er hatte und war. Denn er wusste: Nur so wird etwas ahnbar von dem Gott, der selbst die Liebe ist. Sie ist das Geheimnis hinter allem, was Menschen füreinander vermögen. Ohne sie bliebe selbst das

Größte ein Nichts. Mit ihr wird auch noch das Armselige groß. So reicht das Geheimnis des Glaubens bis in den Hunger der Menschen und den Kummer eines Kindes. Auch dort noch begegnet uns der Gott, dem wir nahe sind.

Neunzehnter Sonntag im Jahreskreis: Mt 14,22–33

Stand haben im Gegenwind

— *Symptome* —

Vor einigen Jahren eröffnete am Sunset Boulevard auf der Höhe von West-Hollywood ein neuer Nachtclub. Über dem Eingang prangen in greller Neon-Leuchtschrift die Buchstaben „B" Punkt, „C" Punkt. So heißt die Bar. B.C. steht für „Before Christ" – vor Christus. In solchen scheinbar beiläufigen Symptomen drückt sich die Verfassung einer ganzen Epoche, unserer Epoche aus.

Machen wir einen Szenenwechsel: In exakt dem gleichen Jahr am Ostersonntag in Wigratzbad. Wigratzbad in der Diözese Augsburg ist ein kleiner, umstrittener Wallfahrtsort, in dem sich ein Priesterseminar für ehemalige Lefebvre-Anhänger angesiedelt hat, die die Absichten dieses Erzreaktionärs für gut heißen, aber doch nicht den Mut haben, mit Rom zu brechen. Mittlerweile ist diese Einrichtung zum Sammelbecken geworden für viele, die nicht mehr viel im Sinn haben mit dem II. Vatikanischen Konzil und dennoch Priester werden möchten. In eben diesem Wigratzbad hat damals am Ostersonntag der vormalige Kardinal Joseph Ratzinger das Hochamt gehalten – wohl gemerkt ganz in lateinischer Sprache, mit dem Rücken zum Volk, nach dem Ritus des alten, vorkonziliaren Messbuches, das Papst Paul VI. 1969 außer Kraft gesetzt hat. Auch das war ein Symptom, das freilich später während des Pontifikats des zum Papst gewordenen Kardinals auf vielfältige Weise Kennmal der Verfassung der römischen Kirche geworden ist.

— *Einfach Angst* —

Jetzt werden Sie natürlich fragen, was um alles in der Welt denn der Nachtclub in Hollywood mit dem Kurienkardinal im Allgäu zu tun hatte. Ganz einfach: Beide zusammen stehen haargenau für das, wovon

das heutige Evangelium seit fast 2000 Jahren spricht. Schon Matthäus meinte, als er vom Boot der Jünger sprach, das gegen Wellenschlag und Gegenwind ankämpfen muss, die Kirche in ihrer Herausforderung durch die Welt. Und schon Matthäus erzählt ungeschminkt, wie die Jünger und vor allem ihr Sprecher Petrus in dieser Situation reagieren: mit wenig Glauben, aber viel Zagen und Angst.

— Wie „vor Christus" leben —

Wenn sich heute ein Nachtlokal „Vor Christus" nennt, dann ist das keineswegs nur ein frivoler Gag. Vielmehr formuliert das im Grunde ein ganzes Programm: Man schickt sich an so zu leben, als ob es den Mann aus Nazaret nie gegeben hätte: statt seiner Güte – Eigensucht; statt seiner Demut – Arroganz; statt seines Erbarmens – Aburteilen. Ich will nicht schwarz-weiß-malen: Es gibt heute sehr wohl auch andere Lebensstile – aber eben nur am Rande. Das „Vor Christus" gibt den Ton an – nicht nur in Hollywood, schon längst auch in Provinzgegenden wie unserer Heimat. Und wir alle werden das noch ganz anders geballt erleben, wenn in den nächsten Jahren im Zug der politischen Umbrüche Deutschlands die Woge eines so schamlosen Materialismus über uns hinwegfegen wird, wie ihn nicht einmal die Konsumexzesse der Nachkriegszeit gekannt haben. Wie vor Christus leben, das ganze Offenbarwerden wirklichen Menschseins rückgängig machen, für das Jesus Christus steht – das ist die wahre Herausforderung an uns als Kirche heute. Und nicht die Scharmützel zwischen scharfmacherischen Kirchenmännern und ebenso forschen Medienleuten, wenn die einen von antikatholischer Pogromstimmung schwadronieren und die anderen den Abgesang dieser aus der Gegenwart gefallen Glaubensgemeinschaft anstimmen.

— Parole „retro" —

Und wie reagiert die Kirche – zumindest in ihren Leitungsorganen – auf jene Herausforderung? Siehe Wigratzbad! Unverfroren werden Signale zum Rückzug aus der vorsichtigen Öffnung gegeben, die das II. Vaticanum unternommen hat. Die Ewiggestrigen werden mit demonstrativer Sympathie hofiert. Zurück in die Trutzburg des 19. Jahrhunderts! Weg mit der liturgischen Erneuerung, weg mit der ganzen Theologie des

20. Jahrhunderts. Weg mit der Eigenbedeutung der Bischofskonferenzen und der Ortskirchen! Rom allein, eine – seine! – Theologie allein, ein weltweiter Katechismus für alle Kulturen allein – und alle tanzen im Gleichschritt nach einer Pfeife. Schnell zurück von der stürmischen See! Schaffen wir das Boot auf trockenes Land, am besten in den Bootsschuppen, und docken wir es hoch auf, am besten so hoch, dass es kein Tropfen Wasser mehr benetzen kann. – Auf eben diese Weise – und das ist das Erschreckende! – trägt die Kirche selbst dazu bei, dass eines Tages die Welt ausschauen könnte, als ob Christus nie gekommen wäre. Wird das „B.C." am Ende zur Geisterschrift über den Kirchenportalen selber werden?

— Blindheit gegen Vertrauen —

Das alles ist keine fatalistische Prognose eines heutigen Schwarzsehers. Schon Matthäus hat gesehen, dass die Kirche Grund und Wesen ihrer selbst verfehlen kann: Als Jesus im Seesturm mitten im beängstigenden Durcheinander der Widerwärtigkeiten auf unerwartete Weise zu den Jüngern kommt, da erkennen sie ihn gar nicht, sondern sie halten ihn für ein Gespenst, das ihre Angst auf die Spitze treibt. Sie sind trotz ihrer Not nicht einmal von Ferne auf die Idee gekommen, der Herr könnte ihnen auch und gerade im Gegenwind zur Seite stehen.

Erst sein Wort an sie löst die Schrecken. Ich bin es – sagt er. Das klingt ähnlich wie für Mose einst die Stimme am Gottesberg. Ich bin es. Mitten im Andrang der verschlingenden Chaosmächte vergegenwärtigt Jesus den Jüngern nicht übermenschliche Macht- und Wundertaten, sondern: sich – seine Person, alles, was sie bisher mit ihm erlebt hatten: Ich bin es, habt Vertrauen! – Sein eigenes Tun und Sein ist Grund genug, keine Angst zu haben. Und was kann es anderes gewesen sein, als sein eigenes Gottvertrauen, das ihn so frei und angstlos hat sein lassen, was er den Jüngern da in Erinnerung bringt – eben jenes Geborgensein in Gott, von dem er mit seinem eigenen Leben und sogar mit seinem Sterben bezeugen wird, dass auch sie, dass also auch wir wagen dürfen, uns so gehalten zu glauben, auch und gerade dann, wenn der Gegenwind uns beutelt.

Petrus gibt diesen beruhigenden Worten des Herrn prompt Antwort in der für ihn so typischen Geradheit eines einfachen Herzens. Er will eingehen auf – ja geradezu das erproben – was ihm da zugesagt wird.

Und er darf es tun und tut es auf Jesu Wort hin: Komm! Aber dieses Wagnis des Vertrauens hat Petrus nicht noch einmal in seiner Verfügung – sonst wäre es ja auch kein Wagnis mehr. Eben darum fällt ihn – als er auf dem unsicheren Untergrund geht – von neuem die Angst an, also der Zweifel, wirklich gehalten zu sein, und indem er sich fürchtet, beginnt er zu sinken. Der Herr ergreift die Hand des Untergehenden, weil er sogar noch den Notschrei des Scheiternden als Glaube anerkennt. Ist dieses „Herr, rette mich“ obzwar aus dem Zweifel hervorgekommen doch restlos ehrlich aus der Seele geschrien. Vielleicht muss der Glaube manchmal – und öfter als manchmal – nicht nur erbetet, sondern erlitten werden, solange der Widerstreit zwischen Angst und Vertrauen in unsereinem nicht entschieden ist.

— *Erlösendes Eingeständnis* —

Auch dem Petrus, dem ersten der Apostel, blieb das nicht erspart. Und einen Kleingläubigen hat der Herr selbst ihn genannt. Das ist keine Schande – für den Petrus nicht und für keinen von uns. Schlimm wäre nur, wenn wir unseren Kleinglauben gar nicht mehr als Kleinglauben eingestehen würden, sondern die Flucht zurück, die uns unsere eigene misstrauische Ängstlichkeit einsagt, als endliche Wiederentdeckung einer ewigen Wahrheit anderen weiszumachen suchten. Nicht wenige Verantwortliche der Kirche heute stehen in eben dieser Gefahr, und nicht wenige Gläubige tun es ihnen nach.

Aber wir sind nicht Christen, wenn wir uns aus lauter Angst vor den neuen Heidentümern in Hollywood und in Wigratzbad und Zaitzkofen und anderswo verbarrikadieren. Christen sind wir, wenn wir unbeirrt durch alles, was uns widerfährt, auf Jesus als den Herrn schauen und ihm trauen. Am meisten geschieht das wohl, wenn wir tun, was die Jünger im Boot am Ende taten. Sie fielen vor ihm nieder und sagten: Wahrhaftig, du bist Gottes Sohn. – Du bist der, durch den das Geheimnis Gottes und der Welt und damit unser selbst bis zum Grunde offenbar geworden ist. In der Anerkenntnis seines Redens und Seins als unserer ureigenen Wahrheit finden wir selber Stand und Halt in all dem Ungangbaren, das uns umspülen mag – jeder einzeln und wir alle zusammen als Gemeinde.

Zwanzigster Sonntag im Jahreskreis: Mt 15,21–28

Jesu Lehrerin

— Selbstbewusstsein —

Gelegentlich gibt es Politiker, die musikalisch sind – oder sich dafür halten. Wir hatten bekanntlich schon einmal einen Bundespräsidenten, der fürs Leben gern das „Hoch auf dem gelben Wagen“ schmetterte. Kanzler Schmidt versuchte sich im öffentlichen Orgelspiel. Am bekanntesten war diesbezüglich der britische Außenminister Edward Heath. Seine Leidenschaft galt dem Dirigieren. Endlich durfte er eines Tages das berühmte London Symphony Orchestra leiten. Kurz vor Konzertbeginn fragte ein Reporter den Konzertmeister, welches Werk der Minister denn dirigieren werden. Der Konzertmeister gab zur Antwort: Was Mr. Heath dirigiert, wissen wir nicht. Wir spielen Beethovens „Fünfte“.

— Jesu heidnische Lehrerin —

So kann nur jemand reden, der seiner Sache absolut sicher ist. Genau wie auch die kanaanäische Frau im heutigen Evangelium – eine der irritierendsten Geschichten des ganzen Neuen Testaments. Denn sie zeigt uns Jesus in einer völlig ungewohnten Rolle: nicht als Lehrer und Meister und Autorität, sondern – man muss sich das zunächst einmal gegen alle Klischees im Hinterkopf klarmachen: Da begegnet uns Jesus als einer, der belehrt wird, belehrt von einer Frau und noch dazu von einer Heidin, einer Ausländerin – er, der jüdische Wanderprediger und Rabbi. Belehrt über sich selbst und seine Sendung, mit der er sich von Gott beauftragt weiß.

— Aufgesprengte Sendung —

Von seiner Taufe im Jordan an sah Jesus seine Aufgabe darin, eine Neusammlung des Volkes Israel einzuleiten – darum hat er ja den Zwölfer-

kreis um sich berufen, Sinnbild der zwölf Stämme Israels, um Gottes erwähltes Volk endlich zu dem zu machen, was es eigentlich sein soll. Zunächst schien das auch zu gelingen. Die Leute strömten ihm in Scharen zu. Seine Art, von Gott zu reden, und die Versinnbildung dieses Gottes in Gesten heilender Menschlichkeit, das faszinierte. Aber nicht lange, und schon gab es Widerstand und Abwendung. Was Jesus sagte, wie er war und was er tat, das war vielen zu frei. Bald schon begann sich abzuzeichnen, dass es Jesus nicht anders gehen würde als vielen Propheten vor ihm in der Geschichte Israels, möglicherweise einschließlich eines gewaltsamen Endes. Das war das Normale.

Das eigentlich Aufregende kam in Jesu Leben von anderswoher: dass Menschen, die nicht Israeliten waren, von sich aus zu ihm kommen, nicht um von einem Exoten Hilfe zu erbitten, sondern gläubig, also voll Vertrauen, dass er aus seiner Gottverbundenheit ihr Leben zum Guten zu wenden vermag. Einen schärferen Kontrast zur Ablehnung, die Jesus seitens der Mehrheit seines Volkes entgegenschlug, hätte es kaum geben können. Für ihn selber kam das unerwartet. Er wusste sich zu Israel gesandt, antwortet der Kanaanäerin darum gar nicht auf deren Bitte um Hilfe. Selbst den Vorschlag der Jünger, die lästige Bettlerin durch Erfüllung ihrer Bitte loszuwerden, nimmt Jesus aus diesem Grund nicht an.

Doch die Frau lässt nicht locker. Sie dachte sich wohl: Wenn wahr ist, was er von Gott sagt, wenn auch wahr ist, was die Leute von ihm sagen, kann dann die Zugehörigkeit oder Nichtzugehörigkeit zu einem bestimmten Volk von Bedeutung sein, wo es um das Leben meines Kindes geht? Hilf mir, Herr! – Jesu Antwort, in Anlehnung an ein damals gebräuchliches Sprichwort, klingt in späteren, auch unseren Ohren so hart, dass ganze Generationen von Theologen damit beschäftigt waren, durch übertragene Ausdeutungen die Schärfe dieser Worte zu mindern. Aber das änderte nichts. Sowenig man Kindern das Brot wegnehmen und den Hunden hinwerfen darf, sowenig darf ich, meint Jesus damit, den Plan Gottes überspringen, wie ich ihn mir aufgegeben weiß.

Aber die Frau bleibt hartnäckig. In einer Schlagfertigkeit sondergleichen greift sie Jesu Wort auf und biegt es gleichsam um, dass es wieder für sie spricht und ihr Jesus eigentlich gar nicht mehr widersprechen kann. „Du hast recht, Herr! Aber selbst die Hunde bekommen von den Brotresten, die vom Tisch ihrer Herren fallen.“, erwiderte

sie. Und Jesus erfüllt ihre Bitte und heilt ihr Töchterlein. Die Heidin mit ihrem enttäuschungsresistenten Glauben ist ihm zur menschlichen Lehrerin geworden, die ihn – ihn! – in die Weite seines Gottesauftrags einweist.

— Heilige Unverschämtheit —

Die Begebenheit verrät von Gott fast mehr als über den Menschen. Gewiss ist von Belang zu begreifen, dass zum Glauben ein gewisses Maß an Beharrlichkeit gehört. Ich kann nicht nur beten, wenn ich Lust habe oder wenn es mir schlecht geht. Und ich kann nicht nur Gottesdienst feiern, wenn es in den Terminkalender passt oder mir der Zelebrant oder Prediger sympathisch ist. Glaube steht und fällt damit, dass er sich von nichts und niemandem beirren lässt, nicht einmal von der Fremdheit, die manchmal die Nähe Gottes verhüllen kann – wenn mir alle Argumente und Erfahrungen gegen Gott und Glaube triftiger scheinen als das, was für ihn spricht. Martin Luther kommentierte zu unserem Evangelium: Das Wort Jesu musste für die Frau ein Donnerschlag sein, der beide, Herz und Glaube, auf tausend Stücke zerschlüge. Aber sie hält sich an das Wort – sie klammert sich daran – und vermag so unter und über dem Nein mit festem Glauben das heimliche Ja Gottes zu fassen. „Heilige Unverschämtheit" sagte Teresa von Avila dafür – eine Gottesgabe.

Trotzdem scheint mir ein anderes noch wichtiger: Wenn wahr ist, was wir Christen von Jesus glauben und unbeholfen mit dem Namen „Sohn Gottes" auszudrücken suchen, dass der Mensch Jesus untrennbar seit je und für immer zu Gott gehört, weil er dessen lebendiges Gleichnis ist, – wenn das wahr ist und wenn zugleich wahr ist, dass Jesus durch die kanaanäische Frau entdeckt hat, dass seine Sendung allen – Juden und Heiden – gilt, dann lässt uns diese Geschichte ein wenig ahnen, auf welches Abenteuer sich Gott mit der Menschwerdung eingelassen hat. Er ging so weit, dass er sich von seinen eigenen Geschöpfen beeindrucken ließ im buchstäblichen Sinn des Wortes. Wenn es den Gott der Bibel gibt, dann macht dieser Gott nicht nur Geschichte, sondern er hat Geschichte, teilt also mit uns genau das, was unserem Leben jenen Zug des Unwiderruflichen einschreibt, der es manchmal so schmerzlich und manchmal so wunderbar macht.

— Stammmutter auch für uns —

Dazu gehört nicht zuletzt auch, dass wir dieser Frau aus dem heidnischen Kanaan, von der wir nicht einmal den Namen kennen, verdanken, dass wir – geborene Heiden wie sie – Christinnen und Christen sein können. Sie ist unsere Stammmutter im Glauben. Ob es ohne sie je Christen außerhalb des Judentums gegeben hätte? Ob sich ohne die Geschichte von ihr die junge Kirche getraut hätte, unter Heiden Mission zu treiben? Wie auch immer: Das Schönste an der ganzen Geschichte: nichts an unserer Menschenwelt ist Gott so fremd oder fern, dass es nicht Ausdruck seiner Leidenschaft für uns werden könnte. Gut möglich, dass sich hinter etwas, was wir als unsere eigene Stärke empfinden, auch so eine Gottesspur verbirgt wie hinter dem hartnäckigen Glauben der Frau aus Kanaan. Entdecken wird das, wer nicht zu klein von Gott und nicht zu klein von sich selber denkt.

Einundzwanzigster Sonntag im Jahreskreis: Mt 16,13–20

Garantieschein

— Zwischen Faszination und Antipathie —

Es ist seltsam. Seit einiger Zeit kann man so etwas Ähnliches wie eine öffentliche Schizophrenie beobachten: Religion gehört zu den Megathemen der öffentlichen Debatten. Das Interesse am Heiligen, an Überlieferungen und Ritualen ist riesig. An den großen Kirchen aber geht es vorbei. Und noch kurioser: Seit dem öffentlichen Sterben Papst Johannes Pauls II., dann der Wahl Benedikts XVI. und erst recht derjenigen von Papst Franziskus gibt es weit über die katholische Kirche hinaus ein unglaubliches Interesse an diesem einzigartigen geistlichen Amt und seinem Inhaber. Aber zugleich gelten die Päpste nicht wenigen als personifizierter Starrsinn und ein Festklammern an Überholtem, das nur noch Spott verdient. Verantwortliche der evangelischen Kirchen stehen derzeit vor einem Rätsel: Nicht selten begründen Leute ihren Austritt aus der evangelischen Kirche mit dem Papst – obwohl sie von ihm doch gar nicht betroffen sind. Dieses Amt und sein Inhaber ziehen wie ein Magnet nicht nur Faszination, sondern genauso Ablehnung und Antipathien auf sich.

— Die eigentliche Wurzel —

Warum das so ist, lässt sich – denke ich – gar nicht so einfach auf den Nenner bringen. Mit Sicherheit spielt ein Rolle, was auch überzeugte Christen oft nur schwer erträglich finden: das ganze vatikanische Hofschranzentum, das es in Teilen immer noch und wieder gibt, die Anmaßung von Verwaltungsorganen etwa bei der Bestellung von Lehrern der Theologie, das Recht-haben-Müssen in Beiläufigkeiten noch, autoritäres Gehabe, das sich mit frommen Floskeln maskiert. Und vor allem der Starrsinn im Festhalten von Prinzipienfragen, der nach außen nur noch zynisch wirken kann, wie etwa das prinzipielle Verbot von Kondomen,

das keinerlei Rücksicht auf das Massenelend der Aidskranken vor allem in Afrika nimmt, und mehr dergleichen. Gerade bei der Ausübung des obersten Leitungsdienstes täte Reform bitter Not – was übrigens mehrere Enzykliken des 20. Jahrhunderts selber ansprechen. Und trotzdem reicht das alles nicht, um jene tiefe Ablehnung zu erklären, die Papst und Papstamt manchmal erfahren.

Vielleicht muss man darum die Wurzel dafür ganz anderswo suchen: Würde der Papst den Leuten nur auf die Nerven gehen, könnten sie ihn ja einfach lächerlich finden und künftighin unbeachtet lassen. Warum tun das die meisten selbst der Kritiker nicht? Weil sie im Tiefsten spüren, dass so etwas, wie das Papstamt es verkörpert, nötig ist, damit Menschen in dem unüberschaubaren Gewirr von Meinungen, Versprechungen, Hoffnungen und Drohungen irgendwie den Boden unter den Füßen nicht verlieren. Und gleichzeitig regt sie das Amt, wie es sich faktisch darstellt, furchtbar auf, weil es dieses tiefe Bedürfen gegen seinen eigenen Anspruch doch nicht erfüllt.

— *Überforderung?* —

Wenn das so wäre, wenn im Tiefsten tatsächlich selbst noch seitens der Kritiker dem Papstamt solche Bedeutung zugemessen würde, wäre das nicht eine Illusion, eine gnadenlose Überforderung des Amtes selbst und erst recht eines jeden seiner Inhaber? Das Evangelium von heute antwortet darauf mit einem klaren: Nein. Jesus selbst hat mit der Berufung des Petrus zum Fels denen, die ihm glauben, sozusagen einen Garantie-Schein ausgestellt. Matthäus stellt dieses Ereignis so dar: Auf die Frage Jesu an seine Jünger, für wen ihn denn die Leute und dann für wen eigentlich sie ihn hielten, legt Petrus als Sprecher der Jünger ein Glaubensbekenntnis zu Jesus ab: Du bist der Messias, der Sohn des lebendigen Gottes. In dir, heißt das, hat Gott uns geschenkt, was wir zuinnerst suchen: Seine unbedingte Nähe, die uns segnet und tröstet und alles Angeschlagene wieder gutmacht.

Auf dieses Jesus-Bekenntnis des Petrus antwortet Jesus mit einem Petrus-Bekenntnis: Weil du, Petrus, das aus gottgeschenktem Glauben sagen kannst, darum sollst du sichtbarer Bürge dafür sein, dass wahr ist und für immer wahr bleibt, was du gerade gläubig bekannt hast. Und als solcher Bürge bist du so etwas wie das unverrückbare Fundament für die

Kirche, die Gemeinschaft der Glaubenden. Wenn sie sich fragt, ob wahr ist, was sie glaubt, darf sie auf dich schauen und beruhigt sein. So bist du nicht nur Fundament, sondern so etwas wie der Stein, der nach einer sinnbildlichen Vorstellung der Juden die Unterwelt, das heißt das Chaos verschließt und unschädlich macht, die Untiefe unter dem Leben, die so sehr Angst machen kann und dann aus Angst Menschen das Böse tun lässt.

Handeln Menschen nicht mehr aus Angst, sondern trauen sie Jesus, fangen sie an im Gottesreich zu leben. Darum sagt Jesus dazu, dass er dem Petrus die Schlüssel des Himmelreichs geben werde. Als Garant dafür, dass der Glaube wahr ist, ist Petrus sozusagen in Person der Schlüsselbund. Und das Binden und Lösen, in dem sich diese Funktion ausdrückt, besteht nicht darin, dass er herrscht wie ein Monarch: An einer anderen Stelle im Evangelium wirft Jesus den Schriftgelehrten einmal vor, dass sie die Schlüssel des Himmelreichs besäßen, den Menschen aber den Zugang versperrten. Dem Petrus gibt Jesus folglich die Schlüssel, dass er das Gegenteil tue. Das ist seine Voll-Macht. Sie kommt von Gott und wird darum nur mit den Mitteln Gottes, allen zuvor also mit der Barmherzigkeit ausgeübt werden können, nie und nimmer mit menschlichen Mitteln.

— *Reicheres Petrusbild* —

Jeder, der unser Evangelium ernst nimmt, kann eigentlich gar nicht anders, als froh zu sein, dass es den Petrus und sein besonderes, einmaliges Amt gibt. Nach Petrus trugen und tragen die Päpste dieses Amt weiter, Bürge und Garant für die Wahrheit des Evangeliums zu sein. Warum fällt es auch Gläubigen oft so schwer, darüber genauso froh zu sein wie über den Petrus? Vielleicht deswegen, weil die allermeisten der Amtsinhaber meist nur den Petrus der Schlüsselübergabe, den Bevollmächtigten verkörpern. Das Neue Testament dagegen zeichnet ein ungleich reicheres Bild: Es hat nie verschwiegen, dass dieser Kirchenfels und Wahrheitsbürge zugleich schwacher, fehlerhafter, irriger Mensch war und blieb. Nur wenige Zeilen nach unserer Geschichte erzählt Matthäus, wie Petrus Jesus von seinem zum Kreuz führenden Weg abzubringen suchte und sich dafür einhandelte, von Jesus „Satan“ genannt zu werden. Am Karfreitag verleugnete er seinen Herrn, vom Kreuz lief er davon. Trotzdem hat Jesus

seine Berufung nie rückgängig gemacht. Trotz der Schwachheit macht Jesus einen Menschen zum besonderen Zeichen für Gottes Treue zu uns. Käme dieses Menschliche bei der Ausübung des Papstamtes unverstellt, unplakativ, einfach so zur Geltung, wie es in Wahrheit ist – ich bin mir gewiss: Seine Vollmacht wäre glaubwürdiger und nicht wenige wären dankbar für sie.

In dem berühmten Papst-Roman „In den Schuhen des Fischers" heißt es an einer Stelle:

„Die Schlüssel zum Himmelreich hängen an seinem Gürtel, und doch kann es sein, dass er sich für immer ausgeschlossen sieht vom Frieden der Erwählten und der Gemeinschaft der Heiligen. Wenn er behauptet, unberührt von Selbstverherrlichung und Ehrgeiz zu sein, spricht er die Unwahrheit. Wenn er nicht manchmal von Furcht erfasst wird und oft im Dunkeln betet, dann ist er ein Tor."[24]

Einem Petrus-Nachfolger, der dieses Menschliche ahnbar macht, kann man zutiefst verbunden sein.

Zweiundzwanzigster Sonntag im Jahreskreis: Mt 16,21–27

Vom Kreuztragen

— *Kreuz-Karikatur* —

In der Nähe des Kolosseums in Rom steht ein kleines, wenig beachtetes Museum. Dort werden ein paar Fundstücke aus dem Gebiet des alten Forum Romanum gezeigt – unter ihnen auch eine Kreuzesdarstellung. Vermutlich ist es die älteste, die es überhaupt gibt; jemand hat sie mit einem Nagel in eine Steinplatte geritzt. Die Gestalt, die dort am Kreuz hängt, trägt kein Menschengesicht, sondern einen Eselskopf. Das erste Kreuzbild war also eine Karikatur. Sie spricht für sich. Ein Esel der Gott, der sich so behandeln lässt. Und vor allem: ein Esel der Mensch, der einen solchen Gott auch noch verehrt.

— *Hilflose Wut* —

Solche und ähnliche Karikaturen gab es seit der Frühzeit der Kirche immer wieder – auch in der Gegenwart. Schnell ist in solchen Fällen in kirchlichen Kreisen von Gotteslästerung die Rede. Aber im Grunde trifft dieser Vorwurf solche Karikaturen gar nicht. In ihnen spricht sich vielmehr etwas ganz anderes aus: eine abgründige Hilflosigkeit angesichts der christlichen Botschaft vom Kreuz. Da hängt einer – und soll Gott sein. Und dann soll von diesem Toten auch noch das Heil der ganzen Welt abhängen. Ist das nicht Unsinn? Und mehr noch: die Christen ihrerseits werden auch aufgefordert, Kreuz zu tragen. Nietzsche, der scharfsinnige Philosoph und Menschenkenner, hat gewütet gegen diese christliche Aufforderung. Sie galt ihm als der Versuch der Schwächlinge im Leben, der ewig zu kurz Kommenden, ihr elendes Dasein voll Plagen und Pleiten vor sich selber ein bisschen zu verschleiern. Denn so können sich die Schwächeren als die Besseren fühlen, weil sie ja auch Kreuz tragen wie Jesus damals – und dann endlich einmal auch dafür

den Lohn kassieren. Jene Karikaturen und Nietzsche – muss ein gesunder Menschenverstand ihnen nicht zustimmen, wenn sie das Kreuz als verrückt und menschenunwürdig empört zurückweisen?

— Glaubensnot —

Wir dürfen es uns mit dieser Frage nicht zu leicht machen. Vielleicht möchten wir sie schnell verneinen – um sie loszuwerden. Weil wir Angst haben vor dem, was sie in uns selber an dunklem Empfinden aufreißt. Denn Misstrauen und Ablehnung begleiten das Wort „Kreuz" wie sein eigener Schatten seit der Stunde, da Jesus dieses Wort zum ersten Mal ausgesprochen hat. Dieses Misstrauen und diese Ablehnung wohnen auch im Herzen der Gläubigen. Genau davon spricht das heutige Evangelium.

Jesus redet seinen Jüngern das erste Mal davon, dass er seiner Botschaft wegen von den religiösen Autoritäten des Volkes getötet werden wird. Und die erste Reaktion der Jünger war: Das geht nicht. Das darf nicht sein. Petrus, der seliggepriesene Fels, spricht als erster diesen Einwand aus. Jesus aber fährt ihn in einer nie gekannten Härte an: Weg mit dir, du Satan! Du denkst nicht die Gedanken Gottes, sondern deine eigenen. Diese heftige Reaktion Jesu verrät uns, dass Petrus mit seinem menschlich ja nur zu gut verständlichen Einwand an eine ganz empfindliche Stelle des Lebens Jesu gerührt hat – dass er die Mitte seines Daseins, alles wofür Jesus lebt, in Frage stellt. Was aber ist es um diese Mitte des Lebens Jesu?

Dieser Jesus wusste sich gesandt, die Botschaft vom Reich Gottes zu verkünden, das heißt zu predigen, dass es Gottes sehnlichster Wunsch sei, die Welt wieder so heil zu machen, wie er sie ursprünglich geschaffen hat; dass nichts mehr zwischen ihm und den Menschen stehe. Und geschehen wird das – so sagt Jesus –, wenn sich alle wieder hin-kehren zu Gott, wenn sie Gott als Gott anerkennen und aufhören, sich als Herren von eigenen Gnaden aufzuspielen. Um es kurz zu sagen: wenn sie den Lebensstil Jesu teilen, der ganz von Gott her lebt, deshalb für die andern da ist und gerade darin auch eins wird mit sich selber. Das lebt Jesus, und das predigt er.

Zuerst laufen ihm dieser Botschaft wegen die Scharen zu. Aber schon bald schlägt die Stimmung um in Ablehnung und Hass, weil die

Hörer seiner Botschaft genau spüren, dass sie sich ändern müssen, wenn sie sich diesem Jesus anschließen. Aber das wollen sie nicht. Sie lassen ihre Gewohnheiten und Überlieferungen nicht in Frage stellen. Da beginnt der Konflikt zwischen Jesus und seinem Volk. Und dieser Konflikt spitzt sich zu, je mehr und je länger Jesus vom Vater im Himmel predigt und das Kommen seines Reiches verheißt. Er wird zum Kampf wider die selbstgemachten Sicherheiten im Verhältnis zu Gott – wider die Krämerseelengesinnung, die Gott gerade soviel Platz im Leben einräumt, wie nötig scheint, um die eigenen Interessen durchzusetzen, statt von ihm allein alles zu erwarten. Eben deshalb wird Jesus – dieser Bote Gottes schlechthin – aus der Welt hinausgeworfen als Verbrecher am Kreuz.

Jesus ist also nicht auf die Welt gekommen, weil er unbedingt am Kreuz sterben wollte. Er ist nicht süchtig nach Leiden. Im Gegenteil: er will leben und die Schmerzen heilen. Aber er nimmt dieses Ende bewusst auf sich aus Treue zu seiner Botschaft. Hätte er das nicht getan, wäre er geflohen oder hätte dem Druck der Autorität diplomatisch nachgegeben, dann hätte er seine eigene Botschaft vom Vater im Himmel verraten. Er hätte widerlegt, was für ihn die Wahrheit schlechthin gewesen ist: dass Gott der Vater alle liebt und in dieser Liebe keine Grenzen kennt, ja sich selber restlos verausgabt für die Menschen. Und weil Jesus so sehr zu Gott gehört, dass er sein Sohn heißt, deshalb kann er nicht anders – er muss sich genauso verausgaben für seinen Vater und seine Wahrheit und damit für die Menschen. Deswegen kommt es zum Kreuz. Es geschieht genau da, wo die Liebe sich schutzlos aussetzt im Klima der Sünde, das heißt dort, wo die Menschen selber absolute Herren sein wollen und deshalb Gott hinauswerfen aus ihrem Leben. – Die rettende Botschaft von der Liebe Gottes verkünden und leben. Das war Jesu ein und alles. Das war seine Mitte. Deshalb reagiert er so heftig, als Petrus ihm zuredete, den Konflikt zu vermeiden – denn das hätte geheißen: jene Wahrheit zu verraten.

Von daher können wir jetzt auch verstehen, weshalb Jesus gleich darauf vom Kreuztragen als dem Lebensgesetz seiner Jünger redet. Wo immer nämlich einer zu Jesu Freund wird, das heißt, wo ein Mensch die Wege seines Lebens mit Jesus geht und teilt, da wird er den Vorrang Gottes in der Welt behaupten und von ihm her sein Leben nach dem Maßstab der Liebe entwerfen. Genau das macht den Jünger Jesu aus –

und zusammen mit Jesus wird er zu beidem auch fähig sein. Genau dort aber, wo einer ein solches Gott-entsprechendes Leben unverkürzt lebt, wird es früher oder später in irgendeiner Weise zum Konflikt mit den Kräften kommen, die Gott ablehnen – so wie es Jesus geschehen ist.

Solche Konflikte gehen dort, wo man Gottes Anspruch kategorisch zurückweist, grundsätzlich tödlich aus. Dort verlieren Menschen tatsächlich um Jesu willen ihr Leben. Den ersten dieser tödlichen Konflikte nach Jesus berichtet das Neue Testament selber noch in der Apostelgeschichte: es war der Fall des Diakons Stephanus. Und ihm folgten – Gott weiß allein, wie viele – Märtyrer in der Geschichte unseres Glaubens. Und auch in der Gegenwart gibt es diese tödlichen Konflikte: So sind Pater Alfred Delp und der evangelische Theologe Dietrich Bonhoeffer in den KZs der Nazis wegen ihrer Treue zum Evangelium ermordet worden. Und aus demselben Grund hat man vor Jahren den Erzbischof von San Salvador, Oscar Arnulfo Romero, erschossen. Er hatte gegen die Vergötzung der Macht durch ein paar Familien und gegen die schamlose Ausbeutung der Armen Gottes Wort gepredigt – und dafür mit dem Leben bezahlt.

In all diesen Toten hat Jesu Wort, dass sich selbst verleugnen müsse, wer sein Jünger sein wolle, seine Wahrheit, seine entscheidende Wahrheit gezeigt. Ihnen aber, die ihr menschliches Leben verlieren, ist vom Herrn gleichzeitig verheißen, dass sie dennoch nicht ins Nichts fallen werden. Nein, gerade durch ihr Sterben für Gottes Wahrheit wird ihr Dasein gültig und end-gültig vor Gott. Wie bei Jesus. Mit ihm wird ihnen von Gott volles Leben geschenkt. Das meint Jesu Wort vom Kreuztragen der Jünger.

— *Bekenntnis zum liebenden Gott* —

Auch wer um diesen Sinn des heutigen Evangeliums weiß, wird sich dennoch schwer tun mit seiner Rede vom Kreuz. Schwer tun besonders dort, wo Christen heute nicht in direkte Konflikte mit Kräften geraten, die ausdrücklich und mit allen Mitteln gegen das Evangelium kämpfen. Überall dort aber droht die Versuchung, mit dem Wort vom Kreuztragen Schindluder zu treiben – aus einer falschen Frömmigkeit heraus. Oft genug hält man das Wort denen besserwisserisch entgegen, die gegen ihr Schicksal murren und nicht mehr damit fertigwerden. Es ist immer

leicht, einen anderen zum Kreuztragen aufzufordern, ohne selbst davon betroffen zu sein. Aber abgesehen davon: Jesus hat mit seinem Wort vom Kreuz nicht gemeint, die Jünger sollen sich halt abfinden mit dem, was so geschieht, und immer schön ruhighalten. Im Gegenteil – er versteht das Kreuztragen als Bekenntnis, dass die Wahrheit von der Liebe Gottes und seiner Nähe immer und überall gilt – auch wo es nicht so scheint und wo man diese Wahrheit nicht hören will. Als Bekenntnis, dass auch ein Leben wie seines, das nach außen hin tragisch endet und völlig misslungen scheint, nicht sinnlos ist. Wenn eine Mutter, die ihr Kind verliert, wenn ein verlassener Ehepartner, wenn ein in jungen Jahren völlig Gelähmter, wenn die Familie mit dem schwer behinderten Kind aus eben diesem Glauben an Gottes Liebe trotz allem nicht die Flinte ins Korn wirft; wenn sie ihr Schicksal bestehen in der Hoffnung, dass es noch durch alle Ohnmacht hindurch gelungenes Leben gibt, und deshalb mit Christus ihr Leben gehen – dann stehen sie in der Nachfolge Jesu. Sie tun es, weil sie sich an Gott klammern, wo sie selber am Ende sind.

Einmal, wenn wir sterben, also uns selber ganz genommen werden, dann sind wir alle gefragt, ob auch wir bereit sind, uns allein auf Gott zu werfen und jenseits des Todesdunkels uns von ihm das Leben schenken lassen. Deshalb wird es gut sein, wenn wir uns jetzt schon hineinhören und hineinbeten in Jesu Wort vom Kreuztragen. Denn dieses Wort im Herzen zu tragen, das kann einmal darüber entscheiden, ob wir die Zumutung unseres Schicksals menschlich bestehen. Und es wird über unser Leben als ganzes entscheiden, wenn wir gerufen sind, alles in Gottes Hand zurückzulegen.

Dreiundzwanzigster Sonntag im Jahreskreis: Mt 18,15–20

Christliches Machtmittel

— *Zu kleiner Gott* —

Einer der Letzten, die in Auschwitz umgebracht wurden, war der Vater von Avner Less. Beim Eichmann-Prozess in Jerusalem fragte Less den Angeklagten unter anderem, warum er denn aus der Kirche ausgetreten sei. Eichmann antwortete: „Ich kam immer mehr zur Erkenntnis, dass Gott unmöglich so klein gewesen ist wie in den Sachen, die in der Bibel stehen... Ich sagte mir: Der Gott, an den ich glaube, ist größer als der Christengott. Denn ich glaube an einen ganz großen Gott, der das Universum in Bewegung hält."

— *Antichristliche Entrüstungen* —

Seltsamerweise haben von Anfang an seine entschiedenen Gegner einen Grundzug des Christentums genauer gesehen als viele der Gläubigen bis heute: Schon der Intellektuelle Kelsos entrüstete sich im 2. Jahrhundert über das, was Christen von ihrem Gott glauben – das mit der Menschwerdung und dann erst recht über das Gebaren dieses Jesus, um von seinem geschmacklosen Ende als Hingerichteter zu schweigen. Nicht anders viel später und gar nicht so lange her Nietzsche. Der schäumte geradezu über die Bedeutung, die im Christlichen dem Kleinen, Unscheinbaren zugeschrieben ist. Dann Eichmann. Und heute bevölkern Nietzsche-Epigonen die Feuilletons, schlagen dabei Töne an, dass einem angst und bange werden muss. Der geschäftstüchtige Philosophie-Essayist Peter Sloterdijk etwa meinte vor Jahren auf einer Tagung, der Nietzscheanische Übermensch sei etwas viel Großartigeres als die stiefeltragenden Nazi-Anhänger zu erkennen vermochten, und es sei sinnvoll, dass sich die Philosophen an der Diskussion um die Kriterien der Selektion beteiligten, die mittlerweile durch die Biotechnologien möglich geworden

sei. Von einem anwesenden jüdischen Philosophen gefragt, wie er denn in diesem Zusammenhang das Wort Selektion in den Mund nehmen könne, antwortete Sloterdijk: Wir haben halt divergierende Kalender.

— Von den „Kleinen" und den „Sündern" —

Vor dem Hintergrund dieses Szenarios gewinnt das Kapitel des Matthäusevangeliums, aus dem wir soeben eine Passage gehört haben, eine atemberaubende Brisanz. Dieses Kapitel – es ist das 18. – besteht aus der vierten der fünf Jesus-Reden, die der Evangelist komponiert hat. Man könnte sie die „Rede von den Kleinen und den Brüdern" nennen, weil sie damit einsetzt, dass Jesus als Antwort auf den Rangstreit der Jünger, wer der Größte im Himmelreich sei, ein Kind in ihre Mitte stellt und dazu sagt, dass, wer so klein sein könne wie dieses Kind, der Größte im Himmelreich sein werde.

Im zweiten Teil der Rede geht es um das haarige Problem, wenn sich ein Gemeindemitglied verfehlt. Auch so ein Klein-Klein, eine Trivialität – von außen gesehen. Nicht so für das Evangelium. Matthäus macht sich allergrößte Sorge um die Heiligkeit der Gemeinde, damit sie dem wiederkommenden Herrn recht begegnen kann. Und darum nimmt er in seiner Gemeindeordnung das vierstufige Verfahren für die Behandlung von Vergehen auf, das das heutige Evangelium schildert: Zuerst unter vier Augen über die Sache reden, dann – wenn das nichts geholfen hat – unter Gegenwart ganz weniger anderer, dann – wenn es wieder nichts fruchtet – wird die Gemeinde beigezogen. Und wenn alle Stricke reißen: der Ausschluss.

Aber eigentlich darf es dazu gar nicht kommen. Nicht nur, dass jemand, der sich verfehlt hat und damit selbst außerhalb der Gemeinde stellt, wieder zurückgeholt werden kann, wie unser Evangelium in bemerkenswerter Parallele zur Bindungs- und Lösungsvollmacht des Petrus formuliert, von der wenige Kapitel früher die Rede war. Hinzu kommt, dass der Evangelist diese Verfahrensordnung in auffälliger Weise rahmt: Unmittelbar davor steht das Gleichnis vom verlorenen Schaf – dass der Hirt um des einen verirrten Tieres wegen die anderen 99 zurücklässt, um das eine zu suchen und auf den Schultern heimzutragen, und dass Gott genauso unvernünftig – menschlich gesprochen – mit dem Sünder umgeht. Und unmittelbar nach der gemeindlichen Verfahrensordnung folgt jene Frage des Petrus, wie oft man denn vergeben müsse, etwa gar siebenmal? Und Jesu

Antwort lautet: Nicht siebenmal, sondern siebenundsiebzigmal, also enttäuschungsresistent wie immer. Diese Rahmung macht unübersehbar, dass das Verfahren selbst nur als allerletzter Notnagel gelten soll. Der eigentlich christliche Weg ist ein ganz anderer, wie gleich der nächste Vers klar macht: Alles, was zwei von euch auf Erden gemeinsam erbitten, werden sie von meinem himmlischen Vater erhalten, sagt Jesus dafür – und natürlich ist diese Verheißung von Matthäus zu allererst auf das unmittelbar vorausgehende Problem derer bezogen, die die christliche Gemeindeordnung verletzt haben. Wo ein solcher Konflikt aufbricht, besteht die christliche Reaktion darin, den Sünder, die Sünderin ins Gebet zu nehmen – und das ist wörtlich gemeint. Es klingt in unseren Ohren im ersten Moment deswegen so weltfremd, ja naiv, weil bei innergemeindlichen oder innerkirchlichen Konflikten in aller Regel genauso juridisch verfahren wird wie sonst in der Welt. Aber das Evangelium setzt gleichsam noch eins drauf und begründet auch, warum das so ist: Was zwei auf Erden gemeinsam erbitten, werden sie vom himmlischen Vater erhalten: Denn wo zwei oder drei in meinem Namen versammelt sind, da bin ich mitten unter ihnen.

Dieses Mit-Sein mit der Gemeinde, das allem gemeinsamen Bemühen in ihr zugesagt ist, bildet so etwas wie die theologische Leitlinie des ganzen Matthäusevangeliums, das die Gemeinde Christi als Inbild des Jahwebundes zeichnet: Wie der Gott Israels mit seinem Volk zog und mit seiner Schekinah, seiner Herrlichkeit in ihm gegenwärtig war, so ist der erhöhte Herr mit seiner Gemeinde, selbst dort, wo nur zwei oder drei versammelt sind. Bezeichnenderweise versinnbildet das Alte Testament die Gegenwart der Herrlichkeit Gottes mit einer Wolke, will sagen: Das – nein *der* – Unbegreifliche kann Menschenaugen nur verhüllt begegnen. Und so in unserem Evangelium: Das Mitsein Jesu mit seiner Gemeinde begegnet ihr selbst in der Art, wie sie mit Schuldiggewordenen umgeht: dass sie es wagt, der Macht des Gebetes mehr zuzutrauen als der Zurechtweisung und dass sie – wenn es der Zurechtweisung bedarf – diese kategorisch gleichsam in die Klammer der Botschaft von der besonderen Liebe Gottes zu den Verirrten stellt.

— *Göttliche Haltung* —

Romano Guardini hat das treffend eine „göttliche Haltung“ genannt. Ein Handeln aus göttlicher Freiheit. Nicht was Gesetz und Ordnung fordern,

schrieb er, sondern was die Freiheit vermag; das Maß aber dieser Freiheit ist die Liebe, und zwar die Liebe Gottes. Damit ist natürlich auch gesagt: Diese Einbettung des Umgangs der Kirche mit den Sündern in den Gebetsgeist repräsentiert nicht eine besondere Form von Moral, sondern ist jenseits der Moral ein geistliches Geschehen. Und das kann nur geglaubt – und gewagt werden. Nicht zufällig haben mittelalterliche Theologen die sogenannte correctio fraterna – die geschwisterliche Zurechtweisung – höher erachtet als leibliche Almosen. Wie unendlich fremd uns das heute ist! Es ist die Fremdheit des Reiches Gottes für die Kinder dieser Welt, die wir sind.

Darum war unser Evangelium von heute eben nicht nur ein Abschnitt aus der Hausordnung der Kirche, sondern markierte eine der Weltstellen, an denen das, was Jesus basileia – Gottesreich – nennt, spürbar einbricht. Ich gebe zu: Es ist eine besonders prekäre Stelle. Überhaupt nichts Großartiges; Kleines eben. Denn was soll Gott schon mit unseren zwischenmenschlichen Konflikten zu tun haben. Und eher etwas, von dem man eigentlich gar nicht reden mag, weil es einen selbst zutiefst involviert, wenn man bekennt, dass man für einen, dem man am liebsten eine verbale Ohrfeige verpassen möchte, stattdessen zu beten habe. Da wird Gottesreich ja so furchtbar konkret.

— *Erstpersönliches Beispiel* —

Ich sage es einfach – riskant genug – mit einem eigenen Beispiel: Was hat mich mancher Kirchenoberer im Bischofstalar schon zur Weißglut gereizt, zumal dann wenn einer im Hau-drauf-Stil grundsätzlich den bösen Medien die Schuld an Konflikten in die Schuhe schob, Kritiker als parasitäre Existenzen diffamierte oder Lehrenden an Theologischen Fakultäten die Kirchlichkeit absprach, ausgerechnet denen, von denen sich die überwältigende Mehrheit weit über jedes Pflichtmaß hinaus für die Kirche engagiert und oft genug öffentlich in den Ring steigt, wenn es um die Kirche und um Theologisches geht. Dabei geben sich die einschlägig Bekannten selbst so viele Blößen, dass es ein Leichtes wäre, sie regelmäßig abzuwatschen. Du musst ihn stattdessen – ins Gebet nehmen, sagt mir das heutige Evangelium. Ihre eigenen Beispiele können Sie jetzt selbst suchen.

Anarchischer Subtext

— *Predigtnot* —

Wer zu verkündigen hat und den Dienst halbwegs ernst nimmt, wird – je länger, je mehr – einen buchstäblich heiligen Respekt vor den Gleichnissen der Bibel entwickeln. Sie gehören zum Widerspenstigsten, worüber es zu predigen gilt. Denn die einen sind so einfach und klar, dass es darüber eigentlich gar nichts zu sagen gibt. Und die anderen sind so verrätselt oder gar skandalös, dass es einer mühseligen Wegbahnung für ihr Verstehen bedarf.

— *Einfach nacherzählen* —

Für unser Gleichnis von heute trifft beides zugleich zu. Seine Botschaft ist so unmissverständlich, dass man sie nur nacherzählen kann: Da hat sich einer gigantisch verschuldet: 10000 Talente – der höchste Zahlwert, den man damals überhaupt in Worte zu fassen vermochte. So gigantisch wie die Durchstechereien, von denen wir seit Monaten in den Wirtschaftsteilen der Zeitungen lesen: dass die Chefs globaler Firmenkonglomerate falsche Gewinne in Milliardenhöhe in die Bilanzen schreiben und dann, wenn die Sache auffliegt, schnell noch dreistellige Millionensummen auf das private Konto schieben und sich aus dem Staub machen. Der im Gleichnis muss so etwas wie ein Spitzenbeamter gewesen sein, der einen Teil des Staatsvermögens in die eigene Tasche wirtschaftete, denn Privatschulden in der Höhe konnte er gar nicht machen. Ein Kapitaldelikt also. Selbst die Verpfändung von Kind und Kegel einschließlich der eigenen Haut, die zunächst sein Herr verlangt, wäre nur eine symbolische Wiedergutmachung gewesen, jede reale Rückerstattung eine Illusion. Wäre! Denn der Treulose bittet um Geduld – und der König gewährt ihm, schlichtweg unglaublich, kompletten Schuldenerlass aus Mitleid.

Was könnte ein solcher Akt der Begnadigung anderes bewirken, als dass der Begnadete seinerseits ein ganz anderer wird – einer, dem sich die Güte des Gebers so tief in die Seele schreibt, dass er selber niemals im Leben anderen gegenüber anders kann als gütig zu sein im unauslöschlichen Bewusstsein dessen, was geschehen ist? Aber eben genau das nicht – so das Gleichnis. Er, der unglaublich Bevorteilte, handelt – selbst in der Rolle des Kreditgebers, einer lächerlichen Summe einem Mitknecht gegenüber – genau gegenteilig. Er lässt diesen anderen abblitzen mit seiner Bitte um Geduld, verfügt – streng nach Recht und Gesetz – seinen Wegschluss, bis die Schuld abgetragen sei.

Weil selbst aufs Übermenschliche beschenkt, wäre er selbst in menschlichem Maß seinem Mitknecht gegenüber ein Beanspruchter, ein von der Güte und dem Erbarmen Beanspruchter gewesen. Dazu war er nicht bereit, und eben dadurch bringt er sich am Ende auch um das selbst Empfangene, wie das Gleichnis aus der kritischen Beobachterperspektive der übrigen Knechte erzählt. Hättest Du nicht mit Deinesgleichen Erbarmen haben müssen, so wie ich mit Dir Erbarmen hatte?, lautet die Frage des Herrn, die in Wirklichkeit nur das Urteil artikuliert, das der unbarmherzige Knecht sich selbst gesprochen hat: dass Barmherzigkeit sozusagen an Nichtverwendung eingeht. Empfangene bleibt sie in dem Maß, da die Empfangenden sie ihrerseits tun.

— *Tiefenschicht* —

Das alles gehört zum Selbstverständlichen an diesem Gleichnis, weil es sich aus dem Duktus seiner Erzählung ergibt. Da ist aber auch noch etwas anderes, eine Tiefenschicht, die sich im Wortlaut des Gleichnisses allenfalls andeutet in der Unwahrscheinlichkeit des königlichen Schuldenerlasses von 10000 Talenten und der Unverhältnismäßigkeit des Knechtes, mit der dieser dem anderen gegenüber auf seine lächerlichen 100 Denare besteht. Dieses andere an unserem Gleichnis heißt mit einem Satz gesagt: Barmherzigkeit im Umgang mit Schuld ist immer etwas hoch Prekäres, etwas, das zu den austarierten Gleichgewichten menschlichen Zusammenlebens und seiner Regeln in Spannung steht, darum beirrend sein kann – und trotzdem in die Mitte des christlichen Gottesverhältnisses gehört.

Es ist ja kein Zufall, dass unser Gleichnis Jesu Antwort auf eine Frage des Petrus ist, also dessen, der bei Matthäus mehr als bei den anderen Evangelisten als der autoritative und repräsentative Sprecher der Gemeinde auftritt. Will sagen: Wenn gerade Petrus nach der Vergebungsbereitschaft dem schuldig gewordenen Bruder gegenüber fragt, geht es um ein zentrales Thema der Gemeinde und des christlichen Lebens insgesamt. Und auch kein Zufall, dass das Gleichnis wie eine Rekapitulation und Vertiefung der fünften Vaterunser-Bitte klingt, also einer Sentenz aus jener Basisration christlichen Selbstverständnisses, die als Gebet die Mitte der Bergpredigt bildet. Vergebung zwischen Menschen ist elementar – und sie ist schwierig, so schwierig, dass sie sozusagen in unmittelbarer Tuchfühlung mit dem Gottesgedanken gehalten werden muss, damit sie überhaupt gelingt.

Woher kommt dieses Schwierige? Es rührt daher, dass Vergebung von Wesen dort fällig ist, wo das Dunkle, ja einfach auch das Schäbige und Widerliche an einem Menschen hervortritt. Gewiss hat jede menschliche Gemeinschaft dafür ihre Rechte und Regeln. Aber genauso ist das Gespür lebendig, dass dies nicht reicht, um mit dem zurecht zu kommen, was aus dem Abgrund einer Seele aufsteigen kann. So gut wie in allen wichtigen Belangen sind menschliche Gesetze – die politischen nicht anders als die religiösen – Notverordnungen zur Beruhigung der Nervosität vor dem Vielfall des Lebens, aber sie lösen in aller Regel nichts, vor allem nicht das menschlich Irreversible. Vergebung ruft demgegenüber den Ausnahmezustand aus, um aus den Sackgassen herauszufinden, in die die menschlichen Antworten auf Schuld führen. Riskieren freilich wird und kann das nur, wer von einem anderen auch dort noch, wo ihn dessen Handeln abstößt, in der Perspektive Gottes denkt, ihn als Kind Gottes, des einen und gemeinsamen Vaters gelten lässt. Franz Werfel hat das gewusst, als er schrieb:

Niemals wieder will ich
Eines Menschen Antlitz verlachen.
Niemals wieder will ich
Eines Menschen Wesen richten.
Wohl gibt es Kannibalen-Stirnen.
Wohl gibt es Kuppler-Augen.
Wohl gibt es Vielfraß-Lippen.

Aber plötzlich
Aus der dumpfen Rede
Des leichthin Gerichteten
Aus einem hilflosen Schulterzucken
Wehte mir zarter Lindenduft
Unserer fernen seligen Heimat
Und ich bereute gerissenes Urteil.
Noch im schlammigsten Antlitz
Harret das Gott-Licht seiner Entfaltung.
Die gierigen Herzen greifen nach Kot –
Aber in jedem
Geborenen Menschen
Ist mir die Heimkunft des Heilands verheißen.[25]

— *Wie oft?* —

Niemals wieder ... – ob der Vorsatz des Dichters zu halten ist? Petrus im Evangelium war da realistischer. Herr, wie oft muss ich meinem Bruder vergeben, wenn er sich gegen mich versündigt? Siebenmal? Wir vergessen leicht, wie weitherzig der Apostel da ist – und ob wir's zusammenbrächten? Dem heranwachsenden Kind, das zum dritten Mal die Unterschrift fälscht auf der Empfangsbestätigung der Mitteilung aus der Schule – wieder vergeben? Der Kollegin, die zum vierten Mal eine Information nicht weitergibt und mich in der Besprechung auflaufen lässt und dafür selbst besser dasteht – wieder vergeben? Dem Partner, der seinen Charme so gelungen versprüht, dass sich ihm eine sogenannte gute Bekannte erneut nicht entziehen kann und sich beide auch gar nicht sonderlich mühen darum – wieder vergeben? Und – ja, auch Solches -, der pädophile Kaplan, der eigener Einsicht unfähig durch unfähige Vorgesetzte von hier nach dort verschoben erneut sein entsetzliches Unheil anrichtet – ihm und den Verantwortlichen unbeschadet der rechtlichen und moralischen Folgen wieder vergeben?

Ihnen und den anderen und allen vergeben? Wieder vergeben? Siebenmal vergeben? Ou lego soi heos heptakis alla heos hebdomekontakis hepta, antwortet Jesus, nicht bis zu siebenmal, sage ich dir, sondern bis zu siebzigmal sieben. Natürlich nicht um die Zahl geht es dieser Antwort, sondern darum, dass Vergebung nicht quantifizierbar ist. Was natürlich

auch bedeutet: Sie ist nicht berechenbar, niemals Element eines Kalküls. Aber sie ist inneres Moment christlicher Wirklichkeit.

— Anarchie des religiösen Gefühls —

Ich denke, die Beispiele, die ich eben aufrief, verlegen jeder Tendenz, Vergebung irgendwie mit Verharmlosung zu verwechseln, ohnehin den Weg. Zugleich ringen sie uns das Eingeständnis ab, dass Moral nicht ausreicht, um mit den Dramen, geschweige denn Tragödien gelebten Lebens zu Rande zu kommen. Der russische Philosoph Vladimir Sergeevic Solov'ev sprach mit Blick auf unser Evangelium von heute von der kühnen Anarchie des religiösen Gefühls. Das war seine Formel für die Einsicht, dass in christlicher Perspektive der Umgang mit Schuld erst dann menschlich geschieht, wenn der Moral, die nottut, ein geistliches Gegenzeichen eingeschrieben wird, dessen Geltungsanspruch sozusagen ganz von jenseits menschlicher Verfügung kommt. In unserem Evangelium klingt darum vom größeren Zusammenhang der Stelle her ein christologischer Unterton mit, das heißt eine Erinnerung an das Kreuz als das, was Gott für sein Geschöpf aushält: Wenn jede und jeder so viel wert ist, dass Gott selbst das für ihn oder sie auf sich nimmt, dann kann es nichts in der Welt geben, das ihn oder sie um diese Würde brächte. Und daran findet jedes menschliche Urteil, so berechtigt und nötig es sein mag, seine Grenze. Als Solov'ev sich aus dieser Überzeugung 1881 für die Begnadigung der Mörder des Zaren Alexander II. einsetzte, verlor er seine Hochschuldozentur, um sich bis ans Lebensende – 19 Jahre lang – als Gelegenheitsarbeiter durchzufristen. So erlebte er in erster Person, wie am Fall der Vergebung konkret wird, dass Christsein in der Welt, aber nicht von der Welt zu sein bedeutet. Seelsorger im Strafvollzug können davon auch heute Bände erzählen. Aber die schweren Fälle, um die es da meist geht, sind gar nicht das Wichtige. Entscheidend wäre die Einsicht, dass wir schon im durchschnittlichen Werktag mit seinen 100-Denar-Bagatellen von mehr leben, als wir selbst in Händen halten.

Fünfundzwanzigster Sonntag im Jahreskreis: Mt 20,1–16a

Der seltsame Arbeitgeber

— *Talmud-Gleichnis* —

Der Jerusalemer Talmud erzählt von einem großen Gelehrten, Rabbi Bun bar Hijja; der starb mit 28 Jahren an dem Tag, da ihm sein Sohn geboren wurde. Seine Lehrer und Kollegen versammelten sich, um ihm die letzte Ehre zu erweisen. Einer von ihnen, Rabbi Zeera, hielt die Trauerrede. Er begann sie mit einem Gleichnis: Es verhält sich wie mit einem König, der eine große Zahl von Arbeitern gemietet hatte. Zwei Stunden nach Arbeitsbeginn machte er einen Kontrollgang. Da sah er, dass einer der Arbeiter sich durch Fleiß und Geschicklichkeit vor allen anderen auszeichnete. Er nahm ihn bei der Hand und ging mit ihm bis zum Abend spazieren. Als die Arbeiter kamen, um den Lohn zu empfangen, erhielt jener Arbeiter die gleiche Summe wie die anderen. Da murrten diese und sagte: Wir haben den ganzen Tag gearbeitet und dieser nur zwei Stunden – trotzdem zahlst du ihm den vollen Lohn aus. Doch der König gab zurück: Damit tue ich euch kein Unrecht. Dieser hat in zwei Stunden mehr geleistet, als ihr den ganzen Tag. Ebenso, und damit schloß Rabbi Zeera die Trauerrede, ebenso hat Rabbi Bun bar Hijja in den 28 Jahren seines Lebens mehr geleistet, als mancher ergraute Schriftgelehrte in 100 Jahren. Deshalb hat Gott ihn nach so kurzer Arbeitszeit bei der Hand genommen und zu sich geholt.

— *Die Welt in Ordnung gebracht* —

Die Ähnlichkeit zwischen den Worten des Rabbi Zeera und dem Gleichnis Jesu vom Weinbergsbesitzer im heutigen Evangelium ist kein Zufall. Rabbi Zeera, das wissen wir heute, hat die Geschichte aus dem Evangelium gekannt – er lebte um 325 nach Christus. Bei seiner Trauerrede hat er Jesu Gleichnis verwendet und ist ihm selbst in Einzelheiten gefolgt.

Aber in einem Punkt hat er die Geschichte radikal verändert. Der, der nur kurze Zeit gearbeitet hat, bekommt auch den vollen Lohn – wie bei Jesus die Arbeiter der elften Stunde. Aber: Er hat ihn sich verdient durch seine Leistung – anders als jene Arbeiter bei Jesus. Es wäre viel zu einfach gedacht, wollte man diesen Eingriff des Rabbi Zeera als zufällige Umgestaltung abtun. Da geht es um ganz anderes. Denn der jüdische Gelehrte hat nicht bloß Jesu Gleichnis verändert. Er hat vielmehr mit dieser Veränderung die Welt wieder in Ordnung gebracht. Belohnung für Leistung. So hat er die Verhältnisse wieder vom Kopf auf die Füße gestellt… Welchem der beiden Gleichnisse spontan – und heute besonders – die Sympathie der Mehrheit gehört – diese Frage erübrigt sich. Menschlich mag das plausibel sein. Aber bedeutet das nicht zugleich, dass Jesus mit seinem Evangelium fehl am Platz ist in der Welt, wie sie ist?

— *Verstörendes „umsonst"* —

Genau das gehört zum Bestürzendsten, was Jesus fast von Anfang seiner öffentlichen Predigt an hat erfahren müssen. Er war aufgebrochen, um den Leuten einen beglückenden Fund, ja eine geradezu intime Erfahrung seines Herzens zu künden: dass Gott sein Reich aufrichten wolle unter den Menschen. Und das meint: dass er Himmel und Erde wieder ins Lot bringen, die Menschen untereinander versöhnen und die Wunden, die sie einander und sich selber schlagen, heilen wolle. Und all das wird geschehen – so predigt Jesus –, wenn sich die Menschen wieder zu Gott hinkehren. Wenn sie so zu Gott stehen, wie Jesus zu Gott, zu seinem Vater im Himmel steht. Das alles war schon viel. Aber das Unglaublichste an der Botschaft Jesu war: dass sich niemand dieses Reich Gottes verdienen muss, sondern dass alle es geschenkt bekommen – umsonst, gratis von Gott, jeder, jede, die glaubt. Daran aber rieben sich die Zuhörer Jesu von Anfang an. Etwas so Großes ohne Leistung und Verdienst – und das heißt auch: ohne Anspruch – geschenkt bekommen, dagegen lehnten sie sich auf. Sie wollten sich nicht einfach freuen, freuen wie ein Kind, über das Beschenktwerden. Das Angebot Gottes war ihnen nicht zu wenig, nein es war ihnen zu viel. Sie wollten das Heft in der Hand behalten. Sie wollten kalkulieren und durch Leistung Anspruch haben. Aber all das machte sie unempfindlich für die Botschaft vom Gottesreich. Gegen diese Barriere musste Jesus angehen. Er musste die geltenden Regeln in

die Krise führen. Er musste sie aufbrechen, damit seine Hörer im Boden des Gottesreiches überhaupt einwurzeln konnten. Genau dazu erzählt er das seltsame Gleichnis des heutigen Evangeliums.

Und seltsam ist dieses Gleichnis fürwahr: Denn ihm eignet nicht nur *ein* seltsamer Zug, jener eigenartige Lohn, dass die, die nur eine Stunde gearbeitet haben, genausoviel bekommen wie die, die 12 Stunden schufteten. Nicht nur das ist seltsam, seltsam sind gerade auch jene Arbeiter, die nur eine Stunde gearbeitet haben. Warum stehen sie denn erst so spät auf dem Marktplatz, um Arbeit zu finden? Wo waren sie zur dritten, sechsten und neunten Stunde. Waren sie verhindert? Haben sie sich vor der Arbeit gedrückt? – Am seltsamsten freilich ist der Arbeitgeber selber. Denn was ihn bewegt, so oft auf den Marktplatz zu laufen, um Arbeiter zu finden, ist nicht die Arbeit an sich und sind nicht der Weinberg und die Ernte. Denn jene eine Stunde, die die letzten Arbeiter noch schaffen, macht das Kraut auch nicht mehr fett. Nein, was diesen Besitzer einzig und allein bewegt, sind niemand anderer als die Arbeiter selber. Um ihretwillen allein kehrt er immer wieder zurück, um jedem eine Chance zu geben – auch den Letzten noch. Keiner soll arbeitslos bleiben und mit seiner Familie dadurch in Not geraten. Auch die Letzten noch holt er heraus aus dem lähmenden Nichtstun.

Genauso verhält es sich mit dem Himmelreich. Jesus will sagen: Gott interessiert nicht das Wie und Was der Arbeit, sondern die arbeitslosen Arbeiter. Ihm geht es mit seinem Reich nicht um einen Zustand und eine Sache, sondern um die Menschen, jeden einzelnen mit seinen Stärken und Schwächen und Schrammen. Gott ist ständig auf der Suche nach den Menschen – bis zur letzten Stunde. Das Gleichnis betont also nicht die Größe des Lohnes für die Letzten. Und es sagt auch nicht, dass alles gleich sei und es keine Unterschiede vor Gott gebe. Sondern das Gleichnis erzählt vom grenzenlosen Einsatz für uns, ob wir uns in der dritten, neunten oder elften Stunde ihm anschließen. Das Entscheidende dabei ist also gar nicht der Lohn, sondern: dass Gott unablässig die Menschen in ein Verhältnis zu sich ruft, wo sie Erfüllung finden. Gott schenkt also unendlich mehr als nur gerechten Lohn: Dass er uns auch noch Lohn zuerkennt, ist nichts anderes als noch einmal Ausdruck seiner Güte und seiner Nähe zu unserer Menschenart. Nur, wer das begriffen hat, vermag dem Lohn das rechte Gewicht, und das heißt: den zweiten Platz zuzuweisen.

Eben hier aber lauert die Gefahr: dass nämlich einer, der dem Ruf schon gefolgt ist, die Güte Gottes wieder aus aus den Augen verliert, die ihm schon längst alles geschenkt hat und stattdessen wieder im Muster von Anspruch und Leistung zu denken beginnt. – Als ob Gott ihm etwas schuldig wäre dafür, dass der Mensch sich von ihm einladen und beschenken lässt. Wo doch genau darin das Geschenk besteht, nicht im Lohn.

Wo aber einer so zu denken beginnt, bricht auch der Unfrieden auf zwischen den Menschen untereinander. Denn damit beginnt das Vergleichen. Aber genau dadurch wird alles schief. Der Mensch setzt eine eigene Gerechtigkeit in Geltung: die Arbeiter der dritten Stunde, gerade die also, die schon am längsten bei Gott sein durften, empören sich. Sie ärgern sich über die Leute der elften Stunde, weil es denen ihrer Meinung nach zu gut geht. Gottes Antwort an sie: Nimm dein Geld und geh! Er schickt sie weg. Der selbsterhobene Anspruch und die Missgunst gegenüber denen, die scheinbar ohne Anstrengung Gottes Geschenk erhalten haben, schließen also von neuem die aus, die das Reich Gottes schon betreten haben. Jene, die einst auch einmal Letzte waren und durch ihr Hören auf Jesu Ruf Erste geworden waren, sie können durch ihr gottfremdes Gehabe wieder die Letzten werden. Unser Gleichnis hat Jesus also nicht zu Sündern gesprochen. Er hat es vielmehr an jene unter seinen Anhängern und an jene in den Gemeinden adressiert, die enttäuscht sind, weil sie vergeblich auf den Tag der Abrechnung warten für die, die als Sünder dastehen. Es ist gesprochen zu denen, die entschlossen den Weg des Evangeliums gehen, die mit Ernst fromm sein wollen – und dabei zu gut von sich selber denken.

Jesu Gleichnis ist somit nichts anderes als eine Rechtfertigung des Evangeliums, der Frohbotschaft gegenüber ihren Kritikern – und zwar den Kritikern von innen. Im Neuen Testament steht eine ganze Reihe von Gleichnissen, in denen Jesus unablässig diese Rechtfertigung wiederholt. Das verrät, wie schwer die Botschaft vom Reich Gottes wirklich Fuß fassen konnte und wie sie selbst innerhalb der Gemeinden gefährdet blieb – wir müssen wohl sagen: gefährdet bleibt.

— Wider die Selbstgerechtigkeit —

Jesu Gleichnis nimmt uns alle ins Gebet, dass wir uns hüten vor solcher Selbstgerechtigkeit. Wir haben kein Recht, Gott in den Arm zu fallen, wenn er gütig ist zu anderen. War er nicht längst auch schon zu uns gütig? Nehmen wir vielmehr unser Recht wahr, froh zu sein darüber, dass Gott uns gesucht und gerufen hat! Denn eben deshalb geht ja der innerste Anspruch des Evangelium nicht darauf, dass wir etwas tun sollen, sondern dass wir uns von Gott beschenken lassen. So ist Gott. Und wir alle bleiben die Beschenkten, solche mit großen und solche mit kleinen Schrammen.

Es geht die Erzählung, wie Gott einmal dem Mose alle Schatzkammern des Himmels zeigte, wo der Lohn für die Gerechten aufgespeichert ist. Mose fragte ihn: Herr der Welt, für wen ist diese Schatzkammer da bestimmt? Gott antwortete: Für die, die ein gerechtes Leben führen. Und diese Schatzkammer? Für Leute, welche arme Waisen unterstützen. Und so ging es immer weiter, bis sie an eine ganz riesige Schatzkammer gelangten. Da fragte Mose: Für wen ist diese Schatzkammer bestimmt? Gott antwortete ihm: wenn jemand seinen eigenen Verdienst hat, dann gebe ich ihm, was ihm aus seiner Schatzkammer zusteht. Wenn aber jemand keinen eigenen Verdienst hat, dann gebe ich ihm gratis aus dieser Schatzkammer.

Das ist gute Nachricht. Sie zu hören, ist unsere Sache.

Ja-Sagen und Ja-Tun

— *Drastische Lektion* —

Der große Roman-Schriftsteller Julien Green – geboren im Jahr 1900 – erzählt aus seiner Kinderzeit eine Begebenheit, die er niemals mehr vergessen konnte. Seine Mutter, so Green, sagte immer zu ihm: Es gibt eins, das darf man niemals: lügen. Man muss die Wahrheit sagen. Ich hatte fünf Schwestern, erzählt Green. Wenn meine Mutter eines von uns sechsen beim Lügen ertappte, dann öffnete sie uns den Mund, nahm Schmierseife und wusch uns den Mund damit aus.

— *Sünde fühlbar machen* —

Diese Erziehungsmethode war drastisch. Greens Mutter wollte eines mit ihr erreichen: Ihren Kindern fühlbar klarmachen, dass die Lüge keine Bagatelle, kein Kavaliersdelikt ist, obwohl sie so wenig kostet und so praktisch scheint. Gerade weil das so ist, weil das Lügen so leicht fällt, bedarf es wohl der Drastik, um aufzudecken, was die Lüge eigentlich anrichtet.

— *Glaube und Lüge* —

Kein Wunder darum, dass Jesus sozusagen doppelt drastisch redete, als es einmal um den Zusammenhang von Lüge und Glauben ging. Er wandte sich dabei an die Hohenpriester und Schriftgelehrten, die also, die schon länger mit Argwohn verfolgt hatten, was er über Gott und das Leben behauptete. Was meint ihr? Er zieht sie vom ersten Wort an in die Sache hinein: Sie sollen entscheiden. Nehmen wir folgenden Fall an, sagte er – ein Gleichnis also:

Ein Mann hatte zwei Söhne: Er bittet den einen, er solle in den Weinberg zum Arbeiten gehen. Der sagt ja, geht aber nicht. – Er bittet den zweiten. Der antwortet: Ich mag nicht. Dann aber tut ihm das leid,

und er geht doch. Wer von beiden – fragt Jesus seine Zuhörer – hat den Willen des Vaters erfüllt? So klar die Antwort ausfallen muss – und von Jesu argwöhnischen Zuhörern auch gegeben wird –, so verwickelt ist, was hinter der doppelten Anfrage des Vaters, den verschiedenen Reaktionen der Söhne und den zu den Antworten nochmals quer stehenden Reaktionen steckt.

Der erste Sohn sagt „Ja", geht aber nicht in den Weinberg. Er sagt „Ja" und tut Nein. Er belügt den Vater. Das entscheidende Problem dabei: Der Tatbestand der Lüge lässt sich durch nichts und niemanden mehr aus der Welt schaffen. Ein Ja war gesagt. Das entscheidende Tun blieb aus. An diesem Widerspruch lässt sich nicht mehr rütteln. Und er richtet von selbst, in seinem Gesetzt-Werden, den, der ihn erzeugt hat. Sie wissen ja, wie das schon im rein Menschlichen ist und sich anfühlt, wenn jemand der Lüge überführt wird.

Der zweite Sohn im Gleichnis nun sagt geradeheraus auf des Vaters Bitte „Nein"; dann tut es ihm leid, und er geht doch zur Arbeit in den Weinberg. Er sagt Nein und tut Ja. Das schaut genauso aus wie das Verhalten des ersten Sohnes – bloß seitenverkehrt. In Wirklichkeit ist es unvergleichlich anders. Der erste hatte gelogen und damit einen Tatbestand geschaffen, der sich nie mehr verändern lässt. Der zweite war ehrlich gewesen. Dann hatte er gemerkt, dass es falsch war, was er gesagt hatte. Und er konnte den Fehler korrigieren. Den Ersten hat der Unterschied zwischen Sagen und Tun als Lügner entlarvt. Beim Zweiten hat derselbe Unterschied zwischen Sagen und Tun aufgedeckt, dass er trotz seiner anfänglichen Weigerung ein empfindsames Herz hatte.

— *Sackgasse oder Neuanfang* —

Das Entscheidende bei der ganzen Geschichte: Im Fall der Lüge bleibt für immer alles, wie es ist. Unveränderbar. Kein Wunder, dass viel später die großen Philosophen der Freiheit, ein Kant und ein Fichte zumal, die Lüge zum Paradebeispiel wählten, wenn sie verdeutlichen wollten, was im Moralischen „unbedingt" bedeutet. Im zweiten Fall aber macht Jesu Gleichnis die Vorgeschichte des Sohnes zur Vergangenheit. Es schafft also Platz für Neues. Und auf diesen gravierenden Unterschied kommt es unserem heutigen Evangelium an. Zöllner und Dirnen, Leute, von denen die öffentliche Meinung das geradezu kategorisch ausschließt, – die

kommen eher ins Himmelreich als ihr frommen Schriftgelehrten, sagt Jesus. Klar, warum: Zöllner und Dirnen tun gewiss, was vor Gott nicht bestehen kann. Aber sie können das ändern. Können umkehren. Morgen, besser heute, jetzt sofort. Bei den andern, den offiziell Frommen, liegt die Sache genau umgekehrt. Selbstverständlich ist Frömmigkeit etwas Gutes, etwas sehr Gutes sogar. Frommsein heißt ja nichts anderes als Gott für Gott halten und ihm die Ehre geben. Aber fromm tun, doch es in Wahrheit nicht sein, das führt in die Sackgasse. Ausweglos wie die Lüge – es sei denn, der oder die Betroffene wechselte die Seite und stellte sich selbst in die Reihe der Sünder.

— *Warnung und Trost zugleich* —

In diesem Sinn stehen die Sünder, die wissen und eingestehen, wie es um sie steht, Gott näher als Fromme, die so tun, als sei alles in Ordnung. Unser Evangelium schlägt mit dieser Botschaft einen Ton der Warnung an. Mehr noch aber tröstet es zur gleichen Zeit. Es sagt allen, die ehrlich genug sind und sich nichts vormachen: Zum Umkehren ist es nie zu spät. Darum konnte Martin Luther mit Blick auf unser Gleichnis – wiederum drastisch – sagen: Es fahren mehr Christen vom Galgen gen Himmel als vom Kirchhof.

Genau darin macht sich zugleich geltend, dass den christlichen Glauben ein Überschuss prägt, der über das Moralische hinaus reicht. Worin dieser Überschuss besteht, lässt sich gar nicht so einfach sagen – und doch zieht es Spuren im ganzen Neuen Testament. Spuren freilich, die eher als Stolpersteine denn Wegzeichen anmuten. Besonders dicht begegnen diese Spuren innerhalb der Bergpredigt in Gestalt der von Jesus bis zum Exzess verschärften Gebote der jüdischen Tradition – die berüchtigten Antithesen: „Ihr habt gehört, dass gesagt worden ist: Du sollst nicht töten; wer aber jemand tötet, soll dem Gericht verfallen sein. Ich aber sage euch, Jeder, der seinem Bruder auch nur zürnt, soll dem Gericht verfallen sein" (Mt 5,21–22a). Oder: „Ihr habt gehört, dass gesagt worden ist: Du sollst nicht die Ehe brechen. Ich aber sage euch: Wer eine Frau auch nur lüstern ansieht, hat in seinem Herzen schon Ehebruch mit ihr begangen" (Mt 5,27–28).

Doch Jesu Verschärfung der Gebote ist – sieht man genauer zu – nur eine scheinbare. Sie ist vielmehr die Bankrotterklärung der Gebots- und

Verbotsmoral. Wer wirklich gerecht, wirklich gewaltlos, wirklich treu sein will, vermag das nur dadurch, dass sie oder er mehr als gerecht, gewaltlos und treu ist. Legion ist der Zeugnisse, dass zutiefst ungerecht handeln kann, wer unbedingt gerecht sein will, höchst gewalttätig, wer alle Gewalt verabscheut, treulos, wer das Ideal der Treue hochhält. Ein Leo Tolstoi etwa – fasziniert, geradezu besessen, gemäß der Bergpredigt zu leben – hat seiner Frau das Leben zur Hölle gemacht. Worin aber besteht jenes Mehr, das zugleich solcher Verdrehung wehrt? Es besteht in der Entdeckung und Einsicht, dass das Grundwort christlichen Handelns und Lebens nicht heißt „Du musst!" oder „Du sollst!", sondern: „Du bist". Du bist Gottes geliebtes Geschöpf, geborgen in seiner Obhut, am Morgen, am Abend, im Ende noch. Er hat zu Dir gesagt: Ich will, dass Du bist. Darum kann dieses Geschöpf auch „Ja" sagen zu sich, zu den eigenen Stärken und den Schwächen, die Stärken leben, die Schwächen geduldig tragen, begangene Schuld eingestehen – und hoffen, dass es gut ausgeht mit ihm.

— *Christlicher Überschuss* —

Der österreichische Dichter Robert Musil hat, obwohl Agnostiker, in seinem Jahrhundertroman „Der Mann ohne Eigenschaften" wohl auch noch diesen Mehrwert der christlichen Umkehr im Blick gehabt, als er schrieb:

„Ich glaube, daß alle Vorschriften unserer Moral Zugeständnisse an eine Gesellschaft von Wilden sind. […]
Ein anderer Sinn schimmert dahinter. Ein Feuer, das sie umschmelzen sollte. […]
Die Moral, die uns überliefert wurde, ist so, als ob man uns auf ein schwankendes Seil hinausschickte, das über einen Abgrund gespannt ist […] und uns keinen anderen Rat mitgäbe als den: Halte dich recht steif! […]
Ich glaube, man kann mir tausendmal aus geltenden Gründen beweisen, etwas sei gut oder schön, es wird mir gleichgültig bleiben, und ich werde mich einzig und allein nach dem Zeichen richten, ob mich seine Nähe steigen oder sinken macht. Ob ich davon zum Leben geweckt werde oder nicht."[26]

Lässt sich die Innenseite des Verhältnisses zwischen Gott und Mensch lebensnaher beschreiben? Aus ihr heraus eröffnet das Evangelium denen,

die umkehren, einen neuen Anfang. Freilich gehört dazu, dass jemand, der oder die das erkannt hat, nicht mehr zögert:

Als Rabbi Eliezer einem Schüler riet: Einen Tag vor deinem Tod sollst du umkehren!, da fragte dieser: Weiß denn ein Mensch, wann er sterben wird? – Rabbi Eliezer antwortete: Er soll heute umkehren, weil er morgen vielleicht stirbt: So wird er sein Leben lang in Umkehr erfunden.

Siebenundzwanzigster Sonntag im Jahreskreis: Mt 21,33–44

Nichts entschieden

— *Ausnahmegestalt* —

Julien Green war einer der größten Romanautoren des 20. Jahrhunderts, fast so alt wie dieses selbst, als er 98jährig starb. Dieser seltsame Amerikaner aus den Südstaaten verbrachte den größten Teil seines Lebens in Paris, konvertierte dort zum Katholizismus. Entsprechend quälte er sich mit seiner Homosexualität. Kein Wunder insofern, dass das Thema Sünde und Gnade zum basso continuo fast aller seiner 58 Werke wurde. Sein Lebensende verband er mit dem Wunsch, in einer katholischen Kirche begraben zu werden. Weil das nach französischem Recht nicht möglich ist, wurde Julien Green in St. Egid im österreichischen Klagenfurt bestattet.

— *Bekenntnis auf der Grabplatte* —

Die Inschrift auf der Grabplatte hat er – wie könnte es anders sein – selbst verfasst. Sie ist lang und in Wahrheit ein Bekenntnis. Dort in Klagenfurt steht gemeißelt:

Und wäre ich mutterseelenallein auf dieser Welt gewesen,
Gott hätte seinen einzigen Sohn herabgesandt,
damit er gekreuzigt werde, damit Er mich erlöse.
Eine befremdliche Anmaßung, wirst du sagen.
Und dennoch: ein solcher Gedanke
Muß schon so manchem Christgläubigen
Durch den Kopf gegangen sein.

Aber wer, fragst du,
wäre denn über Ihm zu Gericht gesessen,
hätte ihn geschlagen, Ihn ans Kreuz geheftet?
Such' nicht lange:
Ich selber hätte das getan.
Alles hätte ich getan.
Jeder von uns kann dasselbe von sich behaupten.

So wie wir sind und aus welchem Winkel der Welt wir
auch stammen mögen.
Hat man keinen Juden zur Hand,
damit er Ihm ins Gesicht speie:
Ich bin bereit.
Braucht es einen römischen Beamten,
um Ihn zu verhöhnen, einen Soldaten,
um Ihn zu verspotten, einen Henker, um ihn ans Kreuz
zu schlagen, auf daß er dort hängen bleibe,
bis ans Ende der Zeiten:
Immer wäre ich es selber,
ich wäre dazu imstande, all das zu verüben.
Und der Jünger, der Ihn lieb hat?
Das ist das Schmerzlichste an der Geschichte
Und zugleich das große Geheimnis:
Du weißt es recht gut:
Auch diesen Jünger, den findest du in mir.[27]

— Geglückte Nacherzählung —

Ich kenne keinen Kommentar, der besser helfen könnte, das so schwierige Gleichnis des heutigen Evangeliums zu verstehen. Was heißt Kommentar! Gleichnisse kann man sowieso nicht kommentieren. Man kann sie nur deklamieren wie Gedichte oder nacherzählen wie Liebesgeschichten. Denn Gleichnisse wollen nicht über etwas informieren; sie wollen die treffen, die sie hören. Auf ganz unnachahmliche Weise memoriert Greens Grabspruch gleichsam, wovon im Gleichnis die Rede geht.

Denn in diesem Gleichnis geht es um nichts anderes als eine Liebesgeschichte. Um die Liebe – Gottes Liebe – und um gebrochene Treue,

gebrochene Treue derer, die er liebt. Anders als uns heute war das der Hörerschaft Jesu vom ersten Vers des Gleichnisses an klar. Ihr reichte das Stichwort „Weinberg“, um zu wissen, was kommen wird. „Weinberg“ war ihr aus dem Jesajabuch, der ersten Lesung von heute, aus dem Hohelied und dem Psalmenbuch als Kennwort für die Liebesgeschichte zwischen Gott und seinem Volk bekannt.

Der Besitzer tut für seinen Weinberg alles, was er kann, er verpachtet sein Eigentum, verreist und will von seinen Mitarbeitern den geschuldeten Anteil an den Früchten abholen lassen. Dabei kommt es zum Konflikt. Die Pächter verweigern das Geschuldete brutal. Tun das ein zweites Mal. Und als der Pächter darum seinen Sohn schickt, weil er denkt, dass dessen natürliche Autorität die Dinge auf rechte Weise ordnen werde, greifen die Schuldner zu einem noch rabiateren Mittel, ermorden den Sohn, um an seiner statt Erben des Weinbergs zu werden. Klar, dass der Evangelist damit nicht nur die alttestamentliche Tradition der Propheten-Schicksale einblendet, sondern auch aufs Christologische anspielt – das Matthäusevangelium ist schließlich später als 70 nach Christus geschrieben. Und dann lässt er die Erstadressaten des Gleichnisses – die Hohenpriester und Ältesten des Volkes – ihr eigenes Urteil aussprechen: dass der Weinbergbesitzer den renitenten Pächtern ein böses Ende bereiten und sein Gut anderen anvertrauen werde, die zuverlässiger seien. Das nachfolgende Bildwort vom Stein, der – obwohl zunächst verworfen – dann zum Eckstein wird, wiederholt und verschärft die frühchristliche Lesart des Gleichnisses, die in ihm ein Vorausbild von Tod und Auferstehung Jesu erkennt.

— *Verstörendes Wort* —

Und dann natürlich der Satz, der eine bis heute nicht endende Diskussion nach sich zieht und dem Evangelisten gelegentlich den Vorwurf des Antisemitismus eingetragen hat: Darum sage ich euch: Das Reich Gottes wird euch weggenommen und einem Volk gegeben werden, das die erwarteten Früchte bringt.

Das ist oft und oft so verstanden worden, als würde Israel seiner uralten Verheißung enteignet und die Kirche an seiner statt als Eigentümer des Gottesreiches eingesetzt. Manchmal haben sich bis in die Titel verkaufsträchtiger Bücher oder selbst in liturgische Texte Formulierun-

gen geschlichen, die man so lesen konnte, vor allem, wenn da mit Blick auf die Kirche isoliert vom „Neuen Volk Gottes“ die Rede war. Denn das übersieht, dass im Matthäusevangelium vom ersten Kapitel an die Zugehörigkeit zum „Volk Gottes“ weder an einen Status, an familiäre Bindungen oder ethnische Kriterien gebunden ist, und auch nicht an eine Konfession, sondern einzig daran, ob eine oder einer den Willen Gottes tut. Das heißt: Zu dem Volk, dem das Reich Gottes gegeben wird, können Juden gerade so gut wie Christen oder – das müssen wir aus heutiger Sicht dazusagen – sogenannte Heiden gehören. Denken Sie etwa nur an die Jüdin Simone Weil, die mit ihrem Leben und Denken dem Geheimnis Christi näher stand als mancher Christ. Oder denken Sie an Mahatma Ghandi mit seiner Herzensnähe zu Jesus. Das Weggenommenwerden des Gottesreiches entscheidet sich am Verhältnis zu dem, wofür Jesus steht und damit am Verhältnis zu ihm selbst, weil bei ihm Sache und Person untrennbar eins sind. Das heißt dann aber: Auch Christen kann das Weggenommenwerden treffen.

— *Julien Greens Kommentar* —

Und genau das ist auch der heiße Punkt, an dem Greens Grabspruch im strengen Sinn zum Kommentar unseres Evangeliums wird: Die Bereitschaft zur Liebe und die zur Abkehr – beides lebt in uns. Johannes auf der einen, Kajaphas, Pilatus und wer sonst dazugehört, auf der anderen Seite: Sie wohnen gleichsam Tür an Tür. Will sagen: Wir haben das Früchte-Bringen nicht in der Tasche, nur weil wir den Taufschein besitzen. Weiß Gott, ob nicht die erwarteten Früchte derzeit anderswo eingebracht und dargebracht werden.

Es ist ja nicht so, dass nur wir Kirchenchristen fromm wären. Weit gefehlt. So gut wie die ganze Welt dampft geradezu von Religiosität, wie neulich ein wachsamer Zeitgenosse schrieb. Natürlich wird man genau hinsehen müssen, was da jeweils passiert. Aber außer Frage steht, dass eine Unzahl von Menschen ernsthaft danach sucht, sich im Leben auf eine verantwortete Weise so zu orientieren, dass sie auch den Fragen nicht ausweicht, die sich an den Grenzen des menschlich Wissbaren stellen – und genau das ist doch Religion.

— *Kirchliche Lesart* —

Freilich kann man das Gleichnis nicht nur mit Bezug auf die einzelne, den einzelnen Gläubigen lesen. Man kann es auch auf die Kirche als ganze beziehen. Könnte es darum sein, dass das verstörende Bild, das die Kirche heute manchmal bietet, daher rührt, dass ihr in gewisser Hinsicht oder für eine Zeit der Glanz des kommenden Reiches Gottes genommen ist, weil sie die geschuldeten Früchte eigentlich hätte, aber nicht geben mag? Ich will das Gleichnis wahrlich nicht instrumentalisieren, aber die Frage, die ich eben stellte, zwingt mich geradezu, daran zu denken, dass es etwa eine große Zahl hoch motivierter junger Frauen und Männer gibt, die nicht nur persönlich Glaubende sind, sondern ihre ganze Kraft und darum auch ihr berufliches Engagement in den Dienst des Evangeliums stellen möchten. An ihnen besteht auch riesiger Bedarf in der Kirche. Aber nur ganz, ganz wenige von ihnen dürfen das, was sie möchten, weil sie von sich sagen können – oder eben halt sagen –, dass sie die Bedingungen erfüllen, die für den Zugang zum geistlichen Amt derzeit gelten. Gewiss, nur ein Beispiel dies – aber eben auch doch eines, das mir unter das Richtmaß des Gleichnisses zu gehören scheint.

Gut möglich, dass wir an einer der tiefreichenden Wunden der gegenwärtigen Kirche nichts anderes erfahren, als dass unserem Gleichnis eine schmerzhafte Offenheit nach vorne eignet.

Achtundzwanzigster Sonntag im Jahreskreis: Mt 22,1–14

Gottes Gast sein

— Verdorbenes Spiel —

Jechiel, der Enkel des Rabbi Baruch spielte einmal mit einem anderen Jungen Verstecken. Er verbarg sich gut und wartete, dass sein Freund ihn suchte. Der kam und kam nicht. Als er lange gewartet hatte, kroch er wieder aus seinem Versteck hervor, doch der andere war nirgends zu sehen. Da merkte Jechiel, dass ihn sein Spielgefährte von Anfang an überhaupt nicht gesucht hatte, und er begann zu weinen. Unter Tränen lief er in die Stube seines Großvaters und beklagte sich über seinen Freund. Da gingen dem Rabbi Baruch die Augen über und er sagte: So geht es Gott auch: Er verbirgt sich, aber keiner will ihn suchen.

— Spiel und Fest als Gleichnis —

Das könnte Jesus auch gesagt haben und umgekehrt könnte das Gleichnis des heutigen Evangeliums von Rabbi Baruch stammen. Das eine Mal wird das Zueinander von Gott und Mensch mit einem Spiel verglichen, das andere Mal mit einer Hochzeit, einem Fest. Beides, Spiel und Fest, haben mit Frohsein zu tun – und leben davon, dass die, die miteinander spielen oder zum Fest geladen sind, auch wirklich mittun. Ein misslungenes Spiel, ein Fest, zu dem niemand kommt, hat immer etwas Beklemmendes an sich.

— Surreale Hochzeit —

Jesus hat das Gleichnis von den ausbleibenden Hochzeitsgästen in der Auseinandersetzung mit seinen Gegnern formuliert, nachdem er in Jerusalem eingezogen war – als sich die Situation zuzuspitzen begann. Das spiegelt sich in den surrealistischen Zügen der Geschichte: dass Eingela-

dene die Teilnahme an der Hochzeit des Königssohnes ausschlagen, dass sie bei der wiederholten Einladung über die Boten des Königs herfallen, sie misshandeln und töten; dass der gedemütigte König mit einem Vernichtungsfeldzug reagiert. Aber all dieses menschlich gesehen Unwirkliche verdeutlicht die Dimensionen, in denen Jesus die Ablehnung seiner Botschaft und Person durch die religiösen Autoritäten erlebt: Er bündelt im Gleichnis die Summe der Erfahrungen Gottes mit seinem Volk von Anfang an: Seit Abraham streckt Gott der Menschheit die Hand der Versöhnung entgegen. Er vertraut ihr seinen Namen an – Ich-bin-da-für-euch –, er schenkt den Bund und die Gebote als Wegmarken für das Abenteuer des Lebens; er schickt seine gottbegeisterten Könige und Propheten. Das Leben soll doch ein Fest werden – wie eine orientalische Hochzeit, die sieben Tage und sieben Nächte lang dauert. So ist es mit dem Himmelreich. Gott hat schon längst alles bereitet. Er lädt ein, einmal, zweimal – doch die Geladenen kümmern sich nicht. Und sie reagieren auf eine Weise, die menschlich gesehen so absurd ist, wie wenn zu einem Fest Geladene die einladenden Boten hinauswürfen und umbrächten.

Und das Motiv zu solchem Verhalten: der eine ging auf seinen Acker, der andere in seinen Laden … – der Gang des Alltags soll unbehelligt bleiben. So ist es mit dem Himmelreich. Es wird allenfalls einbezogen, wenn es passt und nützt. Ansonsten kommt ihm Belästigungscharakter zu.

Mit dieser Diagnose aber endet das Gleichnis nicht. Denn das Fest fällt trotzdem nicht aus. Noch einmal sendet der König Boten aus, auf dass sie alle, die sie auf den Straßen treffen, einladen. Und der Festsaal füllt sich. Gott wird seine Sache trotz der Ausgrenzung durchbringen, die ihr widerfährt. Er wird die dazu rufen, von denen keiner das gedacht hätte, am wenigstens sie selbst. Das Gottesreich ist nicht angewiesen auf die Traditionen und Rituale, die eigentlich für seine Heraufkunft gedacht sind. Es kann sich genausogut unverhofft und unvermittelt, an unerwarteter Stelle und durch unerwartete Träger, verwirklichen. Es lässt sich nicht vorschreiben, wo es sein darf und wo nicht. Das Gottesreich ist so souverän wie der Gott, dessen Reich es ist.

Als Matthäus dieses Gleichnis ein paar Jahrzehnte, nachdem Jesus es geprägt hatte, weitergab, da floss ihn unwillkürlich mit in die Feder, wie er die Durchsetzung der Botschaft Jesu erfuhr: Vor allem im Konflikt zwischen der Synagoge und der jungen Christen-Gemeinde. Wie auch anders: Die Etablierten und die Autoritäten schlugen aus, was Jesus von

Gott mit Leib und Leben bezeugte. Fischer, kleine Handwerker, Bettler, Krüppel, Huren und Zöllner trauten dem Evangelium.

— *Irritationen* —

Matthäus fühlte sich in diesem Konflikt gewiss auf der richtigen Seite. Aber eines hat ihn dabei trotzdem beunruhigt: Als die Diener auf die Straßen hinausgingen, um die neuen Hochzeitsgäste einzuladen, da holten sie alle zusammen, Böse und Gute; mit ihnen füllte sich der Festsaal, erzählt das Gleichnis. Das entspricht genau dem, was Jesus auch sonst predigte vom himmlischen Vater, der regnen lässt über Guten und Bösen und gerade durch solche bedingungslose Zuwendung dem Sünder überhaupt erst die Möglichkeit auftut, ein anderer zu werden. Den doch so sehr auf die rechte und ganze Erfüllung des Gesetzes bedachten Matthäus – und nicht nur ihn – wird wohl irritiert haben zu erleben, wie das Gleichnis Jesu in der jungen Kirche sich in Wirklichkeit übersetzte: Da kamen tatsächlich Gute und Böse zusammen und gewiss nicht jeder der Sünder rutschte gleich zerknirscht auf den Knien daher, weil Bekehrungsprozesse Zeit und Geduld – und mehr als genug davon – bedürfen und manches Fehlverhalten vielleicht gar nicht zu ändern, sondern nur in Erbarmen und Güte mit durchzutragen war. Das wohl hat Matthäus bewogen, dem Gleichnis Jesu fugenlos noch die andere Geschichte anzufügen von dem Gast, der ohne Festgewand zu einer Hochzeit kam und eben, weil er sich in keiner Weise vorbereitet hatte, vom Gastgeber wieder hinausgeworfen wurde.

— *Christsein im Zwischenraum* —

Falsch lag – und liegt – Matthäus mit seiner Sorge gewiss nicht. Aber sie darf auch nicht die Einladung zum Fest an alle überblenden. Christliches Leben entfaltet sich sozusagen im Raum der Spannung zwischen beiden Geschichten: Zum Sondertarif nebenher mitnehmen lässt sich das Gottesreich nicht. Aber vielleicht sind wir öfter eingeladen, als wir meinen. Eingeladen, obwohl wir uns gar nicht zugehörig, nicht geeignet fühlen. Doch um dieses Gefühl geht es gar nicht. Es geht ums Hingehen, ums Tun, wo etwas oder jemand in unserem Lebenskreis danach ruft, das Gewohnte zu unterbrechen. Christen rechnen damit, dass sich dahinter Gott verbirgt und ein Fest bereitet hat.

Zweimal Macht

— Kritischer Rückblick —

Längst sind wir Kinder des 21. Jahrhunderts und blicken auf das vergangene Jahrhundert zurück. Die wachsende Distanz zu dem, was vorher war, lässt Stück für Stück klarer sehen, was jenes 20. Jahrhundert prägte, das hinter uns liegt. Darüber wird noch viel gesagt und geschrieben werden. Und mancher Perspektivenwechsel wird uns da wohl noch bevor stehen.

— Kämpfe, Kämpfe, Kämpfe —

Zwei Dinge kann man aber jetzt schon mit Gewissheit sagen: Noch nie, seit Menschen sich der Geschichte erinnern, gab es ein Jahrhundert, das so grausam war wie dieses 20. Zwei echte Weltkriege – etwas, das es so vorher nie gab. Kriege, deren Opfer nur noch in zweistelligen Millionensummen zu erfassen sind. Die Shoah – der Versuch fabrikmäßiger Auslöschung eines kompletten Volkes. Das prägte die erste Hälfte dieses Jahrhunderts. Und die zweite war nicht besser: Kriege in Vietnam, Kriege in Afghanistan, Kriege im Irak, Bürgerkriege in der arabischen Welt. Und gegen ihr Ende ließ diese zweite Hälfte Ahnungen aufkommen, dass möglicherweise Dinge bevor stehen, gegen die sich jene beiden Weltkriege wie Fußnoten der Geschichte ausnehmen könnten: Epidemien, Aids zum Beispiel, die die Pestseuchen des Mittelalters unschwer in den Schatten stellen, neue Völkerwanderungen ungeahnten Ausmaßes, nicht aus Abenteuerlust, sondern aus schierer Not; und am Horizont erste Anzeichen von gnadenlosen Kämpfen um unverseuchtes Wasser und ein Stück Boden, das noch etwas hervor bringt, das man essen kann.

— Unverbrauchte Gegenbotschaft —

Nicht wenige sind mittlerweile der Meinung, all die Gräuel, die schon geschahen, hätten die christliche Botschaft Lügen gestraft – und so Manches, was noch kommen mag, sei wohl dazu angetan, sie endgültig zum Verstummen zu bringen. Doch so einfach liegen die Dinge nicht.

Denn mit Jesus ist ja etwas gekommen, was, nachdem es gekommen ist, Menschen nicht mehr so einfach los lässt. Man kann Jesu Botschaft auf den Nenner bringen: Der Mensch, also die und der Einzelne, ist wichtig, und nicht nur wichtig. Er, sie ist einmalig und darum unendlich viel wert. Völlig unabhängig von dem, was eine oder einer tut und hat und kann. Selbst dort, wo sich einer schuldig macht an sich und anderen, verliert er oder sie diese Einmaligkeit nicht. Im Gegenteil muss dann erst recht und gerade alles zur Verfügung Stehende aufgeboten sein, damit dieser Mensch wieder seiner Würde inne wird und von daher dann auch die etwaigen Verstrickungen seiner Schuld zerreißen kann.

Der Mensch, jede Frau, jeder Mann, ist allein kraft dessen, dass es sie oder ihn gibt, so viel wie das, was Menschen, wenn sie unter sich sind, einen König nennen: ein Wesen also, das man nicht antasten darf, das ganz unvergleichlich ist und dem darum Ehrfurcht gebührt. Weil es Gott so nahe steht und weil es Gott gehört, niemandem sonst.

— Die große Scheidung —

Das steckt auch hinter Jesu Antwort an die Pharisäer, die ihn in die Falle eines Loyalitätskonflikts locken wollen. Doch er lässt sich darauf gar nicht ein, sondern er unterscheidet: Das Irdische gehört dem Irdischen, das, was Gottes ist, gehört Gott. Und natürlich tut er das im Bewusstsein dessen, worauf das Volk Israel seit der Erfahrung des babylonischen Exils und der Zeit danach baute: dass Gott selbst noch den mächtigsten Machthaber der Welt als Werkzeug in seinen Händen hält, als Werkzeug gar, mit dem er seinem Volk Segen und Rettung wirkt.

Diese Scheidung zwischen Macht und Macht versinnbildlicht Jesus am deutlichsten zu Beginn seiner Passion: zum einen durch die Art seines Einzugs in Jerusalem. Und das zweite Mal durch das, was er beim Verhör dem Pilatus antwortete.

Beim Einzug ritt er nicht hoch zu Ross, sondern auf einem Esel. Und nicht waffenklirrende Kohorten begleiteten ihn dabei, sondern Kin-

der, Fischer und einfache Leute. Im Grunde war das eine provozierende Karikatur der Weise, wie menschliche Könige aufzutreten pflegen. Und zugleich Sinnbild, dass es ihm, diesem Jesus, um einen Anspruch, eine Macht geht, die quer steht zur Macht, wie Menschen sie übereinander ausüben. Eine Macht, deren Repräsentant so auftritt, dass man spürt: der will nichts für sich, – eine solche Macht muss man nicht mehr fürchten. Denn sie stellt sich in den Dienst derer, für die sie ausgeübt wird.

Zum Prozess gegen Jesus ist es nur darum gekommen, weil es seinen Widersachern gelang, so zu tun, als habe Jesus versucht, eine Macht auszuüben in Konkurrenz zur politischen Macht, die die Römer beanspruchten. In Wirklichkeit wussten sie genau, dass sein Anspruch unvergleichlich radikaler war: Er hatte bestritten, dass Menschen über Menschen geistige Macht ausüben dürfen. Und er hatte diese Macht entmachtet, indem er am Sabbat Menschen gesund machte, beim Zöllner Zachäus einkehrte und der Ehebrecherin bedingungslos vergab. Darum wollten sie Jesus loswerden. Die Entmachtung der Macht von Menschen über Menschen, das ist die Wahrheit, um deren Bezeugung willen Jesus von sich sagt, in die Welt gekommen zu sein.

— *Freiheit und Kirche* —

Das Evangelium ist also von Wesen Evangelium der Freiheit. Die Kirchen haben diese Mitte ihrer Sendung oft genug vergessen und verraten. Sie spielten und spielen immer noch viel zu oft die Machtspiele der Mächtigen mit. Solche radikale Scheidung zwischen Macht und Macht wie im Streit mit den Pharisäern um die Steuerpflicht ist darum so etwas wie ein Stachel in ihrem Fleisch, der ihnen verweigert zu vergessen, wofür es sie eigentlich gibt. Für die unbedingte Würde und die Freiheit des Menschen einzutreten ist der Dienst, den wir Christen und Christinnen der Welt schulden – mehr als je zuvor. Üben wir ihn aus, so wie Jesus es gewollt hat, dann geben wir damit zugleich Gott die Ehre, die wir ihm schulden.

Dreißigster Sonntag im Jahreskreis: Mt 22,34–40

Von der Mitte

— Beirrender Fund —

Wenn ich in einer Bibliothek ein Buch ins Regal zurückbringe, schaue ich gern, was denn rechts und links daneben noch so alles steht. Kürzlich stieß ich dabei auf ein Bändchen, dessen Verfasser mir namentlich wohlbekannt war. Aber der Titel überraschte mich: „Des Christen Zukunft oder Wir überholen die Moderne". Der Autor: Eugen Rosenstock-Huessy, ein Soziologe. Erscheinungsjahr 1945.

Ich blätterte eine Weile. Das Buch machte mir Unbehagen. Der Ton vor allem – so polemisch-aggressiv. Freilich muss man wissen, dass Rosenstock-Huessy jüdischer Abstammung war und später Protestant wurde – mit übrigens damals völlig ungewöhnlich engen Beziehungen zu katholischen Theologen. Konvertiten können meist nicht anders und tragen dann besonders kräftig auf. Aber mitten im Gang dieser Brandrede gegen alles Moderne, Liberale immer wieder Sätze, die mich stocken ließen. Ab einer Stelle, Seite 161, schnörkellos, ohne wenn und aber und Einschränkung die Worte: „Ein Christ, der niemanden bekehrt, ist kein Christ." Punkt.

— Bin ich ein Christ? —

Der Satz hat mich seitdem nicht mehr losgelassen. „Ein Christ, der niemanden bekehrt, ist kein Christ." Bin ich ein Christ? Haben Sie schon jemanden bekehrt? Angenommen, der Satz stimmt. Zu unserem Glauben gehörte unverzichtbar, jemanden zu bekehren. Das hieße dann doch auch: Christen haben mit Sicherheit etwas, was ihnen so wichtig, dass sie es anderen unbedingt weitersagen, dass sie sie davon überzeugen möchten, weil sie überzeugt sind, dass daran viel, vielleicht sogar alles gelegen ist. Haben wir so etwas?

— Das Doppelgebot —

Ja, haben wir. Mt 22,37–39, drei Verse aus dem heutigen Evangelium: „Du sollst den Herrn, deinen Gott, lieben mit ganzem Herzen, mit ganzer Seele und mit all deinen Gedanken. (Und) Du sollst Deinen Nächsten lieben wie dich selbst." So antwortete Jesus einem Gesetzeslehrer auf die Frage, welches der vielen Ge- und Verbote im jüdischen Gesetz denn das wichtigste sei. Und diese Antwort ist von solchem Gewicht, dass Christen allen Grund haben, um ihretwillen Menschen für ihren Glauben zu gewinnen und von seiner Wahrheit zu überzeugen, also Mission zu treiben. Warum ist das so?

Ich glaube: wegen der Frage, auf die Jesus so antwortete, und weil diese Antwort so einfach war. Man muss ja bedenken: Der Gesetzeslehrer fragte nach dem wichtigsten Gebot im Angesicht der Tatsache, dass im Alten Testament 248 Tu-das-Sätze und 365 Tu-das-nicht-Sätze stehen, 613 Ge- und Verbote insgesamt. Und sie stehen da nicht aus kleinlicher Erbsenzählerei, sondern als Ausdruck gläubigen Ernstes, der weiß, wie viel für die Einzelnen wie für die Gemeinschaft daran hängt, das tägliche Leben einigermaßen zu bestehen. Aber: Selbst vom Regelwerk zum Leben können Menschen zweideutig Gebrauch machen. Wie es die Urversuchung jüdischen Glaubens ist, Gebote durch Spitzfindigkeit von innen auszuhöhlen – und das war der Ansatzpunkt aller Gesetzeskritik Jesu – , so ist es die Urversuchung des Katholizismus, Gebote vom hilfreichen Halt in ein Gatter zu pervertieren, das Freiheit und Selbststand als Duftmarken des leibhaftigen Gottseibeiuns diffamiert.

Dem Gesetzeslehrer, der ihn nach dem wichtigsten Gebot fragt, antwortet Jesus auf eine Weise, die beide Gefahren im Ansatz schon überwindet: Du sollst den Herrn, deinen Gott, lieben mit ganzem Herzen, mit ganzer Seele und mit all deinen Gedanken. Das ist das wichtigste und erste Gebot. Ebenso wichtig ist das zweite: Du sollst deinen Nächsten lieben wie dich selbst. Man muss da genau hinhören, denn: Wenn es ein wichtiges Gebot gibt, dem ein ebenso wichtiges an der Seite steht, dann ist das Wichtigste nicht mehr das Wichtigste und das Zweite nicht mehr das Zweite, sondern der Vorrang geht gleichsam von dem einem zum andern hinüber und zurück. Und das ist deshalb so, weil beide Gebote etwas gemeinsam haben, was jede Frage nach einer Rangliste unwesentlich macht. Dieses Gemeinsame ist die Liebe.

Sie ist das Gebot, im Vergleich zu dem es kein größeres gibt. In rechter Weise mit Gott verbunden sein heißt: Gott lieben – also ist die Gottesliebe das größte Gebot. In rechter Weise mit den Menschen verbunden sein heißt: den Nächsten lieben – also ist die Nächstenliebe das Größte. Dass sich unsere Blickrichtung – nach oben oder aufeinander – mit der Liebe verbindet, daran hängen das ganze Gesetz und die Propheten – will heißen: So wie eine Tür in den Angeln hängt, so hängen alle biblischen Lebensregeln an der Gottes- und Nächstenliebe und können nur so ihren Sinn erfüllen.

— *Das „wie dich selbst" nicht vergessen* —

Eines allerdings kommt noch hinzu: Genau besehen nämlich gibt uns Jesus mit dieser seiner Antwort kein Doppel-, sondern ein dreifaches Gebot zur Lebensregel: Sagt er uns doch – anders als oft gelesen wird: Du sollst den Herrn, deinen Gott, lieben und deinen Nächsten wie dich selbst. Sich selbst zu lieben ist keineswegs Ausdruck von Eigensucht, sondern zutiefst christliche Grundhaltung. Es ist in gewissem natürlichem Sinn sogar das Erste. Denn zu anderem – sei es Gott, sei es die Welt – in Beziehung treten kann nur, wer zuvor ja gesagt hat zu sich, sich selber annimmt und mag. Freilich wird, wer das tut, bald entdecken, dass er zu sich ja sagen kann, weil er gewiss ist, selbst unbedingt, und das heißt: von Gott bejaht und gemocht zu sein. Gottes Liebe zu uns ist darum das im Letzten wirklich Erste, das menschliche Liebe überhaupt möglich macht. Und indem ich mich – als von Gott Geliebter – selbst liebe, vermag ich ohne Angst, mich dadurch zu verlieren, mein Bestes für andere zu verausgaben und in so Tat gewordener Liebe Gottes Liebe zu mir zu bestätigen und damit zu beantworten – also ihn zu lieben, dem wir uns alle verdanken. So wächst rechte Selbstliebe aus der Gottes- und Nächstenliebe hervor. Alle drei schwingen ineinander. In ihrem Zusammenklang gründet das rechte Leben. Die Gebote helfen solchem Leben auf und schützen, was von ihm schon verwirklicht ist. Sie dienen der dreifachen Liebe. Ohne sie sind sie nichts. Jedes Gebot – auch das kleinste noch – ist in der Situation, für die es gedacht ist, das größte – wenn es die Liebe eingibt. Darum ist sie das eigentliche, das einzige Gebot, das unser Glaube kennt. Wer danach fragt, recht zu leben, und dann das hört, der kann gar nicht anders, als befreit aufzu-

atmen. Dürfen Christen dann aber für sich behalten, was ihnen schon geschenkt ist? Sie können gar nicht anders, als es weiterzusagen, also missionarisch zu sein. Rosenstock-Huessy hatte recht: „Ein Christ, der niemanden bekehrt, ist kein Christ." Aber man muss noch etwas hinzufügen: Christsein ist einfach und befreiend.

Kennzeichen K

— *Begegnungsort* —

Ein Mann kam zu Rabbi Elieser und sagte: Unsere Väter behaupten, dass sie oft in ihrem Leben Gott getroffen hätten. Mir ist er noch nie begegnet. Der Rabbi gab ihm zur Antwort: Dann hast Du dich noch nicht tief genug gebückt.

— *Gott unten?* —

Seltsam. Wohnt Gott unten? Wie kommt der Rabbi zu seiner Antwort, wo doch jeder „oben" denkt, wenn er „Gott" hört. Was den alten Elieser bewog, dem Gottsucher das Bücken zu raten – ich weiß es nicht. Kühle Einsicht eines scharfen Verstandes steht dahinter nicht. Eher verdankt sich diese Antwort der dunklen Ahnung, dass Gott nicht nur größer ist, als jedes Menschenherz, sondern auch kleiner als alle Raster, mit denen wir ihn einzuordnen suchen.

Diese Ahnung des Rabbi ist in jenem unscheinbaren Schreiner Jesus von Nazaret öffentliche Wahrheit geworden – Wahrheit, die man auf den Straßen ausruft und von den Dächern verkündet. Ja, noch mehr: Dass Gott unten wohnt – das ist zu der Wahrheit geworden, die nach dem Willen Jesu selber mit Händen zu greifen sein muss an denen, die sich auf ihn berufen. Denn er selber hat diese Wahrheit zum untrüglichen Kennzeichen seiner Kirche bestimmt. So untrüglich, dass alle – selbst Außenstehende – die Kirche daran zweifelsfrei sollen entziffern können.

— *Das Wesentliche – neuralgisch* —

Genau davon redet das heutige Evangelium. Es mutet uns da einiges zu. Denn worin besteht dieses Kennzeichen der Kirche überhaupt kon-

kret? Auf diese Frage gibt Jesus eine frappierende, in unseren christlichen Ohren nach 2000 Jahren Kirchengemeinde zwangsläufig schockierende Antwort. Denn sie lautet: Das unterscheidende Kennzeichen der Kirche Jesu gegenüber allen anderen religiösen wie politischen und sonstigen Gemeinschaften besteht im kategorischen Verzicht auf Ehrentitel und auf die Ausübung einer Herrschaft von Menschen über Menschen. Frappierend dünkt mich diese Antwort, weil wir als Kennzeichen der Kirche fürwahr anderes zu erwarten pflegen: Hohes und Hehres, das diese Kirche heraushebt und über anderes stellt. Und schockierend, weil uns schlagartig das horrende Auseinanderklaffen zwischen dieser Antwort Jesu und dem faktischen Bild der Kirche in die Augen springen muss – und zwar selbst dem noch, der gern ein Auge zudrückt.

Ihr sollt euch nicht Rabbi nennen lasse, denn nur einer ist euer Meister. Ihr sollt niemanden Vater nennen, denn nur einer ist euer Vater. Ihr sollt euch nicht Lehrer nennen lassen, denn nur einer ist euer Lehrer. Der Größte von euch soll euer Diener sein.

Das ist das untrügliche Kennzeichen K – das Kennzeichen der Kirche. Kein Wunder wohl, dass dieses Kennzeichen von Anfang an entschiedene Bestreitung erfährt. Im Lauf der Kirchengeschichte hat sie ihre raffinierteste Form darin gefunden, dass man diese Worte Jesu großzügig überlesen, während man andere, etwa die Worte über Ehe und Ehelosigkeit presst bis zum Geht-nicht-mehr, um einen möglichst genauen – will sagen: radikalen Verhaltenskodex herauszudestillieren. Auch in der amtlichen Lehre der Kirche bestimmen bisweilen handfeste Interessen, was Wahrheit des Evangeliums sein darf und was nicht. Nichts, rein gar nichts berechtigt uns jedoch, die Worte des heutigen Evangeliums weniger wörtlich zu nehmen als andere. Was freilich die Kirchenmänner nicht gehindert hat, sich Väter – heilige sogar – nennen zu lassen. Und Meister. Und Lehrer. Matthäus musste offensichtlich schon eine Generation nach Jesus in seiner Gemeinde diesbezüglich scharf intervenieren, deshalb hat er Jesu Worte über das Kennzeichen derer, die ihm nachfolgen, so massiv in Erinnerung gebracht. Das wesentliche Kennzeichen war also wohl von Anfang an gleichzeitig der neuralgische Punkt. Das scheint widersinnig, verrät aber nur, dass und wie sehr Jesus mit seinen Jüngern tatsächlich etwas radikal Neues, noch nie Dagewesenes gesetzt hat. Etwas in kühner Opposition zu jenem urmenschlichen Trieb, eine Hackordnung aufzustellen und durch Treten und Getretenwerden die Welt zu ordnen.

— Ums Dienen geht es —

Warum aber hat dieses Neue ausgerechnet so wesentlich mit dem Verzicht auf Ehrentitel und Macht zu tun? Warum pocht Jesus so sehr auf Dinge, die doch scheinbar Äußerlichkeiten sind? Weil gerade in der banalen Art und Weise, wie die Jünger sich zueinander stellen – , weil genau hier greifbar der Ernstfall Kirche beginnt. Und weil Kirche im Fall einer Verfehlung ihres wesentlichen Kennzeichens bereits hier, im ersten Schritt ihres Anfangs scheitert. Das hat Jesus gespürt wie kein anderer. Er war kein Sozialromantiker. Er hat genau gewusst, dass der Hereinbruch des Reiches Gottes dort und nur dort gelingen kann, wo an die Stelle der Macht und des Geltens – das Dienen tritt. Er selber hat deshalb den Vorrang des Dienens sein ganzes Leben hindurch gepredigt und gelebt – so sehr, dass er, der der Einzige war, der den Titel Meister in den Belangen Gottes verdient hätte, dass gerade er sein ganzes Lebenswerk in der einzigen, demütigen Geste der Fußwaschung hat zusammenfassen können. Dasein für andere – darin ist er aufgegangen. Und genau darin hat er sich selber gefunden – ganz. Dieses Leben im Zeichen des Dienens hatte Jesus nicht einfach erfunden und selber entworfen. Dieses Lebensprojekt kam ihm von anderswoher zu.

Er hatte, je länger, je mehr, in seinem Leben entdeckt, wie ungeheuer nah Gott ihm und er Gott war – so nah, dass wir ihn zurecht Gottes eigenen Sohn nennen. Was er sagte, war darum Gottes Wort. Was er tat, war Tat Gottes. Wer auf ihn schaute mit den Augen des Herzens, der hatte Gott selber gesehen. Denn er, der Mensch Jesus von Nazaret war das Gleichnis Gottes. Sein Leben erzählt, wie Gott wirklich ist. Und am dichtesten geschieht dies genau dort, wo die Grundrichtung aufleuchtet, das Vorzeichen, unter das Jesus sein ganzes Leben gestellt hatte – und eben das war das Dienen. Darin offenbart sich, wie Gott wirklich ist: nicht einer, der sich die Menschen auf Distanz hält und ihnen – je nach Wohlverhalten – ein bisschen teilgibt an seinen Schätzen und peinlich auf die Etikette achtet. Nein, das ist höchstens das Zerrbild, das Menschen sich von Gott machen. Gott ist anders: einer, der keine Berührungsangst hat. Der sich engagiert und verausgabt ohne Seitenblick auf den eigenen Nutzen. Einer, der restlos aufgeht in seinem Dasein für uns und dabei auch nicht sich selber schont. Das und nichts anderes hat Jesus in Worten und Taten unablässig gepredigt. Gott ist ein Gott nicht in sich, sondern ein Gott für uns.

Genau deshalb hat Jesus auch sein Leben so radikal unter das Zeichen des Dienens gestellt, weil er nur so wirklich Gott entsprechen konnte. Weil er nur so hat ganz zu Gott gehören können – er und sein ganzes Werk. Und das hat Folgen. Denn wenn es stimmt, dass es die einzige Aufgabe der Kirche ist, Jesu Werk in die Geschichte hinein zu verlängern, dass sie allen Menschen aller Zeiten ausrichten soll, wer und wie Gott wirklich ist, dann muss, ja muss die Kirche auch selber die Züge des Lebens an sich tragen. Denn nur so kann sie zu Jesus gehören und also Gott entsprechen. Der Vorrang des Dienens, des Daseins-für-den-anderen kann deshalb nicht nur, es muss unbedingt der Charakterzug der Kirche sein. Es muss das untrügliche Kennzeichen derer sein, die sich auf den Namen Jesu berufen. Wo Menschen jenseits allen Herrschens und Geltens dieser Wesensart Gottes entsprechen, dort bilden sie daher als Gemeinschaft einen Ort der Gegenwart Gottes.

Dort wohnt er, wo einer für den anderen eintritt, ja ein spürbares Opfer bringt, ohne sich dabei großartig zu fühlen oder gar aus den Augenwinkeln heraus auf den Beifall dritter zu warten. Gott wohnt dort, wo ganz Unselbstverständliches wie selbstverständlich getan wird. Wenn eine Gemeinde ohne viel Aufhebens auf ein Prestigeprojekt verzichtet und dafür den Aufbau von Basisgemeinden in Brasilien oder sonst wo unterstützt – dann ereignet sich gerade in dieser unspektakluären Akzentsetzung Gottes verborgene Gegenwart mitten in der Welt. Wo innerhalb der Gemeinde an die Stelle der heimlichen Machtsuche der einzelnen Verbände die Entschiedenheit tritt, mit allem den anderen zu dienen – nur dort bleibt Platz für Gott. Und nur so kann eine christliche Gemeinde ihrem Namen gerecht werden.

— *Berufung und Eigeninteresse* —

Allerdings: wo immer eine Gemeinde ehrlich vor sich selber das heutige Evangelium hört, da wird ihr Jesu Wort als Brandrede in den Ohren klingen. Gemeinden, in denen der Vorrang des Dienens alle, wirklich alle prägt vom Jugendgruppenleiter über den Pfarrer bis zum Gemeinderat, solche Gemeinden zu finden, wird nicht einfach sein. Das unausrottbare Bedürfnis nach Ehren und Machtausübung schlägt immer wieder tiefe Breschen. Und auch auf der Ebene der Weltkirche verhält es sich nicht anders: so mancher Konflikt etwa zwischen Bischöfen und Theologen ei-

ner Ortskirche und den römischen Prälaten wirft fürwahr bizarre Schatten, wenn er im Lichtkegel des heutigen Evangeliums gesehen wird.

All das darf nicht verschwiegen werden. Es muss kritisiert werden. Und dennoch glaube ich, wir tun gut daran, nicht mit dem Finger auf andere zu zeigen, die nicht dem Evangelium entsprechen. Es gehört zu den Urgefährdungen aller, besonders derer, die – sei es amtlich, sei es nebenamtlich – sich dem besonderen Dienst der Kirche widmen, dass sie diese ihre Berufung ihren Bedürfnissen und Interessen dienstbar machen.

Der alte Pharisäer, wie ihn Jesus im schärfsten Kontrast dem Bild seiner Gemeinde entgegenstellt, – er lugt aus immer neuen Gewändern hervor, solange es Menschen gibt. Wir alle haben es nötig, den Herrn zu bitten, dass er immer wieder jenes Zeichen der Unerlöstheit aus unseren Herzen auslösche, damit wir durch unser Kirchesein sein Lebensprojekt nicht dementieren. Denn damit tun wir nichts anderes, als seine Botschaft von Gottes Wesensart zur Lüge zu erklären.

Den Vorrang des Dienens als unbedingte Folge unseres Glaubens anzuerkennen – dazu haben jeder und jede jeden Tag Gelegenheit. Wo wir es tun, da ist Gott selber gegenwärtig. Viele behaupten heute, sie seien Gott noch nie begegnet. Sie sagen das zurecht. Der Grund dafür liegt bei uns.

Zweiunddreißigster Sonntag im Jahreskreis: Mt 25,1–13

Was Christinnen und Christen erwarten

— Warten in Person —

Immer wenn ich das Evangelium des heutigen Sonntags höre, fällt mir meine Großmutter ein. Meine Großmutter hatte zwei Kinder, eine Tochter – das ist meine Mutter – und einen Sohn. Der wurde mit 19 Jahren im Zweiten Weltkrieg an die Front einberufen. Er schrieb ein paar Briefe von verschiedensten Orten, dann riss der Kontakt ab. Das war normal damals in der schlimmen Zeit. Aber nach Kriegsende, als noch immer kein Lebenszeichen kam, da wurde das Warten meiner Angehörigen ungeduldiger, die Hoffnung banger.

Ich erinnere mich noch, als wäre es gestern gewesen. Mittwoch vormittag, glaube ich, war es, da kam jede Woche im Radio eine Sendung des Roten Kreuzes, in der Angehörige ihre Vermissten suchten und umgekehrt vermisst Gemeldete ihre Familien. Meine Großmutter stand am Küchentisch, putzte Gemüse, knetete Teig oder war sonstwie mit dem Kochen beschäftigt – aber zugleich war sie gänzlich konzentriert bei dem, was der Sprecher im Radio sagte. Ein einziges, innerstes Warten war sie in diesen Momenten.

— Warte-Orte —

Später ist mir Ähnliches noch an zwei anderen Orten begegnet, an Orten, die ich als Seelsorger kennenlernte: das Krankenhaus und das Gefängnis. Orte, wo Menschen so etwas wie ein Warten in Person werden: Warten auf den Tag, da die Ärzte das erlösende: „Jetzt ist es so weit“ sprechen, „Sie können nach Hause“. Oder Warten auf den Tag, an dem sich endlich das Gitter der Torwache öffnet, einer wieder seinen Ausweis und eine eigene Geldbörse in den Händen hält.

— Glaubens-Warten—

Auch unser christlicher Glaube kennt ein solches durch und durch gehendes Warten. Es ist jesuanisch begründet, durch eines jener Gleichnisse, die sprichwörtlich geworden sind. Bei diesem jesuanischen Warten geht es nicht um ein Hinwarten halt, dass irgendetwas vorübergehe, sondern ein Er-Warten. Gerade so wie bei einer orientalischen Hochzeit: die Braut hat sich bereit gemacht und erwartet in ihrem Haus den Bräutigam, dass er sie abholt und zu sich heimführt. Mit der Braut warten ihre Freundinnen. Sie haben nach altem Brauch die Aufgabe, dem Bräutigam, wenn er von ferne sichtbar wird, gleichsam als erster Gruß seiner zukünftigen Frau entgegenzulaufen, um ihn dann mit Lichtern zu der Braut zu geleiten. Bis in einem orientalischen Dorf alles erledigt ist für das Fest, kann es spät werden. So spät, dass den Mädchen die Augen zufallen. Das macht auch gar nichts. Entscheidend ist nur, dann vorbereitet zu sein, wenn der Augenblick gekommen ist. Fünf der Mädchen im Gleichnis waren so klug, eben dafür Vorsorge zu treffen. Auch wenn es noch so spät wird, können sie den Bräutigam empfangen, weil sie Öl bereitgestellt hatten für ihre Lampen. Die anderen fünf hatten nicht so weit gedacht. Als der Bräutigam endlich kommt, merken sie, dass ihnen das Öl in den Lampen bald ausgeht. Sie müssen erst noch schnell eines kaufen gehen – und verpassen den Einzug des Bräutigams. Verpassen genau das, was ihre Aufgabe gewesen wäre und worauf sie doch eigentlich gewartet haben.

— Träumerisches Einüben —

Genauso kann auch ein Christ seine eigentliche Lebensaufgabe, das für ihn Wichtigste, verpassen, wenn er nicht darauf vorbereitet ist. Und was ist dieses Wichtigste, das wir erwarten? Gott selbst. Christen bekennen ja, dass Gott nicht ein Wesen in ferner Höhe ist, sondern ein naher Gott. Ein Gott, dem unser Dasein und unsere Geschichte nicht gleichgültig sind. So wenig gleichgültig, dass er selber in Jesus Christus auf einmalige Weise in diese Geschichte eintritt, um uns durch Jesus sichtbar zu machen, dass und wie er in das Leben und die Geschichte jedes Menschen zu jeder Zeit eintreten kann: etwa in der Begegnung mit einem Menschen, die uns die Augen öffnet für unsere urpersönliche Wahrheit; oder durch Ereignisse, die uns unter die Haut gehen und unserem Leben eine Kursänderung geben; oder in der Erfahrung, von jemandem gemocht zu

sein trotz der Last, die wir manchmal uns selber – und anderen – sind. In all dem, was uns so unbedingt angeht, kommt Gott auf seine Weise zu uns – als der Jenseitige, der sich so im Diesseitigen verbirgt, dass wir mit unserem begrenzten Sensorium der Sinne, der Gefühle und der Vernunft etwas von ihm zu erahnen vermögen.

Dieses Kommen nicht zu übersehen und ihn – Gott – nicht zu verpassen, darauf haben wir uns vorzubereiten. Diese Vorbereitung ist: der Glaube. Glauben heißt, mit Gott rechnen. Nur wer zuinnerst wartet, ja darauf hofft, dass Gott ihm in den Wendungen seines Lebens begegnet, nur der wird ihm dort auch begegnen. Oder um es in Anlehnung an ein berühmtes Wort des Philosophen Gaston Bachelard zu sagen: Man kann nur wahrnehmen, wovon man zuvor geträumt hat.

Solche träumerische Einübung sind Gebet und Meditieren, das Eintauchen in Worte der Schrift, das Schweigen einfach für eine kleine Weile mitten im Dauerlärm der Zwangskommunikation, nicht zuletzt auch die Feier der sonntäglichen Eucharistie. Durch all das tragen wir Sorge, dass unser Glaube nicht abstirbt, dass er nicht ausgeht – so wie die fünf klugen Mädchen dafür sorgten, dass ihre Lampen nicht ausgingen.

— *Empfindsamkeits-Übung* —

Eine dieser Empfindsamkeitseinübungen für die Gottesspur möchte ich Ihnen heute eigens nahebringen, weil sie mir in besonderer Weise hilfreich und heilsam zu sein scheint gegen den Zwang der Beschleunigungsideologie, unter der wir in so vielen Hinsichten stehen. Weil sie also zusammengeht mit dem Warten und Erwarten, das Zeit, das Geduld heischt. Es ist im Grunde eine uralte und einfache geistliche Regel aus der Spiritualität des Hl. Benedikt. Diese Tradition kennt die sogenannte „ruminatio". Ruminatio kommt vom lateinischen „ruminare", das übersetzt „wiederkäuen" heißt. So soll man mit Worten der Schrift umgehen, die einem in den Sinn kommen oder die man bewusst aufgreift, weil sie einen ansprechen.

„Mache es dem Tiere gleich, das seine Nahrung noch einmal in den Mund zieht und das Angenehme des Wiederkäuens verkostet, bis es die Nahrung wieder zurückgehen läßt in den Magen und dadurch Wohlbefinden auf sein ganzes Inneres ausströmt",[28]

schrieb Makarios der Große. Und Martin Luther gibt den Rat, abends ein Schriftwort im Gedächtnis mit ins Bett zu nehmen und es wie ein Tier wiederzukäuen. Die ruminatio ist eine Frömmigkeit des aufmerksamen Gelassenseins. Und übrigens eine Frömmigkeit, die so lebenstauglich ist, dass auch sehr – oder scheinbar sehr – Unfromme um sie wissen. Das Vorwort von Nietzsches Schrift „Zur Genealogie der Moral" endet mit dem Satz:

„Freilich tut, um [...] das Lesen als Kunst zu üben, eins vor allem not, was heutzutage gerade am besten verlernt worden ist [...], zu dem man beinahe Kuh und jedenfalls nicht ‚moderner Mensch' sein muß: das Wiederkäuen..."[29]

Entscheidend ist der absichtslose, von jedem Drängen und Angestrengtsein freie Umgang mit einem biblischen Wort. Durch die ruminatio im Mund des Herzens wird aus dem Buchstabenwort ein ständiges Hinhören, ein liebendes Aufmerken auf Gottes Selbstmitteilung, also auf sein Kommen.

Ein wenig ruminatio spät abends, statt des 28. Statements in der 14. Talk-Show – das wäre das rechte Öl für die Lampen derer, die in der finsteren Öde warten auf den, der sein Kommen versprochen hat.

Dreiunddreißigster Sonntag im Jahreskreis: Mt 25,14–30

Zeit und Freiheit

— *Überraschender Wunsch* —

Rudolf Augstein, Begründer des „Spiegel“, wollte ursprünglich Schriftsteller werden. Sein großes Vorbild war Heinrich Heine. Dessen Ineinander von Scharfsinn und Poesie, von Ironie und Brillanz hatten es ihm angetan. Auch sein Umgang mit Religion: voll bissiger Kritik und dennoch Gottsucher. Darum wollte Augstein als erstes ein Buch über die Religionskritik in Heines Briefen schreiben. Doch er ließ das Projekt liegen und machte sich an ein Theaterstück. Das trug den Titel „Die Zeit ist nah“ – der religiöse Unterton ist unüberhörbar. Das Stück ging total daneben. Augstein begrub alle seine schriftstellerischen Pläne und gründete sein politisches Magazin. Dessen Verhältnis zum Christentum und den Kirchen kritisch zu nennen, wäre eine Verharmlosung. Und trotzdem: Als man Augstein einmal den berühmten FAZ-Fragebogen zum Ausfüllen vorlegt, schrieb er auf die Frage „Was möchten Sie sein?“ die Antwort: „Zu mir selbst gerecht und ein guter Christ.“

— *Befristete Zeit* —

Da hat sich unter aller Religionskritik, die manchmal Kirchenhass wurde, etwas durchgehalten – auch wenn es gebrochen war. Ich will nicht zu viel spekulieren, aber liegt ganz abseits, dass dieser Bruch mit dem misslungenen Bühnenstück zu tun haben könnte? Das hätte dem urchristlichen Thema der Zeit und ihrem Ende gewidmet sein sollen – also auch dem Zusammenhang von Recht, Gericht und Gerechtigkeit. Das ist ein haariges Thema bis heute. Seine theologische Achse ist übrigens nichts anderes als der Advent: Wiederkunft Christi, Ende, Zeitbefristung. Kein Zufall übrigens, dass dieses Thema bereits aufklingt, bevor liturgisch der Advent beginnt. So wird der Versuchung widerstanden,

dass Advent auch noch in der Kirche zu der heimelig-romantischen Vorweihnachtszeit herunterkommt, zu der er bürgerlich längst geworden ist.

— *Adventlicher Ernst* —

Gleichnisse wie das heutige geben dem Advent seinen Ernst zurück, indem sie uns sagen: Du hast etwas zu versäumen! Das Gleichnis von vorhin schöpft dazu seine Bilder – ausgerechnet – aus der Welt der Finanzen. Was aber könnte heute verständlicher sein, da firmengründende Kollegstufen-Schüler keine Seltenheit mehr sind, die spätestens mit 20 ihre erste Million eingefahren haben! Klar: Da bekommt einer fünf Talente Silbergeld, ein anderer zwei, ein dritter eines, jeder nach seinen Fähigkeiten. Der Kreditgeber reist ab. Der mit den fünf gewinnt fünf dazu, der mit den zwei zwei. Der dritte versteckt das Geld. Und dann kommt der Tag der Abrechnung. Wieder klar: Der erste steht blendend da mit seinem Ergebnis, der zweite nicht weniger – eben nach seinen Möglichkeiten. Katastrophe für den Dritten: Nichts riskiert, nichts gewonnen, nicht einmal das Harmloseste versucht – das Geld auf die Bank zu bringen und darum den Zins bieten zu können. Entsprechend die Folgen: Er verliert auch noch das Geringe, das ihm anvertraut war.

Glatte Logik. Zu glatte. Für die Hörerschaft Jesu wie für die ersten Leserinnen und Leser des Evangeliums ging das Gleichnis mit einigen Irritationen einher, die wir Heutigen uns erst ausdrücklich vergegenwärtigen müssen, weil wir über sie gewohnheitsgemäß hinweghören oder aber weil sie außerhalb unseres Horizontes liegen. Da sind zum einen die wirtschaftlichen Erfolge des ersten und zweiten Knechts: Der eine macht aus den fünf Talenten weitere fünf, der andere aus den zwei wiederum zwei. Beide verdoppeln also das anvertraute Kapital. 100% Rendite mithin. Das versprechen selbst heute noch nur die windigsten Spekulanten den naivsten Anlegern. In diesen surrealen Kategorien aber spricht Jesus vom Gottesreich mit schierer Selbstverständlichkeit.

Und dann noch irritierender, im Grunde ärgerlich zumindest für die Hörerschaft damals: dass der dritte Diener die Rüge kassiert, warum er denn das eine Talent nicht auf die Bank gebracht und so wenigstens die Zinserträge eingefahren habe, während jeder Tora-Kundige – wie es die judenchristlichen Leser des Matthäusevangeliums gewiss waren – um das vom Gesetz vehement eingeschärfte Zinsverbot wusste: Wer solcher-

maßen aus der Notlage anderer Profit schlug, galt schlichtweg als Frevler. Unser Evangelium macht sich diese Anstößigkeit und jenes Surreale der 100%igen Rendite zunutze, um – typisch für Gleichnisse überhaupt – die Hörerschaft, also auch uns, zu treffen, aufzurütteln: Wie es die Heiden halten beim Geld, Zinsen eintreiben, so hoch es nur irgend geht, und spekulieren bis zum Anschlag – so sollst Du Dich um das Gottesreich mühen. So ungewöhnlich und das Gewohnte außer kraft setzend.

— Dem Leben Form geben —

Doch was heißt das näherhin: Um das Gottesreich mühen? Mir fällt eine Antwort darauf so schwer, dass ich das Gegenteil des Gemeinten leichter ins Wort zu bringen vermag. Dabei hilft mir Georges Bernanos, der Sensible, gern mit Dostojewskij auf eine Stufe Gestellte. Den Protagonisten in seinem Roman „Tagebuch eines Landpfarrers" lässt er an einer Stelle sagen:

„Nein, ich habe nicht den Glauben verloren. Der Ausdruck ‚den Glauben verlieren', so wie man seinen Geldbeutel verliert oder einen Schlüsselbund, ist mir übrigens immer ein wenig albern vorgekommen. [...] Man verliert nicht den Glauben, er hört auf, dem Leben Form zu geben, das ist alles. Und darum haben alte erfahrene Lenker der Herzen nicht Unrecht, wenn sie gegenüber geistigen Krisen ihre Zweifel hegen, denn die sind gewiß viel seltener, als man behauptet."[30]

Dass der Glaube aufhört, dem Leben Form zu geben – das, denke ich, ist exakt das Gegenteil des vom Evangelium angemahnten Ringens um das Gottesreich. Mit seinen wenigen kommentierenden Worten entlarvt Bernanos dabei die Rede vom Glauben-Verlieren als das, was sie in Wahrheit ist: der Versuch einer Selbstentschuldigung – genau wie in unserem Gleichnis, wo der dritte Diener seine Tatenlosigkeit mit seinem Wissen um die Strenge des Herrn begründet. Gewiss gibt es Fälle, in denen jemand den Glauben verliert, weil ihn das Schicksal dermaßen schlägt, dass ihm der Gedanke an einen gütigen, barmherzigen Gott nur noch zynisch anmutet. Oder einem verdunkelt sich die Seele in so abgründiger Angst und Trauer, dass er nicht mehr weiß, was es heißt, sich jemandem anzuvertrauen. Oder jemand gerät in jenes verlorene Land,

wo Menschen Opfer der Dummheit und Anmaßung anderer werden, die für sich beanspruchen, im Namen Gottes und der Kirche zu handeln – so wie jene Ordensschwester, die auf dem Sterbebett sagte: „An den Himmel kann ich nicht mehr glauben. Aber an die Hölle glaube ich – wegen meiner Oberinnen und dem, was sie mir angetan haben, als ich jung war.“ *Das* sind geistige Krisen, und die, die sie durchleiden, dürfen wir getrost in Gottes Hand wissen.

— *Banalität des Normalfalls* —

Der Normalfall des Glaubensverlustes ist das nicht. Das Schlimme an diesem Normalfall ist seine Banalität. Glaube und Leben entwickeln sich unmerklich auseinander, und eines Tages merkt der Betroffene, dass ihm sein Glaube nur noch Vergangenheit ist, wie ein altes Foto, das man manchmal hervorkramt und das einem ohne Bedauern die Bemerkung entlockt: „Ja, so war das einmal.“ Das hatte Bernanos im Blick, als er schrieb: „Man verliert nicht den Glauben, aber er hört auf, dem Leben Form zu geben. Das ist alles.“

Dem Leben Form geben – daran hängt, dass Glaube wirklich ist. Aber was heißt das: dem Leben Form geben durch Glauben? Eine chassidische Geschichte sagt es so: Ein Mann hatte in seinem Leben so gut wie keines der Gebote Gottes gehalten und viel Böses getan. Nur ein Gebot, ein winziges, hatte er immer gehalten: nie etwas zu essen, ohne sich vorher die Hände zu waschen. Tagelang schon ist er unterwegs, der Hunger quält ihn. Als er zufällig einen anderen Wanderer trifft und ihn anbettelt, reicht der ihm ein Stück Brot. Schon will er es gierig verschlingen. Da fällt ihm das Händewaschen ein, das einzige Gebot, das er immer gehalten hatte, wenigstens dieses. Er kann kaum widerstehen: das Brot, das er in Händen hält, und sein Hunger dazu. Und trotzdem: Nein. Er geht weiter, rennt manches Stück, um an einen Bach, auch nur eine Pfütze zu kommen für das Händewaschen. Und um dessentwillen, sagt die Geschichte, wurde ihm alles andere vergeben.

Form geben besteht darin, dem Sich's-leicht-machen nicht nachzugeben. Irgendwie surreal: zu deutsch „über-wirklich“. Aber, wie anders auch sollte sich das, was das Evangelium „Gottesreich“ nennt, zur Geltung bringen, wo Hinz und Kunz wie selbstverständlich von Realitätszwängen reden?

— *Schlechte Beraterin Angst* —

Es sich nicht leicht machen! Leicht gesagt, umso schwerer getan natürlich. Es scheint Situationen zu geben, da geht das Formgeben ab einem gewissen kritischen Punkt wie von selbst: Franz Jägerstätter fällt mir dazu ein, der Südtiroler aus einfachsten Verhältnissen, der sich ohne jedes Machtmittelt kategorisch den Nazis entgegenstellt. Oder die Geschwister Scholl und die anderen von der „Weißen Rose", die im Foyer der Münchener Uni aus Gründen ihres christlich grundierten Gewissens Anti-Hitler-Flugblätter abwerfen und darum hingerichtet werden. Oder – natürlich – ein Maximilian Kolbe. Die Liste ließe sich beliebig verlängern.

Anders als sonst im Leben nimmt sich dieses Formgeben diesseits extremer Situationen schwieriger aus als in ihnen. Dennoch steht und fällt mit ihm alles. Es ist die kleine Treue des Werktags, auf die es ankommt. Der ungerechte Vorteil, der nicht mitgenommen wird, die harmlose Lüge, die sich jemand versagt, die ungute Nachrede, die unausgesprochen bleibt. An solchen – scheinbaren – Beiläufigkeiten hängt oft das Ganze. Und es kann so unendlich schwer sein.

Warum das so ist, spricht die Passage unseres Gleichnisses an, die dem dritten Diener gewidmet ist und nicht umsonst auffällig ausführlich ausfällt. Ratgeberin für sein Verhalten war – so sagt er es selbst – die Angst gewesen: Weil ich Angst hatte, habe ich dein Geld in der Erde versteckt. Offenkundig die schlechtest mögliche Beraterin, wenn es um die Sache Gottes geht. Und wie auch anders! Wollte man versuchen, die Mitte des Evangeliums in einem einzigen Wort zu verdichten, dann könnte dieses Wort nur „Freiheit" heißen. Sie ist auch der Hintergrund für das, was der erste und zweite Diener gewagt haben. Dem dritten hat die Angst Gott als strengen – wörtlich übersetzt als „harten" – Mann erscheinen lassen, der erntet, wo er nicht gesät, und sammelt, wo er nicht ausgestreut hat. Dass man vor einem solchen Gott nichts zu gewinnen hat und nur alles verlieren kann, ist wahrlich kein Wunder. Und auch nicht, dass ihm das Wenige, das er hat, wie weggenommen vorkommt – und er sich selbst wie verworfen.

— *Wie Zeit Gnade wird* —

Unter dem Vorzeichen der Freiheit – und nur unter ihm – ist Zeit Gnade. Unter dem Vorzeichen der Angst wird sie Fluch. An der Stelle wäre jetzt

natürlich eine Predigt fällig über das Thema: Die Zeit und die Kirche – oder wie Letztere es mit der Freiheit hält. An diesbezüglichen Schieflagen haben sich Augstein und sein „Spiegel" manchmal bis zum Exzess gerieben – haben dabei Richtiges gesehen und konnten zugleich ungerecht, ja infam werden. Da ging das Gespür für das Surreale, also Übernatürliche des Christlichen verloren, das darin besteht, dass das Ende mitten in die Zeit hereinragt. Und trotzdem blitzte und blitzt selbst hinter verzerrender Kritik bisweilen ein Wahrheitskern auf. Ein Spruch aus dem Mittelalter, dessen Herkunft sich nicht mehr aufklären lässt, bringt ihn so auf den Punkt: Die Zeit ist mehr als alle Ewigkeiten, hier kannst du dich, nicht dort dem Herrn bereiten.

Vierunddreißigster Sonntag im Jahreskreis – Fest Christkönig: Mt 25,31–46

Christliche Bilanz

— *Leichte Last* —

Ein Reisender aus Europa war in den Anden unterwegs. Auf einem steilen Bergpfad begegnete ihm ein etwa zehnjähriges Mädchen, das schwer beladen bergauf stieg. Meine Güte, was schleppst du denn da für einen Packen Last?, ruft der Fremde. Das Mädchen hält fragend inne, schlägt die Decke über dem Bündel auf seinen Schultern zurück und sagt: Ich trage doch keine Last, ich trage meinen Bruder!

— *Umgewichtung* —

Natürlich war das jüngere für das ältere dieser beiden Geschwister schwer. Die Ältere musste sich plagen mit dem Jüngeren, musste ihre Kräfte anspannen, um hinauf zu kommen auf dem Bergpfad, der Kleine schlief derweil auf ihrem Rücken. Und trotzdem korrigiert das Mädchen den mitfühlenden Fremden: Das Schwere auf ihrem Rücken ist ihr Bruder, keine Last.

— *Sprachgewordene Zumutung* —

Nur wer so unverbildet ist, dass er diesen Unterschied nachvollziehen kann, wird auch mit dem heutigen Evangelium etwas anzufangen wissen. Da wird nicht weniger als viermal das mehr oder weniger Gleiche gesagt. In dieser sprachlichen Zumutung schlägt sich treffend nieder, dass das Gesagte selber eine Zumutung ist:

Wenn einer hungert, und wir geben ihm zu essen, dann haben wir *ihm*, Jesus, einen guten Dienst erwiesen; wenn einer fremd und obdachlos ist, und wir geben ihm ein Dach über dem Kopf, dann haben wir *ihm*

einen Dienst erwiesen; wenn einer nichts anzuziehen hat, und wir geben ihm etwas, dann haben wir *Ihm* einen Dienst erwiesen; wenn einer krank ist, und wir kommen und nehmen Anteil an seinem Schicksal, dann haben wir *ihm* einen Dienst erwiesen. Wenn jemand im Gefängnis ist, und einer geht und lässt seine Freundschaft, seine Solidarität spüren, dann erweist er Christus, dem Herrn, einen Dienst. Wer einen solchen oder einen ähnlichen Dienst einem anderen verweigert, verweigert ihn Jesus. Und wie wir zum Menschen Jesus stehen, daran wird sichtbar, wie wir zu Gott stehen.

— *Was Gott selbst tangiert* —

Das Aufregende an diesem Evangelium heißt also: alles, was wir füreinander tun oder gegeneinander unterlassen, berührt Gott selbst. So ganz steht er auf unserer Seite. Auf der Seite eines und einer jeden von uns. Was aber von solchem Gewicht ist, dass es Gott selbst berührt, muss zugleich das sein, was letztendlich über unser Leben im Ganzen entscheidet. Auch das sagt Jesus. Darum ist am Anfang die Rede vom Menschensohn, der kommen wird, um wie ein Hirt die Schafe von den Böcken zu scheiden, das heißt um in der Welt zu ordnen und offenbar zu machen, was gültig und was wertlos ist. Und wodurch wird eines Menschen Leben so gültig, dass es vor Gott Bestand hat? Die Antwort ist einfach. Sie steht in unserem Evangelium. Und sie heißt: Barmherzigkeit, Barmherzigkeit, Barmherzigkeit, Barmherzigkeit. Vierfach die einfache Antwort, damit sich uns gleichsam in die Seele grabe, worauf allein es vor ihm ankommt für uns: Barmherzigkeit.

— *Von der Barmherzigkeit* —

Was es bedeutet, Barmherzigkeit geschenkt oder verweigert zu bekommen und sie auch selber zu schenken oder zu verweigern, das wissen die meisten von uns aus Erfahrung. Kaum eine oder einer unter uns wohl, der nicht schon einmal Bittender, ein andermal Gebende gewesen wäre, durchaus auch dort vielleicht, wo es sehr schlicht um Essen, Trinken und Anzuziehen ging. Ganz anders freilich treffen uns die anderen Werke der Barmherzigkeit, von denen das Evangelium redet. Etwa die Aufnahme von Fremden, die gerade beginnt – zu spät beginnt – ein drängendes The-

ma der Öffentlichkeit zu werden. Und ich denke dabei keineswegs an die Ost- und Süderweiterung der Europäischen Union, bei der es an allen Ecken und Enden knirscht. Ich denke viel mehr an das, was sich da vom tiefen Süden, von Afrika her anbahnt. Gut 18 Millionen meist junger Leute sind in Richtung Norden, Richtung Europa mehr oder weniger unterwegs, weil im Vergleich zu den Lebensumständen ihrer Heimatländer selbst die tristen Industrievorstädte europäischer Metropolen ein Paradies sind. Was werden die reichen Länder, was werden wir, werden die Kirchen tun? Natürlich kann man nicht blauäugig sagen: Kommt nur, alles wird gut. Aber was stattdessen? Vor etwa 20 Jahren bei einem Friedensgottesdienst habe ich in der Predigt gefragt, wer denn zuerst auf die Immigranten schießen werde, wenn sie anfangen, bei gutem Wind mit dem Surfbrett die Enge von Gibralaltar zu überqueren. Darauf haben mir einige in der Presse Alarmismus vorgeworfen. Doch schon längst fielen die ersten Todesschüsse in Ceuta und Melilla, den spanischen Vorposten an der nordafrikanischen Küste. Das bodycounting, das Zählen der Todesopfer, hat damit begonnen. Ich sage das nicht, um recht gehabt zu haben, sondern weil uns die Zeit zum Antwort-Geben eingeholt hat. Welche Antwort werden wir, die Angehörigen einer geradezu unverschämt privilegierten Minderheit, finden? Und wird dieser Antwort wenigstens eine Spur der christlichen Prägung Europas, eine Spur unseres Evangeliums eingeschrieben sein?

— *Soviel wie Gott besuchen* —

Machen wir einen Sprung vom Großen ins Kleine, in das, was uns vorderhand vielleicht viel näher auf den Leib rückt: Ich war krank, und ihr habt mich besucht. In der Pfarrei, in der ich als Kaplan tätig war, habe ich eine alte Frau kennen gelernt; sie konnte – wie das oft so ist – ihre Wohnung nicht mehr verlassen, hatte bald kein Augenlicht mehr und klagte, wie einsam sie sei. Ob sie denn keinen Verwandten mehr habe, fragte ich sie. Ja gewiss: einen Sohn und eine Tochter und die Enkelkinder. – Kommen die denn nicht zu Besuch, frag ich weiter. – Doch. Einmal im Jahr. An Heiligabend. Um die Kuverts zu holen, sagte sie, und hatte Tränen in den Augen. Dahinter muss nicht einmal Bosheit stehen bei den Jungen. Schon Gedankenlosigkeit reicht aus, und es tut dem, der Einsamen trotzdem weh. Es ging mir nahe, was die selbst hochbetagte Friedrike

Mayröcker in ihrem Abschiedsbuch über ihren verstorbenen Lebensgefährten Ernst Jandl geschrieben hat: Immer wieder kommt sie in ihren Erinnerungen schmerzlich berührt auch auf ihre uralte Mutter zu sprechen, wie sie sie immer wieder vertröstet habe, dass sie nicht zu Besuch kommen könne, weil das sei und dies und sie grade wieder an einem fast fertigen Buch sitze und so fort. Und jetzt – nach dem Tod des geliebten Partners – lernt sie selber, was einsam sein heißt, und tut der Mutter mit Wehmut Abbitte. Einen Alten, eine Kranke, deren Lebensumkreis ein paar Schritte klein geworden ist, nicht vergessen, ein wenig Zeit haben für sie, ist soviel wie Gott besuchen. Man muss es nicht notwendig zu spät verstehen. „Eilen wir uns, die Menschen zu lieben, sie gehen so schnell", schrieb der polnische Dichterpriester Jan Twardowski einmal.

Ja, und dann das Werk der Barmherzigkeit, das Sie persönlich gar nicht oder kaum kennen: Ich war im Gefängnis, und ihr seid zu mir gekommen. – Ich habe in meiner Zeit als Seelsorger in einer Justizvollzugsanstalt reichlich damit zu tun gehabt und möchte Ihnen davon erzählen, weil vielleicht erst und gerade in dieser skurrilen Extremsituation des Strafvollzugs überhaupt Kontur bekommt, wieso das Gefangenenbesuchen in diesen jesuanischen Rang kommen kann, den ihm unser Evangelium gibt. Wie unendlich wichtig war den Insassen, wenn Angehörige, wenn Freunde auch jetzt, da sie weggesperrt waren, – wenn die auch und gerade jetzt zu Besuch kamen und zu Ihnen hielten. Der letzte Anker manchmal. Da waren auch die harten Kaliber keine Ausnahme. Es war nicht selten, dass mich einer bat, ob ich denn Kontakt aufnehmen könne zu Frau oder Freundin, wann sie denn wieder kämen oder wenigstens schrieben. Wann immer es ging, habe ich das getan. Und wenn ich anrief bei der Frau oder Freundin, da war auch keine Seltenheit, dass sich eine Männerstimme meldete. Dann musste ich nicht mehr viel fragen. Und ich wusste, was mir jetzt für ein Gang bevorstand zu dem, der um den Anruf gebeten hatte. Da habe ich Hünen zusammenbrechen sehen und Großsprecher heulen wie Kinder. Und manchmal habe ich nach einer Weile einen trösten können mit unserem Evangelium: Deine Trauer, wenn sie dich übersehen und fallenlassen, ist Gottes Trauer. So steht er auf Deiner Seite.

— Die Welt, die wir suchen —

Durch Jesus Christus macht Gott selbst sich zum Anwalt für die Barmherzigkeit der Menschen. Für die Barmherzigkeit, die einer braucht. Und für die, die einer schuldet, immer schuldet. Und keiner außer Gott könnte auch Anwalt dafür sein. Denn er ist der Barmherzige. Christus steht dafür ein. Seien wir also barmherzig miteinander. Dadurch fängt eine Welt an, in der Christus, der Barmherzige, der Maßgebende – symbolisch gesprochen: der König ist. Ich glaube, diese Welt suchen wir.

Ausgewählte Feste

Aufnahme Mariens in den Himmel: Röm 8,1–35 [zugewählt] und Lk 1,39–56

Unsere Hoffnung

— Wasseruhr —

Im Park der Villa Borghese in Rom steht eine Sehenswürdigkeit, die kaum ein Tourist sucht und die selbst die meisten Römer nicht kennen: Ein moosbewachsener Felsstumpf ragt aus einem Wasserbecken, auf ihm ein verglaster Holzkasten mit einer Uhr darin. Über dem Uhrwerk sind zwei kleine bronzene Schaufeln angebracht, über die von oben Wasser fließt und die so die Uhrzeiger antreiben. Darunter steht auf einer Marmorplatte: Idrocronometro – also Wasseruhr. Erfunden und gebaut im Jahr 1867 vom Dominikanerpater Giambattista Embriaco.

— Menschheitstraum —

In dieser kleinen Uhr steckt ein Traum – der Menschheitstraum, das Feste und das Flüchtige, das Messbare und das Unerschöpfliche, Zeit und Ewigkeit zu verbinden. Man muss eine kleine Weile staunend betrachten, um dieses Wunder zu erkennen. Dann fängt man auch an zu begreifen, dass diese Uhr nichts anderes als ein tiefes Sinnbild für den Menschen selbst ist: ist er doch auch ein so zerbrechliches, empfindliches Gebilde, gewebt aus den Fasern eines endlichen Lebens, die trotzdem allesamt aufs Ewige hinauszulaufen suchen. Mit der Urkraft der Hoffnung tun sie das.

— Hoffnung aufs Ewige —

Auch unser christlicher Glaube hängt das vergängliche Leben mit seinem ganzen diesseitigen Gewicht an eine solche Hoffnung aufs Ewige. Eines der glühendsten Zeugnisse für diese Hoffnung haben wir vorhin in der Lesung aus der Feder des Apostels Paulus vernommen: „Ich bin

gewiss“, sagt er, „– ich bin gewiss: weder Tod noch Leben, weder Engel noch Mächte, weder Gegenwärtiges noch Zukünftiges… noch irgendeine Kreatur können uns scheiden von der Liebe Gottes …“ – Dieser Paulus, der das aus der Tiefe seines glaubenden Herzens sagt, der war kein frömmelnder Betbruder. Paulus wusste, was Leben heißt und Not und harte Arbeit; er hatte Höhen und Tiefen durchschritten, hatte Schuld auf sich geladen, Schicksalsschläge trafen ihn, an seinen Schwächen litt er, wusste sich Versuchungen ausgesetzt, zweifelte, haderte, scheiterte in wichtigen Lebensplänen. Aber: Aus all dem heraus bezeugt er uns seine unumstößliche Gewissheit, dass es nichts, absolut nichts geben kann, was eine Kluft aufzureißen vermöchte zwischen Gott und ihm: Leid nicht, Schuld nicht, Schicksal nicht, nicht einmal der Tod. Selbst wenn er einmal stirbt – so spürt der Apostel gläubigen Herzens –, selbst dann wird er nicht herausfallen aus Gottes Hand. Den unüberbrückbaren Abgrund, den der Tod zwischen Menschen aufreißt, den gibt es nicht zwischen Mensch und Gott.

Das alles sagt Paulus nicht einfach so hin, gleichsam um sich selbst ein bisschen zu trösten. Seine Gewissheit hat einen Grund. Paulus spricht ihn so aus: Ist Gott für uns, wer ist dann gegen uns? Er hat seinen eigenen Sohn nicht verschont, sondern für uns alle hingegeben: Wie sollte er uns mit ihm nicht alles schenken? – Um gewiss zu sein, dass nicht einmal der Tod einen Menschen ins schiere Nichts stürzen, also der Liebe Gottes entreißen kann, dazu hat der Apostel nur daran erinnern müssen, was Gott schon längst in Jesus Christus für uns getan hat: ein kleiner Mensch ist er geworden, er, der große Gott; gedient hat er uns; unser Leben mit aller Not und Ohnmacht hat er geteilt; und am Ende hat er sich am Kreuz aus der Welt hinauswerfen lassen, um so das Böse in der Kraft der Liebe zu besiegen. Wenn nun, so denkt der Apostel, – wenn nun Gott das alles für uns tut, wenn es ihm so sehr um uns geht, wird er uns dann in unserem menschlichen Sterben allein lassen? Paulus ist gewiss, wie die Antwort einzig heißen kann: dass der Tod nicht einfach Aus und Amen heißt und alles vorher gelebte Leben sinnlos macht, sondern: dass jeder Mensch, jeder Einzelne Gott so wichtig ist, dass er nicht einmal mit seinem Sterben bei ihm abgeschrieben ist, sondern aufgefangen von Gottes Händen und für immer beheimatet bei ihm.

Wie unausdenkbar Gott über die Geschichte hin sich immer wieder als der um uns Besorgte und uns Liebende erweist, das ist für Paulus der

Grund, sich eines ewigen Lebens gewiss zu sein. Und genau in dem Maß, in dem ein Mensch sich diesem Gott glaubend anvertraut, in dem Maß darf er sein zerbrechliches irdisches Leben mitsamt seinem Ende jetzt schon und für immer geborgen wissen in solcher Ewigkeit.

— Bekenntnis zur Unvergänglichkeit —

Das Fest der Aufnahme Mariens in den Himmel, das wir heute feiern, ist zutiefst nichts anderes als ein feierliches Bekenntnis, wie ernst es uns mit dieser Hoffnung auf ein ewiges Leben ist. Wenn ein Mensch ganz geglaubt hat – genau so, wie das Evangelium es vorhin von Maria bezeugt hat –, wenn ein Mensch ganz geglaubt hat ohne Vorbehalt, dann bleibt keine Faser seines mit Leib und Seele gelebten irdischen Lebens außerhalb der uns von Gottes Treue eröffneten Unvergänglichkeit. Von Maria dürfen wir das jetzt schon mit Gewissheit sagen, weil sie ganz glaubte. Vielleicht sind auch andere schon so vollendet, von denen wir es nicht wissen. Und wir selber dürfen in der befreienden Hoffnung leben, denselben Weg zu gehen, wenn wir uns Gott anvertrauen.

— Gottesbuch der Schöpfung —

Der alte Brauch des heutigen Festes, die Segnung der Kräuter und Feldblumen setzt diese Hoffnung in ein sinnliches Bild. Er erinnert an die Legende, dass man, als der Sarg der Gottesmutter geöffnet wurde, nicht Staub und Gebeine fand, sondern duftende Blüten – auch dies ein Sinnbild, eines aus Worten: dass, was vergänglich war, wenn es ganz in Gottes Hand zurückkehrt, sich in Leben und Schönheit wandelt. Und die Natur selber hilft unserm Denken sozusagen in diesen Gedanken hinein, weil die Kräuter und Blumen, gerade dadurch, dass sie getrocknet werden, also ihre natürliche Lebendigkeit verlieren, erst ihre Heilkraft und den Wohlgeruch entfalten, der in ihnen verborgen ist: Durch das Absterben kommt das Kostbare zutage, durch das Heimkehren in Gott das Unvergängliche.

Der berühmte Pfarrer Kneipp hat einmal in einer Predigt zum heutigen Fest empfohlen, gerade die vergessenen und verstoßenen, also meist achtlos übergangenen Kräuter wertzuschätzen, weil Gott so viel Heilkraft in sie gelegt habe für den Leib und sie überdies Sinnbilder für das seien,

dessen die Seele bedürfe. Und so zählte er insbesondere die Pfefferminze auf, den Salbei, die Schafgarbe, das Rosmarin, den Wermuth, die Melisse, die Kamille, die Ringelblume und die Königskerze. Und jeder leiblichen Heilkraft war eine geistliche Wohlttat zugeordnet: So galt ihm etwa die nervenberuhigende Melisse als Sinnbild eines guten Gewissens, der Salbei gegen die Halskrankheiten als Sinnbild für das Atemholen der Seele und die Königskerze, die die Atemnot lindert, als Wink zum aufwärts schauenden Gottvertrauen. Man muss das nicht überstrapazieren, aber im Glauben darf man auch die Schöpfung als ein Gottesbuch lesen. Und vor allem: Wer solch geistliches Lesen des Irdischen lernt und wagt, wird eines Tages wie von selber auch das Enden des irdischen Lebens selbst als Inbild der geistlichen Neugeburt in der Ewigkeit Gottes verstehen und so ein österlicher Mensch geworden sein. Das aber ist der tiefste Sinn des heutigen Tages, den es sich wahrlich zu verstehen lohnt.

Erntedank: Lk 12,13–21

Wider die Gedankenlosigkeit

— Ende und Ernte —

Kaum sind die hellen, heißen Tage vorbei, steckt der Herbst seine ersten Zeichen auf: Es dämmert früher am Abend, das Morgenlicht kämpft gegen Nebelschwaden, auf den Feldern stehen nur noch Stoppeln und die ersten Blätter verfärben sich. Was den Sommer über grünte und blühte, verwelkt. Zugleich ist dieses große Sterben in der Natur Zeit der Ernte. Der Ertrag aus Acker und Garten, Weinberg und Wald wird eingebracht.

— Alles geschenkt —

Menschen haben schwer gearbeitet, sie haben sich der Technik und Wissenschaft bedient, um reich zu ernten. Sie haben geplant und kalkuliert und jetzt ziehen sie Gewinn daraus. Über dem, was Menschen tun, um dem Boden abzuringen, was das Leben erhält, gerät etwas anderes gern fast wie von selber ins Vergessen: die Wahrheit, dass auch der Klügste und Raffinierteste nicht einmal ein winziges Weizenkorn zum Keimen brächte, wenn er das selber tun müsste. Unserm Tun und Lassen vorweg ist alles, was uns im Leben hält – geschenkt. Nichts davon haben wir erfunden, über nichts verfügen wir. Alles ist gegeben.

Darum haben die Psalmen bis heute recht, wenn sie dem Schöpfer ein Danklied singen, weil er das Gras für das Vieh wachsen lässt und auch Pflanzen für den Menschen, die er anbaut, damit er Brot gewinnt von der Erde, das ihn stärkt, und Wein, der sein Herz erfreut, so der wunderbare Schöpfungspsalm 104. Danken kommt bekanntlich von Denken. Wer dankt, denkt daran, wer er ist – und dass es einer gut mit ihm meint, der ihm alles schenkt: Das, was ihn bei Kräften hält und Not tut. Aber auch das gerade Nicht-Notwendige, das Über-Flüssige, das ihm erlaubt, zur rechten Zeit ein Fest zu feiern und sich so daran zu erinnern,

dass der Geber von allem kein Geizhals ist, sondern einer, der uns gönnt, dass es uns gibt und gut geht. Das ist der Grund, warum wir heute das Erntedankfest feiern. Wir nehmen in die sonntägliche Eucharistie – zu deutsch: Danksagung – für Gottes Sympathie zu uns den Dank für das hinein, was uns Gottes Erde an Gutem schenkt. Danken heißt auch: ganz Aug' und Ohr sein für die Sprache der alltäglichen Dinge, heißt: daran denken, dass keines von ihnen selbstverständlich ist. Wer dankt, weiß mehr vom Leben – und hat mehr davon.

— *Naive Lebensphilosophie* —

Genau das hatte der reiche Bauer aus dem Gleichnis des heutigen Evangeliums übersehen. Er hatte sich eine recht eingängige Lebensphilosophie zurechtgezimmert – und die heißt: Ich habe mein Leben selber in der Hand; mein Besitz garantiert mir das. Ich bin meiner Sache sicher und je mehr ich habe, desto sicherer darf ich mich fühlen. Alles, was um diesen Mann herum passiert, das sieht er mit der Brille von Kosten und Nutzen, Mittel und Zweck, Haben und Horten. Aber – nur einen kurzen Momente lang scheint diese Logik der Sicherheit plausibel, denn: schon die allernatürlichste Sache von der Welt – dass der Mensch einmal sterben muss, - schon diese Selbstverständlichkeit entlarvt die Lebensphilosophie dieses Mannes als buchstäblich bodenlos naiv. Denn der Tod konfrontiert ihn mit der Frage: Wem wird all der Besitz einmal gehören? Wozu das alles? Und schon auf diese banale Frage weiß der Reiche keine Antwort mehr zu geben.

Das aber ist noch nicht alles. Es kommt noch viel dicker. Jenes Lebensprinzip der Selbstsicherheit hat der reiche Bauer mit sich allein ausgemacht, im Selbstgespräch. Er braucht keinen anderen dazu, er kann gar keinen anderen brauchen, denn in seinem Lebensentwurf ist kein Platz mehr für ein Du, für keinen Menschen und keinen Gott. Dass Gott selber ihm dazwischenreden könnte – darauf kommt dieser Mann gar nicht mehr. Das ist tragisch, weil er damit verrät, dass in seinem Menschsein schon etwas ganz Entscheidendes durchschnitten ist. Keine und keiner bringt sich selbst ins Existieren. Wir sind – in der Sprache des Glaubens –, was unser Dasein betrifft, hinter allem Geworden-Sein durch andere Gerufene, von Gott Gerufene. Unser Dasein wird folglich nur gelingen als Antwort auf diesen ursprünglichen Ruf. Menschliche Existenz findet ihre

rechte Form im Dialog mit dem Du Gottes. Dass stattdessen der Besitz – ein Haus aus Stein, ein gut gefülltes Konto, eine wertvolle Einrichtung – das Gelingen des Lebens garantieren soll: auf die Idee muss man erst einmal kommen. Wahrscheinlich kann man auf sie ernsthaft nur kommen, wenn jener innere Dialog mit dem bergenden Grund, aus dem ich hervorgehe und dem ich mich verdanke, schon so gut wie verstummt ist.

Genau deshalb legt Jesus im Gleichnis Gott selber die alarmierende Anrede „Du Narr“ in den Mund. „Narr“ – das ist in der Sprache der Bibel derjenige, der Gott praktisch verleugnet. Die Lebensphilosophie der Selbstsicherheit auf der Basis des Habens ist nichts anderes als praktischer Atheismus – eine Gottvergessenheit, die viel gefährlicher ist als irgendein lautstarker Protest gegen Gott, denn: diese praktische Leugnung schleicht sich heimlich, ohne viel Aufhebens zu machen, in die Seelen ein. Sie besteht einfach darin, dass jemand vergisst, wie transitorisch die Dinge sind, die man haben kann. Wir berühren sie nur im Vorübergang. Keines von ihnen geht mit uns. Ein Mensch, der das aus dem Blick verliert und sein Leben am Besitzen festmacht, hat den Schöpfer und die Schöpfung als Partner verloren: Seinen Gott vergisst er, die Dinge um ihn herum werden ihm zum Zeug und die Menschengeschwister zu Konkurrenten, im schlimmen Fall zum Feind.

Diese Sicht aus der Perspektive des christlichen Glaubens mag sich heute, im Zeitalter von Shareholder Value, Private Equity und Spekulationsblasen ausnehmen wie die buchstäbliche Botschaft vom anderen Stern? Aber ist sie darum per se falsch? Die weltweite Nervosität der Finanzmärkte vor einiger Zeit, bloß weil ein paar hunderttausend Amerikaner über ihre Verhältnisse gelebt haben und ihre Schulden nicht mehr bedienen können, macht unübersehbar, auf welch tönernen Füßen das Gegenmodell der Haben-Logik steht. Aber auch das Kleine des je individuellen Lebenskreises der Einzelnen bleibt davon nicht unberührt: Denn wer auf diese Lebensphilosophie der Selbstsicherheit baut, dem und der werden meist auch zwei urmenschliche Dinge schwer fallen: Das Danken und das Teilen.

— *Gewollte Provokation* —

Wenn Denken, Danken und Teilen so eng miteinander zusammenhängen, folgt für mich daraus ein Doppeltes. Dank darf sich nicht nur in

Worten erschöpfen. Und: Mehr als in Worten wird er sich darin äußern, dass einer bedachtsam umgeht mit dem, was ihm geschenkt ist und zur Verfügung steht. In der Zeit, als ich Seelsorger im Gefängnis war, habe ich das am Erntedankfest immer mit einem drastischen Zeichen sichtbar gemacht: Neben dem Erntekorb mit dem frischen Brot, dem Gemüse und den Früchten habe ich einen gut halben Meter hohen Haufen weggeworfener Brotstücke vor den Altar geschüttet. Dort wurde – und wird – säckeweise Brot weg geworfen. Brot gehört im Strafvollzug zu dem Wenigen, was die Insassen ohne Beschränkung erhalten. Alles andere ist rationiert: Kaffee, Obst, Zigaretten, Schokolade. Nur Brot nicht. Darum bricht da Nehmen und Horten durch. Jeder hat Angst, es könnte zu wenig sein. Darum nimmt er zu viel, um auf der sicheren Seite zu sein. Und dann – alt geworden – wirft er es weg. Bezeichnend war, dass jedes Jahr ein paar Leute gegen dieses Zeichen protestierten. Sie spürten den Widerspruch zum schön geschmückten Altar und zu dem, was auf ihm geschieht. Aber das war genau die Absicht.

Ich sagte immer dazu: Bedenken Sie, ein paar hundert Kilometer südöstlich von hier gäbe es um dieses verschimmelte Brot hier, wenn es einer hinstellte, eine Schlägerei – aus schierer Not. Die Menschen in Teilen Rumäniens braten Ratten und Igel, um zu überleben. Und von den Flüchtlingstrecks südlich und nördlich der Sahara reden wir lieber gar nicht. Im Vergleich dazu leben wir hier alle im Paradies. Ihr Erntedank bestünde darin, dass Sie täglich so viel nehmen, wie Sie brauchen, nicht mehr und nicht weniger – dass sich einer hie und da vertun kann, ist keine Frage. Aber das Prinzip allein schon wirkte halbe Wunder, was das Wegwerfen betrifft. Ich halte das für keine Beiläufigkeit. Für Christen drückt sich mehr als anderswo gerade im Alltäglichen aus, wie sie von der Welt und vom Leben denken. Der bedachtsame Umgang mit dem täglichen Brot ist nichts Geringeres als ein Glaubenszeugnis.

— *Achtung vor dem Geschaffenen* —

Ich denke, für uns hier, die wir unter ungleich leichteren Umständen leben, gilt das im Prinzip genauso. Wenn jemandem der Dank nicht fremd ist, geht sie oder er anders um mit den Dingen der Welt. Achtung vor dem Geschaffenen wird so jemanden beseelen. Und das behütet zugleich vor der Habgier. Solche Freiheit im Angesicht der Gaben der Erde wer-

den wir freilich nur dann gewinnen, wenn wir selber uns immer schon getragen glauben von Gottes Achtung für uns und von dem Vertrauen, dass er für uns übrig hat, wessen wir bedürfen. Wirklicher Dank für die Gaben der Erde kommt aus wahrem Glauben an die Nähe Gottes. Die Bitte um ein glaubendes Herz muss deshalb an diesem Fest unsere Lieder umgreifen, damit ihr Dank wahr sein kann.

Allerheiligen: Offb 7,2–4.9–14

Im Eigenen heilig werden

— Wer gehört dazu? —

Das Gedächtnis aller Heiligen begehen wir heute. Zuerst denken wir dabei wohl an die, deren Namen wir tragen, und an die Patrone derer, die uns nahe stehen. Dazu werden all die Heiligen kommen, die uns – aus welchen Gründen auch immer – persönlich etwas bedeuten. Für mich ist das zum Beispiel der Hl. Thomas von Aquin, mit dessen Werk ich mich über ein paar Jahre beschäftigt habe. Aber auch noch etwas anderes gehört zu Allerheiligen: Heute nachmittag versammeln sich viele von uns an den Gräbern Verstorbener. Das tun wir ja in der gläubigen Hoffnung, dass auch Menschen, die mit uns gelebt und die wir gekannt haben, schon zur Gemeinschaft der Heiligen gehören. Wer je einem Menschen begegnet ist, aus dessen Reden und Tun einem selbst Liebenswürdigkeit und Güte entgegenkamen, der kann ja gar nicht anders als zu denken und zu hoffen, dass jenem anderen nach seinem irdischen Leben jetzt der Lohn einer durch nichts mehr getrübten Gottesgemeinschaft zuteil werde.

Bei vielen anderen freilich – und es wird die Mehrheit derer sein, deren Wege wir kreuzen –, da kämen wir auf solche Gedanken gar nicht: Denn sie alle wurden geboren, haben gearbeitet, sind gestorben, wie Martin Heidegger einmal die Biographie des Aristoteles sarkastisch auf den Nenner brachte. Sie haben ihr Leben bald besser bald schlechter bestanden; keine besondere Leistung hat sie berühmt gemacht, kein dramatisches Schicksal die Erinnerung an sie in unser Gedächtnis eingegraben; eine kleine Weile nach ihrem Tode weiß man noch von ihnen, dann verliert sich ihre Spur hinter dem Horizont der Vergangenheit. Ist also Heiligwerden im Letzten doch Sache einer Minderheit, die ihrem Leben ein besonderes Maß an Glaube, Liebe oder Opfer abgerungen hat? Schaut man die umfangreiche, nachgerade inflationäre Liste derer an, die während des Pontifikats Johannes Pauls II. selig- oder heiliggesprochen

wurden – unglaubliche 1338 Selig- und 482 Heiligsprechungen waren es –, dann möchte fast zur Gewissheit werden, dass keiner heilig werden kann, wenn er nicht wenigstens einen Orden gegründet, das Martyrium erlitten, von Werken der Buße verzehrt worden, Jungfrau oder kirchlicher Würdeträger (und am besten möglichst viel davon gleichzeitig) gewesen ist.

— *... Alle!* —

Eines freilich will mit diesem Eindruck gar nicht zusammengehen: das Zeugnis der Heiligen Schrift. In der Lesung vorhin aus der Offenbarung des Johannes erzählte der Seher, dass er in seiner Vision auch die Zahl der Heiligen erfuhr: 144 000. Dass sind 12x12x1000: 12 ist das biblische Sinnbild für vollständig, die Zahl 1000 das Sinnbild für überreich, also: vollständige Vollständigkeit wird die Zahl der Heiligen erreichen – und sogar das noch über jenes Maß hinaus. Eine Schar aus allen Nationen und Völkern, Stämmen und Sprachen wird es sein, die niemand mehr zählen kann, wie der Seher selbst gleich sein Bildwort von den 144 000 ausdeutet. Wenn es aber wirklich so unendlich viele Heilige gibt, was macht sie dann eigentlich heilig, die Heiligen?

— *Verblüffend einfach* —

Ich denke, es ist nicht Zufall, sondern sagt in sich schon etwas über die Sache selbst, dass ich die treffendste Erklärung, wodurch denn jemand heilig wird, weder in einer Vorlesung gehört noch in theologischen Büchern gefunden habe, sondern im Wirtschaftsteil einer renommierten deutschen Zeitung. Da stand vor einiger Zeit ein Bericht über das Aufkommen des europäischen Binnenmarktes. Stück für Stück wollten da zunächst 12 Nationen mit ihren verschiedensten Kulturen zuerst wirtschaftlich und dann auch politisch zu einer Einheit zusammenfinden. Die Schwierigkeiten füllen heute die täglichen Schlagzeilen der Medien. Über die zu erwartenden Probleme kursierte – so der Zeitungsartikel – schon damals in den Brüsseler EG-Behörden folgender Witz: Im Himmel sind die Engländer die Polizisten, die Franzosen sind die Köche, die Italiener sind die Liebhaber, und alles organisieren tun die Deutschen. In der Hölle dagegen ist alles umgekehrt: da sind die Franzosen die Polizei,

die Engländer stellen die Köche, die Deutschen machen Liebhaber und die Italiener organisieren das Ganze.

Wie jeder gute Witz Wahrheit auf den springenden Punkt bringt, so auch dieser: Himmel ist immer dort, wo einer das tut, was ihm liegt, das, wozu er kraft seines persönlichen Wesens berufen ist. Hölle kommt heraus, wo einer tun muss oder meint, tun zu sollen, was ihm absolut nicht liegt, das, wozu er – wie wir so sagen – zwei linke Hände hat. Gleichmacherisch alles von allen zu verlangen, erzeugt immer nur ein heilloses Durcheinander. Wer durcheinanderwirft, heißt auf Griechisch diabolos, zu deutsch: Teufel. Wo jeder alles tun und können muss, kommt überhaupt keiner mehr zum Ziel – das ist die Hölle. Wo aber jeder nicht mit Müh und Not alles, sondern mit Hingabe das ihm Eigene vollbringt, gelingt Vollkommenes; jeder schafft ein kleines persönliches Kunstwerk mit seiner eigenen Signatur aus seinem Leben, das sich mit denen der anderen ergänzt – das ist Himmel.

So einfach – und doch zugleich so tief – ist das Geheimnis des Heiligwerdens. Nicht dass er dies und das genausogut oder besser kann als die anderen, macht den Heiligen heilig, sondern: dass er oder sie ganz hingegeben an das, was die jeweilige Stunde des Lebens verlangt, die Stärken, das Ureigene lebt und die Schwächen erträgt. Darum kann das von außen gesehen langweiligste Dasein in Wahrheit ein einziges Abenteuer, das Abenteuer der Gnade sein, aus dem ein Heiliger, eine Heilige hervorgeht.

— *Der neue Name* —

Das habe ich mir nicht ausgedacht, um Ihnen Heiligkeit zu herabgesetzten Preisen feilzubieten. Denn alles, was ich eben sagte, steht in der Offenbarung des Johannes. In unserer Lesung vorhin wurde von der unzählbaren Schar der 144 000 gesagt, das seien die, die mit dem Siegel Gottes gekennzeichnet wurden. An einer anderen Stelle (Offb 2,17) wird dieser Akt der Besiegelung so beschrieben: Der Heilige Geist sagt da über den, der sein Leben im Glauben lebt: Ich werde ihm einen weißen Stein geben, und auf dem Stein steht ein neuer Name, den nur der kennt, der ihn empfängt. – Das will sagen: Wer in unbeirrbarem Gottvertrauen seine Tage lebt und so im Unscheinbaren seiner kleinen Werktagsfreuden und -pflichten nicht anders als in den für ihn schweren Heraus-

forderungen den Ruf Gottes erkennt und in der Kraft seiner ureigenen Gnadengaben darauf zu antworten sucht, der verwirklicht sein einmaliges Wesen als Menschen- und Gotteskind und gewinnt so seinen neuen, weil endgültigen Namen, sein einmalig Unverwechselbares – und das ist es, was ihn heilig, weil vollkommen so macht, wie ihn der Schöpfer gedacht hat. Zum Heiligwerden muss ich keinen Orden gründen oder mir die Sohlen blutig wallfahren. Heilig kann ich werden am Kochtopf und am Schreibtisch, am Bankschalter, am Fließband und im Lastwagenführerhaus – ganz einfach: überall, solange ich dort, wo ich stehe, in der Sprache meiner ureigenen Stärken auf ganz persönliche Weise etwas davon erahnen lasse, wie Gott selbst zu uns allen ist. – „Seid vollkommen, wie euer himmlischer Vater vollkommen ist!" (Mt 5,48), hat Jesus dafür gesagt.

— Zur Nummer werden —

Übrigens auch vom Gegenteil des Heiligwerdens redet die Offenbarung des Johannes an einer weiteren Stelle. Sie tut das mit einer inneren Folgerichtigkeit ihrer Sinnbilder, die einen staunen macht: Denn – so weiß der Seher – auch die, die sich von Gott lossagen, tragen ein Siegel. Es ist das Kennzeichen des Widersachers Gottes, des Tieres. Und dessen Name besteht – so die Offenbarung – aus einer Zahl: 666 (Offb 3,17–18). Wer ungeachtet seiner Größe und seiner Grenzen einfach gleichgültig nach allem greift, wer sich nichts mehr sagen lassen mag, weil er doch sowieso schon alles in seine Verfügung genommen hat, der besitzt keinen unverwechselbaren Namen mehr und ist stattdessen nur noch eine Nummer unter vielen, ohne Gesicht und Einmaligkeit. Auch noch wenn er mehr hat als die anderen oder etwas besser tut als sie, ist er eine zwar höhere, aber immer noch eine Nummer, beliebig austauschbar gegen eine andere, im Durcheinander des gleichschaltenden Konkurrierens sich selbst verlorengegangen. Ausnahmslos alle Exzesse, die sich heute Menschen um jeden Preis leisten im Erfahren- und Geltenwollen, sind nichts anderes als Ausdruck des verzweifelten Anrennens gegen diese unerbittliche Gleichmacherei, die zwangsläufig dort um sich greift, wo die Wege und Wendungen des Lebens nicht mehr als Gottes Ruf zur Einmaligkeit begriffen werden, sondern alles, was es gibt, nur noch als Material zur Selbstbestätigung taugt.

— Ewiges Danksagen —

Kein Wunder, dass die Heiligen in der heutigen Lesung nicht anders können als in einer nicht mehr endenden Liturgie Gott Dank zu sagen, dass ihnen durch ihr Gottvertrauen Name und unverwechselbares Antlitz geschenkt wurde. Jeder unserer Gottesdienste ist nichts anderes als ein leiser irdischer Widerschein jenes himmlischen. Indem wir der Heiligen gedenken und teilnehmen an ihrem Gotteslob, üben wir selber ein, was einzig heilig zu machen vermag: das Vertrauen in den dreimal heiligen Gott. Und so könnte unser Glaube heute kommenden Generationen vielleicht Grund geben, später einmal an Allerheiligen auch an uns zu denken.

Allerseelen: Klgl 3,21–24 und 2 Kor 5,1.6–7.9a

Von den Zeichen des Lebens

— *Christliches Vorzeichen* —

Heute – am Tag nach Allerheiligen – feiern wir Allerseelen und beten für unsere Toten. Auch der Sonntag verdrängt dieses Gedenken nicht, im Gegenteil: Dieses kleine Osterfest des Herrentages mit dem Halleluia vor dem Evangelium stellt die Gedanken an Grab und Tod erst unter jenes besondere Vorzeichen, mit dem der christliche Glaube auf das Lebensende eines Menschen schaut.

— *Was bleibt?* —

Gewiss ist uns mehr oder weniger selbstverständlich, dass eines Menschen Dasein einmal zu Ende geht. Und doch gräbt sich jedes Mal unvergesslich in unsere Erinnerung, wenn der Tod einen Menschen fortnimmt, mit dem wir unser Leben – oft Jahrzehnte lang – geteilt haben und er mit uns: die Freude und die Trauer, die Hoffnung und das Bangen. Von einem Augenblick auf den anderen ist das Vergangenheit. Wo geht das Gelebte eines Menschen hin? Bleibt etwas davon für immer? Oder verliert es sich mit jedem Tag mehr im endlosen Mahlstrom der Zeit? So fragen wir, wenn wir Abschied nehmen müssen von einem unserer Lieben.

— *Stummer Tod* —

So fragen wir auch heute. Und an dieser Frage merken wir schmerzlich, dass wir dieses scheinbar so Selbstverständliche eines Menschenlebens, sein Enden, nicht verstehen. Es fügt sich nicht ein in den Reim, in das geordnete Ganze, als das wir unser Dasein verstehen möchten. Der Tod ist stumm. Und er macht stumm. Das gerade ist ja für uns das Schlimme an ihm, dass er einen solchen Abgrund auftut zwischen uns – den Le-

benden – und denen, die nicht mehr sind. Über diese Kluft hinweg zu tragen vermag – wenn überhaupt – nur etwas, das nicht von uns selber kommt und vom Menschen ausgedacht ist: Worte oder Zeichen also, die von jenseits unserer Verfügungen stammen und die wir uns nur schenken lassen können.

— Von der Erde genommen —

Eines der sprechendsten dieser Zeichen ist die Erde, die wir bei jedem Begräbnis über den Sarg streuen mit den Worten: „Von der Erde bist Du genommen und zur Erde kehrst Du zurück. Der Herr aber wird dich auferwecken." Mehrfach ist mir bei Begräbnissen passiert, dass mich Angehörige vorher baten, darauf zu achten, dass man nicht das dumpfe Fallen der Erdklumpen auf den Sarg hören müsse. Solche Beklemmung verrät, wie tief dieses Zeichen trifft. In ihm kommt auf nicht mehr zu verleugnende Weise zum Ausdruck, dass alles, was ein Menschenleben ausmacht, vergänglich ist. Was eine oder einer sein wollte und geleistet hat, was ein Mensch zu erreichen suchte und gewesen ist – das alles hat ein unwiderrufliches Ende. Eine Weile noch lebt es weiter in der Erinnerung der Lebenden. Und später, wenn auch die, die darum wussten, nicht mehr sind, da versinkt es im Dunkel der Vergangenheit – als ob es nie gewesen wäre. Von der Erde bist du genommen und zur Erde kehrst Du zurück. Nicht, was wir tun, nichts, was wir sind, entzieht sich dem Vergehen. So erfahren wir unser Dasein Tag für Tag – und unentrinnbar an einem offenen Grab.

Der Glaube weicht dieser Wahrheit nicht nur nicht aus. Er bekennt sich zu ihr im symbolischen Bedecken des Verstorben mit der Handvoll Erde. Aber er sagt auch hinzu, dass das noch nicht die ganze Wahrheit ist. Darum verbindet er das Zeichen mit dem Versprechen der Auferweckung. Wie kommt der Glaube zu diesem Wort? Er spricht es im Blick auf seinen Ursprung Jesus Christus. Dieser Jesus hatte sein ganzes Leben aufs Innigste mit Gott gelebt. Er war auch dann noch Gott treu geblieben, als man ihm dafür das Leben nahm – in der Gewissheit, dass ein Gott, der sich so sehr als der Nahe zu erfahren gibt, innerster als das Innerste eines Menschen selbst, – dass dieser Gott einen auch im Sterben nicht wird fallen lassen. Und dass darum der ganz an Gott sich anheim Gebende gar nicht untergehen kann. Wir sagen in unbeholfener Sprache

dafür: Gott selber hat den Getöteten auferweckt und ihm neues, unzerstörbares Leben geschenkt. Und wir meinen damit: Gott bekundet und bezeugt, dass dieser Jesus sein Leben so gelebt hatte, dass es gültig war vor ihm. Vor Gott gültig sein aber heißt: endgültig sein.

Gültig vor Gott lebt ein Mensch sein Leben dort, wo er es menschlich lebt. Das ist nichts Selbstverständliches. Denn menschlich leben heißt: Liebe suchen und noch mehr Liebe schenken; heißt: lieber versöhnen als Zwietracht zu säen; heißt: Fehler verzeihen, aber mehr noch um die Vergebung eigener Verfehlungen bitten können, wo das Not tut; heißt: eingedenk bleiben, welcher Platz im Leben Gott gebührt. Und das ist auch der Quellpunkt alles anderen, der an Jesus auf einzigartige Weise sichtbar geworden ist: Denn er hat in Wort und Tat kund gemacht, dass letzter Grund und Halt für ein menschlich gelebtes Dasein nicht Besitzstand, nicht Ansehen, nicht Macht sein kann, sondern Gott allein: Auf ihn zu vertrauen, das reicht, um alle Prüfungen des Schicksals zu bestehen und die glücklichen Augenblicke nicht zu übersehen. Auf Gott zu vertrauen, das genügt, um übereingekommen sein zu können mit sich selbst und frei von allen Zwängen, die andere oder wir selbst meinen, uns aufladen zu sollen. Und darum war sich Jesus auch gewiss: Wenn Gott in allem, was mein Leben ausmacht, zu mir steht, dann wird er mich auch im dramatischsten Augenblick dieses Lebens, wenn es an sein Ende kommt, nicht fallen lassen. Dann wird er auch in dieser Stunde mich auffangen und für mich sein. Mein Leben samt meinem Sterben ist in seiner Hand geborgen.

Im Maße solcher Menschlichkeit reift in einem Menschenleben eine Innenseite, die an das Ewige rührt. Alles, was gültig war an einem irdischen Leben, weil es menschlich war, bleibt in Gott bewahrt. Das macht auch den Ernst unseres Daseins aus – und seine Würde. So groß hat uns Gott gewollt: Wir selber dürfen darüber befinden, was wir werden wollen und was von uns bleiben soll.

— *Vom Zerbrochenen und Verfehlten* —

Freilich heißt das nicht, der anderen und unser eigenes Leben einmal ließen sich am Ende so einfach als Siegergeschichten erzählen. Dem steht entgegen, dass sich in das menschlich Geglückte unseres Daseins immer auch Zerbrochenes, Verfehltes und Verschuldetes mischt. Darum

trägt die christliche Hoffnung das Siegel des Kreuzes. Das Kreuzzeichen steht für die Hoffnung, dass Gott auch aus den Bruchstücken gelebten Daseins bei sich ein gutes Ganzes zu machen vermag. Darum tragen wir genauso wie bei jeder Prozession und jedem festlichen Einzug beim Gottesdienst auch beim Begräbnis das Kreuz dem Verstorbenen voran. Wir richten das Kreuz noch über dem offenen Grab auf und zeichnen dann dieses Grundbild unseres Glaubens auf die Grabmäler unserer Gottesäcker. Es drückt nicht aus, dass das Leben nur Plage und Mühsal bereit hält für uns, sondern es ist ein Erinnerungszeichen an Gottes Treue, die sich dafür verbürgt, dass nichts, was wir im Vertrauen auf ihn gesagt, getan, gelebt und gelitten haben, vergeblich gewesen sein wird.

— Trost und Mahnung —

So erinnert es uns an das Ostergeheimnis, das uns fähig macht, in der Trauer, die gewiss menschlich ist, dennoch in Frieden Abschied zu nehmen von unseren Lieben. Und zugleich gemahnt uns das Kreuz, unsere eigenen Erdentage, die uns noch geschenkt sind, im Vertrauen auf Gott zu leben, damit wir im Frieden mit uns selber einmal diese Welt verlassen können, um mit allen, die uns nahe waren, in Gott wieder vereint zu sein „am jüngsten Tag“, wie wir in der Sprache des Bekenntnisses sagen.

— Sie warten auf uns —

Auch in der Zeit bis dahin bleiben wir mit den Verstorbenen verbunden in dem einen Gott, der der Lebendige, der Gott der Lebenden und der in Menschenaugen Toten ist, die in ihm leben. Diese Verbundenheit über das Grab hinweg ist es auch, was unserem Beten für die Toten seinen tiefen Sinn gibt: Wir nehmen sie in unser Wichtigstes, unser Sein mit Gott hinein, schenken ihnen davon etwas, menschlich gesprochen. Und bekanntlich ist Geschenk etwas am meisten dann, wenn der Beschenkte die Gabe gar nicht braucht und sie darum als Zeichen der ihm wohlwollenden Güte verstehen darf.

Umgekehrt aber gibt es, wenn solche todübergreifende Gemeinschaft mit den Verstorbenen besteht, auch etwas, was sie, die Toten, für uns übrig haben: Der große Origenes hat es einmal mit Berufung auf den Apostel Paulus in einer Predigt so gesagt:

„[A]uch die von hinnen scheidenden Heiligen erhalten nicht sogleich den vollen Lohn ihrer Verdienste, sondern sie warten auf uns, auch wenn wir verzögern, auch wenn wir träge bleiben. Nicht nämlich haben sie volle Freude, solange sie wegen unserer Irrungen unsere Sünden betrauern und beklagen.“[31]

Und das wird – so Origenes – dann auch von uns selber gelten, wenn wir einmal ganz in Gott angekommen sind:

„Du wirst also [zwar] Freude haben, wenn Du als Heiliger aus diesem Land scheidest; dann aber wird deine Freude voll sein, wenn dir kein Glied mehr fehlt. Warten wirst nämlich auch du, wie du selbst erwartet wirst. Wenn es aber dir, der du Glied bist, keine volle Freude scheint, solang ein Glied fehlt, um wieviel mehr muß unser Herr und Heiland, der das Haupt und der Urheber dieses Leibes ist, es für keine volle Freude ansehen, wenn er noch immer gewisse Glieder seines Leibes fehlen sieht? […] Er will also nicht ohne dich seine volle Glorie empfangen, das heißt, nicht ohne sein Volk, das ‚sein Leib‘ ist und ‚seine Glieder‘.“[32]

Solche Rede vom Warten der Verstorbenen und Heiligen auf uns mag sehr bildhaft sein, gleichwohl eignet ihr etwas zutiefst Menschliches, weil sie uns an den inneren Zusammenhang von Zeit und Ewigkeit, von Geschichte und Vollendung erinnert. Und wer diesen Zusammenhang ernst nimmt, wird vielleicht irgendwann sogar ein Gespür gewinnen können für etwas, das zahllosen Generationen vor uns tief vertraut war, aber unserem diesseitssatten Bild vom Leben so völlig fremd geworden ist: dass man sich freuen kann auch auf die Ewigkeit.

Anmerkungen

1 Jünger, Ernst – Andres, Stefan: Briefe 1937–1970. Mit Briefen von Liselotte Jünger und Dorothee Andres. Hg., komm. u. mit einem Nachwort versehen v. Günther Nicolin. Stuttgart 2007. S. 69.
2 Mann, Thomas: Betrachtungen eines Unpolitischen. In: Ders.: Große kommentierte Frankfurter Ausgabe. Werke – Briefe – Tagebücher. Bd. 13.1. Hg. u. textkritisch durchges. v. Hermann Kurzke. Frankfurt a. M. 2009. S. 499.
3 Mann: Betrachtungen (Anm. 2). S. 499f.
4 Mann: Betrachtungen (Anm. 2). S. 500.
5 Rilke, Rainer Maria: Der Panther. In: Sämtliche Werke. Bd. 1. Wiesbaden 1956. S. 505.
6 Brecht, Bertolt: Maria. In: Gesammelte Werke. Bd. 4: Gedichte. Frankfurt a. M. 1967. S. 122.
7 Thurmann, Howard: The work of Christmas. Zit. nach www. bagkjs.de/2754 (15.05.2013).
8 Sug schoin Rebbenju. In: Collegium musicum judaicum: Chaim storosum. Jewish Chamber Music. Audio CD. 1989. Track 20 [Übersetzung K. M.].
9 Balthasar, Hans Urs von: Gott redet als Mensch. In: Verbum Caro. Skizzen zur Theologie. Bd. 1. 2. Aufl. Einsiedeln 1960. S. 73–99. Hier S. 92.
10 Heine, Heinrich: Deutschland. Ein Wintermährchen. Geschrieben im Januar 1844. In: Ders.: Historisch-Kritische Gesamtausgabe der Werke. Bd. 4. Hg. v. Manfred Windfuhr. Hamburg 1985. S. 89–157. Hier S. 92.
11 Toscani, Oliviero: Die Werbung ist ein lächelndes Aas. Dt. v. Barbara Neeb. Frankfurt a.M. 1997. S. 131f.
12 Lavant, Christine: Die Angst. In: Brinker-Gabler, Gisela (Hg.in): Deutsche Dichterinnen vom 16. Jahrhundert bis zur Gegenwart. S. 356.
13 Kierkegaard, Sören: Furcht und Zittern. Hg. v. Liselotte Richter. 2. Aufl. Frankfurt a.M. 1988. S. 20.
14 Green, Julien: Die Schlüssel des Todes. In: Ders.: Fremdling auf Erden. Erzählungen. München – Wien 2006. 69–137. Hier S. 136f.
15 Carossa, Hans: Gedichte. Die Veröffentlichungen zu Lebzeiten und Gedichte aus dem Nachlass. Hg. u. komm. v. Eva Kampmann-Carossa. Frankfurt a. M. – Leipzig 1995. S. 63.

16 De Chardin, Pierre Teilhard: Brief vom 10. Dezember 1952. – Zit. in: Cuénot, Claude: Pierre Teilhard de Chardin. Les grandes étapes de son évolution. Paris 1958. S. 448.
17 Mann, Thomas: Joseph und seine Brüder. Frankfurt a.M. 1964. S. 1274.
18 Musil, Robert: Der Mann ohne Eigenschaften. Hg. v. Adolf Frisé. Reinbek b. Hamburg 1972. I,108. S. 517.
19 Böll, Heinrich: Brief an Annemarie Cech vom 30.07.1941. In: Ders.: Briefe aus dem Krieg. 1939–1945. Hg. v. Jochen Schubert. Bd. 1. Köln 2001. S. 231.
20 Sloterdijk, Peter: Tau von den Bermudas. Über einige Regime der Einbildungskraft. Frankfurt a.M. 2001. S. 11.
21 Krüger, Michael: Wettervorhersage. Gedichte. Salzburg – Wien 1998. S. 58.
22 Vgl. Wimschneider, Anna: Herbstmilch. Lebenserinnerungen einer Bäuerin. München 1984.
23 Vgl. Wimschneider: Herbstmilch (Anm. 22).
24 West, Morris L.: In den Schuhen des Fischers. München 1993. S. 33.
25 Franz Werfel zit. nach www.recmusic.org/lieder/get_text.html?TextId =29429 (15.05.2013).
26 Musil: Mann ohne Eigenschaften (Anm. 18). S. 769f.
27 Green, Julien: Tagebücher 1943–1954. Hg. v. J. Petit. München – Leipzig 1990. S. 782.
28 Makarios der Große zit. nach Zerfaß, Rolf: Grundkurs Predigt 2. Textpredigt. Düsseldorf 1992. S. 143.
29 Nietzsche, Friedrich: Vorrede zur Genealogie der Moral. KSA 5. Jenseits von Gut und Böse. Zur Genealogieder Moral. Hg. V. Girgio Colli u. Mazzino Montinari. 2. Durchg. Aufl. München 1988. S. 255f.
30 Bernanos, Georg: Tagebuch eines Landpfarrers. 4. Aufl. München 1947. S. 129f.
31 Origenes: Geist und Feuer. Ein Aufbau aus seinen Schriften v. Hans Urs von Balthasar. 2. durchg. Aufl. Salzburg 1938. S. 441.
32 Origenes: Geist (Anm. 31). S. 442.

Klaus Müller

Gottes A B C

Gedanken zu den Sonn- und Feiertagen im Lesejahr A